Kawollek, Pflanzenvermehrung

Meiner Mutter
zum 70. Geburtstag

Wolfgang Kawollek

Handbuch der Pflanzenvermehrung

177 Farbfotos
156 Zeichnungen

Neumann-Neudamm · Melsungen

CIP-Kurztitelaufnahme der Deutschen Bibliothek

Kawollek, Wolfgang:
Handbuch der Pflanzenvermehrung/Wolfgang Kawollek.
Melsungen: Neumann-Neudamm, 1987.
ISBN 3-7888-0464-5

Printed in Germany
Zeichnungen: Dietrich Bornhalm, Celle
Typographie und Titelgestaltung unter Verwendung von vier Dias des Autors: Philipp Schneider
Reprotechnik: MonoLith Repro GmbH, 4430 Steinfurt
Satz und Druck: Werbedruck GmbH Horst Schreckhase, 3509 Spangenberg
Buchbinderische Verarbeitung: Hollmann GmbH, 6100 Darmstadt

Inhaltsverzeichnis

Vorwort

Die Beschäftigung mit Pflanzen in Haus und Garten erhöht die Lebensfreude vieler Menschen; sie ist eines der beliebtesten Hobbys für jedermann. Einer zunehmenden Zahl von Freizeitgärtnern genügt es aber nicht mehr, die Pflanzen nur zu pflegen, zu gießen, zu düngen, umzutopfen, umzupflanzen; sie möchten ihre Pflanzen von klein auf selbst heranziehen. Zwar können von der Vermehrung bis zur „fertigen Pflanze" Monate vergehen, doch hat man dann die Befriedigung, etwas mit eigenen Händen geschaffen zu haben.

Gerne habe ich deshalb den Vorschlag des Verlages Neumann-Neudamm aufgegriffen, ein Buch über das Thema Pflanzenvermehrung zu schreiben. Ist doch die Zahl der Fragen, die in diesem Zusammenhang auftauchen, schon aufgrund der vielen verschiedenen Pflanzenarten, die bei uns gepflegt werden, natürlicherweise sehr groß. Häufig sucht der Hobbygärtner vergebens oder mühevoll nach Antworten auf seine Fragen; und wenn es gar um praktische Anleitung geht, stellt sich allzuoft Ratlosigkeit ein.

Dem abzuhelfen war mein Bestreben. So habe ich sehr viele Informationen zum großen Gebiet der Pflanzenvermehrung zusammengetragen, geordnet und niedergeschrieben. Dabei kam mir meine Tätigkeit als Technischer Leiter der Lehr- und Versuchsanlagen der Arbeitsgruppen Botanik an der Universität Kassel zugute, wo fast täglich Pflanzen vermehrt werden.

Zahlreiche Zeichnungen und Farbfotos erläutern den Text, zeigen Techniken, Handgriffe, Werkzeuge und Hilfsmittel. Die Abbildungen sind so ausgewählt, daß der Leser Schritt für Schritt die bestmögliche Information und Anschauung erhält.

Herrn Dietrich Bornhalm, Celle, der die Zeichnungen mit sehr viel Sachverstand und Einfühlungsvermögen nach meinen Vorschlägen gestaltete, gebührt meine Anerkennung und mein Dank für diese herausragende Leistung.

Das Buch wendet sich nicht nur an den Hobbygärtner, sondern auch an die vielen Auszubildenden (Lehrlinge), die Gärtnerin, den Gärtner, eben an alle, die mit der Vermehrung von Pflanzen zu tun oder ganz einfach Spaß daran haben.

Zu danken ist dem Verlag Neumann-Neudamm, der stets ein offenes Ohr für die Wünsche des Autors hatte, für die gute Ausstattung des Buches und die angenehme Zusammenarbeit.

Danken möchte ich aber auch ganz besonders meiner Frau Elfi und meinen Kindern Mario und Marco, ohne deren Rücksicht und Unterstützung es mir nicht möglich gewesen wäre, dieses Buch zu schreiben.

Wolfgang Kawollek
Kassel, im Frühjahr 1987

Grundlagen

Ein Hauptmerkmal aller Lebewesen ist ihre Produktivität; sie äußert sich in Wachstum, Zellvermehrung und Fortpflanzung. Während das Wachstum nur zu einer Vergrößerung des Lebewesens führt, wird durch Vermehrung* und Fortpflanzung die Erhaltung der Art über den Tod des einzelnen Individuums hinaus gesichert.

Der Gärtner unterscheidet zwischen der generativen (geschlechtlichen) Vermehrung durch Samen und der vegetativen (ungeschlechtlichen) Vermehrung durch von der Pflanze abgetrennte Pflanzenteile, die sich nach Loslösung von der Mutterpflanze wieder zu einer selbständigen Pflanze entwickeln.

Generative Vermehrung

Daß sich Pflanzen generativ (sexuell) fortpflanzen, mag eine Selbstverständlichkeit sein. Aber welche Merkmale kennzeichnen die generative Fortpflanzung und wie geht sie vor sich? Auf diese Frage wissen viele sicher keine rechte Antwort. Daher soll zunächst näher darauf eingegangen werden.

Die generative Vermehrung beruht auf der Befruchtung, bei der es in den Samenanlagen der Blüten zur Verschmelzung von männlichen und weiblichen Geschlechtszellen kommt. Als Geschlechtsorgane fungieren die Blüten. Im Blütenstaub (Pollen) befinden sich die männlichen Geschlechtszellen, im Fruchtknoten (Eizelle) die weiblichen. Die reifen Pollenkörner werden von Insekten oder dem Wind auf die reife Narbe des Fruchtknotens übertragen. Das einzelne Pollenkorn keimt auf der Narbe, wächst zum Pollenschlauch aus und durch die Narbe in den Fruchtknoten hinein, um mit der Eizelle zu verschmelzen.

Aus der befruchteten Eizelle (Zygote) entsteht durch Zellteilung der Keimling (Embryo). Dieser besteht aus der Keimwurzel (Radicula), dem Keimsproß (Hypokotyl) mit der Keimsproßknospe (Plumula) und den Keimblättern (Kotyledonen). Neben dem Keimling wird noch ein spezielles Nährgewebe, das sogenannte Endosperm, ausgebildet. Dieses Nährgewebe liefert später beim Keimprozeß die Stoffe, die der Keimling benötigt, um sich über die Erde zu erheben und schließlich, auf sich allein gestellt – durch die Assimilationstätigkeit der ersten grünen Blätter –, selbständig zu ernähren. Aber noch ist es nicht soweit. Sowie der Keimling im reifenden Samen ein gewisses, im einzelnen ganz verschiedenes Entwicklungsstadium erreicht hat, stellt er sein weiteres Wachstum zunächst einmal ein und wird von einer festen Zellulosehülle, der Samenschale, umgeben. In diesem Stadium des Samens ist zwar das Wachstum der jungen Pflanze unterbrochen, die junge Pflanze aber nicht tot; die Lebensvorgänge sind nur auf das Äußerste eingeschränkt. Dies ist für das Überleben vieler Pflanzenarten sehr wichtig, denn in diesem Zustand kann der Samen Hitze und Kälte besser ertragen.

Der Wert der Pflanze, die aus dem Samen hervorgeht, wird von den Erbanlagen bestimmt, die sowohl von der mütterlichen als auch von der väterlichen Seite mitgegeben wurden. Zuvor wurde schon beschrieben, daß bei der Befruchtung die Erbanlagen (lokalisiert in den Chromosomen) von der väterlichen und mütterlichen Seite zusammentreffen. Somit erhält jedes Lebewesen eine Erbanlage vom Vater und eine von der Mutter.

Weisen die Geschlechtszellen der Vater- und Mutterpflanze gleiche Erbanlagen auf, so entsteht eine rein- oder gleicherbige Pflanze, das heißt, Eltern und Nachkommenschaft gleichen sich völlig. Weisen die Geschlechtszellen

* Bringen Pflanzen aus Bestandteilen ihres Körpers neue Pflanzen hervor, spricht man von Fortpflanzung. Nimmt dabei die Zahl der Pflanzen zu, so spricht man von Vermehrung.

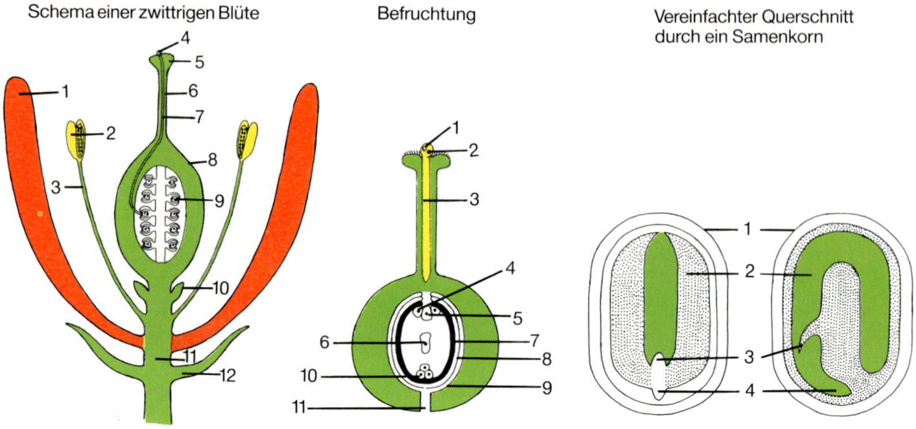

1. Blütenblatt
2. Staubbeutel
3. Staubfaden
4. Pollen
5. Narbe
6. Griffel
7. Pollenschlauch
8. Fruchtknoten
9. Samenanlage
10. Nektarien
11. Blütenboden
12. Kelchblatt

1. generativer Kern
2. vegetativer Kern
3. Pollenschlauch
4. Gehilfinnen
5. Eizelle
6. sekundärer Embryosackkern
7. Keimsack
8. innere Samenhülle
9. äußere Samenhülle
10. Antipoden
11. Samenanlage

zweikeimblättrige Pflanze (links)
1. Samenschale
2. Keimblätter mit Nährgewebe (Kotyledonen)
3. Keimsproßknospe (Plumula)
4. Keimwurzel (Radicula)

einkeimblättrige Pflanze (rechts)
1. Samenschale
2. Keimblatt (Kotyledon)
3. Keimsproßknospe (Plumula)
4. Wurzelanlage (Radicula)

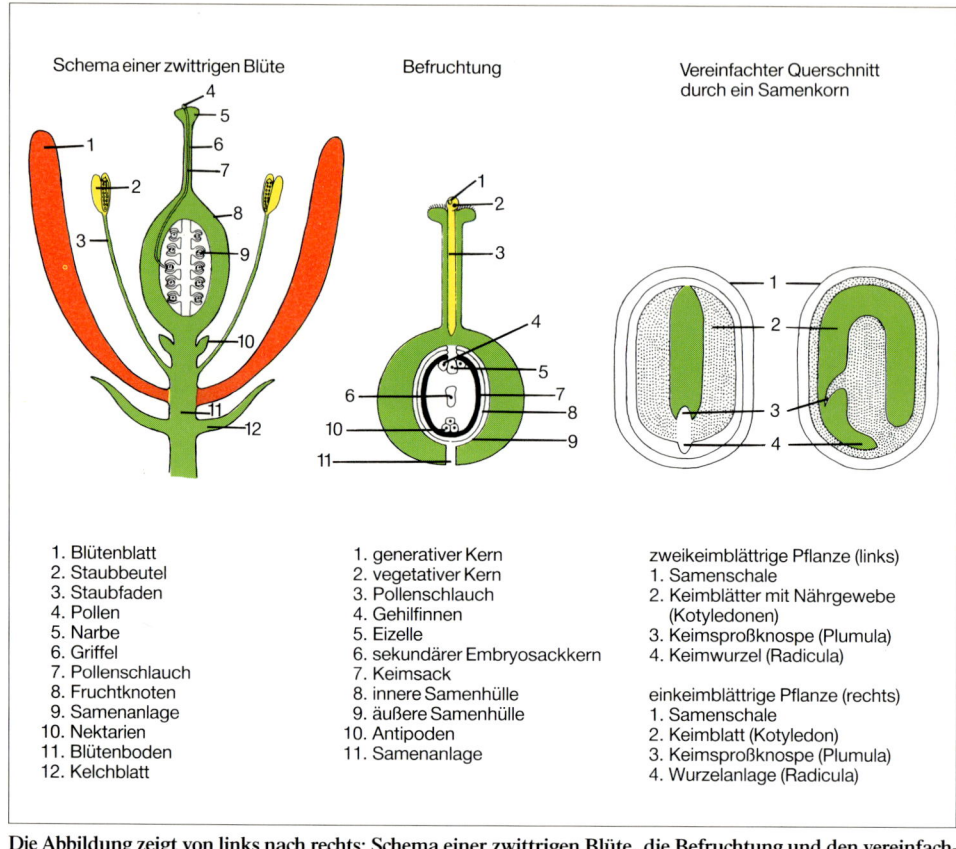

Die Abbildung zeigt von links nach rechts: Schema einer zwittrigen Blüte, die Befruchtung und den vereinfachten Querschnitt durch ein Samenkorn.

der Vater- und Mutterpflanze Unterschiede in einer oder in mehreren Anlagen auf, so sind die Nachkommen ungleich- oder mischerbig, das heißt, Eltern und Nachkommen gleichen sich nicht mehr in allen Merkmalen.

Die Nachkommen bezeichnet man als Bastarde oder Hybriden. Die Tatsache, daß sie ein uneinheitliches Erbgut aufweisen, führt zu einem verschiedenartigen Aussehen der Nachkommen. Dies ist dem Menschen an sich nicht unbekannt, unterscheiden sich doch die Kinder von ein und denselben Eltern (deren Erbanlagen auch schon mischerbig sind) häufig sehr stark voneinander, und keines gleicht dem anderen.

Diese Vorgänge sind für denjenigen, der selbst vermehrt, von großer Bedeutung. Muß er doch nicht selten mit einem starken Aufspalten der Nachkommen rechnen. Die Uneinheitlichkeit der Sämlinge kann von Nachteil sein; für den aber, der sich mit Neuzüchtungen beschäftigt, ergeben sich damit fast unbegrenzte Möglichkeiten.

Vegetative Vermehrung

Die vegetative Vermehrung kommt im Gegensatz zur generativen Vermehrung ohne Befruchtung aus. Man benutzt entweder Vermehrungsorgane, die von den Pflanzen selbst ausgebildet werden, wie Brutzwiebeln, Brutknollen, Ausläufer, Rhizome, oder man reißt, bricht oder schneidet Pflanzenteile ab und bringt sie zum Bewurzeln.
Im Extremfall ist die Pflanze in der Lage, aus einer einzigen Zelle oder einem Zellverband wieder den gesamten Organismus aufzubauen (s. Seite 167). Häufig wird behauptet, vegetativ vermehrte Pflanzen seien weniger vital und anfälliger gegen Krankheiten und Schädlinge. Dies ist nicht richtig. Die vegetative Vermehrung ist auch keine unnatürliche Form der Pflanzenvermehrung. Man kennt eine Reihe von Pflanzen, die sich teilweise schon jahrhundertelang nur vegetativ vermehren. Viele Nutzpflanzen, so die Kulturformen der Banane *(Musa)*, Apfelsine *(Citrus)*, ja selbst Gartenerdbeeren, bringen nur verkümmerte oder gar keine Samen hervor und können daher nur vegetativ vermehrt werden.
Der Vorteil der vegetativen Vermehrung gegenüber der generativen Vermehrung besteht darin, daß die Nachkommen in allen Merkmalen der Mutterpflanze gleichen.
Zur vegetativen Vermehrung ist man gezwungen:

- wenn Pflanzen keinen Samen ansetzen.
  Viele Pflanzenarten setzen keinen Samen an, weil der geeignete Bestäubungspartner fehlt oder die Blüten steril sind.

- wenn Pflanzen schlecht Samen ansetzen.
  Viele Pflanzenarten aus wärmeren Gebieten, aus den Subtropen oder Tropen, die wir als Zimmerpflanzen pflegen bzw. die sich bei uns akklimatisiert haben, setzen bei uns keinen Samen an, oder die Vegetationszeit ist so kurz, daß der Samen nicht ausreifen kann.

Wie dieser rotblättrige Schlitzahorn, *Acer palmatum* 'Dissectum Ornatum', lassen sich Kultur- bzw. Gartenformen und -sorten von Gehölzen, Stauden und Zimmerpflanzen sortenecht in der Regel nur vegetativ vermehren.

- wenn der Samen nicht „echt“ fällt, das heißt, wenn die Sämlinge stark aufspalten.
  Viele Kultur- bzw. Gartenformen (Sorten) zeigen bei der generativen Vermehrung nur selten einheitliche Nachkommen. So lassen sich viele buntlaubige, Hänge-, Zwerg- oder Säulenformen von Gehölzen sortenecht nur vegetativ vermehren. Ebenso ist es bei vielen Zierpflanzen; hier sind es häufig gefüllte oder besonders großblütige Arten. Auch sie lassen sich sortenecht nur auf vegetativem Wege vermehren.

- wenn gleichmäßiger Pflanzenbestände erzielt werden sollen.
  Für den Gärtner von großer Bedeutung, da Samen häufig sehr unterschiedlich keimt und dadurch ungleichmäßige Pflanzenbestände entstehen können.

- wenn die vegetative Vermehrung schneller zum Erfolg führt.
  Bei der vegetativen Vermehrung hat das Ausgangsmaterial, z. B. der Steckling oder Ausläufer, schon eine gewisse Größe und ist in der Regel gegenüber einer Pflanze aus Samen zeitlich gesehen im Vorteil.

Scheinzypresse, *Chamaecyparis obtusa* 'Nana Aurea'

Die Vermehrung der Laub- und Nadelgehölze

Laub- und Nadelgehölze werden sowohl auf generativem als auch vegetativem Wege vermehrt. Welche Vermehrungsmethode im Einzelfall anzuwenden ist, hängt zunächst einmal von der jeweiligen Pflanzenart ab und davon, inwieweit Vermehrungsmaterial beschafft werden kann. So werden einheimische Gehölze in der Regel generativ vermehrt, während in anderen Ländern beheimatete, bei uns angepflanzte Gehölze häufig vegetativ vermehrt werden müssen, weil die Beschaffung von keimfähigem Saatgut meist sehr schwierig ist. Alle Kulturformen, die man auch als Gartenformen, Spielarten oder Sorten bezeichnet, und Varietäten lassen sich – von wenigen Ausnahmen abgesehen – sortenecht nur auf vegetativem Wege vermehren.

Generative Vermehrung der Laub- und Nadelgehölze

Am Anfang steht die Beschaffung von keimfähigem Saatgut. Daß dies nicht immer ganz einfach ist, wird jeder bestätigen können, der sich schon mit der Vermehrung durch Samen befaßt hat. Man hat einmal die Möglichkeit, im Samenhandel angebotenen Samen zu kaufen oder ihn durch Tausch von anderen Gartenfreunden zu erwerben. Nicht verschwiegen werden soll aber auch, daß häufig bei gekauftem Saatgut, insbesondere wenn es im Ausland geerntet wurde, die Keimfähigkeit zu wünschen übrig läßt. Bei der Saatguternte, die oft unter großen Schwierigkeiten erfolgt, kann der richtige Erntetermin manchmal nicht eingehalten werden. Meist müssen ungünstige Transportverhältnisse in Kauf genommen werden, oder das Saatgut wird falsch gelagert. Daraus wird ersichtlich, daß dem Samenhändler selbst kein Vorwurf gemacht werden kann, wenn das Keimergebnis – einmal vorausgesetzt, daß bei der Aussaat alles richtig gemacht wurde – nicht den Erwartungen entspricht, da er ja in der Regel auf die Ernte der Samen keinen oder nur wenig Einfluß hat.

Beim Kauf des Saatgutes sollte die Ware bevorzugt werden, welche in Keimschutzpackungen abgepackt ist. Leider ist es bei Gehölzsaatgut noch nicht üblich, das Jahr der Ernte und das ungefähre Verfalldatum auf den Samentüten anzugeben. Dies wäre ein großer Fortschritt, denn die Lebensfähigkeit der Samen, selbst bei optimaler Lagerung, ist bei den einzelnen Pflanzenarten recht unterschiedlich. Einige sind nur wenige Wochen, andere Jahrzehnte keimfähig.

Aber der Kauf von Saatgut ist ja nur eine Möglichkeit, sich Samen zu beschaffen. Eine andere, sicherlich die interessantere Möglichkeit ist, den Samen selbst zu sammeln. Einheimische, aber auch fremdländische, bei uns eingebürgerte Gehölze bilden reichlich Samen aus. Wenn die Naturschutzgesetze beachtet werden, ist gegen die Ernte von Samen in der freien Natur nichts einzuwenden. Bei der Ernte in Parks, öffentlichen Anlagen, botanischen Gärten und Hausgärten ist der Besitzer selbstverständlich um Erlaubnis zu fragen. Ein wesentlicher Punkt spricht für die eigene Samenernte: Der Samen stammt von Gehölzen, die sich unseren Klimaverhältnissen angepaßt haben. So haben Pflanzenarten mit sehr verbreiteten Vorkommen, unter den unterschiedlichsten Klimaverhältnissen sogenannte Standortrassen entwickelt. Dies kann bedeuten, daß ein Ginkgo-Baum, aus einheimischen Samen gezogen, frosthärter ist, als ein Ginkgo, dessen Samen in Japan geerntet wurde. Im Forst entscheidet die Herkunft des Saatgutes nicht selten über den wirtschaftlichen Erfolg.

Samenernte

Sollen nach der Aussaat möglichst viele Samen keimen, ist dem Sammeln und der Ernte der Samen große Bedeutung beizumessen.

Dabei spielt der richtige Reifegrad eine besondere Rolle. Das Erkennen des richtigen Reifegrades ist nicht ganz einfach, und es gehört eine gewisse Erfahrung dazu. Es gibt aber eine Reihe von Kriterien, die Auskunft über den richtigen Reifegrad des Samens geben können, z. B. die Färbung des Fruchtfleisches und der Samenschale.

Manchmal ist das Saatgut vor der sogenannten Vollreife zu ernten, sonst keimen die Samen nicht oder nur stark verzögert. Zu dieser Gruppe gehören unter anderem die Hainbuche *(Carpinus betulus)* oder der Wacholder *(Juniperus communis)*. Auch ist zu beachten, daß einige Baumarten nicht erst im Herbst reifen, sondern viel früher. So reifen verschiedene Ahorn-Arten, Weide und Pappel schon im Mai und müssen nach der Ernte sofort ausgesät werden.

Im allgemeinen wartet man das Abfallen der vollreifen Früchte oder Samen ab. Denn die Wanderung von Nährstoffen aus Wurzel, Sproß und Frucht in das Samenkorn hält solange an, bis die Verbindung mit der Mutterpflanze unterbrochen und damit das Stadium der Reife erreicht ist. Allerdings muß man darauf achten, daß Samen oder Früchte nicht schon vor der Ernte von Vögeln oder anderen Tieren weggefressen werden und man selbst leer ausgeht. Samen in trockenen Früchten, z. B. Flieder *(Syringa)*, kann man in der Regel lange an der Mutterpflanze belassen. Aber es gibt auch Ausnahmen, bei Arten aus der Familie der *Hamamelidaceae* (z. B. *Hamamelis mollis*, Zaubernuß) muß man wiederum aufpassen: hier springen die Kapseln bei Vollreife plötzlich auf und schleudern die Samen heraus.

Besondere Aufmerksamkeit erfordert die Ernte der Samen von Nadelgehölzen. So fallen die Zapfen der Tannen *(Abies)* bei Vollreife auseinander und geben die Samen frei. Ähnlich ist es bei Fichte *(Picea)* und Kiefer *(Pinus)*, hier öffnen sich bei sonnigem Wetter die Zapfen und entlassen die Samen, ohne daß der Zapfen auseinanderfällt. In beiden Fällen muß vor der Vollreife geerntet werden.

Den richtigen Reifegrad der Zapfen, Früchte und Samen zu bestimmen ist nicht immer leicht, auch ist es nicht möglich, die Reifemerkmale allgemeinverbindlich zu beschreiben. Bei einiger Aufmerksamkeit wird man sich aber sehr bald die nötigen Kenntnisse für die richtige Beerntung der Gehölze angeeignet haben. Man wird dann erkennen, wie die Frucht gefärbt oder beschaffen ist, wenn die Samen reif sind. Im speziellen Teil sind bei den einzelnen Pflanzenarten nähere Angaben zu den ungefähren Ernteterminen gemacht.

Es wurde schon darauf hingewiesen, daß die Lebensfähigkeit der Samen von Gehölzen recht unterschiedlich sein kann. Samen von Pflanzenarten, deren Früchte im Frühjahr reifen, wie Weide *(Salix)* und Pappel *(Populus)*, behalten ihre Keimfähigkeit in der Regel nur wenige Tage. Mit Samen dieser Arten wird man die meisten Schwierigkeiten haben,

Besondere Aufmerksamkeit erfordert die Ernte der Samen der Nadelgehölze.

Zapfen von *Abies koreana* (Koreatanne) kurz vor der Vollreife

Wartet man zu lange, fallen die Zapfen auseinander, und man geht leer aus.

wenn man nicht selbst die Möglichkeit hat, frisches Saatgut zu ernten. Andere Samen haben eine Lebensfähigkeit von längstens einem Jahr. Zu ihnen gehören u. a. Ahorn *(Acer)*, Ulme *(Ulmus)*, Zeder *(Cedrus)*, Erle *(Alnus)* und Buche *(Fagus)*. Die Samen von Tanne *(Abies)* und Fichte *(Picea)* haben eine Lebensfähigkeit von mindestens 2 bis 3 Jahren. Die längste Lebensfähigkeit haben Samen der Pflanzenarten aus der Familie der *Leguminosae*, wie z. B. Ginster *(Genista)* und Robinie *(Robinia)*. Bei ihnen kann durch den Schutz der harten Samenschale die Lebensfähigkeit der Samen bis zu 30 Jahren betragen.

Samenaufbereitung und Reinigung.
Trockene Früchte (z. B. Kapseln) werden vorsichtig mit einem Nudelholz zerkleinert (links). Leichtere Fremdkörper können durch Schwingen des Gefäßes oder durch Ausblasen entfernt werden (Mitte). Besonders feine Sämereien läßt man über geneigte Tücher, rauhe Pappen oder Papier laufen (rechts).

Reinigung der Samen

Ein Problem ist immer das Reinigen von selbst geernteten Samen. Samenzuchtfirmen steht hierzu ein ganzes Arsenal von Maschinen zur Verfügung: Dreschmaschinen, Passiermaschinen, Windfegen mit Druckluftführung, Plan- und Zylindersiebe sowie Trieure, die rundliche Körner und Bruchstücke auslesen.
Der Hobbygärtner kann aber auch mit einfachen Hilfsmitteln sein Saatgut reinigen. In dem Zusammenhang muß davor gewarnt werden, auf die Reinigung zu verzichten. Reste der fleischigen Frucht oder Kapsel, Stengelteile und Erdreste sind oft Träger von Pilzkrankheiten.
Trockene Früchte, wie Kapseln und Schoten, legt man auf ein Brett, wo sie mit dem Nudelholz aus der Küche zerquetscht werden. Das Saatgut kann dann mit Sieben in verschiedenen Maschengrößen von Pflanzenteilen und Fruchtrückständen gereinigt werden.
Zur Herrichtung sehr feiner Sämereien benutzt man neben feinmaschigen Sieben (z. B. Teesieb s. Seite 282) gern kleine Schwingmulden aus Holz (eine runde Schüssel ist auch geeignet), die es gestatten, leichtere Fremdkörper, aber auch leichte Samen durch Schwingen bzw. rotierende Bewegungen, verbunden mit Ausblasen, zu entfernen. Auch ohne Maschinen ist es auf diese Weise möglich, ein vollkommen einwandfreies Saatgut zu erhalten.
Eine weitere Möglichkeit, feinkörnige, runde Sämereien von erdigen Bestandteilen und Fruchtresten zu trennen, besteht darin, das Erntegut über geneigte Tücher, rauhe Pappen

oder Papier laufen zu lassen, deren Neigungswinkel so gewählt werden muß, daß das Samenkorn abrollt, die Verunreinigungen aber an der Oberfläche der Tücher oder Pappe haften bleiben.

Baumsamen aus Trockenfrüchten, z. B. Eicheln und Nüsse, mit fest anliegender Fruchtwandung läßt man unverändert, da das Lösen aus der Fruchtwand schwierig oder unnötig ist. Bei saftreichen, fleischigen Früchten, wie Apfel *(Malus)*, Zwergmispel *(Cotoneaster)*, Felsenbirne *(Amelanchier)* und vielen anderen Arten, müssen die Samen ausgewaschen werden. Dies ist sehr wichtig, da das Fruchtfleisch in der Regel auch keimhemmende Stoffe enthält (s. Seite 24).

Das Reinigen der Samen vom Fruchtfleisch ist relativ einfach. Die Früchte werden zunächst zerrieben oder zerstampft, anschließend mit einer geringen Menge Wasser übergossen. Nun läßt man das Ganze leicht rotten und angären; das Fruchtfleisch wird dabei mürbe und kann schon bald unter fließendem Wasser mit Hilfe von Sieben leicht vom Samen getrennt werden. Es darf dabei aber zu keiner abgeschlossenen Gärung mit einer hohen Temperaturentwicklung kommen, da hierdurch der Samen geschädigt würde.

Im Abschnitt Samenernte wurde schon darauf hingewiesen, daß die Ernte der Samen von Nadelgehölzen besondere Aufmerksamkeit erfordert und die Zapfen im geschlossenen Zustand, das heißt vor der Vollreife, geerntet werden müssen. Um die Samen aus den Zapfen herauszulösen, bedarf es eines Vorganges, der als Ausklengen bezeichnet wird. Unter „Klengen" versteht man das Öffnen der Zapfen durch warme und trockene Luft. Dazu legt man die Zapfen in flache Kisten und stellt sie im Heizungskeller oder in der Nähe eines Heizkörpers auf. Günstig wirkt sich ein allmähliches Steigern der Temperatur aus. Aller-

Reinigen der Samen vom Fruchtfleisch

Zerdrücken der reifen Früchte, hier *Amelanchier canadensis*

Übergießen mit Wasser

Angären

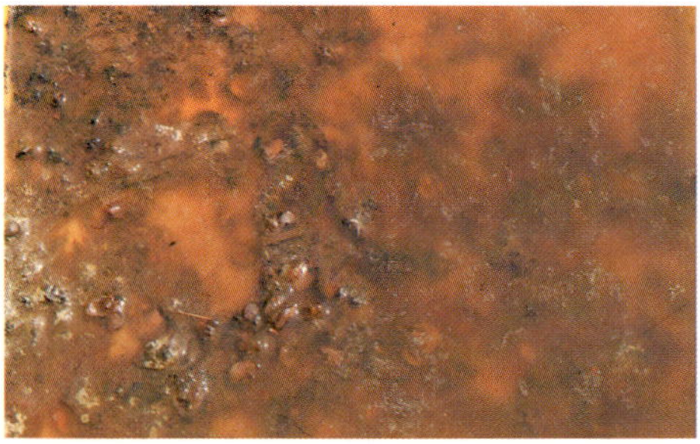

Auswaschen

Klengen, vor (rechts) und nach der Wärmebehandlung (links)

dings darf die Temperatur 45 °C nicht übersteigen, da sonst die Samen geschädigt werden können. Schon bald öffnen sich die Zapfen, und nach einem kräftigen Durchschütteln fallen die Samen heraus. Auch verschiedene

Entflügelter Samen (rechts) und nicht entflügelter Samen (links) von *Pinus mugo* ssp. *mugo* (Krummholzkiefer)

Laubgehölzsamen werden durch eine solche Trockenwärmebehandlung aus den Fruchtkapseln befreit, zu ihnen gehören u. a. alle Arten aus der Familie der *Hamamelidaceae* (Zaubernußgewächse).
Bei geflügelten Nadel- und Laubgehölzarten wird gelegentlich empfohlen, die Samen zu entflügeln. Dies ist nicht unbedingt erforderlich. Zwar lassen sich entflügelte Samen besser aussäen, ein besseres Keimergebnis wird aber nicht erreicht.

Behandlung der Samen vor der Aussaat

Im Abschnitt „Generative Vermehrung" habe ich schon erwähnt, daß die Lebensvorgänge im Samen auf ein Mindestmaß reduziert sind. Erst die Zufuhr von Wasser beendet dieses Ruhestadium, so daß die Keimung einsetzen kann. Die Keimung erfolgt aber nur, wenn in den ruhenden Samen die innere Bereitschaft zum Keimen vorliegt. Dies heißt, selbst wenn die Außenbedingungen günstig sind, also günstige Temperatur- und Feuchtigkeitsverhältnisse vorliegen, kommt es nur dann zur Keimung, wenn zu diesem Zeitpunkt der Samen auch keimwillig ist.
Wenn auch viele Samen sofort nach der Reife keimen können, so gibt es auch solche, die erst ein kürzeres oder längeres Ruhestadium durchmachen müssen; bei ihnen wird die volle Keimfähigkeit erst durch einen Nachreifeprozeß erreicht. Dieser Nachreifeprozeß dauert bei den einzelnen Pflanzenarten unterschiedlich lange. Bei einigen wenige Tage, bei anderen mehrere Monate. Die letzteren unterliegen einer Keimhemmung, auch Keimruhe genannt. Für die Keimruhe können verschiedene Ursachen verantwortlich sein:
- eine harte, wasserundurchlässige Samenschale,
- unvollständige Ausbildung des Keimlings (Embryo),
- ein Kältebedürfnis der Samen,
- keimungshemmende Stoffe.

Die Aufbewahrung und Behandlung des Saatgutes von der Ernte bis zur Aussaat muß sich danach richten, welcher der obengenannten Gruppen die betreffende Samenart zuzurechnen ist. Die richtige Behandlung des Saatgutes lehrt die Natur an sich selbst. Wenn wir das nachahmen, was in der freien Natur in der Zeit zwischen der Samenreife und der Keimung geschieht, machen wir es immer richtig.

Sehr mannigfaltig in Form und Größe sind die Samen von Laub- und Nadelgehölzen.

Acer buergerianum

Nothofagus antarctica

Acer insignis

Pinus parviflora

Quercus suber

Araucaria bidwillii

Thuja orientalis

Larix gmelinii var. *japonica*

Samen mit harter Samenschale

Ein Samen enthält zwischen 10 und 20 % Wasser. Der niedrige Wassergehalt bewirkt, daß äußere Reize wie Kälte und Hitze wesentlich besser ertragen werden. Er bewirkt aber auch, daß eine Keimung nicht erfolgen kann. Die erste Voraussetzung für die Keimung ist daher die Aufnahme von Wasser.

Bei vielen Samen ist die Samenschale so stark entwickelt, daß eine Wasseraufnahme und damit die Keimung nicht stattfindet, die Samenschale ist hart und wasserundurchlässig. Eine Keimung kann nur erfolgen, wenn eine mechanische Einwirkung oder ein mikrobieller Abbau die Samenschale porös und wasserdurchlässig macht. Eine stark entwickelte Samenschale ist im Grunde genommen eine sehr nützliche Einrichtung der Natur; denn durch derartige Bedingungen wird die Keimung einer Population von Samen über viele Jahre, manchmal Jahrzehnte, ausgedehnt, was sicher von Bedeutung für die Erhaltung der betreffenden Arten ist.

Der Hobbygärtner, Pflanzenfreund und Gärtner möchte aber nicht Jahre warten, bis es zur Keimung kommt. Eine Behandlung der Samen muß daher zum Ziel haben, die Samenschale porös und wasserdurchlässig zu machen. Die Durchlässigkeit der Samenschale wird in der Natur in der Regel durch Mikroorganismen herbeigeführt. Eine relativ langwierige Angelegenheit, ist doch die Aktivität der Bakterien und anderen Bodenorganismen weitgehend abhängig von der Temperatur. Um nicht wertvolle Zeit zu verlieren, gibt es mehrere Möglichkeiten, diese Form der Keimruhe zu brechen. Für kleinere Samenmengen empfiehlt sich folgende Methode:

Anfeilen und Aufrauhen

Das Anfeilen oder Aufrauhen der Samenschale ist eine einfache, dabei sichere und schnelle Methode, um die Durchlässigkeit der Samenschale herbeizuführen.

Große, mit den Fingern faßbare Samen, feilt man einzeln mit einer feinen Metallfeile an. Samenschalen von kleinen, feinen Samen

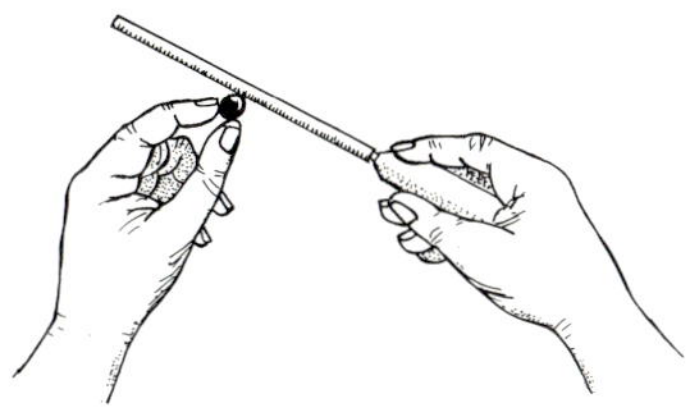

Anfeilen

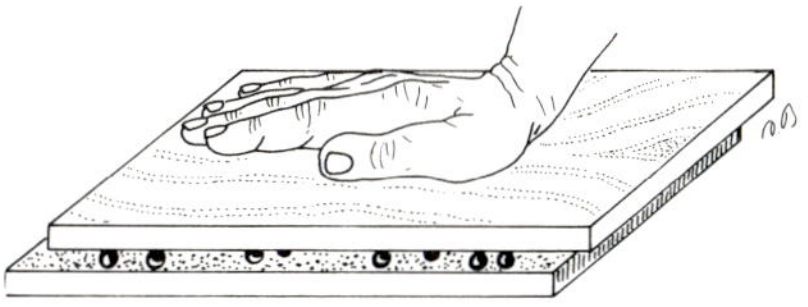

Samen mit Sand vermischen und zwischen zwei Brettchen reiben

Zwei Möglichkeiten, die Durchlässigkeit der Samenschale herbeizuführen

kann man mit Glaspapier oder Sand durchlässig machen. Ein Aufrauhen mit Hilfe von Glaspapier ist nicht schwierig. Der Boden einer Kiste oder ein anderes Gefäß wird mit einem Blatt Glaspapier ausgelegt. Ein zweites Blatt Glaspapier wird mit Reißnägeln an einem kleinen Brett befestigt. Der Samen wird auf das Glaspapier in die Kiste gelegt und die Samenschale unter Druck mit kreisenden Bewegungen des Brettchens aufgerauht. Den gleichen Effekt kann man erzielen, wenn man den Samen mit scharfem Sand vermischt und zwischen zwei Brettern reibt.

In Gärtnereien wird bei größeren Samenmengen die Durchlässigkeit der Samenschale auf rationellere Art und Weise erreicht. Entweder werden handelsübliche Kleeritzmaschinen eingesetzt, oder man befüllt eine Trommel mit Glasscherben (evtl. auch mit Eisenspänen) und Samen im Gewichtsverhältnis 4:1. Die Glassplitter oder Eisenspäne sind in ihrer Größe so zu bemessen, daß sich Samen und

Glas später durch Siebe trennen lassen. Dieses „Gemisch" wird etwa 30 Minuten lang kräftig geschüttelt oder gedreht und anschließend mit Hilfe von Sieben wieder getrennt.
Eine andere Methode ist die sogenannte „Warmstratifikation" (s. auch Seite 24). Hierbei wird der Samen mit etwas Kompost oder anderem nichtsterilen Boden vermischt und für etwa 8 bis 15 Wochen einer Wärmebehandlung (25 bis 30 °C) unterzogen. Noch bessere Erfolge soll man erzielen, wenn der verwendete Boden mit Faulschlamm von Seen und Teichen angereichert wurde. Andere empfehlen, die Samen in ein Leinensäckchen zu tun und für einige Wochen in Jauche zu hängen oder Ammoniakdämpfen, etwa in einem Pferdestall, auszusetzen.
Andere Verfahren, wie die Behandlung mit Säuren, sind gefährlich und nicht zu empfehlen. Eine unsichere und riskante Methode ist die häufig empfohlene Behandlung mit heißem Wasser.

Samen mit unvollkommen entwickelter Keimlingsanlage

Bei vielen Pflanzenarten sind die Keimlinge (Embryonen) in den Samen zur Erntezeit noch sehr klein und unterentwickelt und werden erst nach Ablösung von der Mutterpflanze vollständig ausgebildet. Eine sofortige Keimung nach der Ernte ist nicht möglich.
Alle Samen, die dieser Gruppe zugeordnet werden müssen, dürfen nicht trocken gelagert werden. Die Keimanlage kann sich nur weiterentwickeln, wenn dem Samen die notwendige Feuchtigkeit zugeführt wird. Bei einer trockenen Lagerung ruht die Weiterentwicklung, und die Keimlingsanlage stirbt ab.
Die Samen müssen aber nicht nur feucht, sondern in der Regel auch bei niedrigen (wenige auch bei höheren) Temperaturen bis zur Aussaat aufbewahrt werden. Bei einigen Gehölzarten ist es empfehlenswert, die Samen zunächst für einige Wochen warm und im Anschluß daran bei niedrigen Temperaturen zu lagern (s. Seite 24).

Die Überwindung der Keimruhe bei niedrigen Temperaturen und Feuchtigkeit wird als Stratifikation bezeichnet.

Stratifikation (Kalt-Naß-Vorbehandlung)*

Während man früher das Saatgut schichtweise in feuchtigkeitshaltende Materialien wie Sand oder Torf einlegte, eine Schicht Sand – eine Schicht Samen – usw., wird heute der Samen dem feuchten Substrat einfach untergemischt. Es hat sich gezeigt, daß die gleichmäßigsten Keimergebnisse bei einer innigen Vermischung von Saatgut und Substrat erzielt werden; außerdem ist dieses Verfahren einfacher durchzuführen.
Neben den schon erwähnten Materialien Torf und Sand (Estrichsand in der Körnung 00 bis 02) werden gelegentlich auch Sägespäne oder

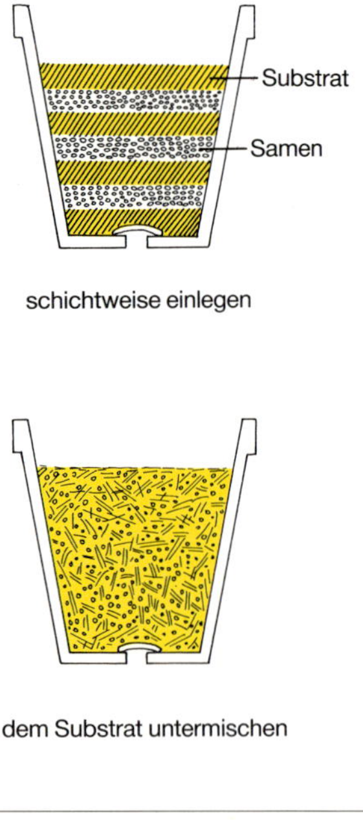

Stratifikation

* Stratifikation ist von dem französischen Wort „stratifier" = schichtenförmig lagern abgeleitet.

Komposterden verwendet. Bei kurzzeitiger Stratifikation ist feuchter Sand das gebräuchlichste Substrat. Bei längerfristiger Stratifikation ist ein Sand-Torf-Gemisch oder Komposterde vorteilhafter, da diese Substrate weniger schnell austrocknen und infolgedessen nicht so oft gewartet werden müssen. Wenn man auch ganze Früchte stratifizieren kann, so ist es doch sinnvoller, den Samen vorher vom Fruchtfleisch zu befreien (s. Seite 18).

Vor dem Einlagern des Saatgutes ist ein Schutz vor pilzlichen Krankheiten durch Beizen (s. Seite 293) ratsam.

Als Lagergefäße verwende man Tontöpfe, durchlöcherte Kunststofftöpfe oder sonstige Behälter.

Die wirkungsvollste Stratifikationstemperatur liegt zwischen 2 und 8 °C, Temperaturen unter dem Gefrierpunkt sind dagegen wirkungslos. Dies zu wissen ist wichtig, da solche Samen häufig als Frostkeimer bezeichnet werden und nicht nur der Hobbygärtner falsche Schlußfolgerungen daraus zieht. Daß Temperaturen unter dem Gefrierpunkt wirkungslos sind, ist eigentlich verständlich, denn zur Weiterentwicklung benötigt die Keimlingsanlage Feuchtigkeit, die bei Frost nicht verfügbar ist. Daher sind Temperaturen unter dem Gefrierpunkt eher von Nachteil.

Eine Stratifikation im Kühlschrank hat den Vorteil, daß man weitgehend unabhängig ist von der Jahreszeit.

Die Stratifikation kann unter den Witterungsbedingungen des Freilandes, in Kühlräumen oder auch im Kühlschrank durchgeführt werden. Stratifikation im Kühlschrank oder in Kühlräumen hat den Vorteil, daß man weitgehend unabhängig ist von der Jahreszeit.

Im Freien sind die Stratifizierbehälter, vor Mäusen und Vögeln geschützt (die Behälter sind mit dichtmaschigem Drahtgeflecht zu umgeben), in den Gartenboden oder offenen Frühbeetkasten einzugraben. Eine Kiste, mit Torf oder Erde gefüllt, ist ebenso geeignet. Wichtig ist, daß Regen, Schnee, Wärme und Kälte voll auf die Samen einwirken können.

Bei der Durchführung der Stratifikation im Kühlschrank ist darauf zu achten, daß das Gemisch nicht austrocknet und die oben angegebenen Temperaturen möglichst eingehalten werden.

Das Saatgut muß während der Stratifikation ständig kontrolliert werden. Zeigen sich die ersten Wurzelspitzen, ist sofort auszusäen. Wartet man mit der Aussaat zu lange, bekommen die Keimlinge krumme Wurzelhälse, und die Jungpflanzen haben Schwierigkeiten, normal aufzuwachsen. Sinnvoll ist es, zusammen mit dem Stratifiziersubstrat auszusäen, anderenfalls müssen die Samen ausgesiebt werden. Unter Umständen lassen ungünstige Witterungsbedingungen eine sofortige Aussaat nicht zu. Man hat dann die Möglichkeit, die Samen bei −2 bis −4 °C zwischenzulagern. Innerhalb dieses Temperaturbereichs wird das Wachstum der Keimlinge praktisch gestoppt; die Temperaturen sind unbedingt einzuhalten. Bei Temperaturen über −2 °C läuft die Keimung weiter, angekeimte Samen erleiden bei Temperaturen unter −6 °C Schaden. Muß notfalls trotz ungünstiger Bedingungen ausgesät werden, dann natürlich nur unter Glas.

Die Zeit, die der Keimling zu seiner Entwicklung benötigt, bestimmt die Dauer der Stratifikation; sie ist bei den einzelnen Gehölzarten verschieden. Einige Arten benötigen 1 bis 2 Wochen, andere mehrere Monate oder gar 1 bis 2 Jahre. Genauere Angaben findet man im speziellen Teil bei den einzelnen Gattungen bzw. Arten.

Das Stratifizieren muß auch nicht immer unmittelbar nach der Ernte erfolgen. Bei einigen

Arten ist dies sogar nachteilig. Bei *Acer negundo* (Eschenahorn) und *Syringa vulgaris* (Flieder) stellt die Stratifikation eigentlich nur ein Vorquellen dar, um die Auflaufzeit zu verkürzen. Bei diesen und anderen Arten werden die Samen zunächst trocken gelagert und erst kurz vor der Aussaat stratifiziert.

In die Gruppe, deren Samen von der Ernte bis zur Aussaat unbedingt feucht gelagert werden müssen, damit sich die Keimlingsanlage weiter entwickeln kann, gehören u. a. die Eiche *(Quercus)* und die Buche *(Fagus)*; bei trockener Lagerung sterben die Samen ab. Allerdings vertragen diese Samen keinen Frost. Genauso empfindlich wie gegen Minus-Temperaturen sind sie gegen zu hohe Temperaturen. Die günstigsten Lagerungsbedingungen liegen bei 2 bis 4 °C.

Bei anderen Gehölzarten, u. a. bei *Cornus* (Hartriegel), *Fraxinus* (Esche) und einigen *Crataegus*-Arten (Weiß- oder Rotdorn), haben sich zur Behebung der Keimhemmung Wechseltemperaturen bewährt. Man spricht hier auch von einer Warm-Naß-Behandlung oder Warmstratifikation. Bei diesen Samen wird zunächst eine Behandlung bei 20 bis 25 °C durchgeführt und anschließend die übliche Kaltstratifikation. Die Warmbehandlung erfolgt in der Wohnung, im Heizungsraum oder im warmen Gewächshaus. Wie man bei kleinen Samenmengen die Stratifikation mit der Aussaat verbinden kann, wird im Abschnitt Aussaat näher beschrieben.

Keimungshemmende Stoffe

Schon mehrmals wurde darauf hingewiesen, daß ein Samen zur Keimung Wasser benötigt. Warum keimen aber dann Samen, die von wasserreichem Fruchtfleisch umgeben sind, nicht schon an der Pflanze? Die Erklärung ist, daß das Fruchtfleisch, zum Teil auch die Samenschale, keimungshemmende Stoffe enthält.

Soll der Samen keimen, müssen diese Stoffe zunächst abgebaut werden. In der freien Natur fallen die Früchte auf den Boden, das Fruchtfleisch wird von Bakterien zersetzt, und die keimungshemmenden Stoffe werden von Regen und Schnee fortgespült. Nicht selten werden aber auch die Früchte von Vögeln oder anderen Tieren gefressen, das Fruchtfleisch verdaut und die Samen wieder ausgeschieden.

Wie man den Samen vom Fruchtfleisch mit den keimungshemmenden Stoffen trennt, ist auf Seite 18 im Abschnitt über die Reinigung der Samen beschrieben.

Doppelte Keimruhe

Bisher sind immer einzelne Ursachen für die Keimruhe der Samen aufgezeigt worden. Es gibt aber auch Pflanzenarten, deren Samen einer doppelten oder sogar dreifachen Keimruhe unterliegen, so daß es an sich nichts Ungewöhnliches ist, wenn Samen erst zwei Jahre nach der Ernte bzw. Aussaat zur Keimung kommen. So besitzen *Crataegus* (Weiß- oder Rotdorn) und *Cotoneaster* (Scheinmispel) -Samen eine fleischige Fruchthülle, eine harte, undurchlässige Samenschale und eine unvollkommen entwickelte Keimlingsanlage. Samen dieser Pflanzenarten müssen, um zu keimen, mehrere Phasen durchlaufen. Zunächst muß die Fruchthülle mit den keimungshemmenden Stoffen abgebaut werden, anschließend die Durchlässigkeit der Samenschale herbeigeführt werden, und schließlich sind niedrige Temperaturen notwendig, damit sich der Keimling weiterentwickeln kann.

In der freien Natur würde das folgendermaßen aussehen: Nach der Fruchtreife im Herbst fällt der Samen zu Boden. Im Laufe des kommenden Winters, Frühjahrs und Sommers wird das Fruchtfleisch mit den keimungshemmenden Stoffen abgebaut. Im folgenden Winter liegt der Samen über, weil die Mikroorganismen bei niedrigen Temperaturen nicht tätig werden können, um die harte Samenschale wasserdurchlässig zu machen. Dies ist erst im folgenden Frühjahr/Sommer möglich. Im darauffolgenden Winter kann schließlich das Kältebedürfnis erfüllt werden, so daß sich die Keimlingsanlage weiterentwickelt. Erst jetzt sind alle Bedingungen für die Keimung erfüllt, und der Samen beginnt im Frühjahr zu keimen.

An diesem Beispiel wird auch die ökologische Bedeutung der Keimruhe deutlich. Gäbe es die Keimruhe und die damit verbundene Nachreife nicht, würden viele Samen noch im Herbst bei günstigen Temperaturverhältnissen mit der Keimung beginnen, die Keimlinge in den folgenden Wintermonaten erfrieren. Es ist also für viele Pflanzenarten zum Überleben äußerst wichtig, daß vor Eintritt ungünstiger Vegetationsbedingungen eine Keimhemmung eingeschaltet wird.

Trockene Lagerung

Neben den schon angesprochenen Gruppen gibt es aber auch Gehölzarten, deren Samen bis zur Aussaat trocken zu lagern sind. Hierzu gehören viele Leguminosen, wie *Caragana* (Erbsenstrauch), *Colutea* (Blasenstrauch) oder *Cytisus* (Geißklee), ferner viele Arten mit feinkörnigen Samen wie *Betula* (Birke), *Alnus* (Erle), *Buddleja* (Sommerflieder) u. a. Auch die Samen der Nadelgehölze gehören in diese Gruppe.

Die Lagerräume müssen trocken, luftig und kühl sein. Das Saatgut wird zweckmäßigerweise in flachen Kartons, Kisten oder ähnlichen Behältern in dünnen Lagen aufbewahrt. Es ist vorteilhaft, die Samen von Zeit zu Zeit zu wenden. Eine laufende Kontrolle auf Schimmelbildung und Selbsterwärmung ist unbedingt nötig.

Aussaat

Damit der Samen keimen kann, müssen drei Bedingungen erfüllt sein: Der Samen muß keimfähig und keimwillig sein, und die äußeren Bedingungen müssen stimmen (Temperatur und Feuchtigkeit).

Daß der Samen nicht unbegrenzt lebensfähig ist, wurde schon beschrieben. Die Samen der meisten Gehölzarten überdauern noch nicht einmal ein halbes Jahrzehnt, einige sind nur wenige Tage keimfähig. Aber selbst frisches Saatgut keimt nie zu 100 %. Unter Keimfähigkeit versteht man die Zahl der entwicklungsfähigen Samen, angegeben in Keimprozenten. So keimt Ahorn *(Acer)*-Samen nur zwischen 30 und 70 %, die Kiefer *(Pinus)* zu 70 bis 100 %, Tanne *(Abies)* und Fichte *(Picea)* häufig nur zu 0 bis 30 %.

Was es mit der Keimwilligkeit auf sich hat, ist im vorigen Abschnitt („Die Behandlung des Saatgutes vor der Aussaat") schon ausführlich beschrieben worden: Die Keimung der Samen erfolgt nur, wenn im ruhenden Samen die innere Bereitschaft zum Keimen vorliegt. Stimmen dann auch die äußeren Bedingungen, kann die Aussaat und damit die Keimung erfolgen.

Als Aussaatort kommt für die Mehrzahl der Gehölze nur das Freiland in Frage. Die Aus-

Daß selbst frisches Saatgut nie zu 100 % keimt, zeigen die beiden Abbildungen.

Chamaecyparis lawsoniana

Cercis siliquastrum

saat kann auf Beete im Garten erfolgen, aber auch in Schalen oder Töpfe, die der Gartenbesitzer an geschützter Stelle im Freiland, der Nichtgartenbesitzer auf dem Balkon aufstellt. Die Aussaat in Töpfe oder Schalen hat den Vorteil, daß man von der Jahreszeit und Witterung weitgehend unabhängig ist, zumal sich die Aussaat oft nach dem Eintreffen des Saatgutes richten muß.
Ein Garten ist also nicht unbedingt erforderlich, um Gehölze heranzuziehen (wichtig für Bonsaifreunde). In Frage kommt auch ein kalter (ungeheizter) Frühbeetkasten. Empfindliche oder besonders wertvolle und sehr feine Samen werden grundsätzlich unter Glas ausgesät. Ideal ist ein Kleingewächshaus, ein heizbares Vermehrungsbeet (Zimmergewächshaus) oder ein heizbarer Frühbeetkasten.
Die Aussaat unter Glas erfolgt ausschließlich in Töpfe oder Schalen, da man die Aussaaten hier besser unter Kontrolle hat und die Sämlinge später besser abhärten kann.
Um Sämlingskrankheiten vorzubeugen, sollte man die Samen vor der Aussaat beizen (s. Seite 293), auch dann, wenn die vorgesehene Aussaatfläche oder Aussaaterde sterilisiert wurde. Das Beizen hat, wenn stratifiziert wird, vor der Stratifikation zu erfolgen, da es bereits hier zur Infektion kommen kann.

Aussaatzeitpunkt

Hauptaussaatzeit ist das Frühjahr. Obwohl viele Gehölzarten, die erst nach Einwirken kühlerer Temperaturen keimen, schon im Herbst – sie erfahren ja den Winter über eine Kühlbehandlung – ausgesät werden können, ist es aus verschiedenen Gründen sinnvoller, die Aussaat erst im Frühjahr durchzuführen. Stratifiziertes Saatgut kann im allgemeinen ab Ende Februar/Anfang März ausgesät werden. Bei trocken gelagertem Saatgut von Laubgehölzen und bei allen Nadelgehölzen wartet man mit der Aussaat bis Anfang April, da die Keimlinge sehr frostempfindlich sind. Früh reifende Samen, wie Weide *(Salix)* und Pappel *(Populus)*, sind gleich nach der Reife auszusäen.

Vorkeimen

Bei trocken gelagertem Saatgut empfiehlt es sich, den Samen vorzukeimen. Dadurch kann der Keimvorgang wesentlich beschleunigt werden. Für Gehölzsamen bieten sich zwei Möglichkeiten an:

1. Der Samen wird mit feuchtem Sand vermischt, für 48 Stunden warm, bei Zimmertemperatur, aufgestellt und anschließend zusammen mit dem Sand ausgesät.

2. Man füllt die Samen in ein Leinensäckchen oder einen Strumpf und hängt ihn für 24 Stunden in einen Topf mit Wasser. Nach kurzem Abtrocknen muß sofort ausgesät werden, weil mit der Quellung des Samens der Keimvorgang einsetzt und nicht mehr rückgängig gemacht werden kann. Allenfalls kann bei kühler Lagerung in einem Kühlschrank der Keimvorgang für 1 bis 2 Wochen unterbrochen bzw. verzögert werden (s. Seite 23). Nach der Aussaat laufen die Samen dann in wenigen Tagen auf.

Aussaat auf Beete

Eine Aussaat auf Beete kommt in der Regel nur bei größeren Samenmengen in Betracht. Der Boden bedarf einer besonders sorgfältigen Vorbereitung. Er muß genügend Feuchtigkeit halten können, damit der Samen keimen kann, darf aber andererseits nicht zur Vernässung neigen. Hoher Wassergehalt im Boden bedeutet schlechte Durchlüftung und damit verbunden Sauerstoffmangel. Unter Sauerstoffmangel kann der Samen aber nicht keimen. Es ist deshalb ein Kompromiß zwischen beiden Extremen zu finden.
Optimal ist lehmiger Sand mit hohem Humusgehalt. Im allgemeinen kann man davon ausgehen, daß ein Gartenboden, in dem schon jahrelang Pflanzen herangezogen wurden, die Voraussetzung für ein gutes Saatbeet mitbringt. Notfalls kann der Boden mit Sand, um die Durchlüftung zu fördern, oder mit Torf, um den Humusgehalt zu erhöhen, verbessert werden.

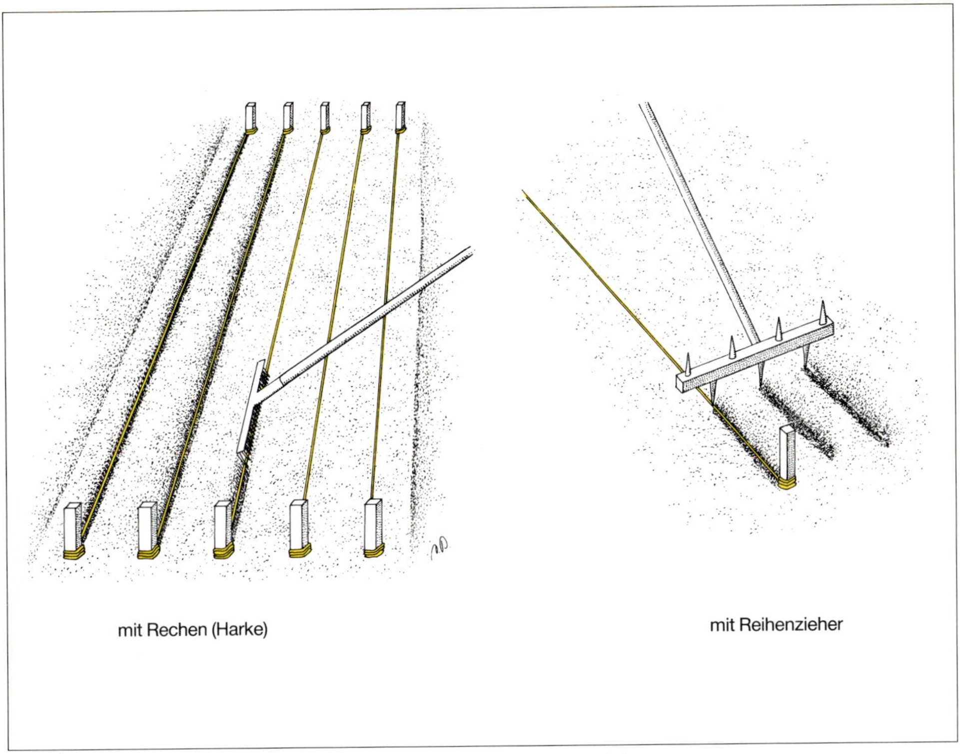

Bei der Aussaat in Reihen empfiehlt es sich, die Reihen vorher zu markieren.

Vor der Aussaat ist der Boden mit entsprechendem Gerät in einen feinkrümeligen Zustand zu versetzen und glatt zu ziehen. Die Aussaat selbst wird breitwürfig (Breitsaat) oder in Reihen (Reihensaat) durchgeführt.

Die Aussaat in Reihen empfiehlt sich bei größerem, grobkörnigem Saatgut, z. B. bei Eiche und Kastanie. Sie hat den Vorteil, daß eine bessere Bodenpflege und Unkrautbekämpfung möglich ist. Der Abstand zwischen den einzelnen Reihen sollte je nach Gehölzart 10 bis 20 cm betragen.

Für feinere Samen, z. B. bei der Birke *(Betula)*, ist die Breitsaat zu bevorzugen. Hier wird der Samen breitwürfig auf dem Saatbeet verteilt. Wichtig ist, daß der Samen gleichmäßig verteilt wird, damit sich die einzelnen Sämlinge auch gleichmäßig entwickeln können. Bei wenig Saatgut ist es sinnvoll, den Samen mit Sand oder Vermiculit (s. Seite 270) zu strecken.

Aussaattiefe

Nicht zuletzt die Aussaattiefe entscheidet über den Erfolg oder Mißerfolg der Aussaat.

Der Keimling muß eine unglaubliche Leistung vollbringen, wenn er durch die geschlossene Erddecke über sich hindurchstößt. Von dieser Überlegung ausgehend, müßte man die Samen möglichst flach aussäen. Die Erfahrung zeigt aber, daß die oberste Erdschicht großen Schwankungen bei Temperatur und Feuchte ausgesetzt ist. Am Tage bei Sonnenschein steigen die Temperaturen extrem an, in der Nacht sinkt die Temperatur wieder stark ab. Außerdem trocknet die Erde in dieser Schicht aus –

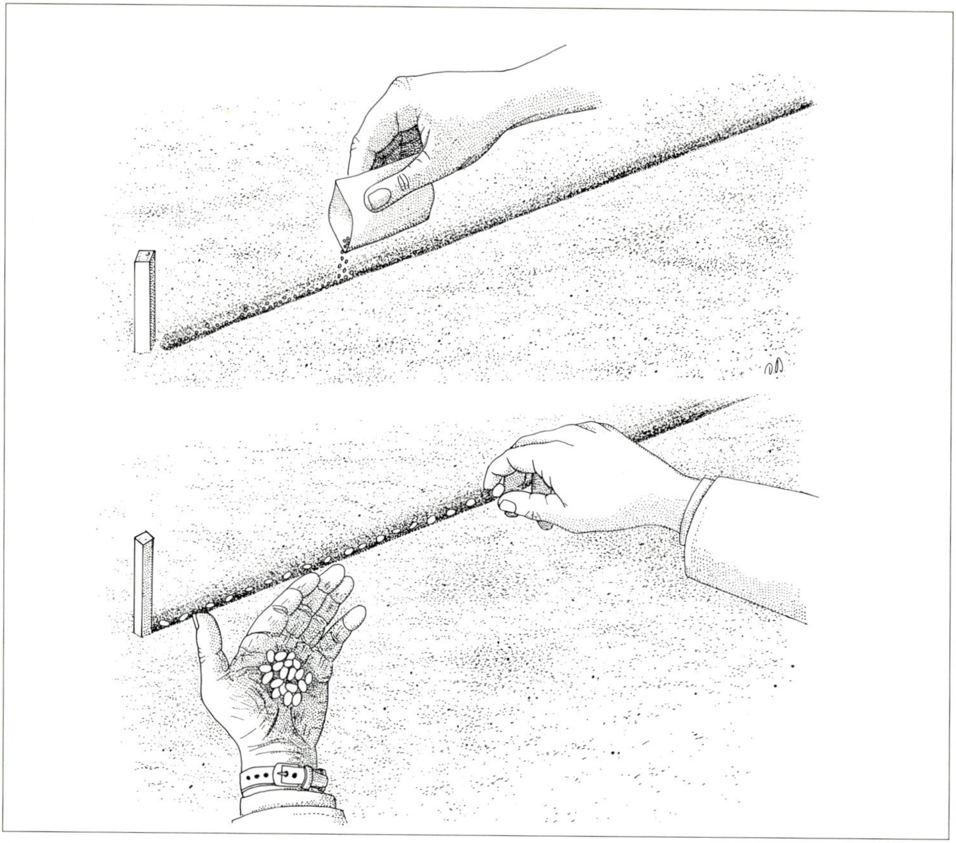

Feinere Samen sind direkt aus der Tüte in die Reihen zu säen (oben), grobkörnige Samen legt man einzeln aus (unten).

Möglichkeiten, Saatbeete vor Spätfrösten und Austrocknen zu schützen

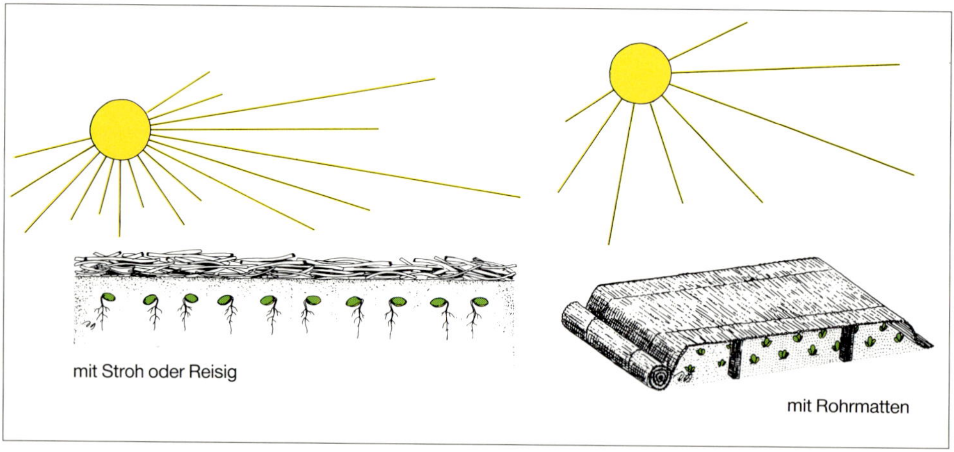

insgesamt also höchst ungünstige Verhältnisse für eine gute Keimung. Bei zu tiefer Aussaat stirbt der Keimling ab, bevor er die Erdoberfläche erreicht, weil die Reservestoffe (Nährgewebe) im Samen aufgebraucht sind.
Eine alte Regel besagt, der Samen soll in einer Tiefe liegen, die der doppelten Samenkornstärke entspricht. Dies ist zwar bei Zimmerpflanzen richtig, für Gehölzsaaten aber falsch. Für Gehölzsamen hat sich eine Aussaattiefe von der drei- bis vierfachen Samenstärke als günstig erwiesen.
Vor dem Abdecken wird der Samen mit einem Brettchen angedrückt – bei größeren Flächen mit einer Walze angewalzt. Dies ist wichtig, damit der Samen einen engen Kontakt mit der umgebenden Erde bekommt, um zügig quellen und keimen zu können.
Zum Abdecken der Saatbeete von Laubgehölzen verwendet man feinkrümeligen Gartenboden oder extra hergerichtete Erde. Saatbeete von Nadelgehölzen deckt man mit scharfem Sand (Estrichsand) ab. Sand erleichert den Keimlingen das Durchstoßen der Abdeckschicht.
Das Saatbeet muß bis zum Erscheinen der Keimlinge vor dem Austrocknen geschützt werden, daher sind die Beete mit Reisig, Stroh oder Schilfrohrmatten abzudecken. Eine solche Schutzdecke schützt nicht nur vor dem Austrocknen, sondern gibt auch Schutz vor Spätfrösten.
Schutz ist auch notwendig vor Vogel- und Mäusefraß; denn nicht selten kommt es hierdurch zu einem Totalausfall.

Aussaat in Töpfe oder Schalen

Welche Gefäße zur Aussaat der Laub- und Nadelgehölze Verwendung finden, hängt im wesentlichen von der Menge ab, die ausgesät werden soll (s. Seite 277). Welches Substrat zu verwenden ist, wird auf Seite 269 beschrieben.
Wenn die Aussaaterde sehr grob ist, wird das Aussäen und auch die Entnahme der Sämlinge erschwert. Darum wird sie gesiebt. Eine Faustregel besagt, daß der Feinheitsgrad der Erde sich nach der Größe der Samen richten sollte. Die Siebrückstände füllt man bis zur halben Höhe in die Aussaatgefäße. Auf diese Schicht kommt bis zum Rand die gesiebte Erde, überschüssige Erde wird mit Hilfe einer Latte abgestrichen.
Die Aussaat selbst kann breitwürfig (Breitsaat) oder in Reihen (Reihensaat) vorgenommen werden. Grobkörniges Saatgut wird man einzeln in Reihen aussäen, während man feinkörnigen Samen direkt aus der Samentüte gleichmäßig über die Fläche verteilt. Die Breitsaat hat den Nachteil, daß die Samen selbst bei großem Geschick ungleichmäßig verteilt sind. Die Folge davon ist, daß nach dem Auflaufen viele Sämlinge dicht an dicht stehen und frühzeitig pikiert werden müssen.
Nach der Verteilung bzw. dem Auslegen der Samen wird die Erde mit einem Andrückbrettchen (s. Seite 282) so angedrückt, daß der Samen innigen Kontakt mit dem Substrat bekommt. Schließlich wird der Samen in drei- bis vierfacher Samenkornstärke abgedeckt.
Nun muß die Aussaat noch angefeuchtet werden. Man gießt entweder mit einer feinen Brause an oder stellt das Aussaatgefäß in ein anderes Gefäß mit Wasser. So kann sich die Erde von selbst mit Wasser vollsaugen.
Der Aufstellungsort der Aussaatgefäße richtet sich nach der Empfindlichkeit der Samen. Empfindliche Sämereien stellt man unter Glas (Kleingewächshaus, Frühbeetkasten, Fensterbrett), weniger empfindliche im Freien auf. Im Hinblick auf eine gleichmäßige Feuchtigkeit im Substrat ist ein Abdecken wertvoller Aussaaten mit einer Glasplatte oder Aufstellen der Gefäße in ein Vermehrungsbeet (s. Seite 298) vorteilhaft. Bei direkter Sonneneinstrahlung deckt man die Gefäße mit Zeitungspapier ab.
Bis zum Keimen und Durchbrechen der ersten Keimlinge beschränken sich die Pflegemaßnahmen für Aussaaten in der Hauptsache auf die Bewässerung. In den ersten 2 Wochen nach der Aussaat muß die Aussaaterde ständig feucht sein, damit der Quellvorgang der Samen ohne Unterbrechung vor sich gehen kann. Trocknet die Erde auch nur einmal aus, ist der Keimerfolg in Frage gestellt. Sobald sich der Keimling zeigt, darf die Erde zwar niemals trocken werden, aber auch nicht zu naß sein. Die Lebensäußerungen, vor allem auch

die Atmung, treten nunmehr stärker in Erscheinung und damit auch der Sauerstoffbedarf. Darum ist die Glasplatte oder Abdeckhaube Stück für Stück zu entfernen, die Sämlinge sind langsam abzuhärten. Es darf nicht vergessen werden, daß es sich um Freilandpflanzen handelt, die keinesfalls verweichlicht werden dürfen.

Aussaat in Töpfe oder Schalen

Füllen der Schale. Die Ränder sind leicht anzudrükken.

Abstreichen überschüssiger Erde

Breitsaat feinkörniger Samen

Reihensaat grobkörniger Samen

Andrücken der Samen

Absieben in drei- bis vierfacher Samenkornstärke

Aussaat und Stratifikation

Die Erfahrung zeigt, daß es dem Hobbygärtner immer wieder Schwierigkeiten bereitet, bei Saatgut, welches stratifiziert werden muß, nach erfolgter Stratifikation den richtigen Zeitpunkt für die Aussaat einzuhalten. Denn sobald der Keimprozeß beginnt, muß, wie schon beschrieben, ausgesät werden. Um diesen Schwierigkeiten aus dem Wege zu gehen, praktiziert der Verfasser bei kleineren Samenmengen folgende Methode:
Das zu stratifizierende Saatgut wird nicht mit irgendeinem Substrat vermischt oder schichtweise eingelagert, sondern direkt in Schalen, Töpfe oder Kisten, wie im Abschnitt Aussaat beschrieben, ausgesät. Im Anschluß daran wird das Aussaatgefäß kühl aufgestellt – wenn es die Witterung erlaubt im Freiland, wenn nicht im Kühlschrank –, um die Kalt-Naß-Behandlung (Stratifikation) durchzuführen. Beginnt die Keimung, ist das Aussaatgefäß im Kleingewächshaus, an einem kühlen Fensterplatz oder im frostfreien Frühbeetkasten hell aufzustellen.

Keimung

Das Wachstum einer Pflanze beginnt mit der Keimung. Der Wassergehalt des Samens ist sehr gering und beträgt 5 bis 20 % des Frischgewichts; also sehr wenig, wenn man bedenkt, daß eine ausgewachsene Pflanze 80 bis 90 % Wasser enthält. Die Atmung ist auf ein Minimum herabgesetzt. Nur so ist es dem Samen möglich, über eine längere Zeit Kälte und Trockenheit zu überstehen.
Die Keimung ist ein Ablauf komplizierter physiologischer und biologischer Prozesse. Sie setzt ein, wenn in den ruhenden Samen die innere Bereitschaft zum Keimen vorliegt, das heißt, wenn der Samen keimfähig und keimwillig ist, ein Zustand, der, wie wir gesehen haben, je nach Pflanzenart in unterschiedlicher Weise und nach verschieden langer Zeit erreicht wird. Die erforderlichen äußeren Bedingungen – Feuchte, Temperatur, Sauerstoff, Licht – müssen auch stimmen. Durch die Zufuhr von Wasser wird zunächst die Trokkenstarre des Keimlings im Samen beendet. Der Samen beginnt durch Wasseraufnahme zu quellen. Die Reservestoffe im Nährgewebe werden mobilisiert und dem Keimling zugeleitet, worauf er zu wachsen beginnt. Schließlich platzt die Samenschale auf, und der Wasser- und Luftzutritt wird erleichtert. Die Keimwurzel durchbricht die weich gewordene Samenschale und dringt in die Erde ein. Durch die Wurzel ist der Keimling nun zur selbständigen Aufnahme von Wasser und Nährsalzen befähigt. Der weitere Verlauf der Keimung hängt davon ab, ob es sich um eine epigäische (oberirdische) oder hypogäische (unterirdische) Keimung handelt (s. Abb. Seite 32).
Bei der epigäischen Keimung wächst der Keimstengel (Hypokotyl) in die Länge, bricht aus der Samenschale und erhebt sich 5 bis 10 cm über den Erdboden. Die Keimblätter werden dadurch aus der Samenschale gezogen und entfalten sich am oberen Ende des Keimstengels über der Erde. Während dieser Entwicklung vergrößern sich die Keimblätter und ergrünen, wodurch sie in die Lage versetzt werden, zu assimilieren und damit dem Sämling wichtige Körperstoffe zu liefern, die er zum Aufbau benötigt. Die Keimblätter haben eine einfache Form und sehen den später folgenden Laubblättern nicht ähnlich.
Die Lebensdauer der Keimblätter kann sehr verschieden sein und schwankt, je nach Pflanzenart, zwischen wenigen Tagen und ca. 2 Jahren. Schon bald nach der Keimung entwickeln sich die ersten Laubblätter, die sich über den Keimblättern an dem weiterwachsenden Stengel, dem sogenannten Epikotyl, befinden.
Epigäisch keimen Samen, die relativ wenige Reservestoffe im Nährgewebe oder in den Keimblättern speichern.
Samen, die dicke, sehr nährstoffreiche, stets farblos bleibende Keimblätter aufweisen, verlängern ihre Keimstengel nur wenig. Sie keimen deshalb hypogäisch, die Keimblätter verbleiben im Samen, der auf oder knapp unter der Erde liegt. Das erste, was sich bei einer hypogäischen Keimung über die Erde erhebt, ist das Epikotyl, an dessen oberem Ende die ersten Laubblätter angelegt werden. Erst diese Laubblätter übernehmen die Selbsternährung

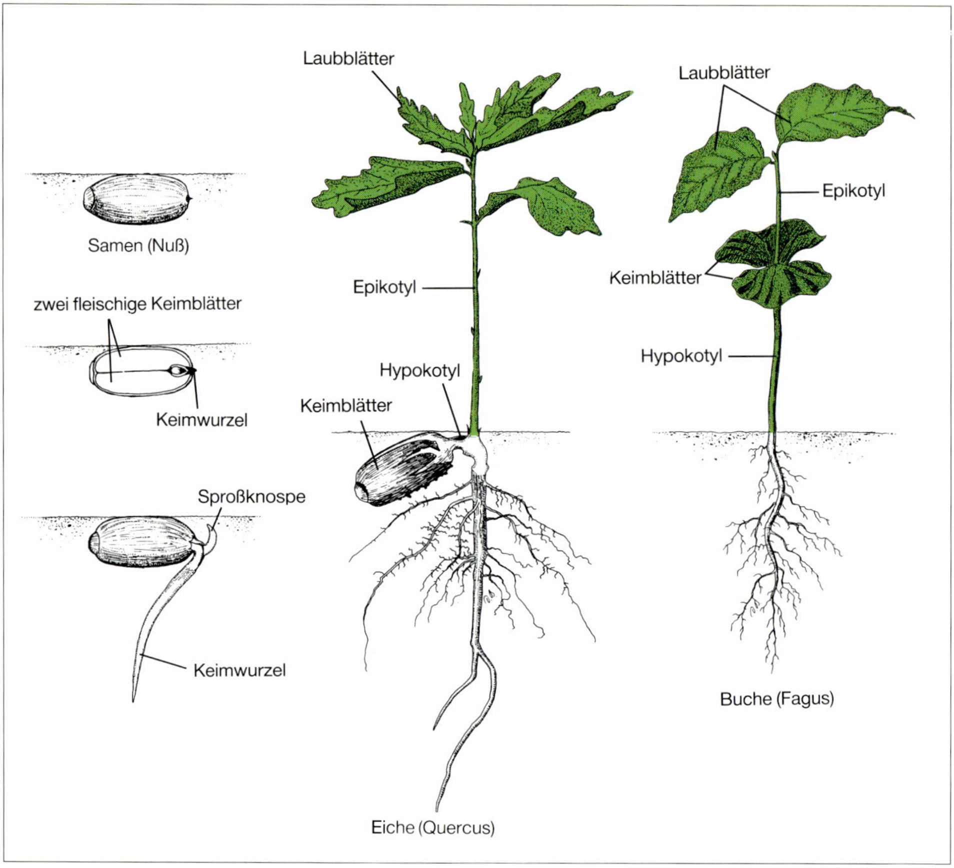

Unterirdische (hypogäische) Keimung (links), oberirdische (epigäische) Keimung (rechts)

der jungen Pflanze. Bis diese Blätter funktionsbereit sind, wächst die Keimpflanze allein mit Hilfe der Nährstoffe, die ihr von der Mutterpflanze mit auf den Weg gegeben wurden und in den Keimblättern lagern.

Mit der Bildung der ersten Laubblätter ist der Keimvorgang beendet. Der Keimling ist zum Sämling geworden. Dieser ernährt sich jetzt selbständig durch die Assimilationstätigkeit der grünen Blätter.

Die Samenpflanzen (Spermatophyta) teilt man in bedecktsamige (Angiospermen) und in nacktsamige (Gymnospermen) Pflanzen ein. Die Bedecktsamer unterteilt man noch in einkeimblättrige (Monokotyledonen) und zweikeimblättrige (Dikotyledonen) Pflanzen. Anhand der Anzahl der Keimblätter kann man feststellen, zu welcher Gruppe die einzelne Pflanzenart gehört.

Laubgehölze (s. Abb. Seite 89) und ein Großteil der Zimmerpflanzen gehören zu den zweikeimblättrigen Pflanzen. Palmen, Gräser (s. Abb. Seite 263), das Getreide, aber auch die Flamingoblume *(Anthurium)* und die Dieffenbachie haben nur ein Keimblatt. Sie gehören zu den einkeimblättrigen Pflanzen.

Nacktsamer (Gymnospermen), zu denen die Nadelgehölze zählen, haben in der Regel mehr als zwei Keimblätter. Man bezeichnet sie auch als mehrkeimblättrige Pflanzen.

Vegetative Vermehrung der Laub- und Nadelgehölze

Um Kulturformen (Gartenformen, Sorten) und Varietäten zu vermehren oder wenn für die Art selbst kein Saatgut zur Verfügung steht, bedient man sich der vegetativen Vermehrung (s. Seite 13). Die Wurzelbildung kann an der Mutterpflanze oder getrennt von dieser erfolgen.

Wurzelbildung an der Mutterpflanze

Der große Vorteil der folgenden Vermehrungsmethoden liegt darin, daß sie fast immer gelingen und es kaum Ausfälle gibt. Denn die Jungpflanze wird erst dann von der Mutterpflanze abgenommen, wenn sie genügend Wurzelwerk entwickelt hat, um sich selbst ernähren zu können.

Teilung und Ausläufer

Die Teilung ist für die Gehölze von Bedeutung, welche die Eigenschaft haben, aus dem Wurzelstock immer neue Triebe zu erzeugen. Es ist wohl die einfachste, aber auch eine wenig ergiebige Methode. Sie setzt immer ältere Pflanzen voraus. Durch die Teilung lassen sich u. a. Deutzien *(Deutzia)*, Spireen *(Spiraea)*, Mahonien *(Mahonia)* und Eriken *(Erica)* vermehren. Die Teilung wird im Herbst oder Frühjahr vorgenommen. Flachwurzelnde Gehölze sollten im Frühjahr geteilt werden.
Zur Teilung werden die Pflanzen ausgegraben und mit Hilfe einer Schere zerschnitten oder mit einem Spaten vorsichtig geteilt. Jedem Teilstück muß mindestens ein Trieb mit Wurzeln verbleiben (s. Abb. Seite 34).
Ist die Wurzelbildung nur schwach, schneidet man die oberen Teile der abgetrennten Pflanze etwas zurück, bevor man sie auspflanzt (aufschult) oder in Container (Töpfe) setzt.

Die Vemehrung durch Ausläufer ist der Teilung nahe. Hier sind die aus dem Boden kommenden Triebe weiter von der Mutterpflanze entfernt. Es ist daher nicht notwendig, bei der Abnahme der jungen Pflanzen die Mutterpflanze auszugraben. Dadurch wird die Mutterpflanze weniger in Mitleidenschaft gezogen als bei der Teilung. Zur Ausläuferbildung neigen u. a. der Sanddorn *(Hippophaë)* und der Essigbaum *(Rhus)*. Ein Zurückschneiden der Jungpflanzen wird meistens nötig sein, weil die Ausläufer selten stark bewurzelt sind.

Natürliche Ausläufer

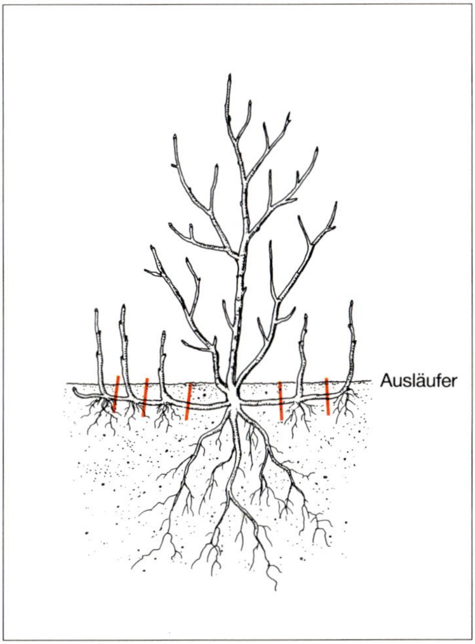

Ausläuferbildung bei *Hippophaë rhamnoides* (Sanddorn)

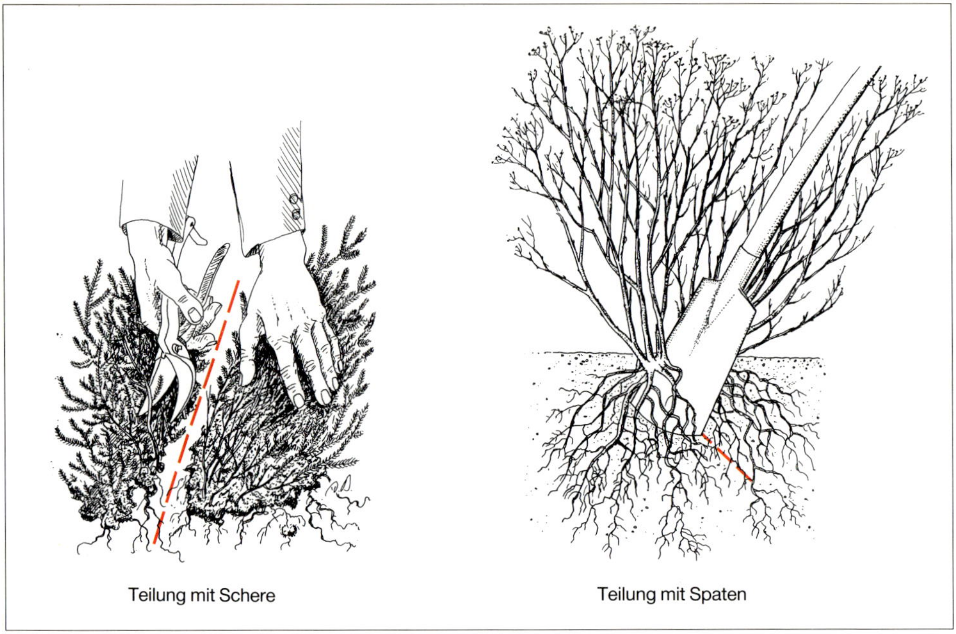

Teilung

Anhäufeln (Abrisse)

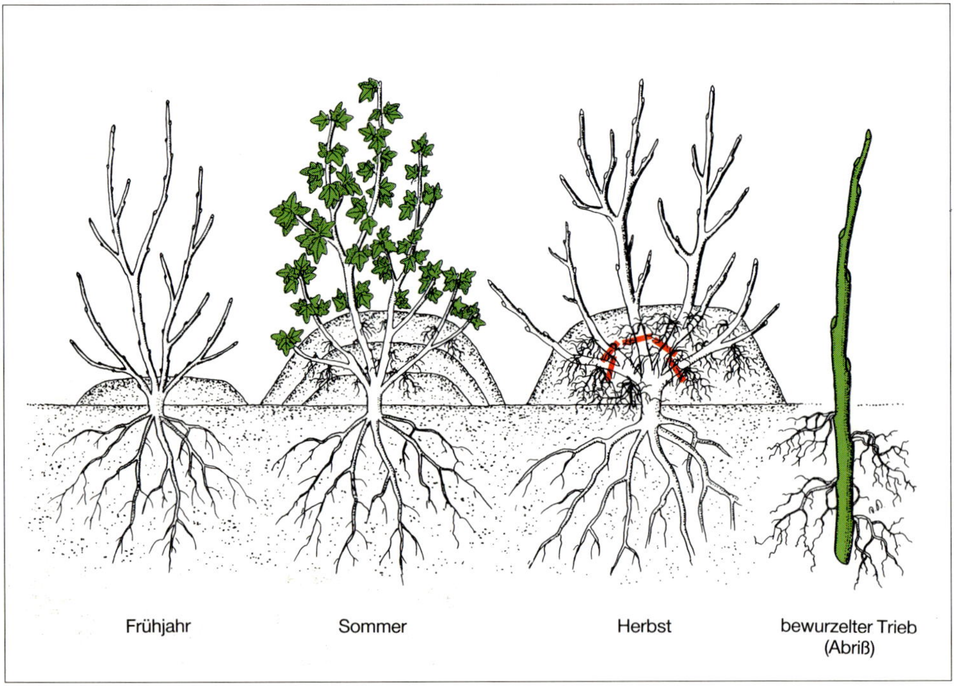

Anhäufeln (Abrisse)

Bei dieser Vermehrungsmethode werden die jungen Triebe der Mutterpflanze mit Erde angehäufelt und nach erfolgter Wurzelbildung an der Basis abgeschnitten.
Die Triebe werden im Frühjahr von Mai bis Juli drei- bis viermal so angehäufelt, daß die Basis der Triebe schließlich etwa 20 bis 30 cm hoch mit Erde bedeckt ist. Damit die Triebe gut von der Erde umschlossen werden, muß der Boden sehr feinkrümelig sein.
Nach dem Laubfall im Herbst wird, wenn die einzelnen Triebe ausreichend Wurzeln gebildet haben, abgehäufelt. Die bewurzelten Triebe werden so tief wie möglich abgeschnitten, den Winter über an geschützter Stelle eingeschlagen und erst im Frühjahr ausgepflanzt (aufgeschult, s. Seite 82).

Absenken und Ablegen

Ablegen und Absenken sind zwei verwandte Methoden. Während beim Absenken der Trieb bogenförmig in die Erde gelegt wird und aus einem Trieb nur eine Jungpflanze entsteht, wird beim Ablegen der Trieb der Länge nach horizontal im Boden befestigt. Hier entstehen, je nach Anzahl der vorhandenen Augen, mehrere Jungpflanzen aus einem Trieb. Voraussetzung für diese beiden Vermehrungsmethoden ist ein krümeliger, humusreicher Boden. Am besten bewurzeln sich einjährige Triebe. Hat man nicht genügend einjährige Triebe zur Verfügung, so schneidet man ein Jahr vorher die Pflanze stark zurück, damit nahe dem Boden viele Triebe entstehen, welche dann als Ableger oder Absenker genutzt werden können. Bei Rhododendron benutzt

Ablegen (links) und Absenken (rechts)

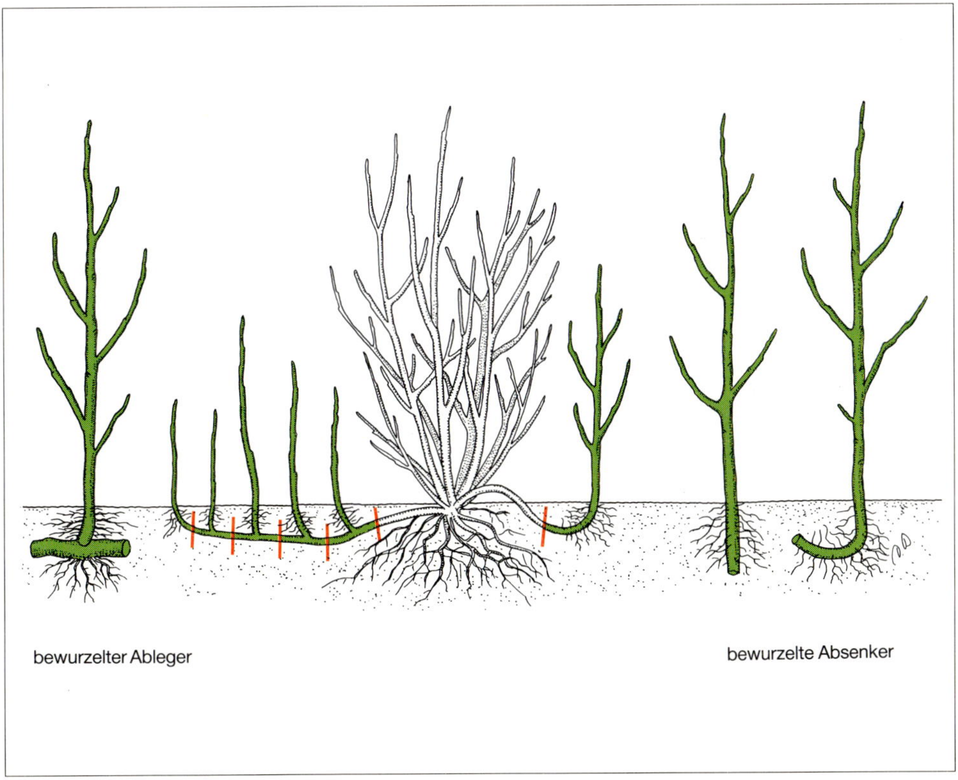

Bewurzelte Ableger von *Cornus alba* (Hartriegel)

man in der Regel mehrjährige Triebe, da sie nur kurze Jahrestriebe ausbilden, die für diese Methoden nicht geeignet sind.

Das Absenken erfolgt bei den meisten Gehölzen im Frühjahr. In den zuvor gelockerten Boden wird mit dem Spaten ein Spalt gestochen und in diesen der Trieb in kurzem Bogen hineingesteckt und, wenn erforderlich, mit einem Haken festgehakt. Damit der Trieb durch das scharfe Knicken nicht abbricht, wird er an der Biegestelle, an der auch die Bewurzelung erfolgt, leicht gedreht. Durch das Aufreißen der Rinde wird zudem die Wurzelbildung gefördert.

Das Ablegen ist insbesondere für Gehölze geeignet, die lange Triebe ausbilden. Die abzulegenden Triebe werden im Frühjahr, vor dem Laubaustrieb, horizontal in flache, etwa 5 bis 10 cm tiefe Rinnen gelegt und festgehakt. Zunächst läßt man sie offen liegen. Infolge der horizontalen Lage treiben die Augen an den Nodien (ehemaligen Blattansätzen) durch. Erst jetzt, nach dem Austrieb der Augen, schiebt man die Rinne zu und häufelt die Triebe leicht an. Im Herbst, besser im kommenden Frühjahr, schneidet man, nachdem die Erde abgehäufelt wurde, die bewurzelten Triebe auseinander. Jedes vorhandene Auge ergibt meistens eine neue Pflanze.

In der Regel dauert es bis zur Wurzelbildung nur eine Vegetationsperiode, es gibt aber auch Gehölze, bei denen es unter Umständen 2 bis 3 Jahre dauern kann.

Die Wurzelbildung kann beim Anhäufeln, Ablegen und Absenken dadurch gefördert werden, daß man an den Stellen, wo die Wurzelbildung erfolgen soll, einen kurzen Rindenstreifen entfernt oder einen flachen Einschnitt vornimmt. Zum gleichen Zweck kann man die Triebe an der jeweiligen Stelle mit einem Draht umwickeln. Der Draht soll die Rinde fest umschließen, aber nicht einschnüren. Durch den Draht kommt es infolge des Dickenwachstums zur Verengung der unter der Rinde verlaufenden Leitungsbahnen (Siebröhren). Die Folge ist, daß sich an dieser Stelle die Assimilate stauen, wodurch es zu einer Wuchsstoffanreicherung kommt, welche die Wurzelbildung begünstigt. Diese Maßnahmen sind vor allem an schwer wurzelnden Gehölzen anzuwenden.

Die Wurzelbildung kann beim Anhäufeln, Ablegen und Absenken durch Umwickeln der Triebe mit Draht gefördert werden.

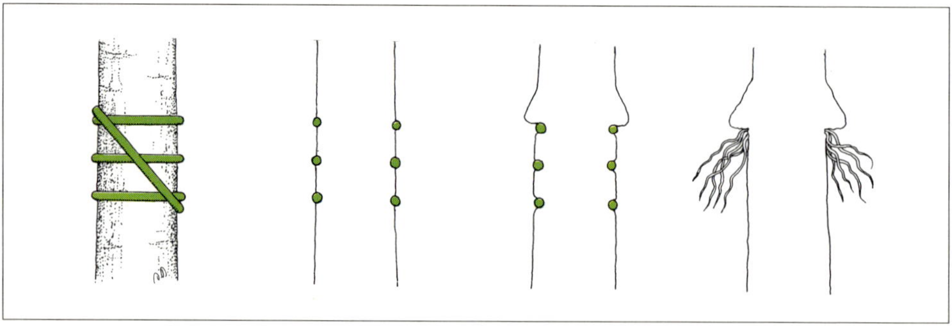

Abmoosen (Luftableger)

Die Vermehrung durch Luftableger gehört sicherlich mit zu den ältesten vegetativen Vermehrungsmethoden, die der Mensch kennt. So berichtet PLINIUS in seiner „Historia naturalis“ (76 n. Chr.): „Die andere Weise ist kostspieliger, indem man Wurzeln am Baum selbst hervorlockt. Man zieht nämlich Zweige durch irdene Gefäße oder Körbchen und stopft diese mit Erde aus. Dadurch entlockt man ihnen Wurzeln mitten zwischen den Früchten oder Wipfeln (denn man sucht hierzu gerade die Spitze aus) und verschafft sich durch diesen kühnen Kunstgriff weit von dem Erdboden einen Baum auf einem Baum, schneidet nach der oben angegebenen Zeit von 2 Jahren die Senker ab und pflanzt diese mit dem Körbchen in die Erde.“

Mit dem Abmoosen hat man die Möglichkeit, bei wertvollen Pflanzen in Erfahrung zu bringen, ob eine vegetative Vermehrung über-

Eine andere Möglichkeit der Vermehrung durch Abmoosen

Abmoosen

Störende Äste
sind zu entfernen

Auf der Vorder- und Rückseite wird
ein kerbenartiger Einschnitt angebracht

Die Schnittstelle wird mit feuchtem Torfmoos
und einer Aluminiumfolie umgeben

Nach Wurzelbildung ist die Umhüllung vorsichtig
zu entfernen und der Luftableger unterhalb des
Moosballens abzuschneiden und aufzuschulen

haupt möglich ist. Findet keine Bewurzelung statt, so kann man die Umhüllung wieder entfernen, ohne daß die Pflanze größeren Schaden davonträgt.
Zur Gewinnung von Luftablegern verwendet man nicht zu schwache mehrjährige Triebe.
Im Frühjahr wird an der Stelle, wo später die Jungpflanze abgenommen werden soll, auf der Vorder- und Rückseite des Sprosses ein kerbenartiger Einschnitt angebracht. Dadurch wird der in der Rinde abwärtsfließende Assimilatstrom, der die für die Wurzelbildung erforderlichen Wuchsstoffe mitführt, teilweise unterbrochen, wodurch sich ein Assimilatstau ergibt. In die Kerben klemmt man ein kleines Hölzchen, ein Steinchen oder ein Kunststoffstäbchen. Dabei ist darauf zu achten, daß der verwendete Gegenstand nicht aus der Schnittstelle herausfällt, die Schnittstelle könnte sonst wieder verwachsen und eine Wurzelbildung unterbliebe.
Um eine schnelle und sichere Bewurzelung zu erreichen, empfiehlt es sich, die Schnittstelle mit einem Bewurzelungshormon einzupudern (s. Seite 289). Den Sproß umgibt man an der Schnittstelle mit feuchtem Torfmoos *(Sphagnum)*, das mit einer Hülle aus Kunststoff- oder Aluminiumfolie umgeben wird. Die Umhüllung wird oben und unten zugebunden.
Man kann anstelle des Torfmooses und der Folie auch aufgeschnittene Kunststofftöpfe mit Erde verwenden (s. Abb. Seite 37). Allerdings benötigt man dann ein zusätzliches Gestell, um das Ganze zu halten. Der Moosballen bzw. die Erde ist bis zur Abnahme der bewurzelten Jungpflanze ständig feucht zu halten, da sonst eine Wurzelbildung nicht erfolgen kann.
Bis zum Herbst sind in der Regel ausreichend Wurzeln gebildet, es kann aber auch bis zu 3 Jahre dauern, bis der Luftableger abgenommen werden kann. Die Umhüllung wird vorsichtig entfernt und der Sproß unterhalb des durchwurzelten Moosballens abgeschnitten. Bei größeren Schnittstellen sind sowohl die Wundflächen des Luftablegers als auch die der Mutterpflanze mit Baumwachs zu behandeln. Den Winter über ist die Jungpflanze an geschützter Stelle einzuschlagen und kann im kommenden Frühjahr aufgeschult werden (s. Seite 82).

Wurzelbildung nach Trennung von der Mutterpflanze

Im Gegensatz zu den zuvor beschriebenen vegetativen Vermehrungsmethoden, erfolgt bei den nachfolgend beschriebenen Methoden die Wurzelbildung erst nach Loslösung von der Mutterpflanze.

Stecklinge

Ein Steckling ist ein von der Pflanze abgetrennter Sproßteil, der sich unter geeigneten Bedingungen in je nach Pflanzenart unterschiedlicher Weise einerseits durch Weiterentwicklung vorhandener, in der Anlage vorhandener oder durch Regeneration neuer Sproßteile zu einer neuen selbständigen Pflanze entwickelt.
Wird ein Steckling geschnitten, so kehren die ausdifferenzierten, an sich nicht mehr teilungsfähigen Zellen in den teilungsfähigen (meristematischen) Zustand zurück. Durch die neugewonnene Teilungstätigkeit der Zellen entsteht zunächst ein undifferenzierter Zellhaufen (Kallus). Nach kurzer Zeit setzen in diesem Zellhaufen wieder Differenzierungsprozesse ein. Die Kalluszellen bilden zunächst Wurzelanlagen aus, die schließlich zu Wurzeln auswachsen. Eine neue selbständige Pflanze ist entstanden.
Die Stecklingsvermehrung ist wohl die wichtigste und am meisten angewandte vegetative Vermehrungsmethode. Dies gilt sowohl für Laubgehölze, hier insbesondere für Ziersträucher, als auch für Nadelgehölze.
Als Stecklinge verwendet man krautige, leicht verholzte (halbreife) oder auch verholzte (reife), in der Regel beblätterte Sproßteile.

Stecklingsvermehrung der Laubgehölze

Der Zeitpunkt der Vermehrung hängt im wesentlichen von der einzelnen Pflanzenart und ihrem Entwicklungsstand ab. Der optimale Vermehrungstermin ist nicht mit dem Kalender bestimmbar. Durch klimatische Einflüsse wird nicht selten die Vegetationszeit und damit der Wachstumsstand stark beeinflußt, so sind Verschiebungen bis zu 4 Wochen ohne weiteres möglich. Man denke nur an lange, strenge Winter, wo der Beginn der Vegetationszeit weit hinausgeschoben wird. Im allgemeinen kann man aber sagen, daß die Stecklingsbewurzelung der Laubgehölze in einem relativ großen Zeitraum gelingt. Hinsichtlich der Termine unterscheidet man zwischen den laubabwerfenden (sommergrünen) und den immergrünen (wintergrünen) Laubgehölzen.

Die Vermehrung der Sommergrünen erfolgt in der Regel von Juni bis August. Obwohl bei vielen Laubgehölzen krautige Stecklinge verwendet werden können, sollte der Steckling ausgereift, weder zu hart noch zu weich sein. Als Anhaltspunkt mag dienen, daß die Rinde an der Schnittstelle leicht gebräunt sein sollte, ein Zeichen dafür, daß das Verholzen einsetzt. Ist der Steckling noch zu jung (krautig), dann fault er leicht; ist er dagegen schon zu hart, das heißt verholzt, ist die Wurzelbildung in Frage gestellt.

Der Gärtner fängt mit der Vermehrung der Sommergrünen häufig schon im Februar/März an. Dazu benutzt er angetriebene Mutterpflanzen, die er ins Gewächshaus geholt hat. Dies hat zwei Gründe: einmal will man die Vermehrungszeit in die arbeitsarme Zeit verlagern und zum anderen Gehölze vermehren, die als Stecklinge vom Sommer bis Herbst ungenügend ausreifen und Schwierigkeiten bei der Überwinterung bereiten.

Die Vermehrung der Wintergrünen erfolgt im Anschluß an die der Sommergrünen, etwa von August bis Oktober. Ausschlaggebend für den Bewurzelungserfolg ist der richtige Reifegrad. Im Gegensatz zu den Sommergrünen sollten die Stecklinge gut ausgereift, das heißt mehr oder weniger stark verholzt sein und ihr Wachstum abgeschlossen haben, die Triebspitze darf nicht mehr weich sein.

Der überwiegende Teil der Stecklinge der Wintergrünen wird bis zum Einbruch des Winters noch keine Wurzeln gebildet haben. Hat man die Möglichkeit, durch entsprechende Vermehrungseinrichtungen (s. Seite 297), den Stecklingen eine Bodentemperatur von über 10 °C zu bieten, dann erfolgt die Wurzelbildung schon während der Herbst- und Wintermonate.

Schnitt der Stecklinge

Dem Schnitt des Stecklings wurde früher eine große Bedeutung beigemessen. Der Schnitt durfte nur mit einem scharfen Messer und zudem nur waagerecht ausgeführt werden. Heute ist aber durch wissenschaftliche Versuche nachgewiesen, daß der Schnitt mit der Schere, selbst wenn er schräg ausgeführt wird, keinen nachteiligen Einfluß auf das Bewurzelungsergebnis hat. Auch ist es nicht unbedingt notwendig, unmittelbar unter dem Knoten (= Blattansatz oder Nodium) zu schneiden. Es gibt eine große Anzahl von Arten, die zwischen den Knoten ebensogut Wurzeln bilden. Bei einigen Arten ist es zweckmäßig, einen

Die Abbildung macht deutlich, daß bei Stecklingen die Wurzelbildung zwar bevorzugt an den Nodien erfolgt, daß aber viele Pflanzenarten, hier ein Forsythien-Steckling, ebensogut zwischen den Nodien (Internodien) Wurzeln bilden.

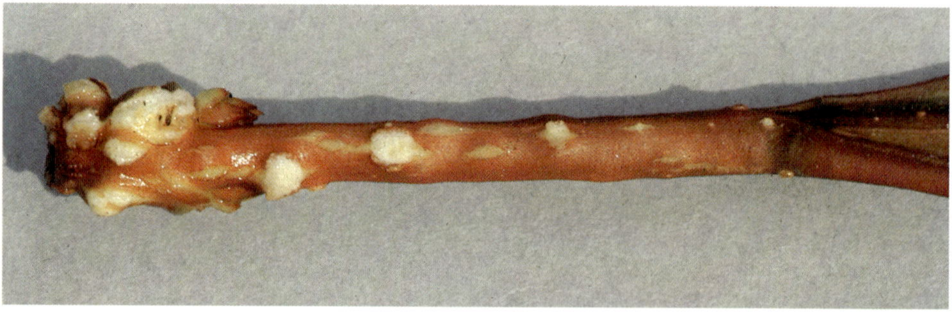

Kopfsteckling (links) und Teilsteckling (rechts)

Die unteren Blätter sind zu entfernen, hier *Betula nana*.

Bei großblättrigen Pflanzenarten, hier *Catalpa bignonioides*, empfiehlt es sich, die Blätter einzukürzen.

Bewurzelte Forsythien-Stecklinge: Blätter eingekürzt (links) und nicht eingekürzt (rechts).

langen schrägen Schnitt durch den Knoten zu führen.
Die Länge des Stecklings richtet sich nach dem Abstand der Knoten (Nodien) und beträgt je nach Pflanzenart zwischen 5 und 15 cm. Die unteren Blätter sind zu entfernen. Einmal lassen sich die Stecklinge besser stekken, zum anderen würde man durch belassen der Blätter der Bildung von Pilzkrankheiten Vorschub leisten, denn die Blätter würden beim Stecken ganz oder teilweise mit Erde zugedeckt.
Bei vielen Gehölzarten kann man aus einem Trieb mehrere Stecklinge schneiden. Die Triebspitze ergibt den sogenannten Kopfsteckling, Stecklinge ohne Triebspitze bezeichnet man als Teil- oder Triebstecklinge (s. auch Seite 130).
Wie oft ein Trieb geteilt werden kann, hängt insbesondere vom Grad der Verholzung ab. Kopfstecklinge haben den Vorteil, daß sie sich etwas schneller bewurzeln und eher durchtreiben.
Bei stark verholzten und schwer wurzelnden Stecklingen empfiehlt es sich, den Steckling an der Basis zu verwunden. Je nach Stärke des Stecklings wird ein bis zu 2 cm langer Rindenstreifen durch einen abwärts geführten Schnitt bis auf das Kambium entfernt. Die Schnittfläche wird dadurch vergrößert, somit die Bildung von Kallus und schließlich eine bessere und verstärkte Wurzelbildung erreicht.
Ein frisch geschnittener Steckling verfügt, da die Wurzeln ja erst noch gebildet werden müssen, über keine wasseraufnehmenden Organe. Die Wasserverdunstung bleibt aber die gleiche wie bei einer intakten Pflanze mit Wur-

zel. Man könnte nun die Verdunstungsfläche einschränken, indem man die Blätter teilweise entfernt oder einkürzt. Dies ist aber falsch. Denn durch das Entfernen der Blattmasse wird der Steckling um einen Teil seiner Assimilationsfläche und damit um einen Teil wurzelbildender Stoffe beraubt. Versuche haben eindeutig bewiesen – dies zeigt auch die Abbildung auf Seite 41 –, daß Stecklinge, deren Blätter nicht eingekürzt waren, denen mit gestutzten Blättern in der Bewurzelungsschnelligkeit, der Bewurzelungsintensität und auch in der Wuchsleistung nach der Wurzelbildung überlegen sind. Lediglich bei großlaubigen Gehölzen wird man aus Gründen der Platzeinsparung nicht umhin kommen, die Blätter einzukürzen.

Stecken

Grundsätzlich ist so flach wie möglich zu stekken. Neben der Standfestigkeit muß eine ausreichende Sauerstoffzufuhr an der Schnittstelle gewährleistet sein, denn die beste Wurzelbildung erfolgt in der obersten luftnahen Zone.

Bei feintriebigen und krautigen Stecklingen werden die Löcher mit Hilfe eines Hölzchens vorgestochen. Beim Stecken von Teilstecklingen ist darauf zu achten, daß das ursprünglich untere (basale) Ende auch nach unten in das Vermehrungssubstrat kommt. Denn ein Steckling bildet Wurzeln immer basal – unabhängig von der Lage zur Erdbeschleunigung –, während an der Spitze (apikal) Seitenknospen zu neuen Sprossen austreiben. Die Erklärung bietet der stets nach unten gerichtete Wuchsstoffstrom, der am unteren Ende zum Wuchsstoffstau und folglich nur dort zur Wurzelbildung führt, an der Spitze zur Wuchsstoffverarmung und daher, aufgrund der natürlichen Wuchsgesetze, zum Austrieb der oberen Knospen.

Die Abstände von Steckling zu Steckling richten sich nach der Blattgröße der Arten. Um die Vermehrunsgefäße maximal zu nutzen, sollte in der Regel so gesteckt werden, daß sich die Blätter der Stecklinge berühren.

Bei schwer wurzelnden und stark verholzten Stecklingen empfiehlt sich die Anwendung von Wuchsstoffen (s. Seite 289). Welche Vermehrungssubstrate sich für Stecklinge von Laubgehölzen eignen und welche Gefäße und Vermehrungseinrichtungen zu empfehlen sind, ist im hinteren Teil des Buches (ab Seite 269) näher beschrieben.

Die Stecklinge sind möglichst dicht zu stecken, hier Forsythien- Stecklinge.

Pflegemaßnahmen

Auf den Bewurzelungserfolg hat nicht zuletzt die Temperatur, insbesondere die Bodentemperatur, einen großen Einfluß. Für eine schnelle, gleichmäßige, optimale Bewurzelung sind zur Stecklingsvermehrung Bodentemperaturen von 20 bis 25 °C erforderlich. Eine hohe Bodentemperatur bewirkt eine Steigerung der Atmung an der Schnittfläche des Stecklings. Dies führt zu einer vermehrten Zellteilung und somit zu einer schnelleren Wurzelbildung. Die Lufttemperatur kann dabei niedriger sein als die Bodentemperatur. Optimale Temperaturen sind bei Verwendung von entsprechenden Vermehrungseinrichtungen mit Bodenheizung (s. Seite 298) erreichbar.

Bei der Stecklingsvermehrung unter relativ niedrigen Temperaturen kann es an der Schnittstelle der Stecklinge zu einer starken Kallusbildung kommen, ohne daß Wurzeln ausgebildet werden. In einem solchen Falle schneidet man den Kallus an, wodurch die Wurzelbildung in den meisten Fällen unmittelbar einsetzt.

Neben der Temperatur hat die Wasserversorgung eine besondere Bedeutung. Alle Pflege-

maßnahmen müssen darauf abgestimmt sein, die Verdunstung der Stecklinge herabzusetzen. Voraussetzung dafür sind dicht schließende Vermehrungseinrichtungen (s. Seite 297). Die Stecklinge sollten täglich kontrolliert werden, doch ist in der Regel ein Wässern der Stecklinge nur in größeren Abständen notwendig. In den relativ dicht schließenden Vermehrungskästen mit geringem Luftraum kann die Luftfeuchtigkeit nur wenig entweichen. Sie werden somit weitgehend aus dem Verdunstungswasser wieder versorgt. Sind die Blätter mit einem Feuchtigkeitsfilm überzogen und keine Welkeerscheinungen zu erkennen, sind die Bedingungen für einen Bewurzelungserfolg optimal, und die Stecklinge benötigen keine zusätzlichen Wassergaben. Zu hohe Wassermengen im Vermehrungssubstrat führen zu einer Reduzierung des Sauerstoffs und damit im günstigsten Fall nur zu einer verzögerten Wurzelbildung.
Die Vermehrungseinrichtungen sind vor direkter Sonneneinstrahlung zu schützen und müssen, wenn notwendig, schattiert werden, da es sonst zu einer übermäßigen, pflanzenschädlichen Erwärmung des Innenraumes kommen kann. Kleinere Vermehrungseinrichtungen deckt man bei direkter Sonneneinstrahlung einfach mit Zeitungspapier ab, größere mit entsprechendem Schattiermaterial, welches im Gartenbaubedarfshandel erhältlich ist.
Trotz sorgfältiger Beachtung aller Hygienemaßnahmen, trotz der Verwendung keimfreier Substrate und steriler Vermehrungsgefäße kann es zu Pilzerkrankungen kommen. Welche Krankheiten auftreten können und wie sie bekämpft werden, ist im Kapitel „Pflanzenschutz" beschrieben.
Mit Beginn der Wurzelbildung wird langsam mit dem Lüften begonnen. Die Wurzelbildung hat eingesetzt, wenn die Spitzen beginnen zu wachsen. Dies ist an neuen hellgrünen Blättern zu erkennen. Es wird immer stärker gelüftet bis die Schutzhaube, das Einweckglas, die Folie oder der Folienkasten ganz entfernt werden können. Zu beachten ist, daß in diesem Stadium der Wasserbedarf immer größer wird. Die zur Wurzelbildung benötigte Zeit ist, wie schon beschrieben, von Pflanzenart zu Pflanzenart verschieden. Krautige Stecklinge bewurzeln sich oft schon nach 3 bis 4 Wochen, stark verholzte und Stecklinge von Nadelgehölzen benötigen häufig mehrere Monate.
Sind die Stecklinge bewurzelt, werden sie entweder einzeln in Töpfe oder zu mehreren in Kisten gepflanzt und zunächst noch am Vermehrungsort (Gewächshaus, Frühbeetkasten, Zimmer) gelassen. Es kommt, um schnell starke Pflanzen zu erreichen, sehr darauf an, daß sie immer im Wachstum bleiben, da ein Wachstumsstillstand gleichbedeutend mit Triebabschluß ist. Erst nach und nach werden sie an die freie Luft gewöhnt (abgehärtet) und schließlich ins Freie gebracht. Je nach Empfindlichkeit oder Wert läßt man die Pflanzen zunächst in Töpfen stehen, bevor sie im Garten ausgepflanzt oder anderweitig (z. B. zur Bonsaigestaltung) verwendet werden.
Etwas mehr über die Weiterkultur (Jungpflanzenanzucht) selbst vermehrter Pflanzen findet man im Kapitel „Die Vermehrung der Pflanzen zur Bonsaigestaltung".

Stecklingsvermehrung der Nadelgehölze

Die Stecklingsvermehrung hat bei Nadelgehölzen eine besondere Bedeutung, da andere vegetative Vermehrungsmethoden, mit Ausnahme von Veredlung und Abmoosen, nicht möglich bzw. üblich sind.
Bis auf wenige Ausnahmen lassen sich alle Nadelgehölze durch Stecklinge vermehren. Allerdings dauert die Bewurzelung bei den Arten einiger Gattungen bis zu 2 Jahren. Zu diesen Gattungen gehören u. a. *Araucaria* (Schmucktanne), *Cedrus* (Zeder), *Cunninghamia* (Spießtanne), *Ginkgo*, *Pseudolarix* (Goldlärche) und *Taxodium* (Sumpfzypresse). Alle anderen Nadelgehölze bewurzeln sich mehr oder weniger leicht. Besonders leicht gelingt es bei den Arten und Formen der Gattungen *Thuja* (Lebensbaum), *Chamaecyparis* (Scheinzypresse) und *Juniperus* (Wacholder). Der günstigste Zeitpunkt für die Vermehrung liegt von Anfang August bis Ende September, sie ist aber auch früher möglich und kann unter bestimmten Bedingungen den ganzen Win-

Stecklingsarten bei Nadelgehölzen

Steckling, von der Pflanze abgerissen

Mit einem kurzen Ruck wird der Steckling abgerissen.

Die verbleibende Rindenzunge wird bis auf einen kurzen Rest abgeschnitten.

Steckling, an der Pflanze angeschnitten

Kurz unterhalb des Triebansatzes wird ein Einschnitt vorgenommen.

Anschließend wird der Steckling abgerissen.

Steckling, auf Astring geschnitten

Scharf entlang des alten Holzes wird der Steckling abgeschnitten.

Auf Astring geschnittener Steckling

ter über durchgeführt werden. Der Hobbygärtner, dem kein Gewächshaus zur Verfügung steht, sollte möglichst früh vermehren, um die natürliche Wärme recht lange auszunutzen.
Stecklinge von Nadelgehölzen müssen an der Basis ausreichend verholzt sein, denn nicht verholzte faulen restlos weg. In der Regel verwendet man den diesjährigen Trieb in seiner ganzen Länge mit einem kleinen Ansatz des alten Holzes. Je nach Triebstärke der einzelnen Arten ergeben sich so recht unterschiedliche Stecklingsgrößen. So schneidet man Stecklinge von Zwergkoniferen auf eine Länge von 2 bis 4 cm, dagegen können Stecklinge von *Chamaecyparis* (Scheinzypresse) und von *Juniperus* (Wacholder) 15 bis 20 cm lang sein. Besonders üppige, starke und sehr saftreiche Triebe sollten nicht verwendet werden, da sie sich nur schlecht oder überhaupt nicht bewurzeln. Zu beachten ist, daß sich die Entnahmestelle auf die spätere Wuchsform auswirkt. So wird man aus Seitenzweigen von baumförmigen *Picea* (Fichten)- und *Abies* (Tannen)-Arten nur selten wieder baumförmige Pflanzen erzielen. Sie wachsen in der Regel wie Seitenzweige weiter. Daher sind nur Triebspitzen zu verwenden. Bei Zwergformen spielt die Entnahmestelle keine große Rolle. Bei den Säulenformen von *Thuja, Juniperus, Chamaecyparis* und anderen Gattungen sollten ebenfalls nur Spitzentriebe verwendet werden.
Nadelgehölzstecklinge werden gerissen oder so geschnitten, daß immer ein Teil des alten Holzes am Steckling verbleibt. Beim Reißen wird der Trieb mit einem kurzen Ruck von der Pflanze abgerissen, die verbleibende Rindenzunge bis auf einen kurzen Rest abgeschnitten. Dies ist wichtig, da sonst der Steckling mitunter nicht gesteckt werden kann. Man kann aber auch mit dem Messer kurz unterhalb des Triebansatzes einen Einschnitt vornehmen und dann den Steckling mit kurzem Ruck abreißen. Eine weitere Möglichkeit ist der Schnitt auf Astring, das heißt scharf entlang des alten Holzes. Spitzentriebe sind im Ansatz des diesjährigen Triebes zu schneiden. Das untere Ende des Stecklings muß vor dem Stecken von Nadeln befreit werden, damit ein inniger Kontakt zum Substrat gewährleistet ist. Lediglich bei Zergkoniferen kann man die Nadeln belassen. Bei schwerwurzelnden Arten empfiehlt es sich, den Steckling am unteren Teil seitlich zu verwunden. Hierzu wird auf einer Seite des Stecklings ein etwa 2 bis 3 cm langer Rindenstreifen bis auf das Kambium entfernt. Bei überlangen Stecklingen von *Thuja, Chamaecyparis* und anderen Arten sind die krautigen Spitzen zu entfernen.
Das Stecken der Nadelgehölzstecklinge und die erforderlichen Pflegemaßnahmen entsprechen denen, die für die Laubgehölzstecklinge auf Seite 42 beschrieben wurden. Zur Bewurzelung sind Temperaturen von 18 bis 22 °C ideal.

Steckholzvermehrung

Während ein Steckling krautig oder verholzt sein kann, aber immer belaubt ist, ist ein Steckholz immer verholzt und beim Stecken unbelaubt. Ein Steckholz ist im Prinzip nichts anderes als ein Sproßsteckling im laublosen, das heißt im winterlichen Ruhezustand.
Der große Vorteil der Steckholzvermehrung gegenüber der Stecklingsvermehrung besteht darin, daß sie einfach auszuführen ist und man keine besonderen Vermehrungseinrichtungen benötigt.
Durch Steckholz vermehrt man viele stark wachsende Gehölze und Blütensträucher. Von den Nadelgehölzen läßt sich allein die sommergrüne *Metasequoia* mit gutem Erfolg durch Steckholz vermehren.
Die Triebe für die Steckholzgewinnung werden nach dem Laubfall von November bis Januar geschnitten. Bei frostempfindlichen Gehölzen, wie Forsythien *(Forsythia)* oder Zierjohannisbeeren *(Ribes)*, sollten die Triebe vor dem Einsetzen stärkerer Fröste geschnitten werden. Als Steckholz verwendet man kräftige einjährige, gut ausgereifte (verholzte) Triebe. Die obersten, schwachen, kaum ausgereiften oder zu markigen Spitzen der Triebe sind nicht geeignet (s. Abb. Seite 46).
Die in der ganzen Länge abgeschnittenen Triebe können sofort zu Steckholz verarbeitet werden, oder man bündelt sie und schlägt sie

Steckholzvermehrung

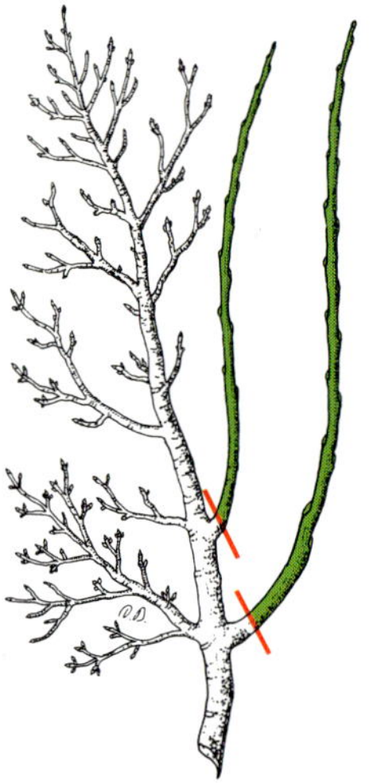

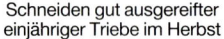

Schneiden gut ausgereifter einjähriger Triebe im Herbst

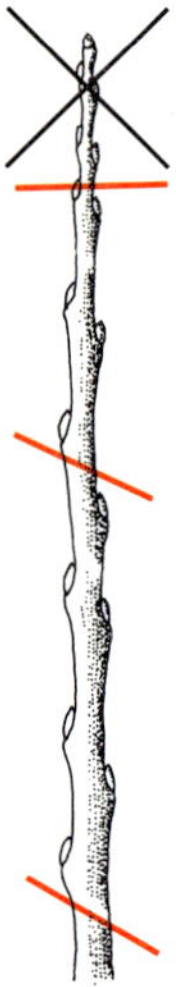

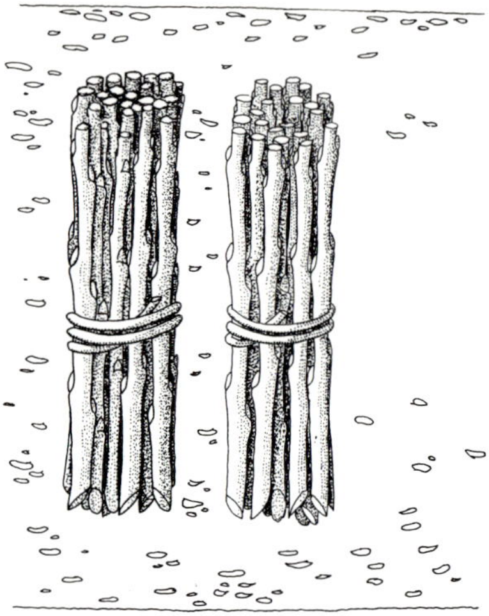

Nach dem Schneiden werden die Steckhölzer bis zum Stecken im Frühjahr eingeschlagen

Steckholzschnitt
Die schlecht ausgereiften Triebspitzen sind nicht geeignet

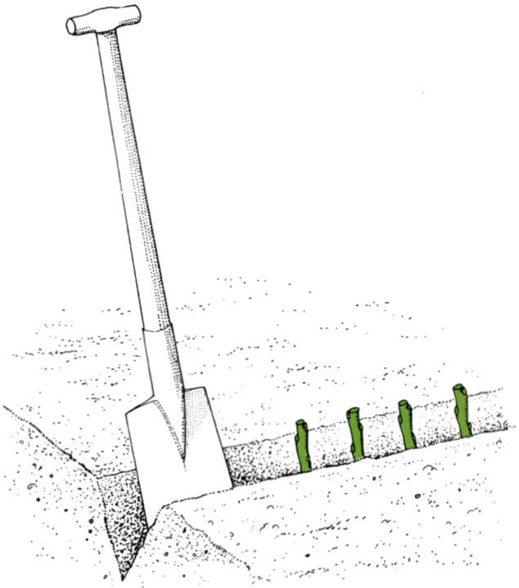

Stecken des Steckholzes im Frühjahr

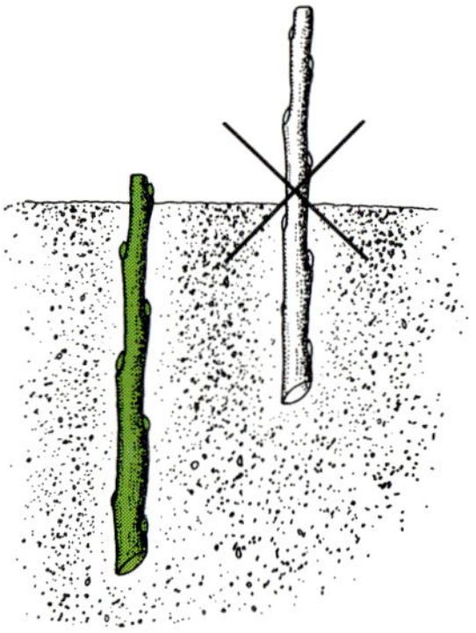

Die richtige Steckhöhe

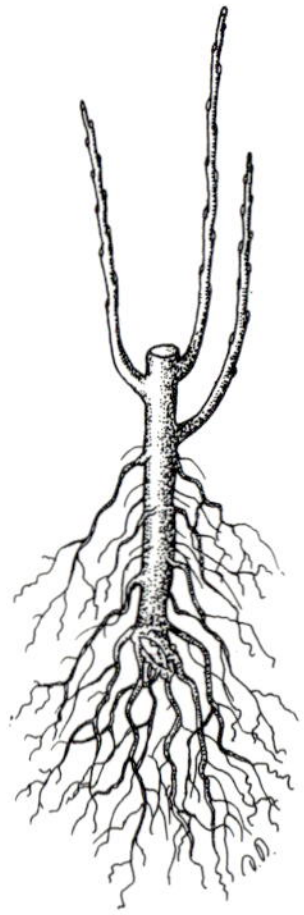

Bewurzeltes Steckholz ein Jahr später

an einem kühlen, frostfreien Ort ein. Als Einschlagort eignen sich Keller, Schuppen, Gartenhäuser, Garagen oder ein geschützter Ort im Freien. Als Einschlagsubstrat hat sich Sand bewährt. Die Triebe werden mindestens so tief eingeschlagen, daß 1/3 des Holzes vom Einschlagsubstrat bedeckt ist. Das Schneiden des Steckholzes erfolgt dann im Laufe des Winters.

Die Länge eines Steckholzes richtet sich nach dem Abstand der Knoten (= Nodien bzw. ehemalige Blattansätze). Üblich ist eine Länge von 15 bis 30 cm. In der Regel genügt es, wenn zwei gute Augen bzw. Augenpaare vorhanden sind. Geschnitten wird mit einer Schere. Am unteren Ende sollte der Schnitt etwa 3 mm unterhalb eines Auges (Knoten) verlaufen. Über dem oberen Auge beläßt man ein etwa 1 bis 2 cm langes Stück (Zapfen), um ein Austrocknen des Steckholzes von oben her zu verhindern. Ob der Schnitt gerade oder schräg ausgeführt wird, ist für den Bewurzelungserfolg unerheblich. Allerdings empfiehlt es sich, das obere oder untere Ende schräg zu schneiden, um später beim Stecken zu wissen, was oben und unten ist. Denn Steckhölzer weisen wie Stecklinge eine festgelegte und nicht umkehrbare Polarität auf. Sie bilden Wurzeln immer basal, das heißt am ursprünglich unteren Ende, unabhängig von der Lage zur Erdbeschleunigung.

Nach dem Schneiden kommt das geschnittene und gebündelte Steckholz bis zum Stecken im Frühjahr wieder in den Einschlag. Dabei ist darauf zu achten, daß die Bündel ganz von Sand bedeckt sind. Bei einem Einschlag im Freiland deckt man die Bündel zusätzlich noch mit einer Laubschicht ab. Im Einschlag muß es lange kühl bleiben, damit ein vorzeitiges Austreiben der Steckhölzer verhindert wird. Häufig wird empfohlen, die Bündel verkehrt herum einzuschlagen, um einen zu frühen Austrieb zu verhindern. Temperaturen über 5 °C könnten zu dem notwendigen Anreiz führen. Möglich ist auch die Einlagerung in einem Kühlschrank bei Temperaturen von −1 bis 3 °C. Um Verdunstungsverluste zu vermeiden, wird das Steckholz zuvor in Folie gepackt. Bei dieser Methode macht man sich

Beginnende Wurzelbildung an einem Steckholz

weitgehend von dem durch die Witterung bestimmten Stecktermin unabhängig.

Das Stecken erfolgt im zeitigen Frühjahr, wenn keine starken Fröste mehr zu erwarten sind (etwa ab Ende März), auf gut vorbereiteten, humusreichen, tief gelockerten Gartenboden. Auch bei Steckhölzern fördert die Anwendung von Wuchsstoffen (s. Seite 289ff) die Wurzelbildung. Gesteckt wird in Reihen mit einem Reihenabstand von 15 bis 25 cm, in der Reihe mit 3 bis 5 cm Abstand. Man steckt senkrecht und so tief, daß das oberste Auge oder Augenpaar noch aus dem Boden herausschaut. Anschließend ist das Steckholz gut anzudrücken, damit es allseitig mit Erde umgeben ist. Dabei ist zu berücksichtigen, daß sich der Boden in den ersten Tagen nach dem Stekken noch etwas senkt.

Wird auch im allgemeinen ins freie Land gesteckt, so ist es auch möglich, Steckhölzer in hohe Blumentöpfe oder andere hohe Gefäße zu stecken.

Nach dem Stecken ist ausreichend zu wässern. Trocknet der Boden auch nur kurzfristig aus, ist die Bewurzelung in Frage gestellt. Auch ist der Boden von Zeit zu Zeit zu lockern, denn zur Wurzelbildung ist Luft notwendig. Nach erfolgter Bewurzelung, etwa Ende Juni bis Anfang Juli, fördert eine Düngung den Durchtrieb. Nach dem Laubfall im Herbst werden die Pflanzen gerodet und auseinandergepflanzt (aufgeschult) oder bis zum Frühjahr eingeschlagen und erst dann aufgeschult.

Vermehrung durch Wurzelschnittlinge

Eine Vermehrung durch Wurzelschnittlinge kommt nur für Laubgehölze in Frage. Durch Wurzelschnittlinge kann man Gehölze vermehren, die in der Lage sind, aus Adventivknospen an Wurzeln neue Triebe zu entwikkeln, so z. B. verschiedene Wild-Rosen *(Rosa)*, der Essigbaum *(Rhus)*, der Spindelstrauch *(Euonymus)* und die Aralie *(Aralia)*.
Zur Gewinnung von Wurzelschnittlingen werden im Spätherbst die Wurzeln der Mutterpflanze vorsichtig freigelegt und bleistift- bis fingerstarke Wurzeln abgeschnitten. Bei kleineren Mutterpflanzen nimmt man die ganze Pflanze heraus und erntet entsprechend starke Wurzeln. Die Wurzeln werden in Kisten mit feuchtem Torf eingeschlagen und bis zur Verarbeitung an einem frostfreien Ort aufbewahrt. Daß die Wurzeln nicht austrocknen dürfen, ist selbstverständlich. Im Laufe des Winters werden die Wurzeln mit einer Schere oder einem Messer in etwa 5 cm lange Stücke geschnitten. Da auch die Wurzeln wie Stecklinge und Steckholz eine festgelegte und nicht umkehrbare Polarität aufweisen, das heißt am oberen Ende Sprosse und am unteren Ende Wurzeln regenerieren, ist es sinnvoll, das untere oder obere Ende mit einem Schrägschnitt zu kennzeichnen. Die fertigen Wurzelschnittlinge werden senkrecht oder leicht geneigt, unter Beachtung der Polarität, so in eine Kiste oder einen Blumentopf gesteckt, daß sie 1 bis 2 cm stark mit dem Vermehrungssubstrat bedeckt sind. Die beschickten Gefäße werden gründlich gewässert und bis zum beginnenden Durchtrieb im Frühjahr kühl aufgestellt.
Mit beginnendem Durchtrieb, der schon ab Ende Februar erfolgen kann, werden die Gefäße hell, aber frostfrei aufgestellt. Nach und

Wurzelschnittlinge

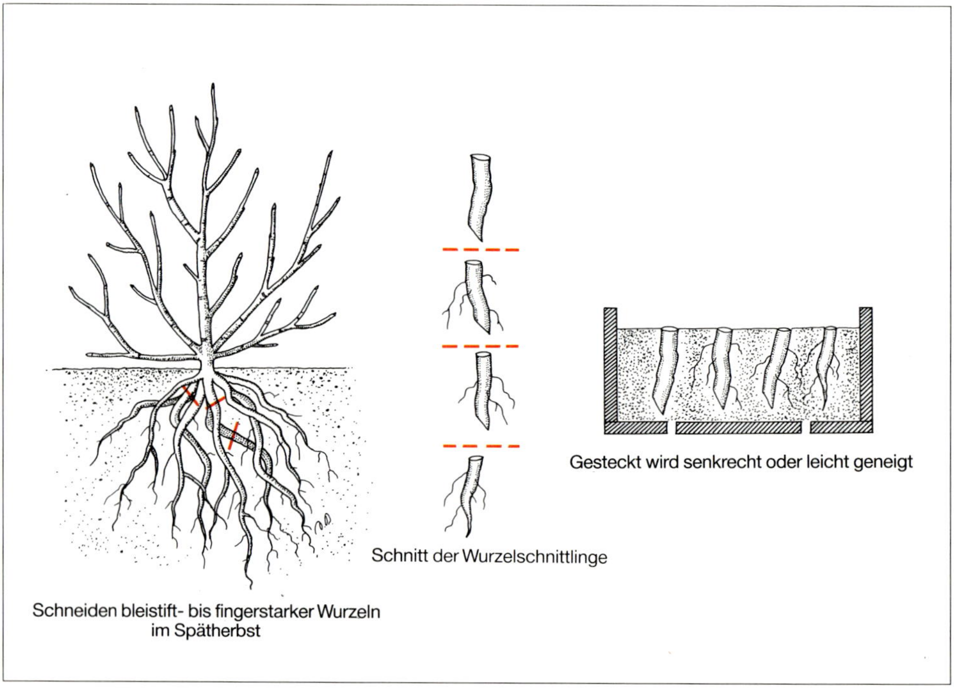
Schneiden bleistift- bis fingerstarker Wurzeln im Spätherbst
Schnitt der Wurzelschnittlinge
Gesteckt wird senkrecht oder leicht geneigt

nach werden die Pflanzen abgehärtet und können schließlich bei entsprechender Größe im Garten aufgeschult oder in Töpfe gepflanzt werden. Häufig erfolgt der Durchtrieb sehr ungleichmäßig. In solchen Fällen werden die stärksten Pflanzen herausgenommen, während man die schwachen Pflanzen noch ein Jahr im Gefäß beläßt.

Vermehrung durch Veredlung

Unter „Veredlung" versteht man die Übertragung eines Teilstücks einer zu vermehrenden Pflanzenart auf eine geeignete andere Pflanze. Dabei werden die Pflanzenteile miteinander zum Verwachsen gebracht. Eine Veredlung besteht aus zwei Pflanzen, die eine Lebensgemeinschaft eingehen. Das, worauf veredelt wird, wird als Unterlage bezeichnet und liefert über das Wurzelsystem Wasser und Nährstoffe und verankert die Pflanze im Boden. Das, was man auf die Unterlage setzt, wird als Edelreis oder nur Reis bezeichnet. Dieses liefert die zum Leben notwendigen Assimilate und bestimmt das Erscheinungsbild der neuen Pflanze.

Die Vermehrung durch Veredlung gehört ohne Zweifel zu den ältesten vegetativen Vermehrungsmethoden, die der Mensch angewandt hat. Schon bei den Phöniziern war die Kunst des Veredelns bekannt. Durch sie wurde die Veredlungskunst in den Mittelmeerraum getragen, wo schließlich die Römer sie über weite Teile Europas – so auch in unsere Bereiche – verbreiteten. Aber auch aus China wurde schon 500 v. Chr. von einer hochentwikkelten Veredlungskunst berichtet.

Veredelt werden sollte nur dann, wenn durch keine andere Vermehrungsmethode besser vermehrt werden kann, z. B. wenn die Art

Veredlungsstellen

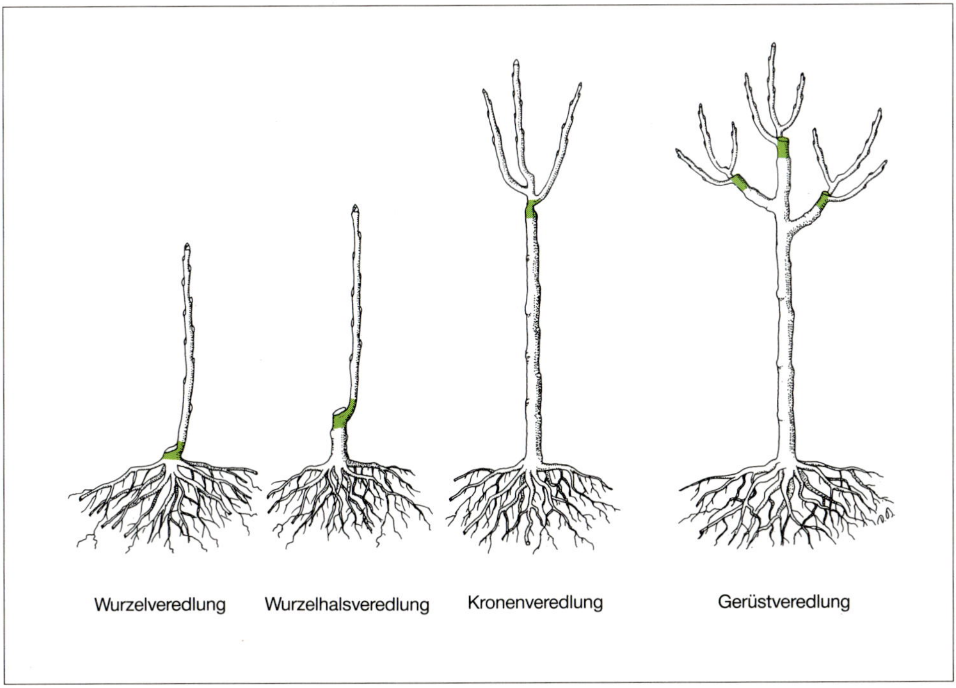

oder Sorte auf eigener Wurzel nicht so wüchsig ist, wenn Gehölze auf eigener Wurzel unser Klima nicht aushalten würden oder auf bestimmten Böden nicht wachsen (für Obstgehölze sehr wichtig). Im Obstbau kann durch entsprechende Wahl der Unterlage der Ertragsbeginn beschleunigt oder gefördert, können die Ausreifung und die Fruchtfarbe beeinflußt werden (s. auch Seite 65).
Die Veredlung kann an verschiedenen Stellen der Pflanzen erfolgen (s. Abb. Seite 49). Bei einer Veredlung auf Wurzelstücke oder direkt am Wurzelansatz spricht man von einer Wurzelveredlung. Solche Veredlungen sind bei *Wisteria* (Glycine), *Paeonia* (Strauchpfingstrose) und *Clematis* (Waldrebe) üblich.
Wird dicht über der Erde in Höhe des Wurzelhalses veredelt, so spricht man von einer Wurzelhalsveredlung, üblich bei den Kulturformen der Rosen und ebenso bei Gehölzen, bei denen die Veredlungsstelle störend wirkt.
Findet die Verbindung von Edelreis und Unterlage in Kronenhöhe statt, so handelt es sich um eine Kronen- oder Kopfveredlung. Hier wird das Edelreis so auf den Stamm auf- oder angesetzt, daß es dessen Verlängerung bildet. Solche Veredlungen sind üblich bei Obstgehölzen und bei der Vermehrung der Hängeformen von *Betula* (Birke), *Fagus* (Buche) oder *Salix* (Weide).
Die sogenannte Gerüstveredlung ist eine Form der Kopfveredlung. Hier werden auf abgeschnittene Seitenäste größerer Bäume mehrere Edelreiser veredelt. Die Gerüstveredlung spielt u. a. bei der Umveredlung älterer Obstbäume eine Rolle (s. Seite 74).

Hinsichtlich des Ortes, wo die Veredlung durchgeführt wird, unterscheidet man zwischen der Veredlung im Freiland, der Handveredlung und der Hausveredlung.
Die Veredlung im Freiland auf fest eingewurzelten Unterlagen ist für den Hobbygärtner häufig die einzige Möglichkeit. Denn hierzu sind keine besonderen Kultureinrichtungen, wie Gewächshaus oder Frühbeetkasten, erforderlich. Allerdings scheidet bei einer ganzen Reihe von Gehölzen die Freilandveredlung aus, denn Witterungseinflüsse haben einen großen Einfluß auf das Anwachsergebnis.
Freilandveredlungen werden im Frühjahr oder Sommer durchgeführt, im Frühjahr in der Regel als Kopulation oder Geißfußveredlung, im Sommer durch Okulation oder Ablaktieren.
Die Handveredlung wird bei besonders leicht wachsenden Veredlungen angewandt. Sie wird so benannt, weil die Unterlage beim Veredeln in die Hand genommen wird und nicht mit dem Boden in Verbindung steht. Handveredlungen können auf bewurzelte Unterlagen (überwiegend), auf unbewurzeltes Steckholz oder auf Wurzelstücke vorgenommen werden. Handveredlungen sind üblich bei *Malus* (Apfel)- und *Prunus* (Kirsche)-Arten, bei *Betula* (Birke) und *Laburnum* (Goldregen).
Die benötigten Unterlagen werden im Herbst ausgegraben und in einen frostfreien Einschlag gebracht. Dies kann ein kühles Gewächshaus, ein Frühbeetkasten, aber auch ein kühler Kellerraum oder Schuppen sein. Es genügt, wenn man die Unterlagen in eine mit feuchtem Torf gefüllte Kiste einschlägt. Zum Veredeln werden die Unterlagen vorübergehend aus dem Einschlag herausgenommen und anschließend, bis zum Aufschulen im Frühjahr, wieder in den Einschlag gebracht. Sollen die Gehölze weiter im Topf kultiviert werden, so wird gleich in den Topf gepflanzt.
Wird auch die Handveredlung im weitesten Sinne im „Haus“ durchgeführt, spricht man von einer Hausveredlung dann, wenn die Unterlagen zur Zeit des Veredelns in einem Gewächshaus bzw. Frühbeetkasten ausgepflanzt oder eingetopft in Containern stehen und dort auch ihre Anfangsentwicklung (Verwachsen) durchlaufen. Auf diese Weise werden Gehölze vermehrt, bei denen es bei der Hand- und Freilandveredlung zu Anwachsschwierigkeiten kommen kann. Es ist ja verständlich, daß bei Unterlagen mit festem, intaktem Wurzelballen ein ganz anderer Austrieb zu erwarten ist, als bei solchen, die im Herbst aus der Erde genommen werden und in der Regel nur wenige Wurzeln besitzen.

Für die Hausveredlung kommen zwei Zeiten in Frage: der Winter – in der Regel für Nadelgehölze – und der Sommer – z. B. für *Acer palmatum* (Fächerahorn).

Bei der Hausveredlung sind Unterlagen mit gut durchwurzelten, festen Wurzelballen erforderlich. Das Eintopfen der Unterlagen sollte im vorhergehenden Frühjahr erfolgen. Sie werden im Garten eingesenkt und den Sommer hindurch sorgfältig gepflegt, damit sie bis zum Winter recht kräftig werden. Im Herbst kommen sie ins kühle Gewächshaus oder in einen frostfreien Frühbeetkasten.
Zu welchem Zeitpunkt die Veredlung im Winter vorzunehmen ist, hängt von der jeweiligen Pflanzenart ab. In der Regel ist der Nachwinter am geeignetsten, da das Anwachsen um diese Zeit durch die beginnende Vegetationsperiode sehr gefördert wird.
Als Veredlungsarten unter Glas kommen in Frage: die Kopulation, das Geißfußpfropfen, das seitliche Einspitzen und das seitliche Anplatten.

Unterlagen

Die Unterlage ist von entscheidender Bedeutung für das Veredlungsergebnis. Eine dauerhafte Vereinigung beider Partner, Unterlage und Edelreis, ist in der Regel nur dann möglich, wenn beide in einem bestimmten verwandtschaftlichen Verhältnis zueinander stehen. Das ist am ehesten dann gewährleistet, wenn als Unterlage für Sorten die jeweilige Art verwendet wird. Will man z. B. einen Geschlitztblättrigen Ahorn *(Acer palmatum* 'Dissectum') veredeln, dann wählt man die Art *(Acer palmatum)* als Unterlage. In der Regel ist es aber auch möglich, eine andere Art der Gattung als Unterlage zu verwenden. So kann man die Blaufichte *(Picea pungens* 'Koster') auch auf die gemeine Fichte *(Picea abies)* veredeln und nicht unbedingt auf die Art *(Picea pungens)*. Aber selbst Veredlungen zwischen verschiedenen Gattungen innerhalb einer Familie sind möglich. So kann die japanische Ulme *(Zelkova)* auf eine unserer einheimischen Ulmen veredelt werden. Die Familienzugehörigkeit ist aber, was man bis heute weiß, die äußerste Grenze, bei der eine erfolgreiche Vereinigung von zwei Partnern möglich ist.
Aber nicht immer ist, selbst bei nahe verwandten Arten, eine Veredlung möglich. Es gibt mindestens so viele Fälle, wo ein Verwachsen nicht stattfindet, wie eine Vereinigung möglich ist. Kommt es nicht zum Verwachsen, so spricht man von Unverträglichkeit. Es gibt auch Fälle, wo es kurzfristig zum Verwachsen

Wurzelschößling zur Aufschulung als Unterlage

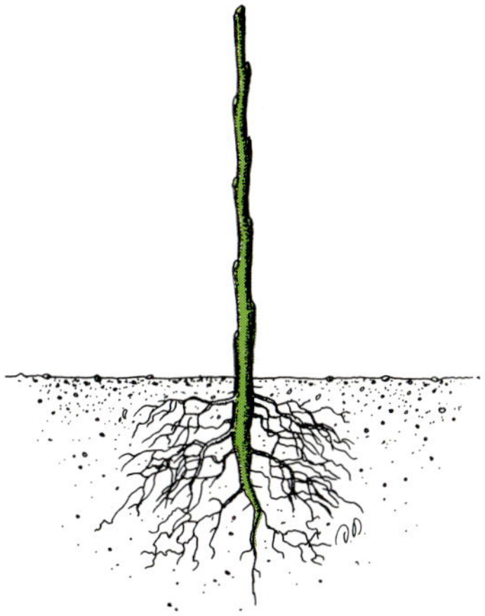

Aufschulwürdige Sämlingsunterlage

Unterlagen

kommt und man erst viel später am Kümmerwuchs oder Abstoßen der Veredlung feststellt, daß auch hier Unverträglichkeit vorliegt.
Sollen gute Erfolge erzielt werden, so dürfen niemals kranke, schlecht gewachsene und zu alte Pflanzen als Unterlagen verwendet werden.
Als typische Unterlage gilt der Sämling. In Ausnahmefällen werden auch bewurzelte und unbewurzelte Steckhölzer, Stecklinge, Abrisse oder Wurzelstücke verwendet.
Beim Aufschulen der Unterlagen ist auf geraden Stand zu achten; dies trifft insbesondere auf Unterlagen zu, die zur Kronenveredlung dienen.

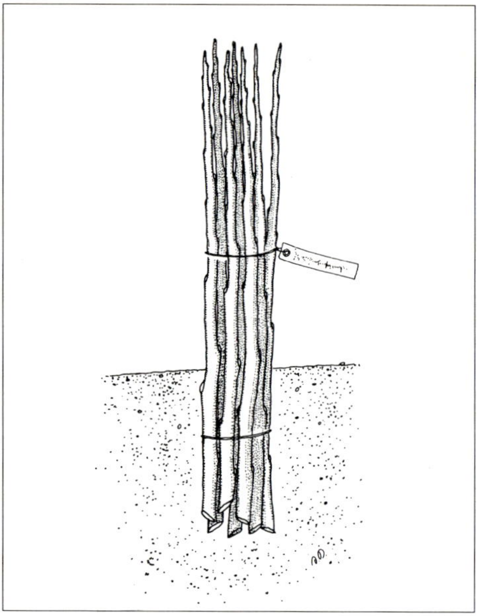

Die Edelreiser sind bis zur Verwendung einzuschlagen und kühl zu lagern.

Edelreiser

Es ist an sich selbstverständlich, daß nur Reiser von krankheitsfreien, das heißt gesunden, wüchsigen Pflanzen verwendet werden. Außerdem ist es wichtig, die Reiser nur von solchen Pflanzen zu schneiden – der Baumschuler bezeichnet diese Arbeit als „Werben" –, welche die Eigenschaften der Art oder Sorte, die man vermehren will, in genügend ausgeprägter Weise besitzen. Bei Reisern von Laubgehölzen, die im laublosen Zustand zu schneiden sind, ist es vorteilhaft, schon vor dem Laubabwurf diejenigen Äste an der Pflanze zu kennzeichnen, welche die typischen Art- bzw. Sortenmerkmale am besten zeigen. Denn zur Zeit des Reiserschnitts kann diese Auswahl nicht mehr getroffen werden.
Bei Nadelgehölzen ist die Triebstellung zu berücksichtigen. Von *Abies* (Tanne), *Picea* (Fichte) und *Pinus* (Kiefer) sind aufrechtwachsende Gipfeltriebe zu nehmen. Werden Seitentriebe verwendet, die schräg zur Richtung der Schwerkraft (plagiotrop) wachsen, behalten diese ihre Wuchsrichtung bei, und es bedarf mühevoller Arbeit (sie müssen an einen Stab gebunden werden), bis die Umstellung zur Geradtriebigkeit erfolgt ist.
In den meisten Fällen sind diesjährige oder einjährige Triebe zu verwenden. Nur bei schwachtriebigen Gehölzen kommen auch zwei- bis mehrjährige Triebe in Frage. Welches die günstigsten Abschnitte für Edelreiser sind, ist der Zeichnung auf Seite 68 zu entnehmen.
Der Schnittzeitpunkt der Edelreiser richtet sich nach der Veredlungsmethode.
Für die Okulation werden die Reiser nach Möglichkeit erst kurze Zeit vor der Verwendung geschnitten. Um Wasserverluste durch Verdunstung zu vermeiden, werden an den geschnittenen Reisern die Blätter so weit entfernt, daß noch etwa 1 cm des Blattstiels stehen bleibt. Sie werden in feuchte Tücher, Moos oder Folie eingeschlagen, um sie dann zur Veredlung einzeln aus der Verpackung zu nehmen.
Die Veredlungs- oder Pfropfreiser für die Hausveredlung im Sommer sind ebenfalls erst kurz vor der Verwendung zu schneiden und feucht und kühl aufzubewahren. Die Blätter werden nicht entfernt, allenfalls wird bei grolaubigen Arten die Blattfläche reduziert.
Das Schneiden der Reiser für die Winter- und Nachwinter-Veredlung ist nicht immer kurz vor Verwendung möglich, sie müssen vor Einbruch starker Fröste geschnitten werden. Im November/Dezember geschnitten, sind sie in

einem kühlen, frostfreien Raum (Keller oder dgl.) in feuchten Sand einzuschlagen. Möglich ist es aber auch, die Reiser in einen Folienbeutel zu packen und bis zur Verwendung in einem Kühlschrank bei 0 bis 4 °C zu lagern. Der Austrieb muß möglichst lange zurückgehalten werden, angetriebene Reiser sind für die Veredlung wertlos.
Bei Veredlungen im März/April schneidet man die Reiser kurz vor Verwendung direkt von der Mutterpflanze.

Gebräuchlichste Veredlungsmethoden

Der Gärtner kennt eine große Zahl verschiedener Veredlungsmethoden, die sich in der Art der Ausführung voneinander unterscheiden.
Jede Veredlungsart – die eine mehr, die andere weniger – erfordert eine gewisse Übung und Geschicklichkeit. Dem Ungeübten ist zu empfehlen, sich an dazu geeigneten Ästen und Zweigen diese Geschicklichkeit anzueignen, um nicht Reiser und Unterlagen unnütz zu verschneiden.
Die Veredlungsmethode wird beeinflußt durch das vorhandene Material an Reisern und Unterlagen. So ist es unmöglich, zu kopulieren, wenn nicht beide Teile die gleiche Stärke haben. Aber auch die Methode allein bedingt noch keinen absoluten Erfolg. Ob ich okuliere, kopuliere oder pfropfe, ist gleichgültig, wenn nicht die Zeit der Ausführung oder die Fähigkeit des Verwachsens infolge verwandtschaftlicher Beziehungen beachtet werden.
Bei allen Veredlungsmethoden muß sehr sorgfältig gearbeitet werden. Die Zellen von Unterlage und Reis können sich nur vereinigen, wenn sich der Saft der Unterlage mit dem Saft des Reises verbindet. Das heißt, zwischen Reis (oder Auge) und Unterlage dürfen keine Hohlräume sein; eine Verwachsung wäre ausgeschlossen. Auch ist es wichtig, daß ein Arbeitsschritt unmittelbar nach dem anderen erfolgt. Die Schnittstellen dürfen nur kurz der Luft ausgesetzt sein.

Nachfolgend sind die gebräuchlichsten Veredlungsmethoden und die Technik der Durchführung dargestellt.

Okulation

Bei der Okulation wird ein gut ausgebildetes Auge aus dem Edelreis geschnitten und mit der Unterlage so in Verbindung gebracht, daß Unterlage und Auge miteinander verwachsen.
Man unterscheidet zwischen der Okulation auf das treibende (in der Regel nur bei Rosen angewendet) und auf das schlafende Auge. Erstere wird im Mai/Juni, letztere von Juni bis September ausgeführt. Der Unterschied besteht darin, daß bei der Okulation auf das treibende Auge, dieses Auge im Sommer desselben Jahres noch durchtreibt, während im anderen Fall das Auge nur anwächst (den Winter über schläft) und erst im kommenden Frühjahr durchtreibt.
Für die Okulation sind gut im Saft stehende Unterlagen und Reiser erforderlich. Die Reiser sind unmittelbar vor dem Verbrauch zu schneiden, bis auf einen Blattstielansatz zu entblättern und vor dem Austrocknen zu schützen (s. Seite 52).
Okuliert wird folgendermaßen: An der Unterlage wird an der gewünschten Veredlungsstelle ein T-Schnitt angebracht, zuerst der Querschnitt, dann der Längsschnitt. Anschließend werden die Rindenlappen gelöst. Dazu bedient man sich des Lösers am Okuliermesser (s. Seite 284), den man zwischen Rinde und Holzkörper einführt.
Jetzt erst wird das einzusetzende Auge durch einen sehr flach verlaufenden Schnitt – beginnend 1,5 cm unterhalb des Blattstielansatzes, endend 2 cm über dem Auge – vom Edelreis abgetrennt. Das Abtrennen des Auges, ohne es zu dick oder zu dünn zu schneiden, ist wohl das Schwierigste an der ganzen Okulation.
Beim Abtrennen des Auges wird auch ein dünner Holzstreifen entfernt. Dieses Holzschildchen sollte behutsam herausgelöst werden; allerdings gibt es unterschiedliche Ansichten darüber, ob dies erforderlich ist. Beim Herauslösen ist darauf zu achten, daß die Schnittfläche nicht mit den Fingern berührt wird.
Das Schildchen mit dem Auge wird, indem man es am Blattstiel faßt, soweit als möglich

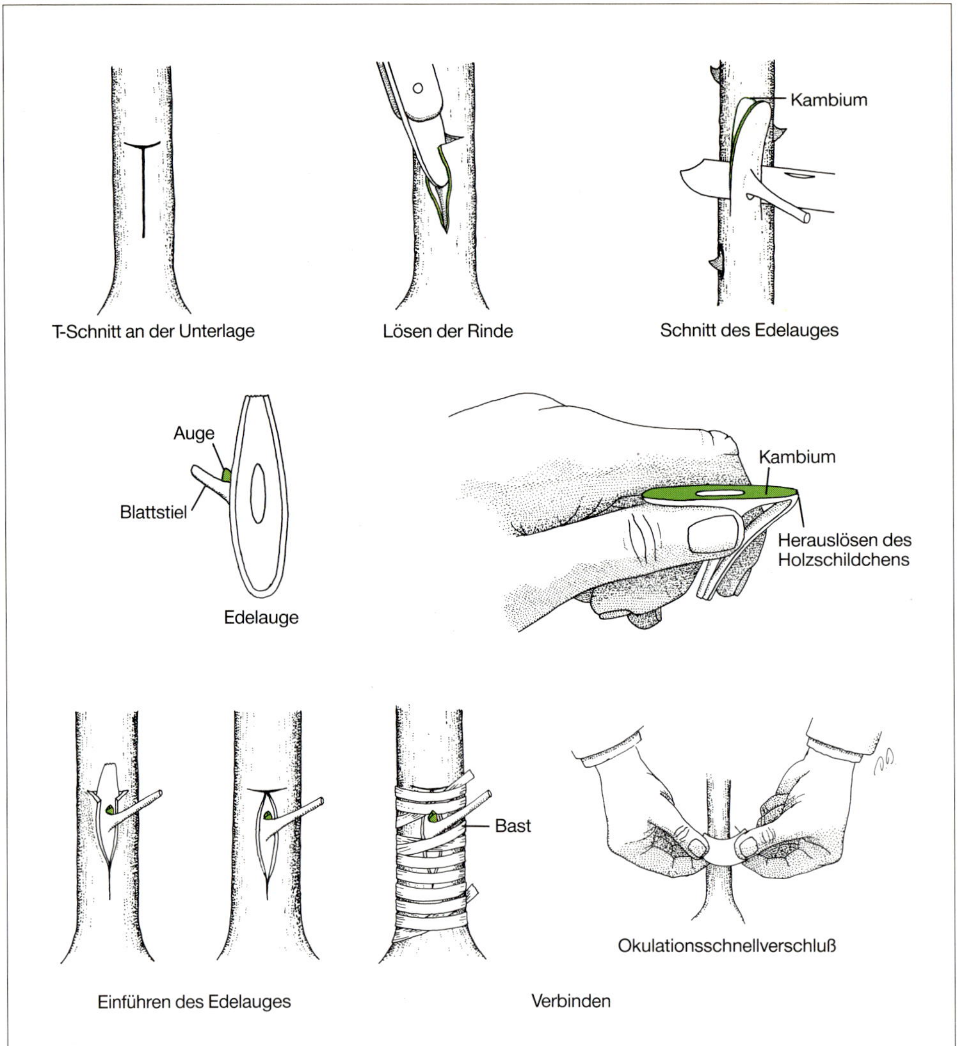

Okulation

unter die Rindenlappen des T-Schnitts geschoben. Mit dem Auslöser führt man es so tief in den Spalt, daß das Auge selbst etwa 1 cm unterhalb des Querschnittes zu liegen kommt. Ragt ein Stück des Schildchens über den Querschnitt heraus, wird es sorgfältig abgeschnitten.

Nun muß die Veredlungsstelle noch verbunden werden. Dazu verwendet man Bast oder sogenannte Okulationsschnellverschlüsse (s. Seite 287). Der Hobbygärtner wird in der Regel Bast verwenden müssen, da Okulationsverschlüsse in kleinen Mengen nicht erhältlich sind. Damit das Auge beim Verbinden nicht wieder herausgedrückt wird, ist der Bastfaden von oben her anzulegen und am Ende mit einer Doppelschlaufe zu versehen. Das Auge darf nicht mit eingebunden werden. Ein Ver-

Das austreibende Auge zeigt an, daß die Okulation der Rose erfolgreich war.

Chip- oder Spanveredlung

Eine Abwandlung der Okulation ist die Chip- oder Spanveredlung (s. Abb. Seite 56). Hierzu benötigt man keine saftreichen Reiser und Unterlagen. Diese Veredlungsmethode ist dann interessant, wenn sich die Rinde nur schlecht oder nicht vom Holzteil löst.
Im Gegensatz zur Okulation wird an der Veredlungsstelle ein etwa 3 bis 4 cm langer Rindenstreifen mit etwas Holzanteil entfernt. Oben und unten wird mit einem waagerechten Einschnitt eine klare Abgrenzung geschaffen. Dann wird das Auge mit einem gleich langen Schnitt entnommen und an der freigelegten Veredlungsstelle eingesetzt. Es ist so anzusetzen, daß mindestens an einer Seite Rinde auf Rinde paßt. Verbunden wird mit Bast und im Gegensatz zur Okulation mit Baumwachs verstrichen, oder man häufelt die Veredlungen an.

streichen mit Baumwachs ist nicht erforderlich. Bei Verwendung von Okulationsschnellverschlüssen muß zuvor der Blattstiel entfernt werden, da diese Verschlüsse dicht über das Auge gelegt werden.
Nach etwa 2 bis 3 Wochen kann man feststellen, ob die Veredlung erfolgreich war oder nicht. Bei einer geglückten Veredlung ist der Blattstiel bereits von selbst abgefallen oder fällt nach Berührung ab. Hat eine Verbindung nicht stattgefunden, ist der Blattstiel vertrocknet, ohne jedoch abzufallen.
Durch Okulation veredeln lassen sich Rosen, verschiedene Laubgehölze und fast alle Obstgehölze (s. Seite 65).
Es ist schon darauf hingewiesen worden, daß nur gut im Saft stehende Unterlagen und Reiser zu verwenden sind, da sich sonst die Rinde nicht löst. Nach längeren Trockenperioden wird dies oft der Fall sein. Helfen kann hier ein rechtzeitiges Wässern der Unterlage.
Ist das einzusetzende Auge sehr stark, etwa wie bei *Aesculus* (Kastanie), dann wird es mitunter schwierig, es in den T-Schnitt einzuführen. In diesem Falle wird ein Kreuzschnitt angelegt; das Auge kommt dann etwa am Schnittpunkt des Kreuzes zu liegen.

Kopulation

Die Kopulation ist eine der am leichtesten auszuführenden Veredlungsmethoden (s. Abb. Seite 56). Durch Kopulation veredelt werden sowohl immergrüne als auch laubabwerfende Laubgehölze ab September, wenn das Holz ausgereift ist und die Saftruhe begonnen hat.
Bei der Kopulation müssen Reis und Unterlage etwa die gleiche Stärke haben. Reis und Unterlage erhalten aufeinander passende, einseitig gleich lange Schrägschnitte. Kürzer als 2 cm sollten die Schrägschnitte auch bei den dünnsten Zweigen nicht sein, je stärker dieselben, desto länger sollten auch die Schnitte sein – bis 10 cm bei besonders starken Kopulationen.
Die beiden Schnittstellen werden so aufeinandergelegt, daß sich die Kambiumringe, möglichst im gesamten Verlauf, überdecken. Da Edelreis und Unterlage nur durch Aufeinanderdrücken in ihrer Lage gehalten werden, ist es notwendig, einen gut sitzenden Bastverband anzulegen. Anschließend wird mit Baumwachs verstrichen. Nach dem Anwachsen, etwa 6 bis 8 Wochen später, wird der Bastverband aufgeschnitten, um den Saftstrom nicht zu behindern.

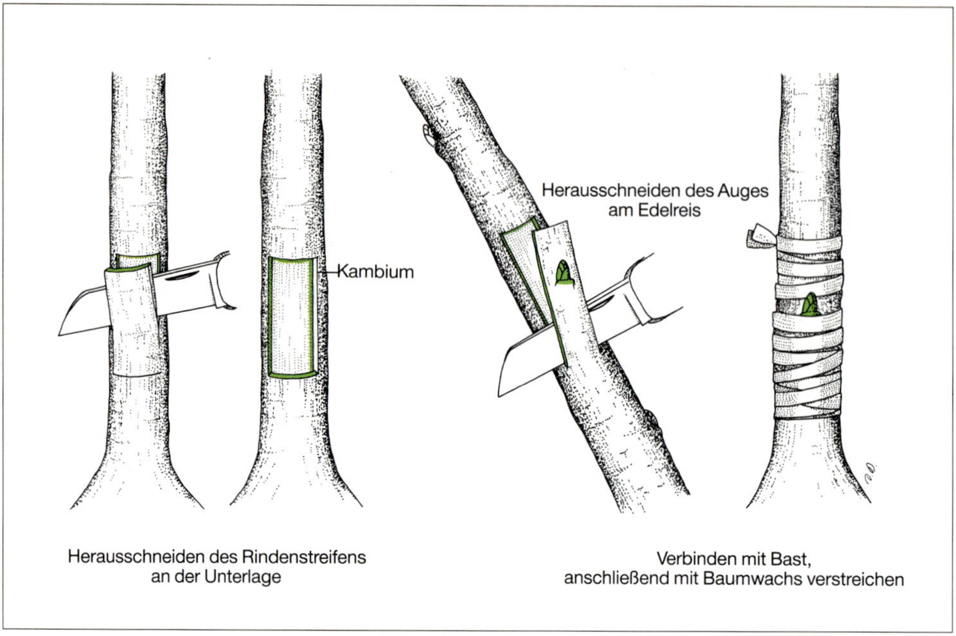
Herausschneiden des Auges
am Edelreis
Kambium
Herausschneiden des Rindenstreifens
an der Unterlage
Verbinden mit Bast,
anschließend mit Baumwachs verstreichen

Chip- oder Spanveredlung

Kopulation

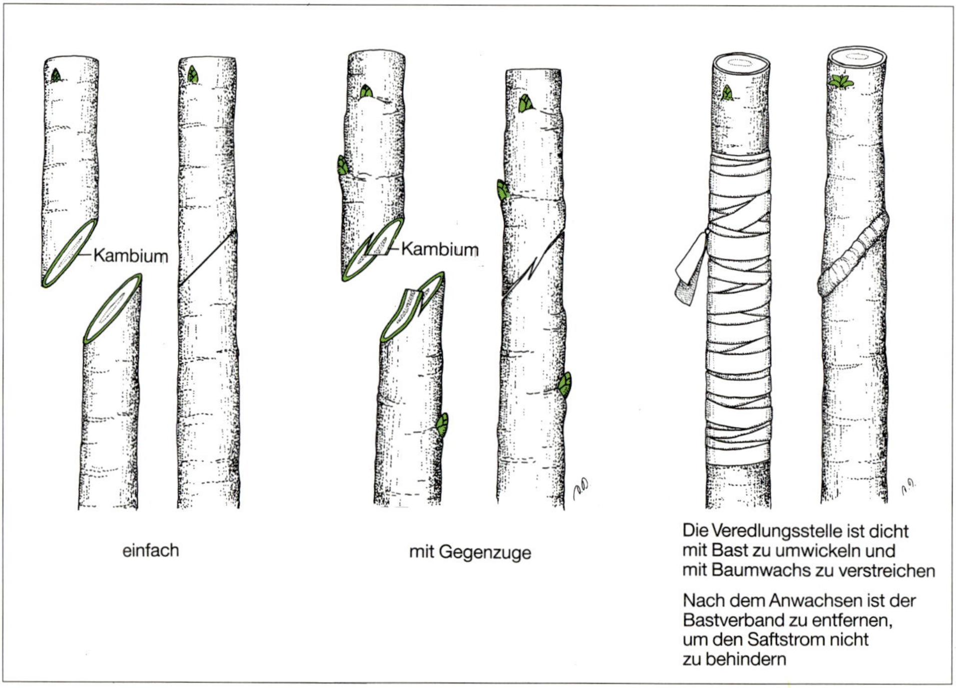
Kambium
Kambium
einfach
mit Gegenzuge
Die Veredlungsstelle ist dicht
mit Bast zu umwickeln und
mit Baumwachs zu verstreichen
Nach dem Anwachsen ist der
Bastverband zu entfernen,
um den Saftstrom nicht
zu behindern

Eine verbesserte Methode ist die Kopulation mit Gegenzunge. Diese Methode wird angewandt bei besonders starken Zweigen, wo das einfache Kopulieren keinen genügenden Halt gewährleistet. Durch die Zungen wird eine größere Berührungsfläche zwischen Unterlage und Reis geschaffen und damit eine innigere Verbindung von größerer mechanischer Festigkeit. Allerdings erfordert das Kopulieren mit Gegenzunge etwas mehr Geschicklichkeit sowie gutes Augenmaß. Sitzen nämlich die Schnitte nicht genau, so ist der Anwachserfolg geringer als bei der einfachen Kopulation. Zunächst wird wie bei der einfachen Kopulation ein Schrägschnitt angelegt, zusätzlich in der Mitte jeder Schnittstelle ein senkrecht geführter Schnitt, der die Zungen ergibt, die dann ineinander geschoben werden.
Das Edelreis wird sowohl bei der einfachen als auch bei der Kopulation mit Gegenzunge 3 bis 4 Augen über der Veredlungsstelle abgeschnitten.

Sattelpfropfen

Das Sattelpfropfen ist eine der Kopulation nahe verwandte Veredlungsmethode. Auch hier müssen Reis und Unterlage die gleiche Stärke aufweisen.
Die Unterlage wird in Form eines Satteldaches angespitzt. Das Edelreis erhält eine entsprechende Einkerbung, die genau auf den Sattel passen muß. Das Ganze wird wie bei der Kopulation gut mit Bast umwickelt. Auch hier wird das Edelreis 3 bis 4 Augen über der Veredlungsstelle abgeschnitten.

Seitliches Einspitzen und seitliches Anplatten

Diese beiden miteinander verwandten Veredlungsmethoden unterscheiden sich von allen anderen Methoden mit Ausnahme des Okulierens dadurch, daß die Unterlage zunächst nicht zurückgeschnitten, allenfalls etwas eingekürzt wird. Das Edelreis wird angesetzt, und erst nach dem Anwachsen wird die Unterlage bis zur Veredlungsstelle zurückgenommen. Die Veredlung der Immergrünen, insbesondere der Nadelgehölze, ist zum größten Teil nur durch diese Methode möglich, aber auch

Das Sattelpfropfen am Beispiel von Rhododendron

verschiedene laubabwerfende Arten lassen sich so erfolgreich vermehren.
Seitlich eingespitzt wird dann, wenn das Edelreis wesentlich dünner ist als die Unterlage; stärkere Edelreiser werden dagegen angeplattet.
Da zum Verwachsen relativ hohe Temperaturen erforderlich sind (um 15 °C), kann das Veredeln nur im Haus, das heißt im Gewächshaus, in einem beheizten Frühbeetkasten oder notfalls auch an einem hellen Fensterplatz durchgeführt werden. Als Zeitpunkt kommen Sommer und Winter in Frage.
Als Unterlage verwendet man im Topf (Container) fest eingewurzelte Pflanzen. Die für die Winterveredlung vorgesehenen Unterlagen müssen rechtzeitig ins Haus geholt werden.
Beim seitlichen Anplatten (s. Abb. Seite 58) wird an der vorgesehenen Veredlungsstelle mit einem scharfen Messer – bei Nadelgehölzen müssen zunächst die Nadeln entfernt werden – ein etwa 3 bis 5 cm langer Rindenstreifen entfernt. Dabei ist es von Vorteil, wenn am unteren Ende ein kleiner Absatz stehen bleibt, der dem Edelreis als Auflage dient.
Das Edelreis erhält (bei Nadelgehölzen sind an der Basis die Nadeln zu entfernen) entsprechend dem Ausschnitt an der Unterlage einen flachen Schnitt. Bei Nadelgehölzen wird nur

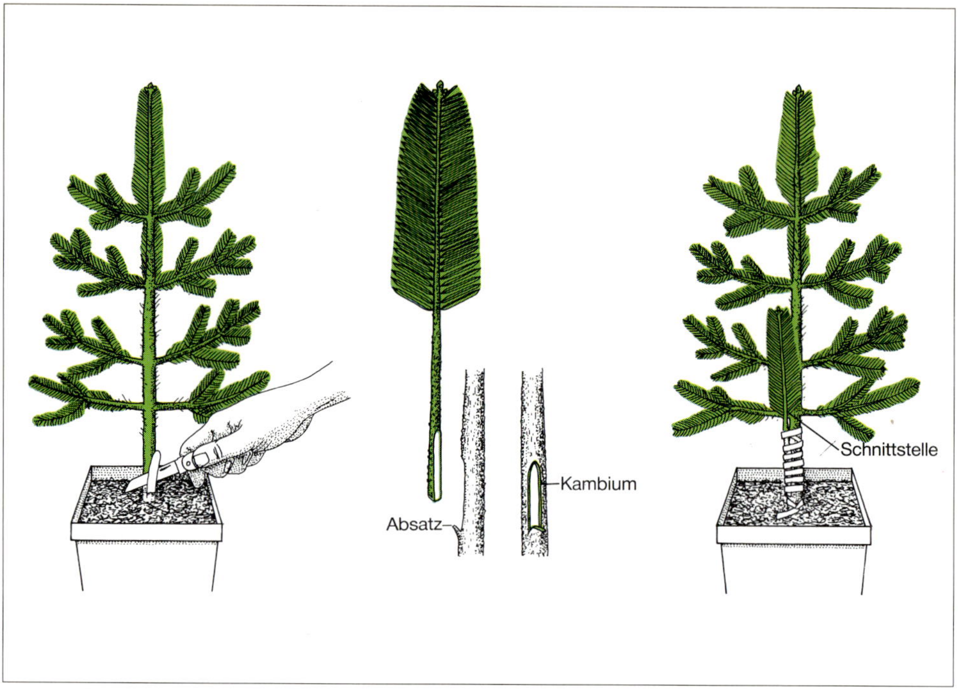

Seitliches Anplatten

die Rinde entfernt, bei Laubgehölzen ist ein Kopulationsschnitt anzulegen; die Spitze am unteren Ende ist mit einem waagerechten Schnitt zu entfernen.

Nun werden Reis und Unterlage so zusammengefügt, daß zumindest an einer Seite die Kambiumschichten aneinanderliegen. Zum Verbinden verwendet man Zwirn, Wollfäden oder dünne Gummibänder. Ein Verstreichen mit Baumwachs ist bei Nadelgehölzen nicht notwendig, bei Laubgehölzen sinnvoll.

Oben wurde beschrieben, daß beim seitlichen Anplatten an der Unterlage ein schmaler Rindenstreifen abgeschnitten wird. Man kann aber auch, wie es die Abbildung auf Seite 59 zeigt, die Rindenzunge stehen lassen, über das Reis ziehen und mit einbinden.

Beim seitlichen Einspitzen (s. Abb. Seite 59) wird ein ca. 3 cm langer schräger Einschnitt durch die Rinde bis auf das Holz angelegt. Beim Edelreis führt man zunächst einen Kopulationsschnitt durch und schneidet es anschließend keilförmig zu. Dieses wird so hinter den gelösten Rindenlappen geschoben, daß Kambium auf Kambium kommt. Das Verbinden erfolgt wie beim seitlichen Anplatten.

Die fertigen Veredlungen senkt man samt den Töpfen schräg in mit feuchtem Torf gefüllte Kisten ein (s. Abb. Seite 58). Die Veredlungs-

Bis zum Anwachsen sind die Veredlungen beim seitlichen Anplatten und seitlichen Einspitzen in feuchten Torf einzusenken und in gespannter Luft zu halten.

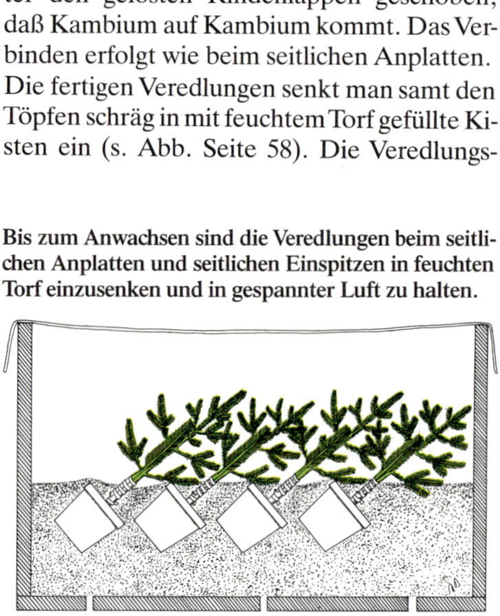

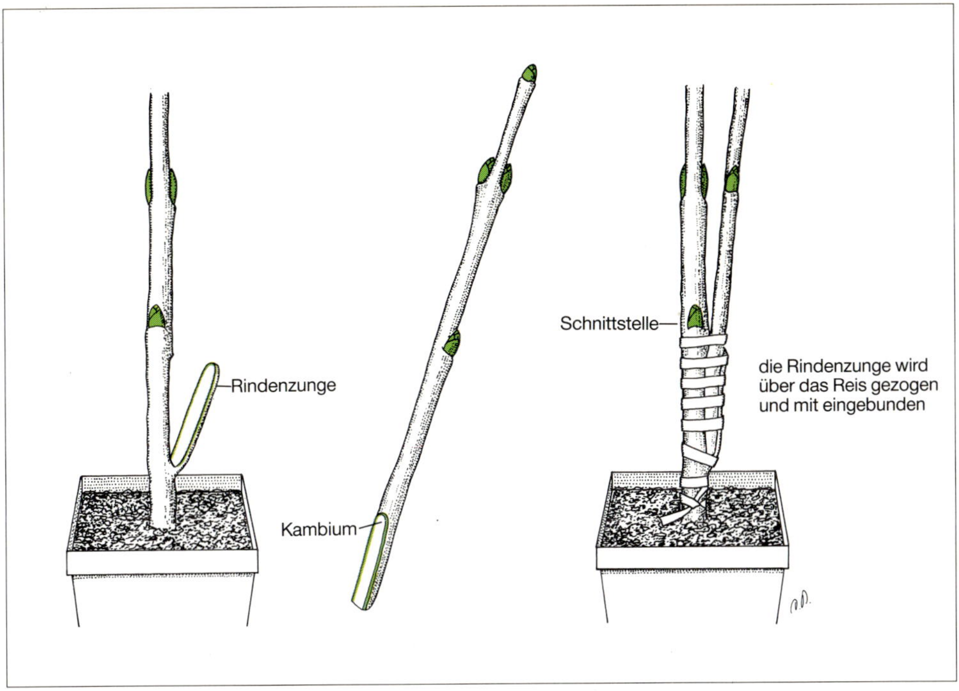

Seitliches Anplatten mit Rindenzunge

Seitliches Einspitzen

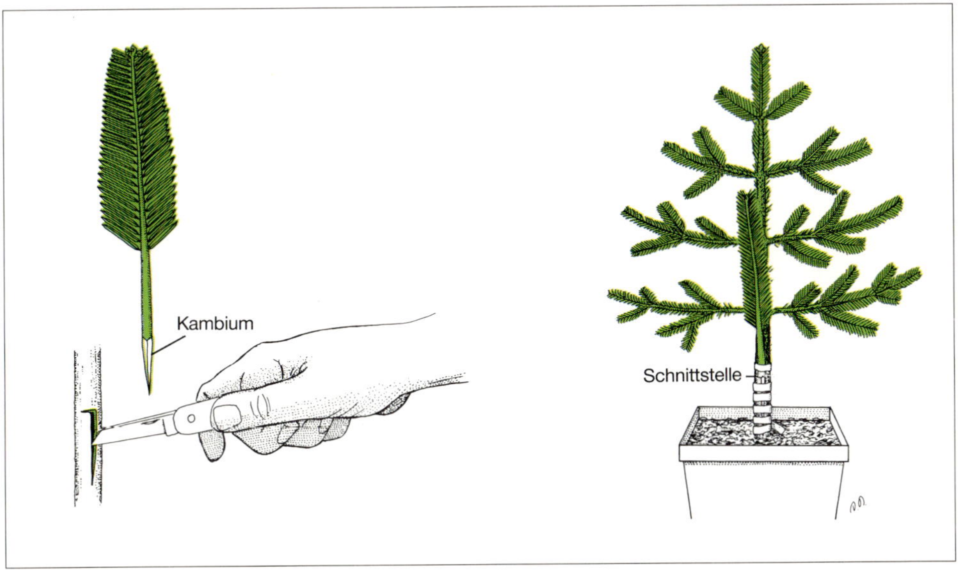

Seitliches Anplatten mit Rindenzunge. Sobald das Edelreis angewachsen ist, wird die Unterlage bis zur Veredlungsstelle zurückgeschnitten.

stelle soll dabei dem Licht zugekehrt sein. Durch die Schräglage wird eine bevorzugte Versorgung des Edelreises mit Assimilaten erreicht. Während des Wachstumsprozesses ist für gespannte Luft, ähnlich wie bei der Stecklingsbewurzelung, zu sorgen. Dies erreicht man durch Abdecken der veredelten Pflanzen mit Folie oder durch einen mit Folie bespannten Kasten.

Während des Verwachsens darf nicht gegossen werden, denn wenn Wasser in die Veredlungsstelle dringt, ist das Verwachsen in Frage gestellt. Daher sind die Unterlagen vor der Veredlung kräftig zu wässern, und zum Einschlagen ist gut angefeuchteter Torf zu verwenden.

Bis zum Anwachsen sind die Veredlungen bei Temperaturen um 15 °C, besser etwas höher, aufzustellen.

Nach 4 bis 6 Wochen, wenn das Edelreis angewachsen ist, kann die Unterlage zum Teil abgeworfen (abgeschnitten) werden. Zum Ausgang des Frühjahrs, wenn die Pflanzen ins Freie gebracht werden können, wird schließlich der Rest der Unterlage bis zur Veredlungsstelle entfernt.

Geißfußveredlung (Triangulation, Geißfußpfropfen)

Die Geißfußveredlung ist überall da von Bedeutung, wo die Unterlage stärker ist als das Edelreis, z. B. bei der Umveredlung älterer Obstgehölze.

Die Unterlage wird an der vorgesehenen Veredlungsstelle mit einem leichten Schrägschnitt glatt abgeschnitten. Am Kopf der Unterlage wird dann mit zwei Schnitten ein etwa 3 cm langer Holzkeil herausgeschnitten. Das Edelreis erhält einen entsprechend keilförmigen Zuschnitt. Zunächst wird ein Kopulationsschnitt angebracht und, von diesem ausgehend, das Edelreis mit zwei Schnitten keilförmig zugeschnitten. Dabei ist auf Paßgenauigkeit großer Wert zu legen, denn das keilförmig zugeschnittene Edelreis muß genau in den Keil der Unterlage passen, sonst kommt es nicht zum Verwachsen.

Außerdem ist darauf zu achten, daß das erste Auge nach innen gerichtet ist. Dieses Auge wird zuerst austreiben und durch seine Lage die natürliche, gerade Fortsetzung der Unterlage bilden können, viel eher, als wenn sich das erste Auge des Reises auf der entgegengesetzten Seite befände. Denn der daraus entstehende Trieb würde die gleiche Richtung annehmen und stünde immer schief zur Unterlage. Bei der nach innen gerichteten Augenstellung verwächst die Schnittfläche auch schneller, und das angewachsene Reis ist besser vor dem Ausbrechen geschützt.

Das Edelreis, das auf eine Länge von 4 bis 5 Augen eingekürzt wurde, wird nun so in den keilförmigen Ausschnitt der Unterlage hineingeschoben, daß die Rindenseiten (Kambium) von Unterlage und Reis aufeinander passen. Das Ganze wird, wie bei der Kopulation, fest verbunden und mit Baumwachs verstrichen.

Geißfußveredlung

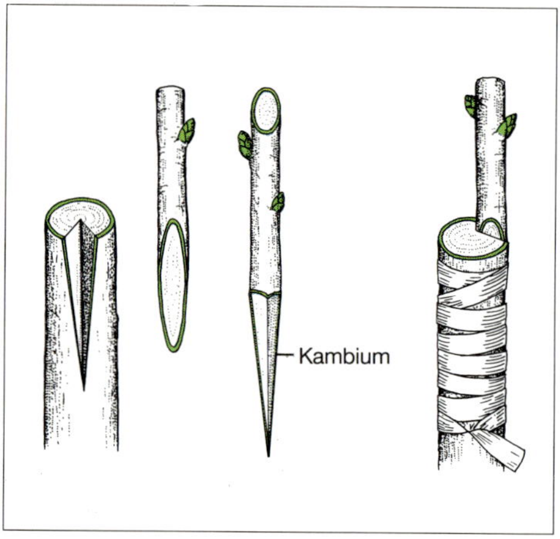

Die Geißfußveredlung kommt nur für laubabwerfende Gehölze in Frage – eine Veredlungsmethode, die nur dem Geübten empfohlen werden kann.

Pfropfen in den Spalt (Spaltpfropfen)

Das Pfropfen in den Spalt ist eine der ältesten Veredlungsmethoden, die schon unsere Vorfahren anwandten. Leider ist sie etwas in Vergessenheit geraten und wird heute kaum noch empfohlen. Betrachtet man aber die erhaltenen Baumriesen in Obst- und Ziergärten, welche unsere Vorfahren auf diese Weise veredelten, so muß man zu dem Schluß kommen, daß diese Veredlungsart nicht die schlechteste ist.
Das Spaltpfropfen hat Ähnlichkeit mit der Geißfußveredlung. Während beim Geißfuß das Edelreis höchstens die halbe Stärke der Unterlage besitzen darf, weil sonst beim Schnitt mit einem Reißen der Unterlagen zu rechnen ist, wird das Pfropfen in den Spalt bei dünnen Reisern und dünner Unterlage angewandt. Die Unterlage wird wie bei der Geißfußveredlung durch einen leichten Schrägschnitt glatt abgeschnitten oder gesägt und anschließend mit einem Messer einige Zentimeter aufgeschnitten (gespalten).
Das Edelreis wird wie beim Geißfuß zugeschnitten, nur sehr viel flacher. Dann schiebt man das auf 3 bis 5 Augen eingekürzte Reis in den Spalt, welchen man mit einem starken Messer (durch Drehung desselben) öffnet, damit das Reis beim Einschieben nicht verletzt wird. Auch hier müssen die Kambiumschichten von Unterlage und Reis aufeinander passen.
Bei starken Unterlagen kann man 2 oder auch 4 Reiser gegenständig einsetzen.
Anschließend wird das Ganze fest verbunden und mit Baumwachs verstrichen.

Pfropfen hinter die Rinde

Das Pfropfen hinter die Rinde kann als vereinfachte Geißfußveredlung angesehen werden; sie erfordert weniger Übung. Diese Methode spielt, wie die Geißfußveredlung, vor allem bei der Umveredlung älterer Bäume eine Rolle. In der Baumschule wird das Pfropfen hinter die Rinde nur selten angewandt, außer zum Nachveredeln nicht angewachsener Okulanten.

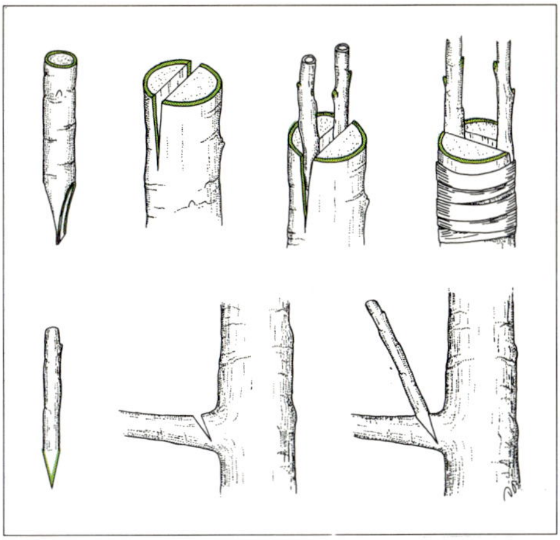

Zwei Möglichkeiten des Pfropfens in den Spalt

Die Vorbereitung der Unterlage erfolgt wie bei der Geißfußveredlung, allerdings wird kein Keilschnitt durchgeführt, sondern nur ein 3 bis 4 cm langer senkrechter Schnitt durch die Rinde, bis auf das Holz (s. Abb. Seite 62). Die Rindenlappen des Einschnitts werden im oberen Bereich leicht gelöst, um das Edelreis einführen zu können.
Das Edelreis erhält einen etwa 4 bis 5 cm langen Kopulationsschnitt, der an beiden Seiten noch leicht angeschnitten wird, um das Kambium freizulegen. Dann schiebt man das auf 3 bis 5 Augen eingekürzte Edelreis hinter die Rinde der Pfropfstelle, aber nur so weit, daß von dem Anschnitt des Edelreises noch etwa 3 bis 5 mm sichtbar bleiben.
Beim Umveredeln wird an dünneren Ästen nur ein Reis eingesetzt (dann an der Oberseite); an stärkeren Ästen können es 2 bis 4 sein.
Die frischen Veredlungen werden mit Bast fest verbunden und mit Baumwachs verstrichen.
Das geschilderte Pfropfverfahren läßt sich mannigfaltig variieren. Teils wird nur ein Rindenflügel abgelöst, in anderen Fällen wird das Edelreis in verschiedener Weise noch an den Seiten beschnitten, um die Berührungsflächen der Kambiumschichten zu vergrößern. Einzelheiten der verschiedenen Methoden

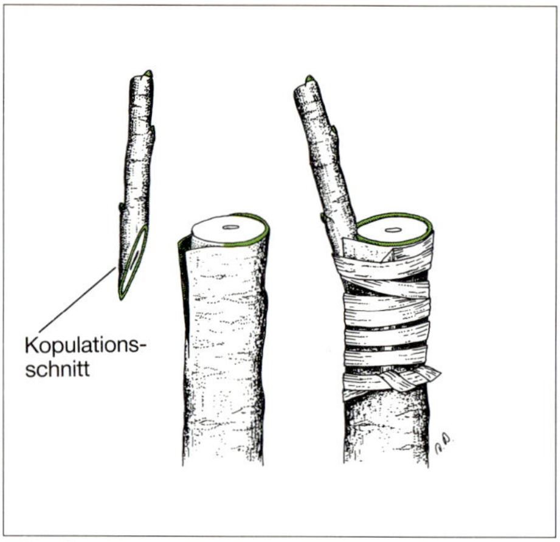

Pfropfen hinter die Rinde.
Das Edelreis erhält einen Kopulationsschnitt.

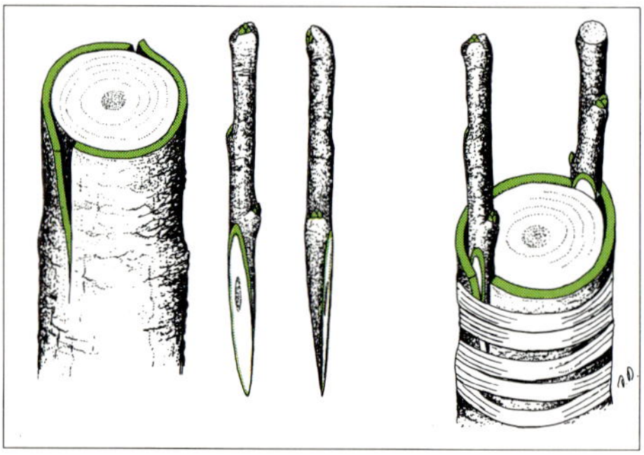

Pfropfen hinter die Rinde.
Das Edelreis erhält einen keilförmigen Zuschnitt. An stärkeren Unterlagen können 2 bis 4 Edelreiser eingesetzt werden.

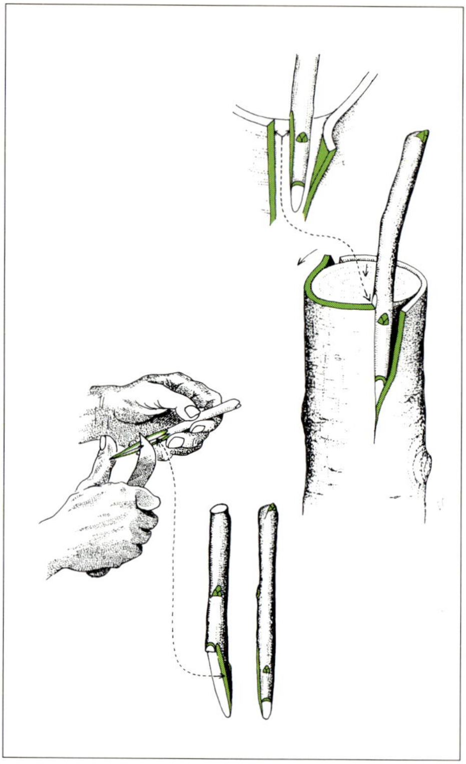

Verbessertes Pfropfen hinter die Rinde.
Etwa am oberen Ende des Kopulationsschnittes wird ein horizontaler Schnitt durchgeführt. Anschließend schneidet man mit einem ziehenden Längsschnitt einen Sattel aus. Zur Vergrößerung der Berührungsflächen von Reis und Unterlage wird die Rinde des Reises auf beiden Seiten bis zum Sattel und an der Spitze hoch angeschnitten.

sind, besser als dies mit Worten zu beschreiben wäre, aus den Abbildungen zu ersehen.
Das Einsetzen eines Edelreises hinter einen teilweise vom Holz gelösten Rindenlappen kann erst erfolgen, wenn bei Vegetationsbeginn sich die Rinde vom Holz ohne Schwierigkeiten abschälen läßt. Dieser Zeitpunkt ist zu erwarten, sobald von der Wurzel her Saft in die Leitungsbahnen einströmt. Dagegen ist bei Methoden, bei denen ein Ablösen der Rinde nicht erforderlich ist, wie bei der Geißfußveredlung und Kopulation, die Veredlung unabhängig vom Saftstrom praktisch jederzeit möglich, soweit verholzte, einjährige Reiser zur Verfügung stehen.

Ablaktieren

Das Ablaktieren ist eine Veredlungsmethode (eine Form des Anplattens), bei der das Edelreis nicht von der Mutterpflanze abgetrennt, sondern nur durch Annäherung mit der Unterlage in Berührung gebracht und erst dann abgeschnitten wird, wenn beide Teile – in der Regel nach einer Vegetationsperiode – innig

miteinander verwachsen sind. Sie findet Anwendung bei Gehölzen, die sich sonst nur schwer veredeln lassen.
Ähnlich wie beim Abmoosen können, ohne großen Schaden für Reis und Unterlage, wenn eine Verwachsung nicht stattgefunden hat, beide Pflanzen wieder getrennt werden. Zeitpunkt der Veredlung ist das späte Frühjahr (Mai/Juni). Voraussetzung für das Ablaktieren ist, daß die Unterlage nahe der Mutterpflanze steht, die das Edelreis liefert (oder umgekehrt) – sei es, daß man sie dahin pflanzt oder, in Töpfen stehend, dahin bringt.

Die Veredlung besteht nun darin, daß an den Stellen, wo Unterlage und Edelreis zusammenwachsen sollen, etwa 5 cm lange Rindenstreifen bis auf das Kambium entfernt werden, so daß beide Schnittflächen zusammenpassen. Beide Teile werden aufeinandergelegt, mit Bast stramm verbunden und mit Baumwachs verstrichen.

Ablaktieren, verschiedene Möglichkeiten

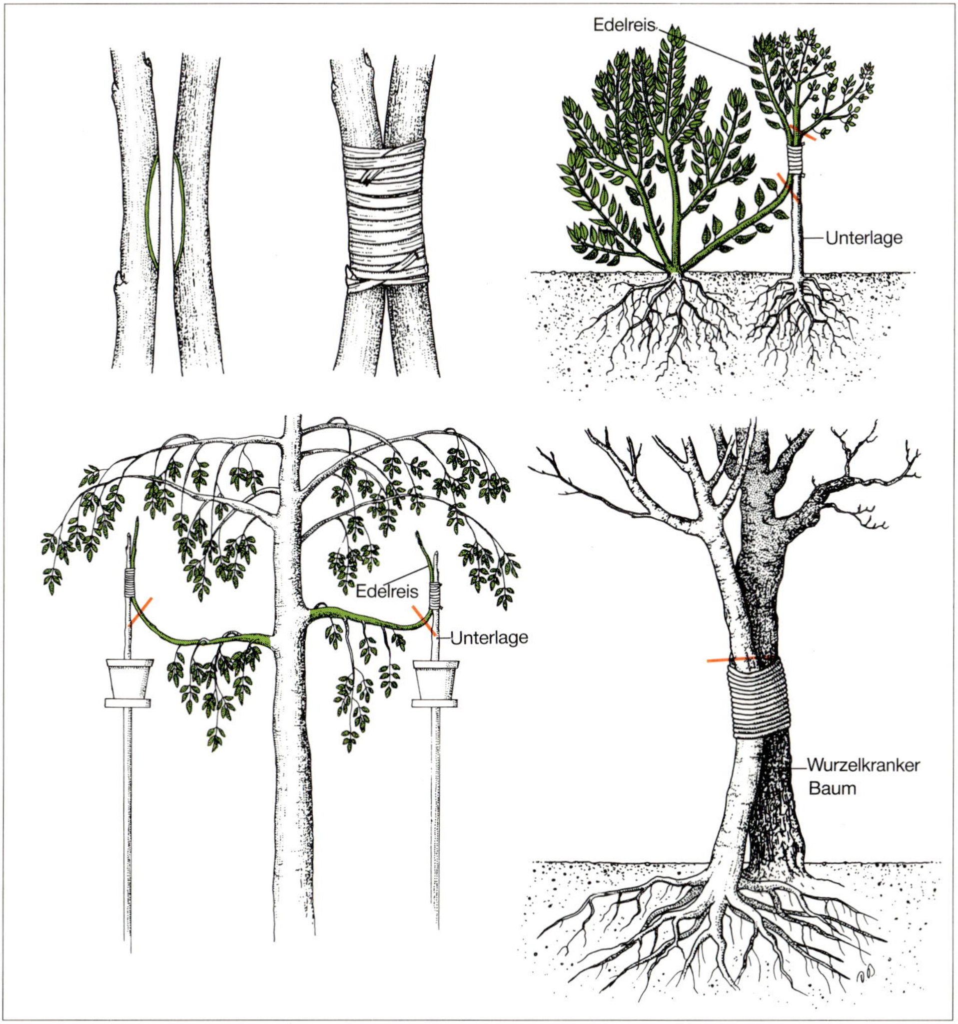

Durch beigestellte Pfähle oder Stäbe muß dafür gesorgt werden, daß der Verwachsungsvorgang nicht durch Wind und Wetter gestört oder gar beide Teile aus ihrer Lage gebracht werden.
Der Verband ist ständig zu überwachen damit er nicht einschneidet, eventuell muß nachgebunden werden, um ein Auseinanderreißen zu verhindern.
Nachdem Reis und Unterlage fest miteinander verwachsen sind, in der Regel im Herbst, wird das Edelreis von der Mutterpflanze abgetrennt. Hat ein Verwachsen nicht stattgefunden, können beide ohne größeren Schaden wieder getrennt werden.
Das Ablaktieren ist sowohl für Laub- als auch Nadelgehölze geeignet. Man kann mit dieser Methode auch fehlende Äste ergänzen – selbst mit Trieben des gleichen Baums – oder aber die Nährstoff- und Wasserversorgung wurzelkranker Bäume sicherstellen, wie es die Abbildung auf Seite 63 zeigt.

Maschinelle Veredlungsmethoden

Der hohe Arbeitsaufwand beim Veredeln mit der Hand – das Veredeln beträgt in der Baumschule annähernd 20 % des Gesamtarbeitsaufwandes – hat zu Überlegungen geführt, den Veredlungsvorgang zu mechanisieren. So gibt es heute zwei Veredlungsmethoden, die maschinell durchgeführt werden können. Es sind dies die Lamellen- und die Omega-Veredlung. Da beide Arten für den Hobbygärtner keine Bedeutung haben und vom Gärtner bevorzugt zur Rebenveredlung eingesetzt werden, soll hier nur kurz darauf eingegangen werden.
Bei beiden Veredlungsmethoden ist, wie bei der Kopulation, gleiche Stärke von Unterlage und Edelreis Voraussetzung. Bei der Lamellenveredlung fräst ein Fräskopf mit 8 Messern etwa 1,5 mm breite und 7 mm lange Lamellen in die Unterlage. Ein anderer Fräskopf mit 6 Messern fräst gleich große Lamellen in das Edelreis. Unterlage und Edelreis werden zusammengeschoben, ein Verbinden ist nicht erforderlich.
Bei der Omega-Veredlung wird ein Kopulationsschnitt mit Gegenzunge nachgeahmt. Hier wird die Unterlage auf die passende Länge geschnitten, das Reis auf die Unterlage gelegt, dann wird mit einem Stanzmesser der Omega-Schnitt zur gleichen Zeit an Reis und Unterlage ausgeführt. Es gibt allerdings auch Maschinen, wo der Schnitt zunächst an der Unterlage und dann am Edelreis durchgeführt wird. Da die mechanische Festigkeit nicht so groß ist wie bei der Lamellen-Veredlung, kann in der Regel auf ein Verbinden nicht verzichtet werden. Dazu umwickelt man die ausgeführte Veredlung mit einem 2 bis 3 cm breiten selbstklebenden Kreppband; sie muß anschließend bis über den Kreppverband hinaus in ein warmflüssiges Wachs getaucht werden.

Lamellen- und Omegaveredlung

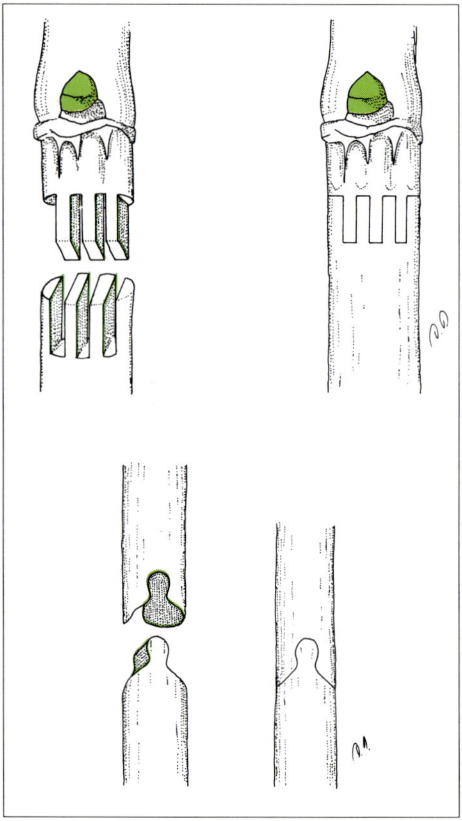

Vermehrung der Obstgehölze

Würde man Samen von Birne, Apfel, Kirsche oder anderen Obstarten aussäen, die man von Edelsorten (Kultursorten) geerntet hat, so würde der Baum, der daraus heranwächst, in die Wildform zurückschlagen, das heißt kleine und wenig aromatische Früchte tragen. Nur wenige Obstsorten, u. a. einige Pfirsichsorten sowie die Walnuß, lassen sich sortenecht aus Samen vermehren. Für die Mehrzahl der Obstgehölze kommen nur vegetative Vermehrungsmethoden in Frage; bei baumartigen Obstgehölzen steht die Veredlung im Vordergrund. Allein bei einigen Pflaumensorten kann auf die Veredlung verzichtet werden. Das heißt, ein Obstbaum besteht in der Regel aus einer Unterlage, der eine Kultursorte – manchmal noch unter Einschaltung eines Stammbildners – aufveredelt wurde.

Für die einzelnen Obstsorten, wie Kirsche, Apfel, Birne u. a., stehen in der Regel mehrere Unterlagen (s. auch Seite 51) mit unterschiedlichen Eigenschaften zur Verfügung. Durch die Wahl der richtigen Unterlage ist man in der Lage, Eigenschaften und Entwicklung einzelner Kultursorten zu beeinflussen und zu verwandeln. Dazu gehören: der Beginn der Ertragsfähigkeit, die Lebensdauer, die Baumgröße, die Blütezeit, die Farbe und Größe der Früchte, der Triebbeginn und Triebabschluß.

Daneben gibt es Unterlagen, die ihrer erblichen Veranlagung nach flach- oder tiefwurzelnd, stark- oder schwachwüchsig, resistent gegen bestimmte Krankheiten und Schädlinge und für bestimmte Bodenarten besser geeignet sind als andere.

Die Unterlagen werden entweder generativ oder vegetativ vermehrt. Für Kirschen z. B. sind Sämlinge der Vogelkirsche *(Prunus avium)* üblich, während für Äpfel in der Regel eine der sogenannten Klon- oder Typunterlagen* verwendet wird, die vegetativ vermehrt werden müssen.

* Unter „Klon" versteht man einen Bestand genetisch einheitlicher Individuen, der ursprünglich von einer einzigen Pflanze abstammt. Unter Typen versteht man eine Vielzahl von Individuen, die durch Übereinstimmung in wesentlichen Merkmalen gekennzeichnet sind, ohne daß diese Merkmale so scharf abzugrenzen sind wie bei Gattungen, Arten, Unterarten oder Varietäten.

Veredlung auf Wurzelhals (links), in Kronenhöhe (Mitte) und mit Stammbildner (rechts)

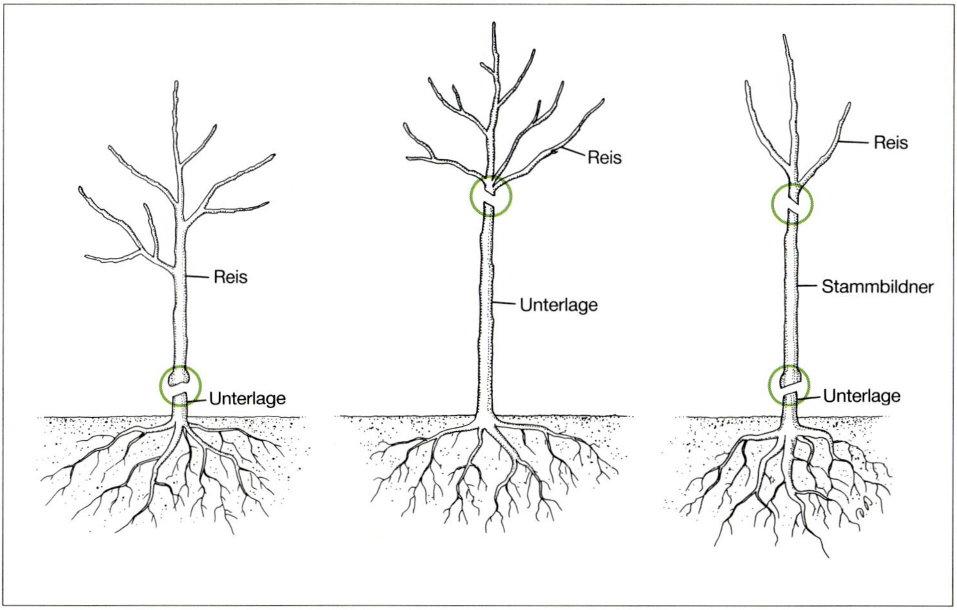

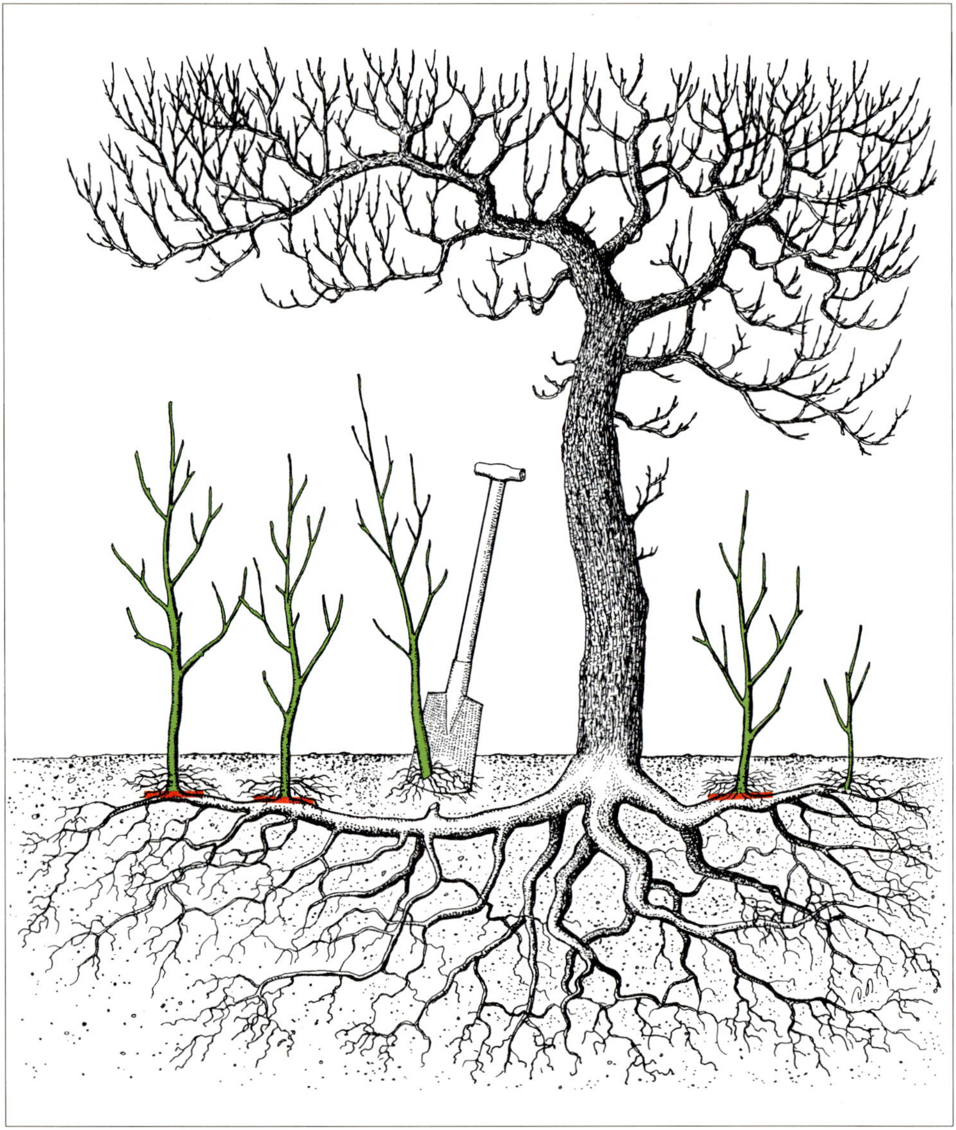

Vermehrung von Obstgehölzen (z. B. 'Wurzelechte Hauszwetsche') und Gewinnung von Unterlagen durch Wurzelschößlinge (Ausläufer)

In den Obstbaumschulen ist es bei der Anzucht von Halb- und Hochstämmen mancher Obstbäume üblich, zwischen Unterlage und Edelreis einen sogenannten Stammbildner zwischenzuveredeln. Der Stammbildner hat einmal eine rein äußerliche Bedeutung. So gibt es eine Reihe von Edelsorten, bei denen es, sofern man am Wurzelhals veredelt, schwer ist, einen glatten, aufrecht wachsenden Stamm heranzuziehen. Der Obstbaumschuler umgeht diese Schwierigkeit, indem er der Unterlage zunächst eine Sorte aufver-

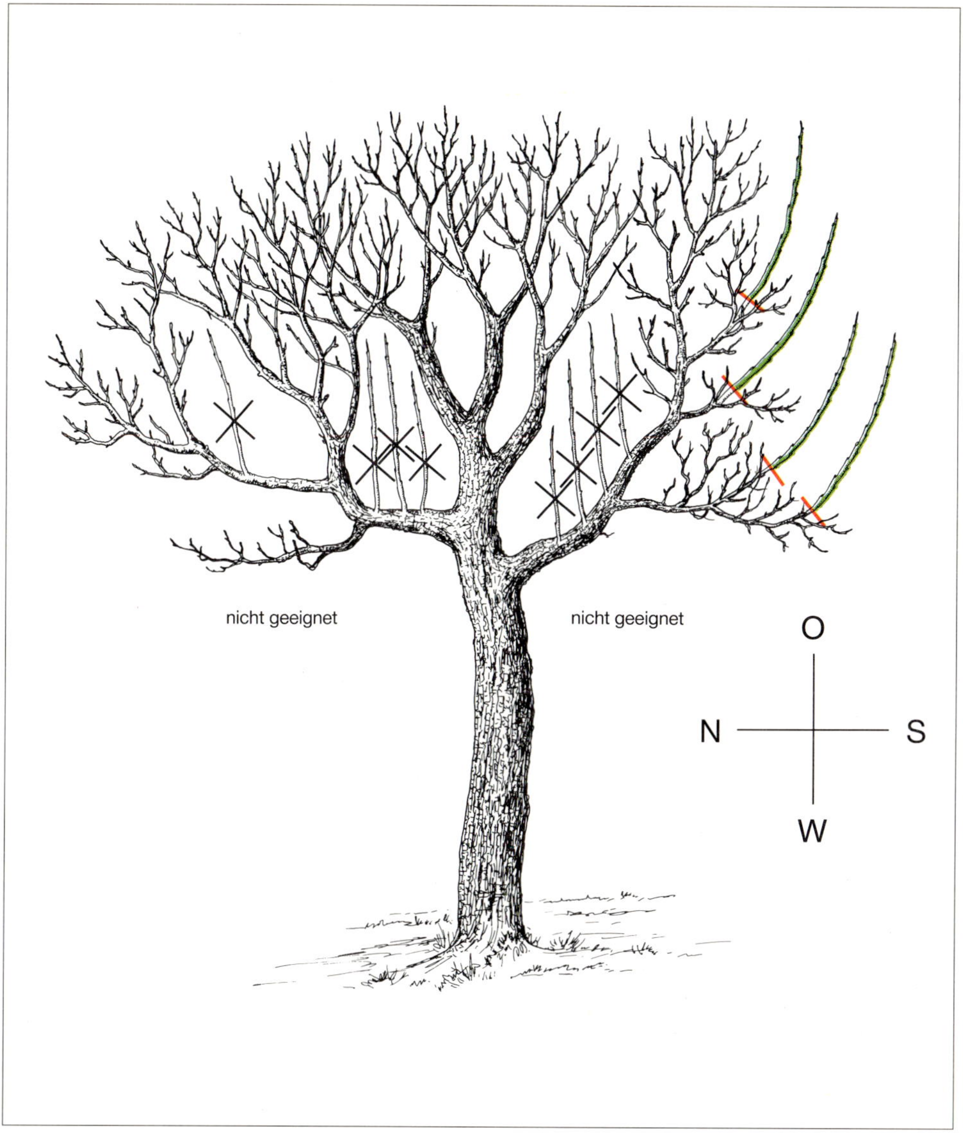

Die Edelreiser sind bevorzugt auf der Südseite der Krone zu schneiden.

edelt, die sich durch einen kräftigen, aufrechten Wuchs auszeichnet. In der gewünschten Stammhöhe setzt er dann im nächsten oder übernächsten Jahr die Edelsorte als „Kopfveredlung“ auf. Andere Gründe, einen Stammbildner zu veredeln, sind die Ausschaltung von Krankheiten oder die Erhöhung der Frosthärte, indem der besonders gefährdete Stamm von einer frostharten Sorte gebildet wird. Daneben gibt es noch den Gerüstbildner, der gegenüber dem Stammbildner den Vorteil hat, daß auch die Vergabelungen der

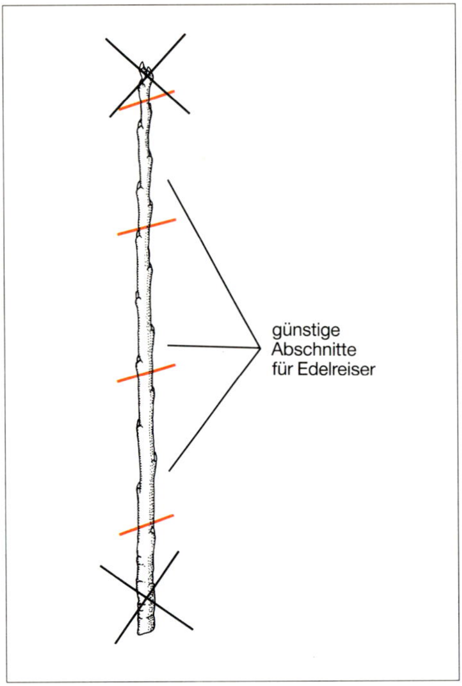

Hauptäste von der besonders widerstandsfähigen Zwischenveredlung gebildet werden.
Für den Hobbygärtner spielen Gerüst- und Stammbildner keine große Rolle. Zumal es immer besser ist, Unterlagen zu verwenden, die die Eigenschaften der Stamm- bzw. Gerüstbildner aufweisen. Sind doch die Verhältnisse schon bei zwei Partnern kompliziert; kommt noch ein dritter hinzu, dürften sich diese Partner nicht immer optimal ergänzen.
Daß Edelreiser nur von Bäumen geschnitten werden sollen, die nachweislich sortenecht, gesund, wüchsig und virusfrei sind, ist eigentlich selbstverständlich (s. auch Seite 52). Verschiedene Obstbaumschulen stellen in wachsendem Maße Reiser von sorgfältig ausgewählten, virusgetesteten Mutterbäumen bereit.
Für die Sommerveredlung (Okulation) sind die Reiser erst unmittelbar vor der Veredlung zu schneiden. Es kommen hierfür nur einjährige, gut ausgereifte Triebe in Betracht. Die Blätter werden sofort bis auf etwa 1 cm Stielrest abgeschnitten und die entblätterten Reiser bis zur Verwendung feucht gehalten, damit sie frisch bleiben. Die Edelreiser für die Frühjahrsveredlung (Kopulation, Geißfußveredlung, Pfropfen) sind um die Jahreswende zur Zeit der absoluten Winterruhe zu schneiden (Steinobst im Dezember/Januar, Kernobst im Januar/Februar) und bis zur Verwedlung kühl und dunkel zu lagern. (Behandlung der geschnittenen Reiser s. auch Seite 52).

Apfel

Als Unterlage für Äpfel werden entweder Sämlinge oder eine der vielen vegetativ vermehrbaren Typunterlagen verwendet. Der Vorteil des Sämlings liegt in seiner Standfestigkeit und der starken Triebkraft; nachteilig ist die spätbeginnende Fruchtbarkeit. Die Früchte werden nur mittelgroß, und die Ausfärbung ist weniger gut als auf Typunterlagen, während die Haltbarkeit der Früchte im allgemeinen besser ist. Als Sämlingsunterlagen verwendet man bevorzugt Sämlinge von ausgesäten Apfelkernen der Sorten 'Bittenfelder' und 'Grahams'.
Von den vielen Typunterlagen kommen für den Hobbygärtner u. a. die folgenden in Betracht:

- Typ M 4 ('Holsteiner Doucin'): Für Gärten mit mittlerer Bodenqualität, mittelstark wachsend, für kleine Baumformen. Mangelhaft ist die Standfestigkeit.
- Typ M 7: Wuchskraft etwas schwächer als bei M 4, aber wesentlich standfester, für leichte bis mittlere Böden.
- Typ M 9 ('Gelber Metzer Paradies'): Apfelbäume auf dieser Unterlage bleiben relativ klein, sind für kleine Gärten also sehr gut geeignet. Bringt regelmäßig frühe und sehr hohe Erträge, verlangt gute, humose Böden.
- Typ M 11 ('Grüner Doucin'): Eine Unterlage für große Baumformen und schwachwachsende Sorten. Wächst auch noch auf schlechten Böden gut.
- Typ A 2 ist eine besonders frost- und trokkenheitsresistente Unterlage für minderwertige Böden.

Apfelunterlage, aus einem Wurzelschnittling gezogen

In den Obstbaumschulen werden Äpfel in der Regel durch Okulation von Juli bis Anfang September veredelt. Für den Hobbygärtner ist eine Veredlung im Frühjahr durch eine der Pfropfmethoden zu empfehlen; insbesondere durch Pfropfen hinter die Rinde (s. Seite 61). Bei starker Unterlage kommt die Geißfußveredlung (s. Seite 60), bei gleicher Stärke von Unterlage und Edelreis auch die Kopulation in Frage (s. Seite 56). Bei der Kopulation sollten Edelreis und Unterlage in völliger Saftruhe sein. Deshalb ist das Kopulieren schon im Februar, spätestens Anfang März – als Handveredlung (s. Seite 50) – durchzuführen.

Wird okuliert, geht man folgendermaßen vor: Die Unterlagen sind im Frühjahr dorthin zu pflanzen, wo der Baum später stehen soll. Ab Ende Juni sind alle Seitentriebe bis zur Veredlungshöhe zu entfernen. Üblich sind Veredlungshöhen zwischen 20 und 40 cm. Wird zu hoch veredelt, besteht die Neigung zur Bildung von Luftwurzeln, die Eingangspforten für Pilze und Schadinsekten sind.

Unmittelbar vor Beginn der Veredlungsarbeit reibt man den Stammteil in Höhe des einzusetzenden Auges mit einem Lappen ab, um anhaftenden Schmutz zu beseitigen. Nunmehr wird die Okulation ausgeführt (Technik s. Seite 54). Das Auge ist auf der Windseite einzusetzen. Ein dünner Holzstreifen am Auge kann belassen werden; ein starker Holzanteil dagegen führt zu schlechter Verwachsung (erhöhte Ausbruchgefahr) und ist zu entfernen. Nach 2 bis 3 Wochen kontrolliert man, ob die Veredlung angewachsen ist. Das Anwachsen erkennt man daran, daß der Blattstiel am Auge bei geringster Berührung abfällt. An abgestorbenen Augen dagegen sitzt der Stiel fest. Wenn der Bastverband beginnt einzuschneiden, wird er eingeritzt (gelöst), damit das Dickenwachstum nicht beeinträchtigt wird. Dies geschieht in der Regel im Frühjahr kurz vor dem Austrieb.

Zu empfehlen ist, die Veredlungen im Spätherbst so hoch anzuhäufeln, daß das Edelauge noch leicht mit Erde bedeckt und dadurch etwas gegen Frost geschützt ist.

Unterlagen, die die Veredlung nicht angenommen haben, sind im Frühjahr mit der gleichen Sorte durch Pfropfen nachzuveredeln.

Ist das Auge angewachsen, werden im ersten Frühjahr nach dem Veredeln die Unterlagen mit einem schrägen Schnitt dicht über dem eingesetzten Auge abgeschnitten (abgeworfen). Der Schnitt ist so auszuführen, daß das Edelauge die Stellung einer Gipfelknospe erhält. Die Schnittstelle ist sorgfältig mit Baumwachs zu verstreichen. Bei dieser zapfenlosen Anzucht bilden die meisten Sorten ohne Nachhilfe gerade Stämme aus.

Eine andere Möglichkeit ist die Anzucht mit Zapfen. Die Unterlagen werden 10 bis 15 cm über der Veredlungsstelle abgeschnitten. Sobald der Edeltrieb 2 bis 3 Blätter ausgebildet hat, ist er am Zapfen anzubinden, damit er senkrecht wächst. Im Herbst wird der Zapfen schräg abgeschnitten und die Wunde mit Baumwachs verstrichen. Dabei ist sehr vorsichtig vorzugehen, um den Edeltrieb nicht zu verletzen.

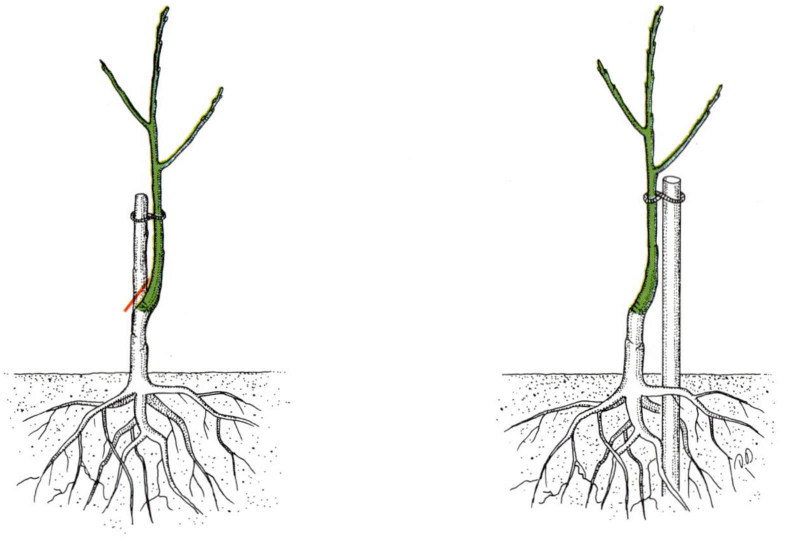

Obstbaumanzucht

Sorten, die nicht zu aufrechtem Wuchs neigen, ob nun bei zapfenloser Anzucht oder Anzucht mit Zapfen, sind während ihrer Jugendentwicklung an einem Stab anzubinden.

Bei der Anzucht von Hoch- oder Halbstämmen läßt man die Veredlung im ersten Jahr ohne jeden Eingriff wachsen. Die Arbeit des ersten Jahres beschränkt sich auf das Entfernen des Wildaustriebes, das in der Fachsprache „Räubern" genannt wird.

Im folgenden Frühjahr (zweites Frühjahr nach der Veredlung), das heißt zu Ausgang des Winters, wird der einjährige Treib dann um 1/4 bis 1/3 zurückgeschnitten. Dabei ist so zu schneiden, daß das oberste Auge, aus dem sich die Stammverlängerung bilden soll, auf der der Veredlungsstelle gegenüberliegenden Seite steht, damit eine eventuelle Krümmung an der Veredlungsstelle durch die entgegengesetzte Wuchsrichtung wieder ausgeglichen wird. Der Schnitt ist nicht direkt über diesem Auge zu führen. Besser ist es, einen kurzen Zapfen stehen zu lassen, der im Laufe des Sommers nach dem Durchtrieb des Auges dann sauber zu entfernen ist. Durch den Rückschnitt werden die Seitentriebbildung und das Dickenwachstum des Stammes gefördert. Seitentriebe, die sich in Konkurrenz zum Leittrieb entwickeln könnten, sind rechtzeitig zu entfernen.

Im darauffolgenden Frühjahr (drittes Frühjahr nach der Veredlung) ist ein Teil der Seitentriebe bis zum Stamm zu entfernen (etwa 50 %). Die restlichen Seitentriebe kürzt man auf Fingerlänge ein. Ist die gewünschte Stammhöhe noch nicht erreicht, so wird der letzte Jahrestrieb wieder um 1/4 bzw. 1/3 zurückgenommen. Hat der Stamm schließlich die gewünschte Höhe erreicht, ist die Krone so anzuschneiden, daß über der gewünschten Stammhöhe 6 Augen verbleiben, aus denen dann der Kronenaufbau erfolgt.

Birnenunterlage (Quitte), aus Steckholz gezogen

Kirschenveredlung, hier 'Schneider's Knorpelkirsche', durch Kopulation

Birne

Bei Birnen gibt es bezüglich der Unterlage nur die Wahlmöglichkeit zwischen dem Sämling und der artfremden, vegetativ vermehrbaren Quittenunterlage *(Cydonia)*. Als Sämling wird heute praktisch nur noch die 'Kirchensaller Mostbirne' verwendet, während Sämlinge von *Pyrus communis* und *Pyrus betulifolia* keine große Rolle spielen, da häufig Unverträglichkeit und sehr starker Wuchs auftreten. Am weitesten verbreitet als Unterlage für Birnen ist die vegetativ vermehrbare 'Quitte aus Angers', die auch als Quitte EM A oder nur als Quitte A (Cydonia A) bezeichnet und so gehandelt wird.

Die Anzucht entspricht der des Apfels. Veredelt wird in der Regel durch Okulation.

Kirsche

Als Unterlage für Kirschen, Süß-, Sauer- und Zierkirschen, dienen Sämlinge der Vogelkirsche *(Prunus avium)*, Sämlinge der 'Limburger Vogelkirsche' oder Sämlinge der Selektion 'Hüttner'. Sämlinge von *Prunus mahaleb* werden nur noch gelegentlich verwendet, da eine gewisse Unverträglichkeit gegeben zu sein scheint. Der Obstbaumschuler verwendet heute häufig als Unterlage den durch Ablegen vermehrbaren *Prunus avium*-Klon F 12/1.

Im Gegensatz zu den Äpfeln und Birnen, bei denen überwiegend auf den Wurzelhals veredelt wird, erfolgt die Veredlung der Süß- und Sauerkirschen in der Regel in Kronenhöhe; bei der Sauerkirsche neuerdings auch in Bodenhöhe. Veredelt wird entweder durch Okulation (im Sommer), durch Kopulation (im Februar), Geißfußpfropfen (kurz vor der Blüte) oder durch eine andere Pfropfmethode.

Pflaume

Einige Sorten von Pflaume, Zwetsche, Reneklode und Mirabelle lassen sich wurzelecht durch Ableger, Ausläufer oder Abrisse vermehren, u. a. 'Wurzelechte Hauszwetsche', 'Mirabelle', 'Große Grüne Reneklode', 'Bühler' und 'Ersinger'.

Will man veredeln, dienen als Unterlage u. a. Sämlinge von *Prunus cerasifera* ('Myrobalane') und *Prunus* 'St. Julien d'Orleans'. Am

weitesten verbreitet als Unterlage für Pflaume, Zwetsche, Reneklode und Mirabelle ist die durch Ableger und Steckholz vermehrbare *Prunus domestica*-Form 'Brompton'. Es ist eine besonders standfeste Unterlage mit starkem Wachstum und guter Frosthärte. Ein weiterer Vorteil ist, daß sie auf allen Bodenarten gleichermaßen gut wächst. In Obstbaumschulen verwendet wird auch die *Prunus domestica*-Form 'Ackermann', die sich durch Steckholz und Stecklinge vermehren läßt.
Die Anzucht entspricht der des Apfels.

Pfirsich, Aprikose und Mandel

Einige Sorten des Pfirsichs (u. a. 'Kernechter vom Vorgebirge', 'Wasserberger' und 'Glimbsheimer') und der Aprikose (u. a. 'Millionär' und 'Hinduka') lassen sich weitgehend sortenecht aus Samen vermehren. In der Regel werden aber auch Pfirsich und Aprikose veredelt.
Als Sämlingsunterlage dienen bei den zuvor genannten Sorten oder für Pfirsichsorten die Art *Prunus persica*, für Aprikosenarten die Art *Prunus armeniaca*. Darüber hinaus dienen die schon bei den Pflaumen erwähnten vegetativ vermehrbaren Pflaumensorten 'Brompton', 'Ackermann' und die 'Wurzelechte Hauszwetsche' als Unterlagen. Für die Mandel *(Prunus dulcis)* dienen Sämlinge der Bittermandel *(Prunus dulcis* var. *amara)*, Sämlinge der Süßmandel *(Prunus dulcis* var. *dulcis)* oder die Pflaumensorten 'Hauszwetsche' und 'Brompton' als Unterlage.
Veredelt werden Pfirsich, Aprikose und Mandel in der Regel durch Okulation (Ende Juli/Anfang August), da die Reisveredlung infolge zu raschen Austrocknens des Edelreises fast nie zum Erfolg führt.

Quitte

Für Quitten dient als Unterlage in der Regel die 'Quitte aus Angers' (Quitte EM A). Möglich ist es auch, Sämlinge von *Crataegus monogyna, C. laevigata* (Weißdorn) und *Sorbus aucuparia* (Eberesche) zu verwenden. Veredelt wird durch Okulation oder eine der Pfropfmethoden (Reisveredlung).

Walnuß

Walnußbäume werden durch Aussaat oder durch Veredlung vermehrt. Während Sämlingsbäume erst nach 18 bis 20 Jahren zu tra-

Walnußveredlung

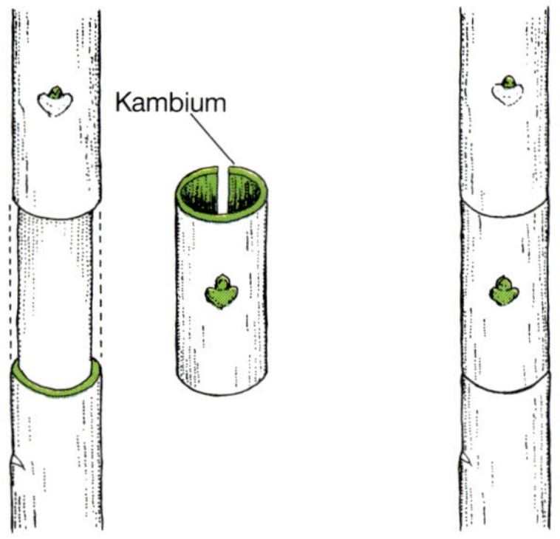

Ringokulation

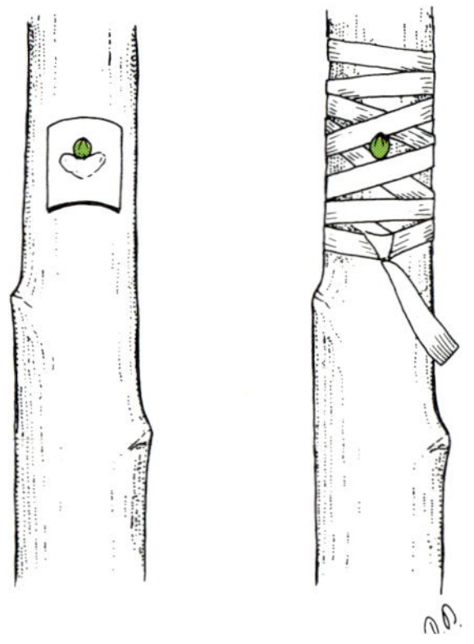
Plattenokulation

gen beginnen, tragen veredelte Bäume meist schon nach 3 bis 4 Jahren. Auch ist die Qualität der Nüsse wesentlich besser. Dazu kommt noch, daß bei Sämlingsbäumen häufig Befruchtungsschwierigkeiten auftreten, während dies bei veredelten Pflanzen nicht der Fall ist.

Die Samen sind nach der Ernte und dem Entfernen der Fruchthülle möglichst kühl bei nicht zu trockener Luft zu lagern. Die Aussaat erfolgt dann im März, nachdem die Samen für 2 bis 4 Wochen stratifiziert wurden.

Wird veredelt, dienen als Unterlagen Sämlinge von *Juglans regia* oder *J. nigra*. Die Veredlung ist nicht einfach. Sie ist auch nur im Gewächshaus erfolgversprechend durchzuführen; im Freiland gelingt sie nur bei warmem und trockenem Wetter. Veredelt wird in der Regel durch Kopulation mit Gegenzunge im zeitigen Frühjahr, die nur im Haus bei Temperaturen von 20 bis 25 °C (am besten im geschlossenen Vermehrungsbeet) durchgeführt werden kann, oder im Freiland durch die sogenannte Ringokulation im Juli. Die Unterlagen sollten hier mindestens drei Jahre alt und fest eingewurzelt sein. Zum Schneiden des Rindenringes am Edelreis wie auch an der Unterlage wird ein besonderes Messer mit zwei Klingen benötigt (s. Seite 284). Das Abheben der Rindenplatte muß sehr vorsichtig geschehen, denn es muß ein dünner Holzteil erhalten bleiben, da sonst das Auge vertrocknet. Ein festes Verbinden ist unbedingt erforderlich.

Die Plattenokulation, die speziell für die Walnußveredlung entwickelt wurde, ist noch nicht sehr weit verbreitet. Hier wird im Gegensatz zur Ringokulation nicht ein geschlossener Rindenring herausgeschnitten, sondern nur das Stück eines Rindenringes, wie die Abbildung zeigt.

Haselnuß

Die Anzucht der Haselnüsse ist einfach. Die Kultursorten vermehrt man durch Absenken, Ablegen oder auch durch Anhäufeln. Eine Vermehrung durch Stecklinge soll Anfang Juni möglich sein. Die wilden Haselnüsse lassen sich auch durch Aussaat vermehren, sie sind im Ertrag jedoch so unregelmäßig, daß eine generative Vermehrung nicht sinnvoll ist.

Weinrebe

Tafeltrauben (Sorten die zum Frischverzehr angebaut werden) lassen sich gut durch Absenken, Augenstecklinge und Steckholz vermehren. Die Anzucht der eigentlichen Weinrebe erfolgt in der Regel durch Veredlung (Kopulation mit Gegenzunge oder durch maschinelle Veredlungsmethoden, s. Seite 64) auf reblausfeste Unterlagen.

Das Absenken (s. Seite 35) wird im Frühjahr vorgenommen. Hierzu biegt man kräftige, bodennahe einjährige Triebe in steilen Bögen in eine 15 bis 20 cm tiefe Erdspalte und schneidet die über die Oberfläche hinausragende Triebspitze bis auf 2 Augen über dem Boden zurück. Die Bewurzelung erfolgt relativ rasch. Wenn der Neuaustrieb etwa meterlang ist, ist die Triebspitze zu pinzieren, damit der Trieb kräftig wird. Im Herbst werden die bewurzelten Absenker schließlich abgenommen und aufgeschult.

Bei der Vermehrung durch Augenstecklinge (Knotenstecklinge) schneidet man im Spätherbst, vor dem Eintritt stärkerer Fröste, gesunde einjährige Triebe und bringt sie wie Veredlungsreiser oder Steckhölzer in den Einschlag (s. Seite 45). Im Nachwinter schneidet man die Triebe in 3 bis 4 cm lange Teilstücke, so daß in der Mitte der Teilstücke jeweils ein Auge sitzt. Es sollte so geschnitten werden, daß über und unter dem Auge ein 1,5 bis 2 cm langes Stück Holz stehen bleibt. Anschließend sind diese Triebstücke der Länge nach aufzuspalten und das Mark mit einem Hölzchen zu entfernen. Die zugeschnittenen Augenstecklinge legt man dann in Kisten oder kleine Töpfe, und zwar so tief, daß das Auge gerade noch herausschaut. Aufgestellt werden die so hergerichteten Gefäße in einem geschlossenen Vermehrungsbeet (s. Seite 297) bei gespannter Luft und Bodentemperaturen von etwa 20 °C. Nach wenigen Wochen sind die Stecklinge bewurzelt und treiben aus. Sie sind zunächst in kleine Töpfe zu setzen und bei Temperaturen von mindestens 15 °C zu halten, bevor man sie langsam abhärtet, so daß sie schließlich nach draußen gebracht werden können. Nach dem Umpflanzen in größere Töpfe kann dann im folgenden Frühjahr ausgepflanzt werden.

Umveredlung (Umpfropfen)

Nicht selten macht der Hobbygärtner von der Umveredlung älterer Bäume Gebrauch, sei es, daß die Sorte nicht mehr zeitgemäß ist, der Ertrag nicht das ist, was er von der ursprünglichen Sorte erwartet hat, oder die Kronenform nicht mehr seinen Vorstellungen entspricht.

Bei der Umveredlung wird ein erheblicher Teil der ursprünglichen Baumkrone durch eine andere Sorte ersetzt. Sie ist nur dann sinnvoll, wenn der Baum gesund und noch triebfreudig genug ist, um eine neue Krone aufzunehmen. Überalterte Bäume sind ungeeignet.

Die Edelreiser werden um die Jahreswende geschnitten. Das Abwerfen der alten Krone erfolgt im Nachwinter bis Mitte März auf die notwendige Anzahl Gerüstäste. Einige untergeordnete Äste, sogenannte Zugäste, läßt man stehen. Sie sollen die Versorgung des Baumes mit Assimilaten solange übernehmen, bis die Pfropfreiser genügend eigene Blattmasse gebildet haben. Im zweiten und dritten Jahr nach der Veredlung werden sie nach und nach entfernt. Das Nachschneiden der Pfropfköpfe der Altkrone erfolgt unmittelbar vor der Veredlung in der Zeit von Mitte März bis Ende Mai.

Der günstigste Zeitpunkt für das Umveredeln ist in der Regel die Blütezeit der betreffenden Obstart.

Als Veredlungsmethode kommen die verschiedenen Pfropfmethoden in Frage (s. Seite 61), bevorzugt das Pfropfen hinter die Rinde oder, wenn sich die Rinde nicht mehr oder nur schwach löst, die Geißfußveredlung.

Die Stellung des Edelreises am Pfropfkopf richtet sich nach der Lage des Astes und nach der erforderlichen Anzahl der Edelreiser. Bei senkrechter Aststellung kann eine beliebige gleichmäßige Anordnung erfolgen. An einem schräg stehenden Ast werden ein Reis (bis 4 cm Astdurchmesser) an der Oberkante des

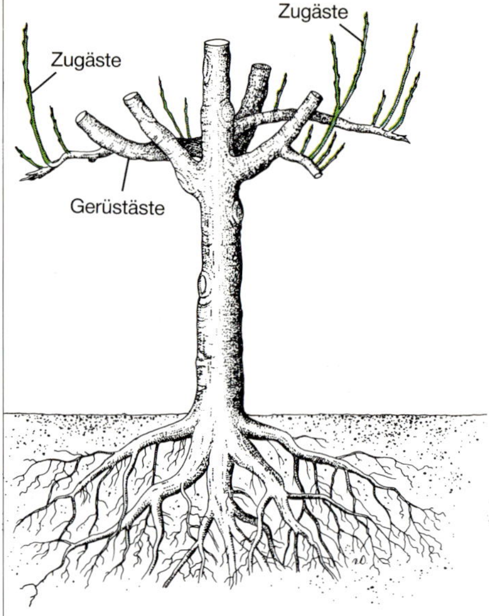

Abwerfen der alten Krone. Einige untergeordnete Äste (Zugäste) läßt man stehen

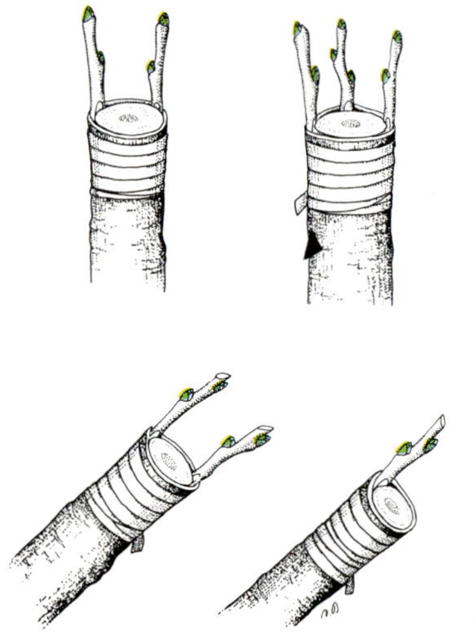

Stellung der Reiser am Pfropfkopf. Bei senkrechter Stellung (oben) kann eine beliebige, gleichmäßige Anordnung der Reiser erfolgen. An schrägstehenden Ästen (unten) wird ein Reis an der Oberkante des Pfropfkopfes befestigt, oder zwei Reiser werden oben und unten eingefügt.

Pfropfkopfes oder zwei Reiser (bis 6 cm Kopfstärke) oben und unten eingefügt.
Um die frischen Veredlungen vor Windbruch und Vögeln zu schützen, ist es zweckmäßig, eine Schiene bzw. Sitzstange anzubringen (s. Abb. Seite 76). Nachdem die Veredlungen angewachsen sind und der Austrieb eine Länge von 10 bis 20 cm erreicht hat, werden die Pfropfköpfe freigeschnitten. Dazu entfernt man die Austriebe der Unterlage bis 30 cm unterhalb der Veredlungsstelle.

Im nächsten Winter werden von der Veredlung nur jene Triebe belassen, die zum Aufbau der neuen Krone erforderlich sind. In den weiteren Jahren erfolgt dann wie bei Jungbäumen der Aufbauschnitt, dem sich der Fruchtschnitt anschließt.

Die Wildaustriebe an der Unterlage sind durch häufiges Entspitzen kurz zu halten und, wie die Zugäste, im Laufe von 2 bis 3 Jahren nach und nach ganz zu entfernen.

Nachbehandlung des Pfropfkopfes.
Im Winter nach dem Umveredeln erfolgt eine Nachbehandlung des Pfropfkopfes. Die Zugäste sind nach und nach zu entfernen, die Edeltriebe einzukürzen.

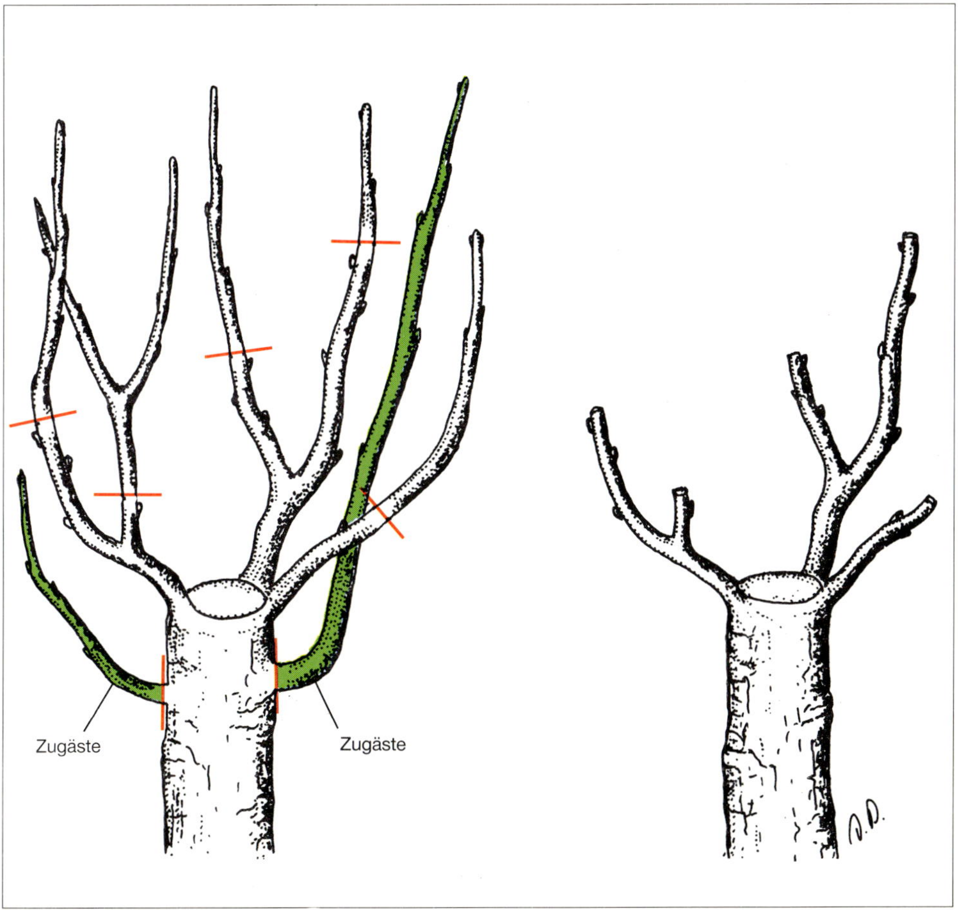

Daß bei der Umveredlung darauf zu achten ist, daß die beiden Pfropfpartner miteinander verträglich sind, ist selbstverständlich. So kann man auf einen Kirschbaum keinen Apfel veredeln. Allerdings ist es möglich, z. B. mehrere Apfelsorten auf einen Apfelbaum zu pfropfen.

Die Tatsache, daß man durch Umveredlung zwei oder mehr Sorten in einer Krone vereinigen kann, hilft manchmal aus der Verlegenheit: Um die Befruchtung zu sichern, kann die Vatersorte bei selbst unfruchtbaren Sorten gleich mit in die Krone gepfropft werden. Oft ist es auch zweckmäßig, mehrere Sorten einer Obstart auf einem größeren Baum zu vereinen, um die Genußreife der Früchte auf einige Wochen oder Monate zu verteilen.

Pfropfköpfe lassen sich durch Anbringen von Sitzstangen vor aufbaumenden Vögeln schützen.

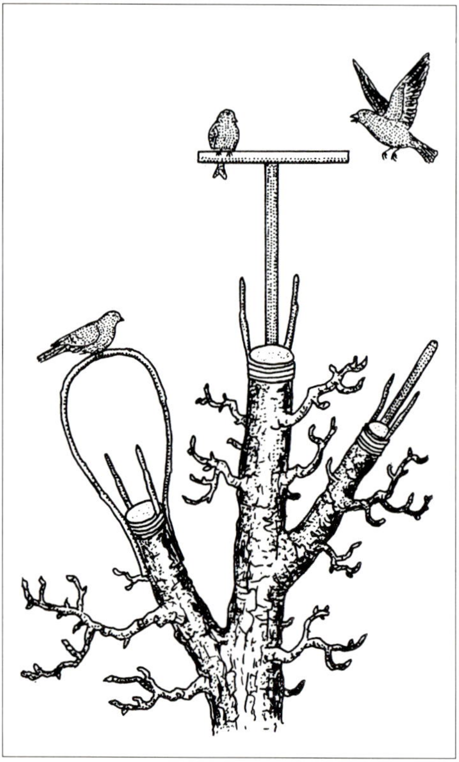

Vermehrung von Beerenobst

Johannisbeere

Ob es sich um rot-, weiß- oder schwarzfrüchtige Johannisbeeren handelt, die Vermehrung erfolgt in der Regel durch Steckholz.

Verwendet werden gut ausgereifte einjährige Triebe, die mindestens bleistiftstark sein sollten. Aus diesen wird das Steckholz in etwa 20 cm lange Stücke geschnitten. Ungeeignet sind vergeilte Triebe aus dem Strauchinnern.

Bei rotfrüchtigen Johannisbeeren ist eine Steckholzgewinnung ab Ende August, sobald die Jahrestriebe genügend ausgereift sind, am günstigsten. Doch ist die Gewinnung auch noch im September und Oktober möglich.

Schwarzfrüchtige Sorten können sowohl im Herbst als auch im Frühjahr geschnitten werden.

Die im August geschnittenen Steckhölzer werden unmittelbar nach dem Schnitt auf gut vorbereitete, das heißt tief gelockerte, humusreiche Beete im Garten gesteckt (s. Seite 45).

Das im Herbst gewonnene Steckholz wird eingeschlagen (s. Seite 45) und so zeitig wie möglich im Frühjahr gesteckt.

Bei den im Herbst gesteckten Hölzern ist damit zu rechnen, daß sie der Bodenfrost bis zum Frühjahr teilweise aus dem Boden gehoben hat. Die angehobenen Hölzer sind bis auf das oberste Auge fest in den Boden zu drükken.

Im Herbst, nach dem Laubfall, werden die bewurzelten Steckhölzer zur weiteren Entwicklung aufgepflanzt (aufgeschult), die vorhandenen Jahrestriebe sind auf 2 bis 3 Augen zurückzuschneiden.

Nicht durch Steckholz vermehren läßt sich die Sorte 'Heinemanns Rote Spätlese'. Diese Sorte, wie auch alle anderen, kann man mit gutem Erfolg durch Absenken, Ablegen und Anhäufeln vermehren (s. Seite 33 bis 36). Leicht ist auch eine Vermehrung durch krautige Stecklinge im Juni/Juli.

Um Hochstämmchen heranzuziehen, muß veredelt werden. Als Unterlage dient die Goldjohannisbeere *Ribes aureum*, die durch Anhäufeln vermehrt wird.

Es kommen mehrere Veredlungsmethoden in Betracht. Üblich ist eine Veredlung im Sommer (August) mit entblätterten Reisern durch seitliches Anplatten oder seitliches Einspitzen. Okulation ist ebenfalls möglich. Unterlagen, welche die Veredlung nicht angenommen haben, können im darauffolgenden Frühjahr durch Kopulation veredelt werden. Als Länge der Reiser genügen 3 bis 5 Augen (Durchführung der Veredlung s. bei „Vermehrung durch Veredlung“ Seite 53).
Im Winter bzw. Frühjahr wird die Unterlage bei den nicht durch Kopulation veredelten Pflanzen oberhalb der Veredlungsstelle bis auf etwa 10 cm zurückgeschnitten. Dieser sogenannte Zapfen muß verbleiben, da sonst mitunter das Edelreis oder Edelauge leicht vertrocknet. Im Verlaufe des Sommers wird der Zapfen bis zur Veredlungsstelle entfernt und die Wunde mit Baumwachs verstrichen.
Die Wildaustriebe an der Unterlage sind durch mehrfaches Entspitzen kurz zu halten und im Laufe des Sommers nach und nach zu entfernen. Das Stämmchen benötigt sie zunächst noch zur Kräftigung des Dickenwachstums.
Die Sorte 'Josta', eine Kreuzung zwischen der Schwarzen Johannisbeere und der Stachelbeere, läßt sich gut durch Steckholz vermehren.

Stachelbeere

Bei der Vermehrung der Stachelbeere können, mit Ausnahme der Steckholzvermehrung, die gleichen Vermehrungsmethoden angewendet werden, wie bei den Johannisbeeren. Die Steckholzvermehrung ist nicht möglich bzw. sehr unbefriedigend. Die am häufigsten angewandte Vermehrungsart ist das Anhäufeln.
Zur Anzucht von Stämmchen wird genau wie für die Johannisbeere als Unterlage *Ribes au-*

Hoch- und Halbstämmchen von Johannis- oder Stachelbeeren

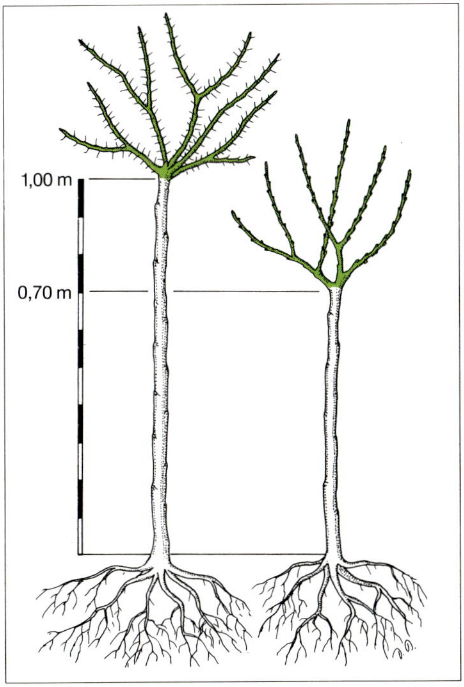

Eine durch Anhäufeln (Abriß) vermehrte Stachelbeer-Jungpflanze

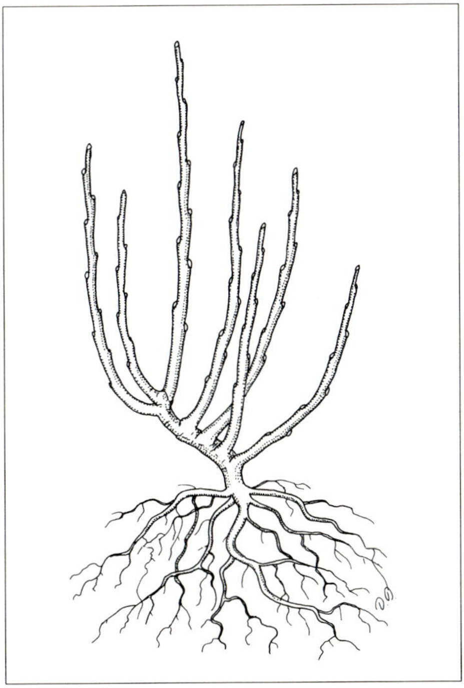

reum verwendet. Darüber hinaus ist für Stachelbeeren auch *Ribes uva-crispa* geeignet.

Himbeere

Die Vermehrung der Himbeere erfolgt durch Ausläufer (Wurzelschosse), Wurzelschnittlinge oder auch durch Ableger.
Bei der Vermehrung durch Ausläufer werden im Herbst nach dem Laubfall die im Laufe des Sommers aus dem Boden kommenden Triebe ausgegraben. Diese Arbeit kann auch noch im zeitigen Frühjahr vor Beginn des Austriebes durchgeführt werden. Die so gewonnenen Himbeerruten werden am besten gleich an Ort und Stelle gepflanzt.
Die Wurzelschnittlinge werden während der Vegetationsruhe im Spätherbst gewonnen. Man verwende bleistiftstarke Wurzeln, die man vorsichtig von der Mutterpflanze abtrennt. Diese schneidet man in etwa 5 cm lange Stücke und legt sie in mit feuchtem Sand gefüllte Kisten. Als Standort für die Kisten ist ein heller, luftiger und kühler Ort zu wählen (s. auch Seite 48).
Wenn sich im Frühjahr aus den Wurzelknospen etwa 10 cm lange Triebe gebildet haben, werden sie im Garten auf Beete aufgepflanzt. Im Herbst, wenn kräftige Ruten mit guter Bewurzelung herangewachsen sind, werden sie an ihren endgültigen Ort gepflanzt und nach der Pflanzung auf etwa 30 cm Länge zurückgeschnitten.

Brombeere

Aufrechtwachsende Sorten vermehrt man wie die Himbeeren durch Ausläufer oder Wurzelschnittlinge. Die Vermehrung der ausläuferlosen rankenden Sorten ist entweder durch Absenker, Wurzelschnittlinge, Triebstecklinge (s. Seite 41) oder Augenstecklinge (s. Seite 132) möglich.

Der günstigste Zeitpunkt für das Absenken ist Ende August/Anfang September, wenn kein Durchtrieb der Endknospe (Terminalknospe) mehr zu erwarten ist.
Bei der Vermehrung durch Wurzelschnittlinge verwendet man etwa 5 bis 6 cm lange kräftige Wurzelstücke, die man schräg in kleine Vermehrungstöpfe (6- bis 8-cm-Töpfe) eintopft und erst nach genügender Bewurzelung und entsprechendem Durchtrieb auspflanzt.
Für die stachellose Sorte 'Thonless Evergreen' kommt eine Vermehrung durch Wurzelschnitt-

Himbeersorten, die keine Ausläufer ausbilden, lassen sich leicht durch Ablegen vermehren.

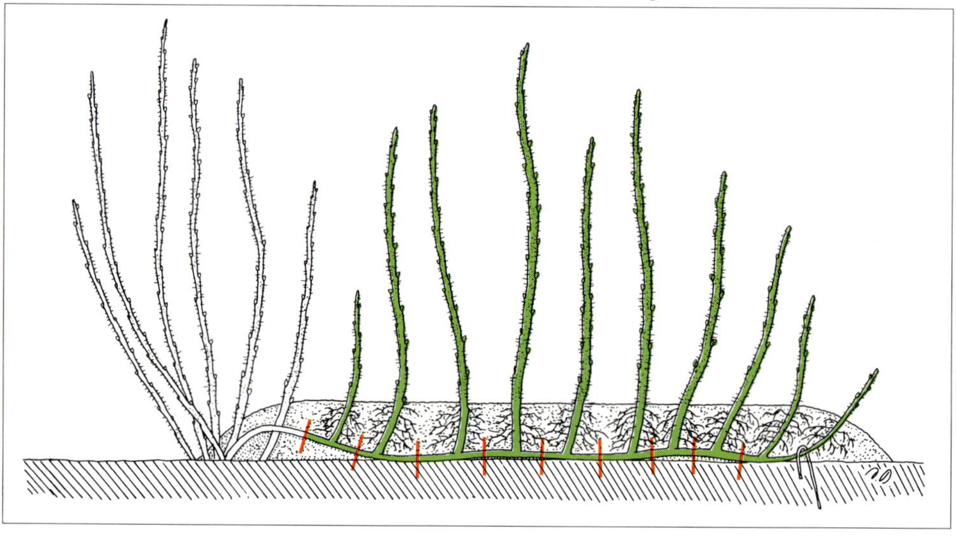

Brombeeren lassen sich u. a. durch Absenken (links) oder durch Wurzelschnittlinge (rechts) vermehren.

linge nicht in Frage, da sich bei dieser Vermehrungsart die Stacheln regenerieren.
Bei der Vermehrung durch Augenstecklinge (s. Seite 132) dürfen diese nicht zu krautig oder zu stark verholzt sein. Die Pflege der Stecklinge ist identisch mit der der Laubgehölze (s. Seite 42).

Heidelbeere

Die Vermehrung der Heidelbeere ist nicht ganz einfach. Eine Aussaat ist möglich, jedoch nicht sinnvoll, da die Sorten sehr stark aufspalten. Die Aussaat erfolgt nach der Ernte der Früchte noch im Herbst.
Üblich ist die Vermehrung durch Steckholz, Stecklinge (im Juli/August, wenn die Jahrestriebe zu verhärten beginnen), Ableger und Ausläufer.

Der günstigste Zeitpunkt für die Steckholzvermehrung ist das Frühjahr, von März bis April. Man verwendet kräftige, gut ausgereifte, bleistiftstarke einjährige Triebe. Üblich ist eine Steckholzlänge von 10 bis 15 cm mit 5 bis 6 Augen. Gesteckt wird in ein warmes Vermehrungsbeet (Kleingewächshaus, heizbarer Frühbeetkasten oder ein Zimmergewächshaus) in ein Torf-Sand-Gemisch. Zur Wurzelbildung sind Temperaturen von 20 bis 25 °C und hohe Luftfeuchtigkeit erforderlich. Die Hölzer kommen soweit in das Gemisch, daß nur das oberste Auge bzw. die beiden obersten Knospen sichtbar bleiben.
Die Wurzelbildung setzt etwa Ende Juni bis Anfang August ein. Nach ausreichender Bewurzelung sind die Jungpflanzen langsam abzuhärten. Sie werden dann in entsprechende Töpfe eingetopft und noch 2 Jahre im Frühbeetkasten weiterkultiviert, bevor sie an ihren endgültigen Standort kommen.

Die Vermehrung durch krautartige Stecklinge erfolgt Ende Juni, wenn der erste Trieb einen gewissen Abschluß erreicht hat. Zu weiche Stecklinge faulen leicht, bei zu harten findet keine oder nur eine stark verzögerte Wurzelbildung statt.
Am besten eignen sich etwa 7 bis 10 cm lange Triebspitzen von Seitentrieben, die zu diesem Zeitpunkt noch keine Blüten angesetzt haben. Neben Kopfstecklingen können durch Zerschneiden längerer Triebe gewonnene Triebstecklinge verwendet werden.
Gesteckt wird in reinen Torf oder in ein Torf-Sand-Gemisch. Pflege und Behandlung der Stecklinge erfolgen, wie bei den Laubgehölzen auf Seite 42 beschrieben.
Einfacher ist eine Vermehrung durch Ablegen kräftiger Triebe nach der Blüte, die an der Basis zu verholzen beginnen, aber noch nicht beblättert sind. Die bis zum Herbst bewurzelten Triebe werden im Herbst aufgenommen und zunächst im Frühbeetkasten in Töpfen weiterkultiviert.

Erdbeere

Die Eigenvermehrung der Erdbeere ist unter Hobbygärtnern weit verbreitet, nicht zuletzt auch, weil sie einfach durchzuführen ist. Zu beachten ist allerdings, daß bei einer Reihe von geschützten Hochzuchtsorten eine Eigenvermehrung nicht gestattet ist.
Gartenerdbeeren lassen sich sortenecht nur auf vegetativem Wege vermehren, und zwar durch Ausläufer. Dem Hobbygärtner sei folgende Methode der Ausläufervermehrung empfohlen, die auch im Gartenbau üblich ist. Die Auswahl der Mutterpflanzen sollte schon während der Blüte bzw. während der Ernte erfolgen. Man kennzeichnet die ausgewählten Pflanzen durch Stäbe, damit sie später, zur Zeit der Jungpflanzengewinnung, leicht wiederzufinden sind. Um den jungen Pflänzchen das Anwachsen zu erleichtern, ist der Boden um die Mutterpflanzen gut zu lockern und, wenn es nötig sein sollte, mit Torfmull oder Kompost zu verbessern. Die Ausläufer sind so um die Mutterpflanzen zu legen, daß sie sich gleichmäßig entwickeln können. Ende Juli/Anfang August haben sich dann die Erdbeerpflänzchen so weit entwickelt, daß sie von der Mutterpflanze abgenommen und auf vorbereitete Beete gepflanzt werden können.

Eine andere Möglichkeit, Erdbeer-Jungpflanzen zu gewinnen, ist, mit Erde (z. B. TKS) gefüllte Töpfe um die Mutterpflanzen zu stellen und die Ausläufer hineinzupflanzen. Erst wenn die Töpfe durchwurzelt sind, werden die Pflänzchen von der Mutterpflanze getrennt. Bei dieser Methode muß dem Wässern besondere Aufmerksamkeit geschenkt werden, da die Bodenfeuchte im allgemeinen nicht ausreicht, um die Pflanzen im Topf genügend mit Feuchtigkeit zu versorgen.
Kann der Pflanztermin Ende Juli/Anfang August nicht eingehalten werden, weil die vorgesehenen Beete noch nicht abgeerntet sind, ist zu empfehlen, die Jungpflanzen zunächst in größere Töpfe (11- bis 12-cm-Töpfe) in eine nährstoffreiche Erde (z. B. TKS) zu pflanzen. Dadurch ist es möglich, die Pflanzen ohne Wachstumsunterbrechung zu jedem späteren Zeitpunkt zu pflanzen, ohne Ernteeinbußen im kommenden Jahr in Kauf nehmen zu müssen.
Besitzer von Frühbeetkästen können die jungen Pflänzchen schon von der Mutterpflanze abnehmen, wenn die ersten Wurzelansätze sichtbar sind. Sie sind so von der Mutterpflanze zu schneiden, daß an den jungen Pflänzchen noch 3 bis 5 cm lange Ausläuferstummel verbleiben. Die so geernteten Pflänzchen werden in den Frühbeetkasten ausgepflanzt, dieser wird mit Fenstern abgedeckt. Es ist darauf zu achten, daß das Herz der Pflänzchen nicht mit Erde zugedeckt wird. Durch die günstigen Bedingungen im Frühbeetkasten sind die Pflanzen schon nach 3 bis 5 Wochen fertig zum Auspflanzen.
Eine andere Möglichkeit besteht darin, die Ausläuferpflänzchen mit beginnender Bewurzelung abzutrennen und in Torftöpfe oder Multitopfplatten zu setzen, die mit Torfkultursubstrat (z. B. TKS) oder Einheitserde P gefüllt wurden. Unter einem Folientunnel oder im gut gelüfteten Kleingewächshaus erfolgt innerhalb von 2 bis 3 Wochen eine intensive Durchwurzelung.

Die rankenlosen Monatserdbeeren lassen sich leicht durch Aussaat von Januar bis März vermehren. Ausgepflanzt wird im Mai. Noch im selben Jahr können die ersten Erdbeeren geerntet werden.

Vermehrung der Pflanzen zur Bonsaigestaltung

Jeder Bonsaifreund wird früher oder später den Wunsch haben, einen Bonsai von klein an selbst heranzuziehen. Erschöpft sich doch die Tätigkeit bei einem „fertigen“ Bonsai in Pflegearbeiten, wie Gießen, Düngen und der Erhaltung der Form des Bonsai. Zieht man aber seinen Bonsai von klein an selbst heran, hat man die Möglichkeit, etwas mehr in die Geheimnisse der Natur und damit des Lebens einzudringen.
Die Anzucht eines Bonsai ist eine langwierige Sache und erfordert viel Geduld. Sieht ein Baum in der freien Natur erst nach 10 Jahren wie ein Baum aus, so gilt dies auch für den Bonsai. Allerdings lohnt der hohe Zeitaufwand, da man die Entwicklung der Pflanzen von Anfang an beeinflussen und sie Schritt für Schritt in die für sie ausgewählte Form bringen kann.

Dieser Feldulmen-Bonsai, *Ulmus minor*, ist auf Beeten im Garten aus Samen herangezogen worden.

Grundsätzlich können für die Anzucht von Bonsaijungpflanzen, die für Laub- und Nadelgehölze beschriebenen Vermehrungsmethoden angewendet werden. Doch spielt die Wahl der Vermehrungsmethode bei Bonsai eine besondere Rolle. So kommt die Veredlung nur in Ausnahmefällen in Betracht, denn wirklich gute Bonsai lassen sich durch Veredlung nur selten erzielen. Zwar gehört die Pflanze, die als Unterlage dient, der gleichen Gattung wie das Edelreis an, doch lassen sich sichtbare Vernarbungen und Verdickungen an der Veredlungsstelle nie ganz vermeiden. Nicht selten tritt auch Unverträglichkeit auf.
Aber auch der Bonsailiebhaber wird auf das Veredeln bei verschiedenen Pflanzenarten nicht verzichten können. So können die blaunadeligen Kulturformen der Mädchenkiefer *(Pinus parviflora)* nur durch Veredlung vermehrt werden. Andere vegetative Vermehrungsmethoden kommen nicht in Frage, und bei der generativen Vermehrung spalten die Sämlinge stark auf. Ähnlich ist dies bei Apfel, Kirsche und Mandel oder den vielen Kulturformen des Fächerahorns.
Wird durch Veredlung vermehrt, ist darauf zu achten, daß die Veredlungsstelle nicht oder nur wenig zu sehen ist. Man veredelt entweder dicht über der Erde, dann ist die Veredlungsstelle Wurzelansatz, oder, wenn möglich, unter der Erde auf den Wurzelhals.
Eine interessante Vermehrungsmethode für Bonsailiebhaber ist das Abmoosen. Durch diese Methode kann man schnell zu einer relativ großen, gestaltungsfähigen Pflanze kommen, zumal schon an der Mutterpflanze mit der Gestaltung begonnen werden kann.
Es wurde schon darauf hingewiesen, daß auch für die Anzucht von Bonsaijungpflanzen alle beschriebenen Vermehrungsmethoden angewendet werden können, daher braucht dies jetzt nicht näher erläutert werden. Eine Frage ist aber hier zu klären. Gibt es den „Bonsaisamen“ oder gibt es ihn nicht? Die generative Vermehrung beruht auf einer Befruchtung (s. auch Seite 11), bei der es in der Samenanlage

zur Verschmelzung eines weiblichen und eines männlichen Geschlechtskerns kommt. Aus dieser Verschmelzung entwickelt sich dann im Laufe der Zeit der Samen. Dieser Samen trägt in den Erbanlagen die Eigenschaften seiner Eltern. Nun sagen aber die in den Erbanlagen gespeicherten Eigenschaften nichts über die spätere Entwicklung der Pflanze aus. Denn sie ist nicht nur von den Anlagen, die vererbt worden sind, abhängig, sondern auch von den Einflüssen der Umwelt.

Hierzu zählen der Standort der Pflanze, das Klima, Einflüsse von Mensch und Tier, der Standraum der Pflanze u. a. So sieht eine Kiefer im Hochgebirge ihren Artgenossen im Tal nicht ähnlich. Eine Buche im Wald entwickelt aufgrund des geringen Standraumes eine ganz andere Baumkrone als im Freiland. Eine Pflanze, die durch Wildverbiß geschädigt ist, wird niemals ihre typische Wuchsform zeigen können. Diese Beispiele ließen sich noch lange fortsetzen.

Solche Abwandlungen als Folge äußerer Einflüsse werden als Modifikationen bezeichnet; das typische Baumuster der Pflanze bleibt aber in den Erbanlagen unverändert erhalten und wird so auch weitervererbt. Dazu noch ein weiteres Beispiel: Zwei Kiefern, eine im Park ausgepflanzt, 30 Jahre alt, 10 m hoch, die andere als Bonsai gezogen, 30 Jahre alt, 50 cm hoch. Beide hatten die gleichen Eltern; sie vererben ihre von den Eltern mitgegebenen Eigenschaften weiter auf ihre Nachkommen. Erntet man nun von der als Bonsai gezogenen Kiefer Samen, so hat man zwar Samen von einem Bonsai, aber keinen Bonsaisamen. Sät man diese Samen aus und läßt die Pflanzen normal heranwachsen, werden aus ihnen wieder Bäume in der Größe ihrer Artgenossen in der freien Natur. Den Bonsaisamen, aus dem automatisch ein Bonsai heranwächst, wie viele meinen, gibt es also nicht.

Die auf vegetativem und generativem Wege vermehrten Pflanzenarten benötigen eine unterschiedlich lange und auch unterschiedlich intensive Pflege, bis sie zu einer gestaltungsfähigen Jungpflanze herangewachsen sind. Daher kommt der Behandlung der Jungpflanzen bei der Bonsaigestaltung eine besondere Bedeutung zu.

Eine sachgemäße Weiterkultur der jungen Pflanzen, ob nun auf generativem oder vegetativem Wege vermehrt, ist ebenso notwendig wie die richtige Behandlung im Stadium der Vermehrung.

Während sich die einzelnen Gehölze, die später in Gärten, Parks usw. ausgepflanzt werden, zu ihrer schließlichen Bestimmung selbst ausbilden, muß man bei der Bosaianzucht den Pflanzen ihrer Naturanlage entsprechend zu Hilfe kommen. Jungpflanzen für die Bonsaigestaltung sollten mehrmals verschult (verpflanzt) werden, bevor sie ihren endgültigen Standort in der Bonsaischale bekommen. Viel zu oft wird diese Regel von Bonsaifreunden, die es kaum erwarten können, „ihren Bonsai" in die Schale zu setzen, mißachtet. Aber langjährige Erfahrung lehrt, daß eine gute Bewurzelung und eine wohlentwickelte oberirdische Verzweigung Hauptbedingungen für die Bonsaigestaltung sind.

Jungpflanzenanzucht im Garten

Ist auf Beete im Garten ausgesät worden, bleiben die Sämlinge von Laubgehölzen 1 Jahr, von Nadelgehölzen 1 bis 2 Jahre, in Ausnah-

Bonsaiquartier (Jungpflanzenanzucht)

Pikierte Sämlinge von verschiedenen Nadelgehölzen

mefällen auch länger auf dem Saatbeet stehen. Bei einer Aussaat in Töpfe oder andere Gefäße werden die Sämlinge noch im Aussaatjahr aus den Gefäßen genommen und pikiert. Die Technik des Pikierens ist auf Seite 122 bei den Zimmerpflanzen beschrieben. Pikiert wird in größere Gefäße (Pikierkisten) oder in einen entsprechend vorbereiteten Frühbeetkasten.

Das Verschulen (Aus- und Umpflanzen) der Sämlinge und der auf vegetativem Wege vermehrten Pflanzen erfolgt beetweise in nach-

Anzucht von Bonsaijungpflanzen

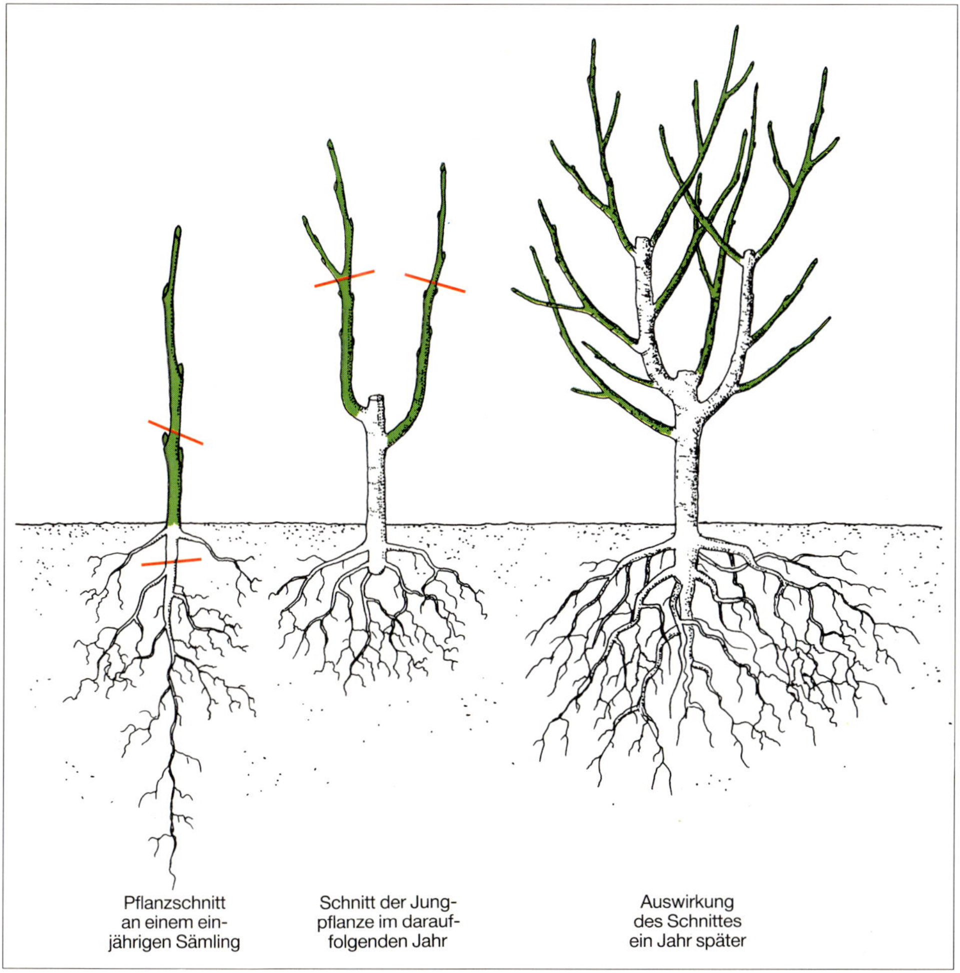

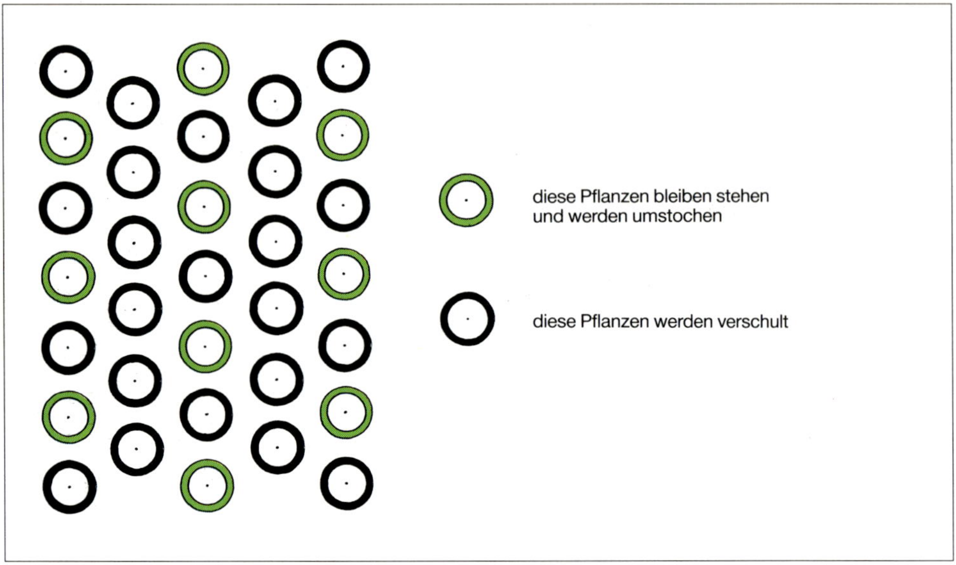
diese Pflanzen bleiben stehen
und werden umstochen
diese Pflanzen werden verschult

Durch systematisches Ausdünnen der Reihen kann der Abstand von Pflanze zu Pflanze vergrößert werden.

einanderfolgenden Reihen. Vor dem Verschulen ist der Boden tiefgründig zu lockern und, wenn nötig, eine Bodenverbesserung mit Torf oder Kompost durchzuführen.

Die Reihenabstände liegen zwischen 20 und 30 cm. Die Pflanzabstände in der Reihe sind bei den einzelnen Arten und Sorten je nach Zuwachstempo und Wuchsform sehr differenziert. Der Abstand muß so gewählt werden, daß sich die Jungpflanzen gleichmäßig und formschön aufbauen. In zu engem Stand aufgewachsene Jungpflanzen sind für die Bonsaigestaltung ungeeignet. An Nadelgehölzen entstehen bei zu dichtem Stand Verkahlungsstellen, die nicht oder nur sehr langsam wieder verwachsen. Folglich sind Pflanzabstände zu wählen, die der Pflanze bis zum nächsten Verschulen genügend Raum zur Entwicklung lassen.

Dem Verschulen geht ein Rückschnitt der Triebe und Wurzeln voraus (s. Abb. Seite 83). Die Wurzeln sollten soweit eingekürzt werden, daß die Verzweigung möglichst nahe am Wurzelhals einsetzt (sehr wichtig!), andererseits aber ein sicheres Anwachsen garantiert ist (Nadelgehölze vorsichtiger behandeln!).

Auswirkung des Verschulens auf das Wachstum der Gehölze

nicht verschult
verschult

Die Jungpflanzen sind zwei- bis dreimal jährlich zu umstechen.

Beim Pflanzvorgang ist darauf zu achten, daß die Wurzeln senkrecht in den Boden kommen. Man hat nämlich feststellen können, daß Pflanzen mit Knickwurzeln auf Jahre hinaus gegenüber richtig gepflanzten im Wachstum zurückbleiben. Ferner kommt es darauf an, daß die Pflanzen nicht zu tief gesetzt werden, ein Fehler, der häufig gemacht wird.
Ein festes Andrücken ist unerläßlich, damit die Wurzeln allseitig Kontakt mit dem Erdreich bekommen und keine größeren Hohlräume entstehen. Anschließend wird kräftig gewässert. Bei empfindlichen und wertvollen Gehölzen ist es ratsam, für die Zeit des Anwachsens Schatten zu geben.
Das Verschulen der Laubgehölze erfolgt im Frühjahr, das von Nadelgehölzen im Spätsommer (Ende August bis Mitte September, nicht später) oder ebenfalls im Frühjahr.
Wie oft verschult werden muß, bis das erste Mal in ein Bonsaigefäß gepflanzt wird, ist abhängig von der Wuchskraft der jeweiligen Pflanzenart und von der angestrebten Bonsaigröße. So kann bei Laubgehölzen häufig schon nach 1 bis 2 Jahren in ein Bonsaigefäß gepflanzt werden, während es bei Nadelgehölzen in der Regel wesentlich länger dauert.
Der Gärtner in der Baumschule verschult alle 2 bis 3 Jahre. Bonsaijungpflanzen sollten jährlich verschult werden. Doch ist der Zeitraum auch abhängig von der gewählten Pflanzweite.
Durch mehrfaches Verschulen wird die Wurzelverzweigung gefördert, und es entsteht ein besonders dichtes und kompaktes Wurzelsystem, das schließlich die Erde im Ballenbereich so dicht mit Haupt- und Faserwurzeln durchzieht, daß Anwachsschwierigkeiten beim Einpflanzen in das Bonsaigefäß nahezu ausgeschlossen sind.

Nadelgehölze müssen verschult werden, sobald sich die Triebe berühren. Ineinanderwachsende Koniferen beginnen sehr bald an den unteren Trieben zu verkahlen. Viele Arten sind nicht in der Lage, aus dem alten Holz neue Triebe zu bilden, so daß sich derartige Kahlstellen nicht wieder auswachsen. Man kann durch systematisches Ausdünnen der Reihen, indem nur jede zweite Pflanze herausgestochen wird, den Abstand von Pflanze zu Pflanze ebenfalls vergrößern. Jedoch muß in diesem Fall unbedingt ein Umstechen der verbleibenden Pflanzen erfolgen.
Die Jungpflanzen sind grundsätzlich während der Vegetationszeit ein- bis zweimal zu umstechen. Bei Tiefwurzlern muß auch unterstochen werden. Beim Umstechen wird so dicht an die Pflanze herangegangen, daß man beim nachfolgenden Umstechen oder Verpflanzen den Ballendurchmesser vergrößern kann. Dabei ist die spätere Schalengröße zu berücksichtigen. Das letzte Umstechen sollte möglichst in der ersten Septemberhälfte geschehen, die Pflanzen können dann noch im selben Jahr neue Wurzeln ausbilden. Gleichzeitig wird dadurch der Triebzuwachs beendet und die Ausreife der Holzes gefördert, was sich günstig für die Überwinterung auswirkt. Unmittelbar nach dem Umstechen sind die Pflanzen fest anzutreten, damit sich die Einstiche sofort wieder zusetzen. Bei trockener Witterung muß gewässert werden. Daß die Verschulbeete von Unkraut freizuhalten sind und von Zeit zu Zeit eine Bodenlockerung durch Hakken durchgeführt werden sollte, ist selbstverständlich und bedarf keiner Erläuterung.

Jungpflanzenanzucht in Containern (Töpfen)

Die Anzucht in Töpfen (der Baumschuler bezeichnet sie als Container) bietet auch dem Nichtgartenbesitzer die Möglichkeit, Gehölzjungpflanzen heranzuziehen, ist aber auch für den Gartenbesitzer interessant, wird doch das Anwachsrisiko beim Verpflanzen auf ein Minimum reduziert, da bei der Containerkultur ein fester umgrenzter Ballen erzeugt wird, in dem sich die Wurzelmasse befindet. Auch ist man weitgehend unabhängig vom Verpflanztermin und von der Witterung. Während bei der Beetkultur das Verpflanzen auf einen relativ engen Zeitraum begrenzt ist, ist dies bei der Containerkultur, bis auf wenige Ausnahmen, von Frühjahr bis Herbst möglich. Die Containerkultur hat sich besonders bei empfindlichen, auch verpflanzempfindlichen sowie wertvollen Laub- und Nadelgehölzen bewährt.

Bei all den erwähnten Vorteilen darf jedoch nicht vergessen werden, daß bei der Kultur in Containern dem Gießen und dem Düngen besondere Aufmerksamkeit geschenkt werden muß.

Container für die Jungpflanzenanzucht werden in unterschiedlichen Formen und Größen aus verschiedenen Materialien hergestellt. Können auch Tontöpfe oder spezielle Folienbeutel als Container verwendet werden, ist dem Kunststofftopf der Vorzug zu geben, und zwar in der viereckigen Form. Er bietet gegenüber dem althergebrachten Rundtopf (wie er für Zimmerpflanzen häufig aus ästhetischen Gründen verwendet wird) den Vorteil der besseren Ausnutzung der Stellfläche. Beim Kauf ist darauf zu achten, daß die Töpfe seitliche Abzugslöcher bzw. einen hochgezogenen Topfboden haben. Dies hat Vorteile beim Ausstellen, denn bei flachen Topfböden setzen sich die Abzugslöcher leicht zu (s. Seite 280).

Da die Jungpflanzen in Töpfen gegenüber den im Garten aufgeschulten Pflanzen mit relativ wenig Substrat auskommen müssen, ist dem Substrat besondere Aufmerksamkeit zu schenken. Bonsaierde ist hier ebenso wenig geeignet wie Erde aus dem Garten. Welche Substrate verwendet werden können, ist auf Seite 269 beschrieben.

Der Zeitpunkt des ersten Eintopfens ist für Sämlinge das Frühjahr zu Beginn des Austriebes. Jungpflanzen aus der Stecklingsvermehrung werden eingetopft, wenn sie ausreichend bewurzelt sind. Da der Zeitpunkt der Stecklingsvermehrung der einzelnen Pflanzenarten recht unterschiedlich ist, variieren die Eintopftermine entsprechend. Das spätere Umpflanzen ist, wie das erste Einpflanzen, an keine bestimmten Termine gebunden und kann im allgemeinen ganzjährig durchgeführt werden. Für das Ein- und Umpflanzen gelten die gleichen Kriterien (Wurzelschnitt, Pflanztiefe usw.), wie sie für die Jungpflanzenkultur im Garten beschrieben wurden.

Wie bei den Zimmerpflanzen üblich, werden auch für Gehölzjungpflanzen zum Eintopfen relativ kleine, der Pflanzen- und Wurzelgröße angemessene Töpfe verwendet. In kleinen Töpfen, die schnell durchwurzelt werden, besteht weniger die Gefahr von Bodenverdichtungen oder Versauerung der Erde als Folge zu hoher Wassergaben.

Haben die Pflanzen den Topf gut durchwurzelt und steht die Pflanzengröße nicht mehr im richtigen Verhältnis zur Topfgröße, wird in einen größeren Topf verpflanzt. In der Regel wird jährlich einmal umgetopft, doch kann es unter Umständen notwendig und sinnvoll sein, mehrmals zu verpflanzen. Ein mehrmaliges Umpflanzen von kleineren in größere Töpfe wirkt sich vorteilhaft auf die Wurzelverzweigung und damit Wurzelmasse aus, was für Bonsai sehr wichtig ist, wenn später ein Teil der Wurzeln entfernt werden muß.

Für normale Bonsaigrößen (bis 60 cm) sollte der 12- bis 18-cm-Container Endstation sein, bevor in ein Bonsaigefäß gepflanzt wird. Der Endtopf sollte nicht größer gewählt werden als angegeben, um später beim Einpflanzen nicht zuviel Wurzelwerk entfernen zu müssen.

Neben einer angemessenen Feuchtigkeitsversorgung ist die Düngung bei der Containerkultur von besonderer Bedeutung. Die Topfwandung begrenzt den Raum für die Ernährung der Pflanze, und so ist, trotz nährstoffhaltigen Substrates eine Nachdüngung erforderlich. Ist also der Nährstoffvorrat aufgebraucht und wird nicht oder nicht mehr umgepflanzt, so muß nachgedüngt werden. Es sollten nur Mehrnährstoffdünger mit Zusätzen von Spurennährstoffen verwendet werden. Dabei ist den Flüssigdüngern der Vorzug zu geben. Dünger in fester (granulierter) Form können zwar auch eingesetzt werden, doch ist das Ausstreuen nicht ganz einfach, da die Verteilung gleichmäßig erfolgen muß, was nicht selten Schwierigkeiten bereitet.

Es gibt solche Mehrnährstoffdünger, die zur Flüssigdüngung verwendet werden können, in Salzform und als Flüssigkonzentrat.

Während des Austriebs und in der Hauptwachstumsphase ist ein stickstoffbetonter Mehrnährstoffdünger einzusetzen, ab Mitte August sind höhere Phosphor- und Kali-Anteile notwendig, wodurch die Holzausreife und damit die Winterfestigkeit gefördert wird.

Der beste Zuwachs ist bei häufiger Düngung mit geringer Dosierung zu erwarten. Daher empfiehlt es sich, bei jedem Wässern in schwacher Konzentration zu düngen. Düngung mit niedrigen Konzentrationen hat den Vorteil, daß die Lösung über das Blatt gegeben werden kann, ohne daß anschließend mit klarem Wasser nachgespült werden muß.

Wird bei jedem Gießen gedüngt, darf die Konzentration 0,1 % (= 1 g bzw. 1 ml Dünger je Liter Wasser) nicht übersteigen. Bei wöchentlicher Düngung verwendet man Konzentrationen von 0,3 bis 0,5 %. Bei Konzentrationen über 0,1 % muß mit klarem Wasser nachgespült werden, wenn Blätter benetzt wurden.

Mit der Nachdüngung beginnt man, wenn der Topf durchwurzelt ist, etwa 6 bis 8 Wochen nach dem letzten Umpflanzen.

Die Container sind an geschützter Stelle im Garten, auf Balkon oder Terrasse aufzustellen; besonders empfindliche Arten im Kleingewächshaus oder Frühbeetkasten. Im Garten empfiehlt es sich, die Töpfe der höheren Standfestigkeit wegen einzusenken. Darüber hinaus werden durch das Einsenken starke Temperaturschwankungen im Wurzelbereich verhindert. Auch bleibt im Boden die Feuchtigkeit besser erhalten, was besonders in den Wintermonaten von Bedeutung ist. Allerdings müssen die Töpfe während der Vegetationszeit von Zeit zu Zeit angehoben werden, um das Durchwurzeln bzw. ein festes Einwurzeln zu verhindern.

Wie bei der Gehölzanzucht auf Beeten, ist auch bei der Containerkultur zur Erzielung guter Pflanzenqualitäten auf genügend weiten Abstand von Pflanze zu Pflanze zu achten. Mit Zunahme des Breitenwachstums sind die Container auseinanderzurücken, damit Luft und Licht an die Pflanzen kommen, so daß ein Verkahlen ausgeschlossen ist.

Wann das erste Mal in ein Bonsaigefäß gepflanzt werden soll, ist, wie bei der Gehölzanzucht auf Beeten, abhängig von der Wuchskraft der jeweiligen Pflanzenart und der angestrebten Bonsaigröße. Genaue Zeitangaben sind nicht möglich, da das Wachstum nicht zuletzt auch von den gegebenen Standortverhältnissen abhängig ist.

Katsurabaum, *Cercidiphyllum japonicum*

Die Vermehrung der Laub- und Nadelgehölze (alphabetisch)

Dieser spezielle Teil beschreibt die Vermehrung von rund 180 Laub- und Nadelgehölz-Gattungen. Neben gebräuchlichen sind auch weniger verbreitete Vermehrungsmethoden aufgeführt, und es werden Hinweise zu den günstigsten Vermehrungszeiten gegeben. Da eine Anwendung von Wuchsstoffen zur Stecklingsvermehrung bei allen Pflanzenarten zu empfehlen ist, wurden bewußt keine speziellen Angaben bei den Gattungen gemacht. Wenn nichts anderes erwähnt wird, ist die Stecklingsvermehrung bei gespannter Luft durchzuführen (Vermehrungseinrichtungen Seite 297).
Es konnte nicht darauf verzichtet werden, die wissenschaftlichen Namen der betreffenden Pflanzen aufzuführen, da es einerseits in vielen Fällen keine eingebürgerten deutschen Namen gibt, zum anderen die Pflanzen in Listen und Katalogen der Samenhändler und Gärtnereien auch nur mit ihren botanischen Namen angeboten werden. Wird eine Pflanze gesucht, deren botanischer Name nicht bekannt ist, findet man sie über das Sachregister.

Abies, Tanne

Vermehrung durch Aussaat, Stecklinge und Veredlung. Die Aussaat spielt die größte Rolle und ist bei vielen Arten die einzige Möglichkeit der Vermehrung. Wer den Samen selbst ernten will, muß aufpassen, denn bei beginnender Vollreife zerfallen die Zapfen am Baum und entlassen die Samen. Die Zapfen sind daher vor der sogenannten Vollreife zu ernten. Die meisten Arten beerntet man im September/Oktober. Nach dem Klengen der Zapfen (s. Seite 18) werden die Samen bis zur Aussaat im April/Mai trocken gelagert. Die Zwergformen vermehrt man im allgemeinen durch Stecklinge. Geschnitten wird entweder im September/Oktober oder im März/April. Die vielen Kulturformen und Varietäten werden durch seitliches Anplatten oder seitliches Einspitzen auf im Topf fest eingewurzelte Unterlagen der jeweiligen Art veredelt. Als Universalunterlage für alle Arten und Formen dient *A. alba.* Zum Veredeln sind nur Reiser von Kopftrieben zu verwenden. Aus Seitenzweigen gezogene Pflanzen behalten den Zweigcharakter sehr lange bei oder bilden überhaupt keine Gipfeltriebe aus, sondern wachsen wie Seitenzweige weiter. Eine unübliche, aber mögliche Vermehrungsmethode für Tannen ist das Absenken.

Acer, Ahorn

Vermehrung durch Aussaat, Stecklinge, Absenker und Veredlung. Die Samen der meisten Arten reifen im September/Oktober. Aussaat sofort nach der Ernte oder nach trockener Lagerung im Frühjahr, dann zuvor für 6 Wochen stratifizieren. Die feintriebigen Arten lassen sich durch Stecklinge im Juni/Juli vermehren. Absenker bei allen Arten möglich, üblich u. a. bei *A. palmatum.* Veredlung in der

Acer buergerianum-Sämlinge (Aussaat 28. 3. 84) etwa 6 Wochen (10. 5. 84) nach der Aussaat

Regel durch seitliches Einspitzen auf im Topf fest eingewurzelte Unterlagen im Winter. Kronenveredlungen im Freien im Frühjahr durch Kopulation oder im Sommer durch Okulation.

Actinidia, Strahlengriffel, Kiwi

Vermehrung durch Aussaat im Haus (mindestens 2 Wochen stratifizieren), durch Stecklinge im Juni/Juli, durch Ableger oder Veredlung (Okulation oder Pfropfen) auf Wurzeln der Art. Bei *Actinidia chinensis* soll auch eine Vermehrung durch Wurzelschnittlinge möglich sein.

Aesculus, Roßkastanie

Vermehrung in der Regel durch Aussaat und Veredlung. Bis zur Aussaat im Frühjahr sind die Samen, nach der Ernte im Herbst, feucht und kühl zu lagern (s. Seite 24). *A. parviflora* kann durch Anhäufeln und Wurzelschnittlinge vermehrt werden. Veredlung durch Kopulation im Frühjahr, seitliches Einspitzen im Juli/August im Freien oder durch Okulation auf das schlafende Auge.

Ailanthus, Götterbaum

Vermehrung durch Aussaat, Wurzelschnittlinge und Veredlung. Aussaat direkt nach der Ernte im Herbst.

Alnus, Erle

Vermehrung durch Aussaat, Ausläufer, Absenker, Stecklinge und Veredlung. Die Ernte der Samen erfolgt im Oktober/November, die Aussaat im Frühjahr nach trockener Lagerung der Samen. Stecklingsvermehrung im Juni/Juli. Veredlung durch Kopulation oder Geißfuß im Winter auf im Topf eingewurzelte Unterlagen. Als Universalunterlage dient *A. glutinosa*.

Amelanchier, Felsenbirne

Vermehrung durch Aussaat, Stecklinge und Teilung. Die Samen werden nach der Ernte im Herbst ausgewaschen, stratifiziert und im Frühjahr ausgesät. Ausläuferbildende Arten vermehrt man durch Teilung. Stecklingsvermehrung im Juni/Juli.

Amorpha, Bastardindigo

Vermehrung im allgemeinen durch Aussaat, Stecklinge, Steckholz (nur bei *A. fructicosa*) und Absenken möglich. Ernte der Samen im Dezember/Januar. Aussaat im Frühjahr, die Samenschale ist aufzurauhen.

Ampelopsis, Scheinrebe

Vermehrung durch Aussaat im Frühjahr unter Glas, durch Stecklinge im Juli oder durch Veredlung auf bewurzeltes Steckholz von *Parthenocissus quinquefolia* im Winter (Handveredlung).

Andromeda, Lavendelheide

Vermehrung durch Stecklinge im Sommer, durch Ableger und Aussaat im Frühjahr. Samen nicht mit Erde abdecken.

Aralia, Aralie

Vermehrung durch Wurzelschnittlinge und Abtrennen der Ausläufer. Aussaat ist möglich, Samen wird nur selten im Handel angeboten.

Araucaria, Araukarie

Araukarien werden ausschließlich durch importierten Samen vermehrt. Nur frisches Saatgut ist ausreichend keimfähig, deshalb recht-

Die Abbildung macht deutlich, warum die Samen von Araukarien mit der Spitze nach unten zu stecken sind.

zeitig bestellen und nach Erhalt sofort aussäen. Ausgesät wird unter Glas bei Temperaturen um 15 °C. Die Aussaat erfolgt direkt in kleine Töpfe oder Multitopfplatten, die Samen sind nicht waagerecht auszulegen, sondern mit der Spitze nach unten zu stecken.

Arctostaphylos, Bärentraube

Vermehrung durch Aussaat und Stecklinge. Die Samen werden nach der Ernte im Herbst ausgewaschen und entweder sofort ausgesät oder erst im Frühjahr, dann zuvor für etwa 6 Wochen stratifizieren. Einfacher ist die Vermehrung durch Stecklinge im Sommer. Kleine Mengen auch durch Ausläufer.

Aristolochia, Pfeifenwinde

Vermehrung durch Aussaat, Stecklinge im Sommer, durch Ableger oder Veredlung. Aussaat im Frühjahr im Haus. Veredlung auf Wurzelstücke der Art im Winter.

Aronia, Apfelbeere

Vermehrung durch Aussaat, Stecklinge im Sommer, durch Teilung oder Anhäufeln. Aussaat im Herbst gleich nach der Ernte der Samen. Bei Aussaat im Frühjahr etwa 6 Wochen vorher stratifizieren. Obstsorten durch Kopfveredlung (Pfropfen hinter die Rinde) auf *Sorbus aucuparia.*

Berberis, Berberitze

Vermehrung durch Aussaat, Stecklinge, Ableger, einige Arten auch durch Teilung. Ernte der Früchte im Oktober/Dezember, auswaschen, stratifizieren und im Frühjahr aussäen. Die vielen Kulturformen, immergrüne als auch sommergrüne, lassen sich leicht durch Stecklinge vermehren. Die Sommergrünen im Juli, die Immergrünen im August/September. Veredlung möglich.

Betula, Birke

Vermehrung durch Aussaat, Stecklinge, einige Arten auch durch Ausläufer und Ableger, Hängeformen durch Veredlung. Ernte der Samen im August/November, bei der Schwarzbirke *(B. nigra)* schon im April/Mai. Aussaat nach trockener Lagerung im Frühjahr. Stecklingsvermehrung im Juli/August. Veredlung der Hängeformen durch Kopulation im Winter auf *B. pendula* (Handveredlung). Okulation auf das treibende oder schlafende Auge im Frühjahr bzw. Herbst möglich.

Buddleja, Sommerflieder

Vermehrung durch Aussaat im Frühjahr (wenig üblich), durch Stecklinge von Juli bis September und Steckholz.

Buxus, Buchsbaum

Vermehrung in der Regel nur durch Stecklinge von August bis März. Aussaat ist möglich, doch fallen die Sorten natürlicherweise nicht echt.

Callicarpa, **Schönfrucht**

Vermehrung durch Aussaat, Stecklinge und Steckholz. Aussaat direkt nach der Reife im Herbst oder im Frühjahr unter Glas. Stecklingsvermehrung im Juli.

Calluna, **Besenheide**

Vermehrung durch Aussaat, Stecklinge von Juli bis Oktober und bei kleineren Mengen auch durch Ableger. Ernte der Samen im August/September, anschließend gleich aussäen. Als Stecklinge verwendet man etwa 5 cm lange sowohl ein- als auch mehrjährige Triebe.

Calocedrus decurrens, **Weihrauchzeder, Flußzeder**

Vermehrung durch Aussaat, Stecklinge und Veredlung. Üblich ist die Vermehrung durch Aussaat. Der Samen wird geerntet, wenn die kleinen Zapfen beginnen aufzuspringen. Die Aussaat erfolgt ab Mitte April im Freiland. Stecklingsvermehrung im September. Veredelt wird im Winter auf *Chamaecyparis lawsoniana* durch seitliches Einspitzen.

Calycanthus, **Gewürzstrauch**

Vermehrung durch Aussaat, Ablegen, Absenken oder Stecklinge. Ernte der Samen im Oktober/November. Aussaat direkt nach der Ernte oder im Frühjahr, dann für etwa 6 Wochen stratifizieren. Steckholzvermehrung im Juli/August.

Campsis, **Trompetenblume**

Vermehrung in der Regel durch Wurzelschnittlinge, Ablegen oder Stecklinge, die im Juni/Juli geschnitten werden.

Caragana, **Erbsenstrauch**

Vermehrung durch Aussaat, Stecklinge im Juni/Juli und durch Absenken. Ernte der Samen im Juli/August. Aussaat im Frühjahr, wenn kein Frost mehr zu erwarten ist. Die Samenschale ist aufzurauhen. Steckholzvermehrung möglich.

Carpinus, **Weißbuche, Hainbuche**

Vermehrung durch Aussaat, Stecklinge im Juni/Juli, Absenker, geschlitztblättrige Arten und Säulenformen durch Veredlung. Ernte der Samen von Oktober bis Dezember, Aussaat noch im Herbst oder nach Stratifikation (für etwa 8 Wochen) im Frühjahr. Der Samen liegt häufig über, Handelssaatgut bis zu 2 Jahre. Veredelt wird durch Kopulation oder Geißfuß.

Carya, **Hickorynuß**

Vermehrung durch Aussaat noch im Herbst nach der Ernte oder nach Stratifikation im Frühjahr. Da die Hickorynuß sehr empfindlich auf Wurzelverletzungen reagiert, empfiehlt es sich, gleich in tiefe Töpfe auszusäen oder frühzeitig einzutopfen.

Caryopteris, **Bartblume**

Vermehrung leicht durch Stecklinge von Juli bis September oder durch Aussaat im Frühjahr im Haus.

Castanea, **Edelkastanie**

Vermehrung durch Aussaat, Ableger, Ausläufer und durch Veredlung. Nach der Ernte im Oktober/November ist der Samen zu strafizieren und im Frühjahr auszusäen. Veredlung der Sorten durch Kopulation oder Geißfuß (Pfropfen und Okulation ist möglich) auf eingewurzelte Unterlagen der Art im Winter.

Catalpa, **Trompetenbaum**

Vermehrung durch Aussaat, Wurzelschnittlinge, Stecklinge und Veredlung. Ernte der Samen im Dezember/Januar. Nach trockener

Lagerung wird im Frühjahr unter Glas ausgesät. Leicht ist die Vermehrung durch krautige Stecklinge im Juni/Juli (s. Abb. Seite 41 und 273).

Ceanothus, Säckelblume

Üblich ist die Vermehrung durch krautige Stecklinge von Juli bis September, die sich leicht bewurzeln. Aussaat im Frühjahr möglich, doch liegt der Samen bis zu 2 Jahren über.

Cedrus, Zeder

Vermehrung durch Aussaat, Stecklinge und Veredlung. Die Zapfen der Zeder benötigen bis zur Reife 3 Jahre. Obwohl bei uns geernteter Samen keine große Keimfähigkeit besitzt, ist er wertvoll, denn er stammt von Bäumen, die über viele Jahre ihre Frosthärte bewiesen haben. Die Ernte erfolgt im März/April, die Aussaat Anfang Mai. Kurz vor der Aussaat legt man die Zapfen 48 Stunden in warmes Wasser, damit sie aufweichen und sich auseinanderbrechen lassen. Nachdem man die Samen ausgelesen hat und sie abgetrocknet sind, wird ausgesät. Zur Stecklingsvermehrung von Juli bis September verwendet man Kurztriebe mit einem Stück alten Holz. Die vielen Formen mit abweichendem Wuchs werden durch seitliches Einspitzen veredelt. Als Unterlage dient *C. deodara* oder die jeweilige Art; gelegentlich wird auch *Thuja occidentalis* oder *Chamaecyparis lawsoniana* verwendet.

Celastrus, Baumwürger

Vermehrung durch Aussaat und Wurzelschnittlinge. Aussaat direkt nach der Ernte im Herbst.

Celtis, Zürgelbaum

Vermehrung durch Aussaat, Stecklinge im Juli/August und durch Ableger. Ernte der Samen im November/Dezember. Aussaat sofort nach der Ernte oder nach Stratifikation im Frühjahr. Nicht selten liegt der Samen 1 Jahr über.

Cephalotaxus, Kopfeibe

Vermehrung durch Aussaat, Stecklinge und Veredlung. Die von einer fleischigen Hülle umgebenen Samen werden im Herbst geerntet, ausgewaschen und sofort unter Glas ausgesät. Die Kopfeibe läßt sich auch sehr gut (im September/Oktober) durch Stecklinge vermehren. Allerdings sind Seitentriebe zur Stecklingsgewinnung nicht geeignet, weil daraus keine baumartigen Pflanzen entstehen, sondern unregelmäßig wachsende, dichte Büsche. Veredelt wird durch seitliches Einspitzen im August/September oder im Januar/Februar, auf im Topf festeingewurzelte Unterlagen von *C. harringtonia* oder *Taxus baccata.*

Cercidiphyllum, Katsurabaum

Vermehrung durch Aussaat, krautige Stecklinge im Sommer oder durch Ableger. Aussaat im Frühjahr unter Glas, die Samenschale ist aufzurauhen.

Cercis, Judasbaum

Vermehrung durch Aussaat und krautige Stecklinge im Sommer. Aussaat im Frühjahr unter Glas. Die Samenschale ist aufzurauhen.

Chamaecyparis, Scheinzypresse

Vermehrung durch Aussaat, Stecklinge, Veredlung und Ableger. Die Aussaat ist für die Arten die gebräuchlichste Methode. Die Zapfen werden im Herbst geerntet, kurz bevor sich diese öffnen. In einen warmen Raum gebracht (geklengt), fallen die Samen schon bald aus. Die Zapfen von *C. lawsoniana* müssen schon im August geerntet werden. Ausgesät wird im

Frühjahr unter Glas. Die vielen Kulturformen der Scheinzypresse vermehrt man fast ausschließlich durch Stecklinge. Sie können von Juli bis März geschnitten werden. Der Stecklingsschnitt erfolgt auf Astring oder als Rißling, die weichen Spitzen sind abzuschneiden. Bei den aufrecht wachsenden Arten sind bevorzugt Spitzentriebe zu verwenden. Veredelt wird durch seitliches Einspitzen im April/Mai oder im Sommer auf getopfte Unterlagen von *Ch. lawsoniana (Ch. nootkatensis* auf *Thuja orientalis)*. Nicht häufig anzutreffen ist die Vermehrung durch Ableger, eine Methode, die für den Hobbygärtner interessant sein kann.

Chimonanthus, Winterblüte

Vermehrung durch Aussaat, Stecklinge oder Absenker. Aussaat direkt nach der Ernte unter Glas. Stecklingsvermehrung im Juli/August.

Chionanthus, Schneeflockenbaum

Vermehrung durch Aussaat, Stecklinge oder Veredlung. Aussaat im Frühjahr unter Glas. Die Samen liegen häufig bis zu 2 Jahren über. Stecklingsvermehrung im Frühsommer durch krautige Stecklinge. Veredelt wird in der Regel durch Okulation im Sommer auf *Fraxinus ornus* (Mannaesche).

Choenomeles (syn. *Chaenomeles*), Zierquitte

Vermehrung durch Aussaat, die vielen Sorten am besten durch Stecklinge oder Wurzelschnittlinge. Ernte der Früchte von Oktober bis Dezember. Nach dem Auswaschen wird sofort ausgesät oder bis zum Frühjahr stratifiziert und dann gesät. Stecklingsvermehrung im Juli/August. Außerdem ist eine Vermehrung durch Abrisse bzw. Teilung angehäufelter Mutterpflanzen möglich.

Die Zierquitte, *Choenomeles,* läßt sich durch Wurzelschnittlinge (links), durch Stecklinge (Mitte) und durch Aussaat (rechts) vermehren.

Cladrastis, **Gelbholz**

Vermehrung durch Aussaat unter Glas im Frühjahr (die Samenschale ist aufzurauhen) oder durch Wurzelschnittlinge.

Clematis, **Waldrebe**

Vermehrung durch Aussaat, Stecklinge von April bis Oktober, Veredlung, einige Arten auch durch Steckholz und Ableger. Ernte der Samen im Oktober/November, Aussaat im Frühjahr. Als Stecklinge verwendet man Triebstücke mit mindestens einem Blattpaar. Veredlung durch seitliches Anplatten im Winter auf Wurzelstücke von *C. vitalba* oder *C. montana*.

Clerodendrum, **Losbaum**

Vermehrung durch Aussaat, krautige Stecklinge im Juli/August, durch Wurzelschnittlinge *(C. trichotomum)* oder durch Teilung. Aussaat sofort nach der Ernte unter Glas. Handelssaatgut ist vor der Aussaat für 6 bis 8 Wochen zu stratifizieren.

Clethra, **Scheinteller**

Vermehrung durch Aussaat, Stecklinge im Sommer oder durch Teilung. Die im Spätherbst geernteten Samen werden, nach trokkener Lagerung, im Frühjahr unter Glas ausgesät.

Colutea, **Blasenstrauch**

Vermehrung durch Aussaat und Stecklinge. Samenernte im Oktober/November, Aussaat im Mai. Die Samenschale ist aufzurauhen. Stecklingsschnitt im Juli auf Astring.

Cornus, **Hartriegel**

Vermehrung durch Aussaat, Stecklinge, Steckholz, Ableger oder auch durch Anhäufeln. Ernte der Samen (einheimische Arten) im

Seitliches Anplatten bei *Clematis*

September/Oktober. Nach der Ernte auswaschen und sofort aussäen oder stratifizieren und im Frühjahr aussäen. Der Samen von *C. kousa* und *C. florida* liegt in der Regel 1 Jahr über. Stecklingsvermehrung im Juni/Juli. *C. mas* läßt sich auch durch Wurzelschnittlinge vermehren.

Corylopsis, **Scheinhasel**

Vermehrung durch Aussaat unter Glas (Samen wird nur selten angeboten) durch Stecklinge im Juni/Juli oder durch Ablegen (Bewurzelung dauert bis zu 2 Jahren).

Corylus, **Haselnuß**

Vermehrung der Arten durch Aussaat, die Sorten durch Absenken, Ablegen, Anhäufeln, aber auch durch Stecklinge im Sommer. Ernte der Samen von August bis Oktober. Aussaat direkt nach der Ernte oder nach Stratifikation im Frühjahr. Die Hängeformen werden im Winter durch Kopulation oder Geißfuß auf *C. avellana* (Haselnuß) veredelt (Handveredlung).

Cotinus, Perückenstrauch

Vermehrung in der Regel durch Aussaat. Samenernte im August/September, anschließend stratifizieren und im Frühjahr unter Glas aussäen. Möglich ist eine Vermehrung durch Stecklinge, Wurzelschnittlinge und Ableger.

Cotoneaster, Zwergmispel

Vermehrung der Arten durch Aussaat, der Sorten durch Stecklinge, Ablegen und Absenken. Ernte der reifen Früchte von August bis Oktober. Nach dem Auswaschen Aussaat noch im Herbst oder nach Stratifikation im Frühjahr. Eine Stecklingsvermehrung ist den ganzen Sommer über möglich.

Crataegus, Weißdorn, Rotdorn

Vermehrung der Arten durch Aussaat, die Sorten durch Ausläufer oder Veredlung. Aussaat wie bei *Cotoneaster* beschrieben. Veredelt wird durch Okulation im Sommer auf *C. monogyna* oder *C. laevigata.*

Cryptomeria japonica, Sicheltanne

Vermehrung durch Aussaat, Stecklinge und Veredlung. Aussaat durch importiertes Saatgut (meist aus Japan) sofort nach Ankunft unter Glas. Nur frisches Saatgut ist ausreichend keimfähig. Die Vermehrung durch Stecklinge wird im September durchgeführt. Veredelt wird im Winter im Haus oder im Sommer im Freien auf die Art oder auf die durch Stecklinge gut vermehrbare *C. japonica* 'Elegans'.

Cunninghamia lanceolata, Spießtanne

Aussaat durch importiertes Saatgut, wie bei *Araucaria* beschrieben. Stecklingsvermehrung im Juli/August aus Kopftrieben.

x Cupressocyparis leylandii

Cupressocyparis (eine Gattungshybride) läßt sich natürlicherweise nur vegetativ vermehren. Vermehrt wird durch Stecklinge von Juni bis September.

Cupressus, Zypresse

Die echten Zypressen lassen sich im Frühjahr, unter Glas, durch Aussaat vermehren. Stecklingsvermehrung im Sommer; man verwendet Stecklinge mit einem Ansatz alten Holzes (auf Astring schneiden). Veredelt wird bevorzugt auf *C. sempervirens.*

Cytisus, Geißklee

Vermehrung durch Aussaat und Stecklinge. Ernte der Samen im August/September. Nach trockener Lagerung und Aufrauhen der Samenschale wird im Mai ausgesät. Die Kulturformen vermehrt man durch Stecklinge von August bis Oktober.

Daphne, Seidelbast

Vermehrung durch Aussaat, Stecklinge von Juli bis September (nach Triebabschluß) oder durch Ablegen und Absenken. Die Ernte der Samen erfolgt, wenn sich die Früchte zu röten beginnen. Nach dem Auswaschen wird sofort ausgesät. Erntet man die Früchte erst bei Vollreife, liegen die Samen ein Jahr über, das gleiche gilt für Handelssaatgut.

Davidia, Taubenbaum

Vermehrung durch Aussaat, leicht durch Absenker oder durch Stecklinge im Juli, die man auf Astring (s. Seite 44) schneidet.

Decaisnea, **Gurkenstrauch**

Vermehrung durch Aussaat und Wurzelschnittlinge. Ernte der Samen im November/Dezember. Aussaat sofort oder nach Stratifikation im Frühjahr.

Deutzia, **Deutzie**

Vermehrung durch Steckholz, Stecklinge im Juni/Juli, durch Teilung und Aussaat. Der im Herbst geerntete Samen wird nach trockener Lagerung im Frühjahr unter Glas ausgesät.

Elaeagnus, **Ölweide**

Vermehrung durch Aussaat, Absenker, Ausläufer und Stecklinge. Ernte der Samen von September bis November. Aussaat nach dem Auswaschen oder nach Stratifikation im Frühjahr. Stecklingsvermehrung im Juli/August.

Enkianthus, **Prachtglocke**

Vermehrung durch Aussaat unter Glas, den sehr feinen Samen nicht abdecken. Stecklingsvermehrung im Herbst. Leicht ist die Vermehrung durch Absenken.

Erica, **Heide**

Üblich ist die Vermehrung durch Stecklinge. Diese werden von Juni bis August geschnitten, besser gerissen (s. Seite 44). Geeignet sind auch kurze Triebbüschel. Die unteren Blättchen sind vor dem Stecken zu entfernen. Aussaat der sehr feinen Samen im März unter Glas. Bis zur Keimung sind die Aussaatgefäße vor direkter Sonne zu schützen. Vermehrung durch Teilung ist möglich.

Escallonia, **Escallonie**

Vermehrung in der Regel vegetativ durch Stecklinge im Juli/August oder durch Ableger. Aussaat im Frühjahr unter Glas möglich.

Deutzien, hier *Deutzia pulchra,* lassen sich u. a. durch Aussaat, Steckholz und Stecklinge vermehren.

Euonymus, **Spindelstrauch**

Vermehrung der Arten durch Aussaat. Leicht durch Stecklinge von Juni bis September, *E. europaeus* auch durch Ausläufer. Ernte der Früchte von September bis November. Nach dem Auswaschen wird sofort ausgesät oder im Frühjahr nach vorhergehender Stratifikation. Keimung sehr ungleichmäßig. Vermehrung durch Wurzelschnittlinge möglich.

Exochorda, **Perlbusch**

Vermehrung durch Aussaat, Ableger und Stecklinge. Ernte der Samen im Oktober/November. Aussaat im Frühjahr unter Glas. Stecklingsvermehrung im Juni, die Ergebnisse sind nicht immer befriedigend.

Fagus, **Buche**

Vermehrung durch Aussaat, die Varietäten durch Veredlung, Ablegen möglich. Ernte der „Bucheckern“ im Oktober. Bis zur Aussaat im April sind die Samen in mäßig feuchtem Sand bei niedrigen Temperaturen zu lagern. Bei trockener Lagerung leidet die Keimfähigkeit. Eine Aussaat der echten Blutbuche ergibt 5 % echte dunkelrote Sämlinge, 25 % hellere rote Sämlinge, 60 % schmutzigrote Sämlinge und 10 % grüne Sämlinge. Von diesen bleiben nur die 5 % wirklich ganz rot, der Rest vergrünt

Stecklinge von *Euonymus hamiltoniana*. Die Bewurzelung kann sehr unterschiedlich sein.

im Laufe der Jahre. Von den Veredlungsmethoden kommen in Frage: Frühjahrsveredlung im Freiland durch Spaltpfropfen, Sommerveredlung durch Kopulation und Spätsommerveredlung durch Einspitzen mittels T-Schnitt in die Rinde, in den das Reis eingeschoben wird. Die Hängeformen werden in der Regel durch seitliches Einspitzen Ende Mai veredelt.

Forsythia, Forsythie, Goldglöckchen

Alle Forsythien wachsen leicht aus Stecklingen (s. Abb. Seite 40, 41, 42, 273), die von Juni bis September geschnitten werden können, oder durch Steckholz und Ableger. Vermehrung durch Aussaat möglich, jedoch nicht üblich.

Fothergilla, Federbuschstrauch

Vermehrung durch Aussaat, Stecklinge und Absenken.Samen wird nur selten angeboten, dieser ist nach dem Eintreffen für etwa 6 Monate zu stratifizieren und anschließend auszusäen. Der Samen liegt in der Regel über. Stecklingsvermehrung im Juli. Im allgemeinen wird durch Absenken vermehrt, doch dauert es meist 2 Jahre, bis die Absenker ausreichend bewurzelt sind.

Fraxinus, Esche

Vermehrung der Arten durch Aussaat, der Formen durch Veredlung. Die Ernte der Samen sollte noch vor der sogenannten Vollreife erfolgen, anschließend wird gleich ausgesät. Später geerntete Samen oder Handelssaatgut muß stratifiziert werden. Die Keimung erfolgt hier erst im zweiten Frühjahr nach der Ernte. Die Formen werden auf *F. ornus* (Mannaesche) oder *F. excelsior* (Gemeine Esche) durch Okulation im Sommer oder durch Kopulation oder Geißfuß im Frühjahr veredelt.

Gaultheria, Scheinbeere

Vermehrung durch Aussaat, Teilung (Ausläufer), Ableger, Wurzelschnittlinge und Stecklinge im Sommer. Die Samen werden im Herbst nach der Ernte ausgewaschen, stratifiziert und im Frühjahr unter Glas ausgesät.

Genista, Ginster

Vermehrung durch Aussaat und Stecklinge. Ernte der Samen im Oktober/November. Aussaat nach trockener Lagerung und Aufrauhen der Samenschale im Frühjahr, wenn keine Fröste mehr zu erwarten sind. Stecklingsvermehrung im Juli/August. Veredlung auf Sämlinge von *G. tinctoria* (Färberginster) möglich.

Ginkgo biloba, Mädchenhaarbaum, Silberaprikose

Vermehrung durch Aussaat, Stecklinge, Steckholz, Absenken und Veredlung. Die Früchte des Mädchenhaarbaums können von Oktober bis Dezember geerntet werden. Allerdings ist zu beachten, daß die Samen nur dann befruchtet und keimfähig sind, wenn männliche und weibliche Pflanzen in enger Nachbarschaft stehen (der *Ginkgo* ist zweihäusig). Das Saatgut wird gleich nach der Ernte vom Fruchtfleisch befreit (ausgewaschen), anschließend stratifiziert und erst im 2. Jahr nach der Ernte unter Glas ausgesät. Stecklingsvermehrung im Juni möglich. Man verwendet ausgereifte, leicht verholzte Triebe, die man auf Astring schneidet. In Japan wird der *Ginkgo* häufig durch Steckholz vermehrt. Für den Hobbygärtner interessant ist die Vermehrung durch Absenker. Veredelt wird im Winter unter Glas, auf eingetopfte Sämlingsunterlagen, in der Regel durch Geißfuß oder Kopulation.

Gleditsia, Gleditschie, Lederhülsenbaum

Vermehrung durch Aussaat, Stecklinge und Veredlung. Aussaat wie bei *Genista*. Eine Vermehrung durch Stecklinge im Sommer ist möglich, doch sind die Bewurzelungsergebnisse nicht immer befriedigend. Veredelt wird durch Okulation im Sommer, durch Pfropfen hinter die Rinde oder Geißfuß im Frühjahr, auf Sämlinge von *G. triacanthos*.

Gymnocladus, Geweihbaum

Vermehrung durch Aussaat und Wurzelschnittlinge. Aussaat wie bei *Genista*.

Halesia, Schneeglöckchenbaum

Vermehrung durch Aussaat, krautige Stecklinge im Frühsommer oder durch Ablegen 2jähriger Triebe. Ernte der Samen im Spätherbst, anschließend stratifizieren und im Frühjahr aussäen. In der Regel liegt der Samen 1 Jahr über.

Halimodendron, Salzstrauch

Vermehrung durch Aussaat (s. *Genista*), Ableger und Veredlung. Ableger bewurzeln sich nur langsam. Veredlung im Frühjahr auf Sämlinge von *Caragana arborescens* durch Kopulation oder Geißfuß.

Hamamelis, Zaubernuß

Vermehrung durch Aussaat, Absenker, Veredlung und Stecklinge. Die Ernte der Samen erfolgt im Herbst vor der Vollreife. Anschließend wird gleich ausgesät bzw. bis zum Frühjahr stratifiziert und dann ausgesät. Die Keimung erfolgt teilweise im zweiten Frühjahr nach der Ernte, der Rest liegt noch ein weiteres Jahr über. Einfacher ist die Vermehrung durch Absenker, doch dauert es auch hier etwa 2 Jahre bis zur Bewurzelung. Die Kulturformen werden in der Regel durch Kopulation, Geißfuß oder auch seitliches Anplatten im Februar/März auf im Topf eingewurzelte Unterlagen von *H. japonica* oder *H. virginiana* veredelt. Auch Sommerveredlung unter Glas ist möglich. Vermehrung durch Stecklinge im Juli/August nicht immer befriedigend.

Samen von _Ginkgo biloba_ mit Fruchtschale

Hebe, Strauchveronika

Vermehrung leicht durch Stecklinge im Sommer, niedrige Arten auch durch Teilung. Aussaat ist möglich, doch wird Saatgut nur selten angeboten.

Hedera, Efeu

Vermehrt wird in der Regel durch Kopf- und Teilstecklinge während der Wachstumsperiode. Es ist sinnvoll, gleich mehrere Stecklinge in den Vermehrungstopf zu stecken. Eine Vermehrung durch Aussaat ist möglich, jedoch nicht üblich. Der Gärtner vermehrt *H. helix* 'Arborescens' häufig durch Kopulation, seitliches Einspitzen oder Spaltpfropfen, von August bis März, auf Unterlagen der Art.

Hibiscus, Eibisch

Der Eibisch läßt sich auf vielfältige Weise vermehren: durch Aussaat, Stecklinge, Anhäufeln, Wurzelschnittlinge und Veredlung. Die Aussaat erfolgt im Frühjahr unter Glas. Stecklingsvermehrung leicht von Mai bis Juli. Veredlung im Frühjahr (Handveredlung) durch Kopulation, Geißfuß oder Spaltpfropfen auf ein- bis zweijährige Sämlinge von *H. syriacus.*

Hippophaë, Sanddorn

Vermehrung durch Aussaat, Ausläufer und Steckholz. Die Ernte der Samen erfolgt im August/September. Nach dem Auswaschen wird stratifiziert und im April/Mai ausgesät. Man kann etwa mit 80 % weiblichen und 20 % männlichen Nachkommen rechnen. Frühestens vom 3. Lebensjahr an sind die Geschlechter zu unterscheiden. Die Vermehrung durch Steckholz ist nicht immer befriedigend, nur junge kräftige Triebe bewurzeln ausreichend. Am einfachsten ist die Vermehrung durch Ausläufer (s. Abb. Seite 33).

Holodiscus, Scheinspiere

Vermehrung durch Aussaat und Stecklinge. Aussaat entweder gleich nach der Ernte im Herbst oder nach trockener Lagerung im Frühjahr. Stecklingsvermehrung im Mai/Juni.

Hydrangea, Hortensie

Vermehrung je nach Art durch Aussaat, Stecklinge, Absenken, Anhäufeln, Steckholz und Veredlung. Aussaat im Frühjahr unter Glas. Stecklingsvermehrung von Juni bis August von krautigen Trieben. Als Steckholz darf nur völlig ausgereiftes Holz verwendet werden; gesteckt wird unter Glas. Die Vermehrung durch Absenker kommt vor allem für die rankende *H. petiolaris* in Betracht. Anhäufeln ist bei allen Arten möglich. Veredlung durch Kopulation oder Geißfuß auf Wurzelstücke der jeweiligen Art im Winter (Handveredlung).

Hypericum, Johannniskraut

Vermehrung durch Aussaat, Stecklinge, Teilung und Ableger. Aussaat im Frühjahr unter Glas, der sehr feine Samen darf nicht abgedeckt werden. Stecklingsvermehrung von Mai bis Oktober. Die Triebe müssen gut ausgereift sein, man schneidet Teilstecklinge mit 2 Nodien (Blattansätzen). Bei Kopfstecklingen sind die weichen, krautigen Spitzen zu entfernen.

Idesia, Orangenkirsche

Vermehrung durch Aussaat im Frühjahr unter Glas, durch Stecklinge im Sommer und Ablegen.

Ilex, Stechpalme

Vermehrung durch Aussaat, Stecklinge, Absenken und Veredlung. Ernte der Früchte im November, nach dem Auswaschen wird stratifiziert und erst im 2. Frühjahr nach der Ernte ausgesät. Mitunter setzt die Keimung erst im 3. Frühjahr nach der Ernte ein. Stecklinge schneidet man von Juli bis Oktober, sommergrüne Arten auch schon früher. Bei der Vermehrung durch Absenker dauert es bis zur Bewurzelung meist 2 Jahre. Veredlung durch Kopulation im Winter oder auch durch Okulation im Sommer.

Indigofera, Indigofera

Vermehrung durch Aussaat (s. *Genista*), Absenken, Wurzelschnittlinge und Stecklinge. Stecklingsvermehrung im Frühsommer, man verwendet krautige Triebe.

Jasminum, Jasmin

Vermehrung durch Aussaat (im Frühjahr unter Glas), Stecklinge, Steckholz, *J. beesianum* auch durch Teilung. Stecklinge schneidet man im Sommer von krautigen Trieben. Bei *Jasminum nudiflorum* bewurzeln Spitzen, die den Boden berühren, diese können abgetrennt und weiterkultiviert werden.

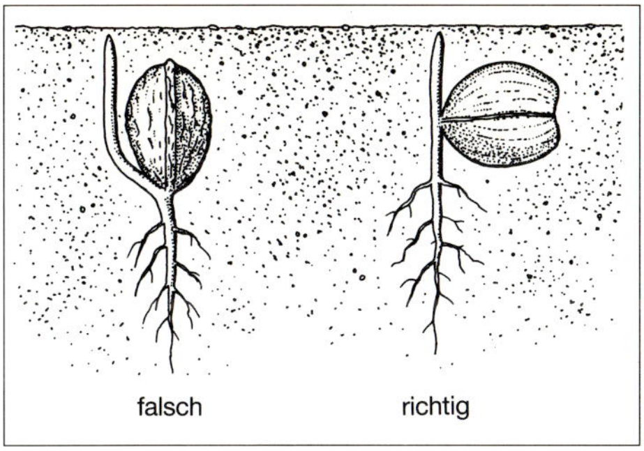

Aussaat bei *Juglans*.
Die Nüsse sind waagerecht auszulegen.

***Juglans,* Walnuß**

Vermehrung durch Aussaat, Ausläufer und Veredlung. Ernte der Nüsse im September/Oktober. Die Fruchtschale wird entfernt und die Samen bis zum Frühjahr stratifiziert. Die Samen sind zur Aussaat waagerecht auszulegen, weil hier der Keimsproß ohne Umweg gerade nach oben wachsen kann.

***Juniperus,* Wacholder**

Vermehrung durch Aussaat, Stecklinge, Ableger und Veredlung. Die Ernte der „Beeren" erfolgt im Oktober/November. Während die Früchte von *J. virginiana* im 1. Jahr reifen, reifen die von *J. communis* erst im 2. Jahr. Nach dem Auswaschen der Samen wird das Saatgut bis zum Frühjahr stratifiziert und dann ausgesät. Häufig liegt der Samen über, so daß auch im 2. Frühjahr nach der Ernte noch mit einer Keimung gerechnet werden kann. In der Regel vermehrt man, insbesondere die Kulturformen, durch Stecklinge. Diese können von Juli bis September, aber auch noch später geschnitten werden. Besonders gut bewurzeln ein- bis zweijährige Triebe, die auf Astring geschnitten werden. Einfach ist die Vermehrung durch Ableger, die bei den kriechenden Arten und Formen sinnvoll ist. Veredelt wird im Winter unter Glas durch seitliches Einspitzen auf im Topf eingewurzelte Unterlagen von *J. communis* und *J. virgiana*.

***Kalmia,* Kalmie, Lorbeerrose**

Vermehrung je nach Art durch Aussaat, Ableger, Absenker, Ausläufer oder Teilung. Die Samen werden nach der Ernte im Herbst in Kisten ausgesät, stratifiziert und erst im Frühjahr unter Glas warm aufgestellt. Bei *K. polifolia* ist auch eine Vermehrung (im Sommer) durch Stecklinge möglich.

***Kerria,* Kerrie**

Vermehrung in der Regel durch Stecklinge, Steckholz, Ausläufer, aber auch durch vorsichtiges Teilen. Aussaat ist möglich, jedoch nicht üblich.

***Koelreuteria,* Blasenbaum**

Vermehrung in der Regel durch Aussaat. Die hartschaligen Samen sind vor der Aussaat im Frühjahr aufzurauhen. Vermehrung durch Wurzelschnittlinge möglich.

***Kolkwitzia,* Kolkwitzie, Maiblumenstrauch**

Vermehrung durch Aussaat und Stecklinge. Ernte der Samen im Herbst; nach trockener Lagerung Aussaat im Frühjahr unter Glas. Vermehrung in der Regel durch Stecklinge im Juni.

***Laburnum,* Goldregen**

Vermehrung durch Aussaat, Stecklinge, Steckholz, die Hybriden im allgemeinen durch Veredlung. Ernte der Samen von Oktober bis Dezember. Nach trockener Lagerung Aussaat im Frühjahr, die Samenschale ist aufzurauhen. Nicht einfach ist die Vermehrung durch Steckholz oder durch krautige Stecklinge im Mai/Juni. Veredlung durch Okulation im Sommer und durch Pfropfen im frühen Frühjahr (Handveredlung).

***Larix,* Lärche**

Vermehrung durch Aussaat, Stecklinge und Veredlung. Ernte der spät reifenden Samen (Zapfen) von Dezember bis April; *L. kaemp-*

Der Maiblumenstrauch, *Kolkwitzia amabilis,* wird in der Regel durch Stecklinge vermehrt.

feri muß bis Dezember geerntet sein. In einen warmen Raum gebracht, öffnen sich die Zapfen schon sehr bald, und die Samen können herausgeschüttelt werden. Nach trockener Lagerung wird im April/Mai unter Glas ausgesät. Eine Vermehrung durch Stecklinge, im Juli/August geschnitten, ist möglich, doch sind die Ergebnisse nicht immer befriedigend. Die Vermehrung durch Veredlung hat nur bei den Hängeformen Bedeutung. Veredelt wird in der Regel im Winter (unter Glas) durch seitliches Einspitzen.

Lespedeza, Buschklee

Vermehrung durch Aussaat und Absenker. Aussaat der im Herbst geernteten Samen im Frühjahr unter Glas, die Samenschale ist aufzurauhen.

Ligustrum, Liguster, Rainweide

Vermehrung in der Regel durch Stecklinge und Steckholz, weniger durch Aussaat, Ausläufer und Veredlung. Stecklingsvermehrung von Mai bis Juli. Ernte der Samen im Herbst, nach dem Auswaschen wird sofort ausgesät oder zunächst stratifiziert und im Frühjahr ausgesät. Die buntblättrigen Arten werden häufig durch Geißfuß oder Kopulation im Frühjahr (im Freien) auf *L. vulgare* oder *L. ovalifolium* veredelt.

Liquidambar, Amberbaum

Vermehrung durch Aussaat, Ableger und Stecklinge. Bei der Aussaat ist man auf importiertes Saatgut angewiesen. Vor der Aussaat ist für etwa 2 Monate zu stratifizieren. Stecklinge werden im Juli/August geschnitten. Bei der Vermehrung durch Ableger dauert es bis zur ausreichenden Bewurzelung in der Regel 2 Jahre.

Liriodendron, Tulpenbaum

Vermehrung durch Aussaat, Absenker, Stecklinge und Veredlung. Die Samen werden im

Oktober/November geerntet, sofort ausgesät oder zunächst stratifiziert und im Frühjahr ausgesät. Die Keimfähigkeit ist sehr gering, deshalb ist relativ dicht zu säen. Vermehrung durch Absenker oder Ableger dauert 2 Jahre. Krautige Stecklinge schneidet man im Juni/Juli. Die Formen können durch Kopulation oder Geißfuß auf im Topf eingewurzelte Unterlagen im Frühjahr veredelt werden.

Lonicera, Heckenkirsche

Vermehrung durch Steckholz, Stecklinge, Aussaat, Ablegen und Veredeln. Steckholz muß früh geschnitten und früh gesteckt werden. Es empfiehlt sich, die Steckhölzer im Winter umgekehrt einzuschlagen, um einen frühzeitigen Austrieb zu verhindern. Stecklinge schneidet man im Juni von nicht zu harten Trieben. Aussaat im Oktober/November nach der Ernte (Samen auswaschen) oder stratifizieren und im Frühjahr aussäen. Veredlung auf bewurzeltes Steckholz von *L. tatarica* im Winter (Handveredlung).

Maclura, Osagedorn

Vermehrung durch Aussaat, Wurzelschnittlinge und Stecklinge. Aussaat im Frühjahr unter Glas. Bei der Aussaat ist man in der Regel auf importiertes Saatgut angewiesen. Stecklingsvermehrung im Juni/Juli.

Magnolia, Magnolie

Vermehrung durch Aussaat, Absenken, Stecklinge und Veredlung. Die Ernte der zapfenreichen Fruchtstände erfolgt, wenn sich die Zapfen zu öffnen beginnen. An einen warmen Ort gebracht, öffnen sich die Zapfen vollständig, und die Samen fallen heraus. Die rote fetthaltige Samenhülle muß entfernt werden, da sie keimhemmende Stoffe enthält. Dazu wird die Samenhülle oberflächlich verletzt, die Samen werden in warmem Wasser eingeweicht und nach einigen Tagen ausgewaschen. Im Anschluß daran wird stratifiziert und im Frühjahr im Haus (auch Frühbeetkasten) ausgesät. Zum Teil liegen die Samen über und keimen erst im folgenden Frühjahr. Die Vermehrung durch Stecklinge erfolgt im Juni/Juli. Man verwendet sowohl Kopfstecklinge als auch Teilstecklinge mit einem gut entwickelten Auge. Beim Absenken sind die Triebe mit einem scharfen Knick abzusenken. Bis zur Bewurzelung dauert es in der Regel 2 Jahre und länger. Veredlung im Winter auf im Topf eingewurzelte Sämlinge von *M. kobus* durch Kopulation oder Geißfuß, im Sommer durch seitliches Anplatten.

Mahonia, Mahonie

Vermehrung durch Aussaat, Absenken, Teilen, Stecklinge und Veredlung. Die Früchte werden von Juni bis August geerntet, ausgewaschen, sofort ausgesät oder zunächst stratifiziert und im Frühjahr unter Glas ausgesät. Das Absenken ist eine relativ langwierige Methode, da es bis zur Bewurzelung meist 2 Jahre dauert. *M. repens* wird durch Teilung vermehrt. Stecklingsvermehrung im Sommer durch Kopf- und Augenstecklinge. Veredlung durch Kopulation oder Geißfuß auf im Topf eingewurzelte Unterlagen von *M. aquifolium.*

Malus, Wild- und Zieräpfel

Vermehrung je nach Art und Veranlagung durch Aussaat, Abrisse, Ableger, Ausläufer, Steckholz, Stecklinge, Veredlung, einige auch durch Wurzelschnittlinge. Die reinen Arten werden ausgesät, die Früchte nach der Ernte zerstampft, die Samen ausgewaschen. Aussaat sofort oder nach erfolgter Stratifikation im Frühjahr. Bei der Veredlung können alle Veredlungsmethoden der Obstsorten angewendet werden (s. Seite 68).

Mespilus, Mispel

Vermehrung durch Aussaat, Veredlung, Wurzelschnittlinge und Ableger. Die großfrüchtigen Sorten lassen sich nur vegetativ vermehren. Aussaat nach Stratifikation im Frühjahr. Veredelt wird durch Okulation oder Pfropfen auf Sämlinge von *Crataegus,* Quitte und Birne.

Metasequoia, Urwelt-Mammutbaum

Vermehrung durch Aussaat, Stecklinge und Steckholz. In der Regel muß Saatgut zugekauft werden. Die Aussaat erfolgt im Frühjahr unter Glas. Zur Stecklingsvermehrung im Juni/Juli und Februar/März verwendet man verzweigte Langtriebe, die gerade beginnen zu verholzen. Unverzweigte Kurztriebe sind nicht geeignet. Die Gipfeltriebe sind zu bevorzugen. Als Steckholz verwendet man ein- oder zweijährige, bleistiftstarke Triebe.

Microbiota

Diese interessante Konifere vermehrt man ausschließlich durch Stecklinge. Man verwendet leicht verholzte Triebspitzen, die von Juli an bis zum Frühjahr geschnitten werden können.

Morus, Maulbeerbaum

Vermehrung durch Aussaat, Ableger, Stecklinge und Veredlung. Ernte der Früchte im Juli/August, nach dem Auswaschen werden die Samen bis zur Aussaat im Frühjahr trokken gelagert. Vor der Aussaat im April/Mai empfiehlt es sich, für 2 Monate zu stratifizieren. Stecklingsvermehrung im Juli/August. Bei den für die Seidenraupenzucht verwendeten großblättrigen Sorten ist die Vermehrung durch Veredlung üblich. Sie erfolgt im Winter (Handveredlung) durch Kopulation oder Geißfuß auf *M. alba*. Okulation möglich.

Myrica, Gagel

Vermehrung durch Aussaat, Absenker und Stecklinge. Ernte der Samen im Herbst, nach dem Auswaschen wird stratifiziert und im Frühjahr im Haus oder Frühbeetkasten ausgesät. Einfach ist die Vermehrung durch Absenker. Stecklingsvermehrung ist im Sommer möglich.

Neillia, Traubenspiere

Vermehrung durch Stecklinge und Steckholz, seltener durch Aussaat. Stecklingsvermehrung im Sommer.

Nothofagus, Scheinbuche

Vermehrung durch Aussaat, Absenken und Stecklinge. Bei der Aussaat ist man auf importiertes Saatgut angewiesen, das ohne Vorbehandlung im Haus ausgesät wird. Stecklingsvermehrung durch ausgereifte Stecklinge im Sommer. Die Vermehrung durch Absenken kann bis zu 2 Jahren dauern.

Nyssa, Tupelobaum

Vermehrung durch Aussaat, Absenker, Ausläufer und Stecklinge. Bei der Aussaat ist man in der Regel auf importiertes Saatgut angewiesen. Eine ein- bis zweimonatige Stratifikation vor der Aussaat ist zu empfehlen. Stecklingsvermehrung im Sommer.

Obstgehölze

Vermehrung siehe Seite 65.

Ostrya, Hopfenbuche

Vermehrung durch Aussaat, Stecklinge, Ableger und Veredlung. Der Samen ist im Herbst vor der Vollreife zu ernten und sofort auszusäen. Handelssaatgut wird für 2 Monate vor der Aussaat stratifiziert. Leicht ist die Vermehrung durch Ableger; nicht immer befriedigend die Stecklingsvermehrung im Juni/Juli. Veredlung durch seitliches Anplatten auf eingewurzelte Unterlagen oder durch Handveredlung im Winter.

Paeonia, Paeonie, Baumartige Pfingstrose

Vermehrung durch Aussaat, Teilung, Veredlung und Stecklinge. Die Aussaat hat nur für die Art selbst Bedeutung. Nach der Ernte für 6 bis 12 Monate stratifizieren und dann unter Glas aussäen. Die Keimung erfolgt in der Regel erst im 2. Frühjahr nach der Ernte. Die Sorten werden auf Wurzelstücke der staudigen *P. lactiflora* durch Geißfuß veredelt und im Haus zum Anwachsen gebracht. Beim Veredeln ist darauf zu achten, daß das Mark nicht angeschnitten wird. Stecklingsvermehrung im Mai/Anfang Juni, Bewurzelungsergebnisse im allgemeinen nicht befriedigend.

Parrotia, Eisenholzbaum

Vermehrung durch Aussaat, Absenken, Stecklinge und Veredlung. Saatgut nur schwer erhältlich. Aussaat nach zwei- bis dreimonatiger Stratifikation unter Glas. Die Vermehrung durch Absenken ist langwierig und dauert zwischen 2 und 3 Jahren. Stecklingsvermehrung im Juni/Juli durch ausgereifte Triebe. Veredlung auf im Topf eingewurzelte Unterlagen von *Hamamelis virginiana*, durch Kopulation oder Geißfuß im Frühjahr unter Glas.

Parthenocissus, Jungfernrebe

Vermehrung durch Aussaat, Steckholz, Stecklinge und Veredlung. Aussaat nur bei den Arten im Oktober/November. Steckholz gewinnt man aus einjährigen Trieben, die man in Teilstücke mit 3 Augen schneidet. Alle Arten und Sorten (mit Ausnahme von *P. tricuspidata* 'Veitchii') lassen sich im Juni/Juli leicht durch krautige Stecklinge vermehren. Veredlung im Winter unter Glas, durch Geißfuß oder Spaltpfropfen auf bewurzeltes Steckholz von *P. quinquefolia.*

Paulownia, Paulownie, Blauglockenbaum

Vermehrung durch Aussaat und Wurzelschnittlinge. Die Ernte der sehr feinen Samen erfolgt im November/Dezember. Aussaat nach trokkener Lagerung im Frühjahr unter Glas.

Pernettya, Torfmyrte

Vermehrung durch Aussaat (s. *Erica*), Stecklinge und Teilung. Stecklingsvermehrung im Sommer oder auch im Herbst.

Perovskia, Perovskie

Vermehrung durch Aussaat, Stecklinge und Teilung (Ausläufer). Aussaat kaum üblich, sie erfolgt im Frühjahr unter Glas. Stecklinge werden von krautigen Trieben im Juli/August geschnitten.

Phellodendron, Korkbaum

Vermehrung durch Aussaat und Absenker. Ernte der Samen im Oktober/November, anschließend stratifizieren und im Frühjahr unter Glas aussäen.

Philadelphus, Falscher Jasmin, Pfeifenstrauch

Vermehrung in der Regel durch Steckholz und Stecklinge, durch Aussaat und Anhäufeln. Die Aussaat spielt keine große Rolle. Wird ausgesät, muß zuvor stratifiziert werden; die Aussaat erfolgt dann im Frühjahr unter Glas. Alle starkwachsenden Arten vermehrt man durch Steckholz, die feintriebigen durch Stecklinge im Sommer.

Photinia, Glanzmispel

Vermehrung durch Aussaat, Stecklinge, Ableger und Veredlung. Der Samen wird im September/Oktober geerntet, anschließend stratifiziert und im Frühjahr ausgesät. Stecklingsvermehrung im Sommer durch Kopf- und Teilstecklinge. Veredlung auf *Crataegus* durch Okulation möglich.

Physocarpus, Blasenspiere

Vermehrung durch Aussaat und Steckholz. Ernte der Samen im Herbst. Aussaat nach trockener Lagerung im Frühjahr unter Glas. Steckholz muß früh geschnitten und früh gesteckt werden.

Picea, Fichte

Vermehrung durch Aussaat, Stecklinge und Veredlung. Durch Aussaat vermehrt man alle Wildarten, aber auch einige Kulturformen, z. B. *P. abies* 'Virgata', fallen zum Teil echt. Die Zapfen werden von September bis Dezember geerntet, in sehr warmen Sommern schon ab August. Erst kurz vor der Aussaat, im April/Mai, werden die Zapfen geklengt. Aussaat im allgemeinen im Freiland, doch kann auch unter Glas gesät werden. Durch Stecklinge wer-

Die vielen Gartenformen der Fichte, hier die Zwergform *Picea abies* 'Nidiformis', müssen vegetativ vermehrt werden.

den in der Regel nur die Zwergformen vermehrt. Stecklingsschnitt von Juni bis August auf Astring. Bis zur Bewurzelung kann es ein Jahr und länger dauern. Veredelt werden die Kulturformen mit abweichendem Wuchs oder anderer Nadelfärbung. Als Unterlage dient *P. abies*. Veredelt wird Mitte August bis Ende September oder im Februar/März auf im Topf fest eingewurzelte Unterlagen. Bei den hochwachsenden Formen, z. B. *P. pungens* 'Glauca Koster', verwendet man als Reiser einjährige Spitzentriebe mit gut ausgebildeten Endknospen und 3 bis 4 Seitenknospen. Veredelt wird durch seitliches Anplatten oder seitliches Einspitzen.

Pieris, Lavendelheide

Vermehrung durch Aussaat, Stecklinge und Ableger. Ernte der sehr feinen Samen im November/Dezember. Aussaat im Frühjahr oder sofort nach der Ernte unter Glas. Stecklingsvermehrung ab August; man verwendet ausgereifte Triebe. Ableger bewurzeln erst nach 2 bis 3 Jahren.

Pinus, Kiefer

Vermehrung durch Aussaat und Veredlung. Die Samen reifen, je nach Art, erst im 2. oder 3. Jahr nach der Befruchtung. Die Ernte der Zapfen fällt zeitlich mit denen der Fichte zusammen; manche Arten können noch im Januar/Februar geerntet werden. Die Zapfen werden geklengt, die Samen bis zur Aussaat im April/Mai trocken gelagert. Vor der Aussaat ist zu empfehlen, für 4 bis 8 Wochen zu stratifizieren (Handelssaatgut grundsätzlich). Die Aussaat erfolgt unter Glas oder im Freiland. Die Kulturformen müssen in der Regel veredelt werden. Veredelt wird im Winter auf im Topf eingewurzelte Unterlagen durch seitliches Einspitzen oder Pfropfen in den Spalt. Als Unterlage verwendet man die jeweilige Art. Als Standardunterlage für alle fünf- und dreinadeligen gilt *P. strobus*, für alle zweinadligen *P. sylvestris* und *P. nigra*. Eine Vermehrung durch Stecklinge ist mit wechselnden Erfolgen möglich, aber sehr langwierig. Etwas einfacher ist das Abmoosen.

Platanus, Platane

Vermehrung durch Aussaat, Steckholz, Stecklinge, gelegentlich auch durch Ausläufer. Die kugelförmigen Fruchtstände, die schon im Herbst reifen, werden im Frühjahr geerntet, zerrieben, die Samen gereinigt und unter Glas ausgesät. Als Steckholz verwendet man ein-, zwei- oder auch mehrjährige Triebe (auf Astring schneiden). Stecklingsvermehrung im Juni/Juli.

Populus, Pappel

Vermehrung durch Aussaat, Steckholz, Stecklinge, Ausläufer (Wurzelbrut), Wurzelschnittlinge, Ableger und Veredlung. Die Aussaat erfolgt unmittelbar nach der Reife der Samen im Mai/Juni, der feine Samen ist nur dünn mit Erde abzudecken. Steckhölzer sollten mindestens 4 Augen haben. Stecklingsvermehrung im Juni/Juli. *P. tremula* (Zitterpappel) und *P. canescens* (Graupappel) können durch Ausläufer im Frühjahr vermehrt werden. Veredlung im Frühjahr bei beginnendem Austrieb durch Geißfuß oder Kopulation, in der Regel auf *P.* Canadensis-Hybriden.

Potentilla, Fingerkraut

Vermehrung durch Aussaat (wenig üblich), Stecklinge, Steckholz und Ableger, auch Teilung nach Anhäufeln leicht möglich. Als Stecklinge verwendet man krautige Triebe, die im Mai/Juni geschnitten werden. Durch Steckholz vermehrt man die starkwachsenden Sorten.

Prunus, Zierformen von Pflaume, Kirsche, Pfirsich, Mandel und Aprikose

Mandeln und Pfirsiche: Aussaat der Arten möglich, Sorten müssen vegetativ vermehrt werden. Ernte der Samen im Herbst, Aussaat im Frühjahr. *P. triloba* (Mandelbäumchen) wird heute bevorzugt durch Stecklinge im Sommer vermehrt, seltener durch Okulation auf Pfirsichsämlinge oder auf die Pflaumenunterlage 'Brompton' (s. Seite 71). *P. tenella* (Zwergmandel) kann durch Ausläufer oder Wurzelschnittlinge vermehrt werden.

Kirschen: Die Arten vermehrt man durch Aussaat. Nach der Ernte der Früchte im Herbst werden die Samen ausgewaschen und sofort ausgesät oder stratifiziert und im Frühjahr ausgesät. Die vielen Formen werden in der Regel veredelt. Durch Kopulation oder Pfropfen im Frühjahr und durch Okulation im Sommer. Als Unterlage verwendet man *P. avium* (Vogelkirsche). Eine Vermehrung durch Stecklinge ist möglich.

Pflaume und Kirschpflaume: Vermehrung von *P. spinosa* (Schlehe) durch Aussaat direkt nach der Ernte oder durch Wurzelbrut (Ausläufer). Die Blutpflaume *P. cerasifera* 'Atropurpurea' kann durch Steckholz oder Stecklinge vermehrt werden; die meisten Arten und Sorten dieser Gruppe auch durch Anhäufeln.

Aprikose: Vermehrung der Wildarten wie *P. mume* (Japanische Aprikose) durch Aussaat. Veredlung der Arten dieser Gruppe durch Okulation im Sommer auf die 'Wurzelechte Hauszwetsche' (s. Seite 71).

Traubenkirschen: Vermehrung von *P. padus* (Traubenkirsche) durch Aussaat. Die Formen durch Okulation im Sommer auf Sämlinge von *P. padus*.

Lorbeerkirschen: Vermehrung der Art durch Aussaat, der Formen durch Anhäufeln oder Stecklinge im Spätsommer, die Triebe müssen gut ausgereift sein.

Pseudolarix amabilis, Goldlärche

Vermehrung im März/April unter Glas mit importiertem Saatgut. Keimfähigkeit nur begrenzt, daher nur frisches Saatgut verwenden.

Pseudotsuga menziesii, Douglasie

Vermehrung durch Aussaat, Veredlung und Stecklinge. Die Zapfen werden im August/September geerntet, geklengt und bis zur Aussaat im April/Mai kühl und trocken gelagert. 4 Wochen vor der Aussaat wird der Samen stratifiziert; ausgesät wird im Freiland oder unter Glas. Veredlung der Formen auf die Art im Winter. Eine Vermehrung durch Stecklinge von Juli bis September ist möglich.

Ptelea, Hopfenstrauch

Vermehrung durch Aussaat und Veredlung. Ernte der Samen von Oktober bis Dezember. Aussaat noch im Herbst oder nach Stratifikation im Frühjahr. Veredlung durch Geißfuß im Frühjahr auf *P. trifoliata.*

Pterocarya, Flügelnuß

Vermehrung durch Aussaat, Absenker und Wurzelschnittlinge. Der Samen wird im November/Dezember geerntet, sofort ausgesät oder nach Stratifikation im Frühjahr. Üblich ist die Vermehrung durch Wurzelschnittlinge.

Pterostyrax, Flügelstorax

Vermehrung durch Aussaat, Ableger und Stecklinge. Aussaat des im Oktober/November geernteten Saatgutes nach trockener Lagerung im Frühjahr. Stecklingsvermehrung durch krautige Triebe im Sommer.

Pyracantha, Feuerdorn

Vermehrung durch Aussaat und Stecklinge. Die reifen Früchte werden im Herbst abgenommen, ausgewaschen, anschließend stratifiziert und im Frühjahr ausgesät. Die Keimung erfolgt häufig erst im darauf folgenden Frühjahr. Der Samen sollte nur von starkfruchtenden Pflanzen genommen werden, das gleiche gilt für die Stecklingsvermehrung. Geschnitten wird von Juli bis Oktober. Sowohl Kopf- als auch Teilstecklinge bewurzeln sich gleichermaßen gut.

Pyrus, Birne

Vermehrung durch Aussaat, Steckholz, Anhäufeln, Ausläufer und Veredlung. Die Früchte werden im Herbst geerntet, die Samen herausgelöst, stratifiziert und im Frühjahr ausgesät. Die Zierformen werden in der Regel durch Okulation auf das schlafende Auge im Sommer vermehrt.

Quercus, Eiche

Vermehrung durch Aussaat, Absenken, Veredlung und in Ausnahmefällen auch durch Stecklinge. Die Ernte der Eicheln erfolgt im Oktober/November. Dabei ist zu beachten, daß bei einigen Arten die Samen erst im 2. Jahr nach der Befruchtung reifen. Bis zur Aussaat im April/Mai müssen die Eicheln an kühler Stelle, bei hoher Luftfeuchtigkeit (um 90 %), gelagert werden; bei trockener Lagerung sterben die Keimlinge ab. Die Kulturformen werden in der Regel im Winter durch Kopulation oder Geißfuß auf im Topf eingewurzelte Unterlagen veredelt. Eine Veredlung im Freien, kurz vor dem Austrieb im Frühjahr, ist möglich. Als Universalunterlage verwendet man *Q. robus* (Stieleiche) und *Q. petraea* (Traubeneiche). Eine Vermehrung durch Stecklinge im Juni/Juli, bei hohen Bodentemperaturen (um 30 °C), ist möglich.

Rhamnus, Faulbaum, Kreuzdorn

Vermehrung durch Aussaat, Absenker und Stecklinge. Ernte der Früchte von August bis Oktober. Nach dem Auswaschen der Samen wird stratifiziert und im Frühjahr ausgesät. Die Vermehrung durch krautige Stecklinge sowie das Absenken erfolgen im Juni/Juli.

Rhododendron, Alpenrose

Vermehrung durch Aussaat, Stecklinge, Ableger, Veredlung, einige Arten auch durch Teilung. Die Aussaat kommt in der Regel nur für die Arten in Frage. Die Ernte der Samen erfolgt von September bis November, wenn die Samenkapseln beginnen, sich braun zu färben. Bis zur Aussaat im Mai, unter Glas, sind die Samen kühl, trocken und luftig zu lagern. Der feine Samen wird nicht abgedeckt. Durch

Stecklinge werden bevorzugt die kleinblumigen Zwergrhododendren vermehrt; Ende Juni/Anfang Juli ist die beste Zeit. Als Stecklinge verwendet man dünne Seitentriebe und nicht die dickeren Terminaltriebe. Die Rinde ist an der Basis zu verwunden. Zur Bewurzelung sind relativ hohe Bodentemperaturen (um 25 °C) erforderlich. Die großblättrigen Hybriden werden in der Regel veredelt. Die immergrünen Arten werden durch Kopulation (Handveredlung) von Januar bis Mitte Mai oder von Ende August bis Mitte September durch seitliches Einspitzen, Anplatten oder Sattelpfropfen veredelt. In allen Fällen wird die Veredlung im Haus durchgeführt. Als Universalunterlage wird *R. ponticum* verwendet. Die sommergrünen Arten veredelt man im Juli durch seitliches Einspitzen (unter Glas) auf *R. luteum*. Zum Verwachsen ist eine hohe Luftfeuchtigkeit erforderlich, daher sind die frisch veredelten Pflanzen mit Folie abzudecken oder entsprechend hohe Vermehrungseinrichtungen zu verwenden. Durch Teilung könne alle kriechenden Arten vermehrt werden. Das Absenken ist für den Hobbygärtner interessant, bis zur Bewurzelung dauert es allerdings 2 Jahre.

Rhodotypos, Scheinkerrie

Vermehrung durch Aussaat, Stecklinge und Steckholz. Aussaat sofort nach der Ernte der Samen von Oktober bis Dezember oder nach Stratifikation im Frühjahr. Stecklinge, die leicht bewurzeln, schneidet man im Juni/Juli. Steckholz bewurzelt nur schwer.

Rhus, Essigbaum

Vermehrung durch Aussaat, Wurzelschnittlinge und Ausläufer (Teilung). Ernte der Fruchtkolben von November bis Januar. Nach der Reinigung der Samen werden diese trokken gelagert und im Frühjahr, nachdem die harte Samenschale aufgerauht wurde, ausgesät. Einfach ist die Vermehrung durch Ausläufer und Wurzelschnittlinge. Vorsicht, der klebrige und ätzende Saft vieler *Rhus*-Arten ist giftig, er verursacht auf der Haut Schwellungen und Reizungen. Bei der Verarbeitung der Wurzeln sind daher Gummihandschuhe zu tragen.

Ribes, Zierjohannisbeere

Vermehrung durch Aussaat, Stecklinge, Steckholz, Ableger und Veredlung. Die reifen Früchte werden nach der Ernte zerdrückt, die Samen ausgewaschen und sofort ausgesät. Die Vermehrung durch Stecklinge erfolgt im Juni/Juli. Veredlung durch seitliches Anplatten im Winter (Handveredlung) auf *R. aureum* (eigentlich nicht erforderlich).

Robinia, Robinie, Scheinakazie

Vermehrung durch Aussaat, Wurzelschnittlinge, Ausläufer und Veredlung. Die Samen werden im Spätherbst geerntet und bis zur Aussaat im späten Frühjahr (Sämlinge sehr frostempfindlich) trocken gelagert. Vor der Aussaat sind die Samen aufzurauhen. Einfach ist die Vermehrung durch Wurzelschnittlinge und Ausläufer. Veredelt werden in der Regel nur die Formen. Als Unterlage verwendet man Sämlinge von *R. pseudoacacia*. Man veredelt bei beginnendem Austrieb im Frühjahr durch Kopulation, Geißfuß und Pfropfen hinter die Rinde.

Rosa, Rose

Vermehrung durch Aussaat, Veredlung, Stecklinge, Steckholz und Wurzelschnittlinge. Die Früchte (Hagebutten) werden bei Vollreife geerntet, die Samen ausgewaschen und gleich stratifiziert. Aussaat mit Ausnahme von *R. multiflora* im 2. Frühjahr nach der Ernte, da der Samen in der Regel 1 Jahr überliegt. Viele Arten und Sorten können auch durch Stecklinge vermehrt werden. Geschnitten werden die Stecklinge im Juni/Juli. Man verwendet Triebe, bei denen die Blütenknospen gerade Farbe zeigen. Neben Kopfstecklingen können auch Teilstecklinge mit einem Nodium (Auge) verwendet werden. Zur Bewurzelung ist eine hohe Luftfeuchtigkeit und Bodentemperaturen von 20 bis 25 °C erforderlich. Die vielen Sorten werden größtenteils durch Okulation vermehrt. Die Okulation auf das schlafende Auge, von Ende Juni bis Ende August, ist die gebräuchlichste Veredlungsmethode. Als Unterlage verwendet man *R. canina* und *R. multiflora*. Veredelt wird am Wurzelhals. Hierzu muß der Wurzelhals vom angehäufelten Boden freigelegt und gesäubert werden. Das Auge wird mit möglichst wenig Holz so dünn geschnitten, daß sich das Holzschildchen auslösen läßt. Nach der Okulation muß sofort wieder angehäufelt werden, um das Austreiben der Augen zu verhindern. Im Herbst wird nochmal nachgehäufelt, so daß die Augen einen Winterschutz haben. Damit man eine volle Krone bekommt, werden Hochstämmchen in der entsprechenden Höhe mit 3 Augen veredelt, diese sollten immer 1 cm übereinander stehen und nach verschiedenen Richtungen zeigen.

Salix, Weide

Vermehrung durch Aussaat, Stecklinge, Steckholz und Veredlung. Die Samen der Weide, die im Mai/Juni reifen, haben nur eine begrenzte Lebensdauer und müssen sofort ausgesät werden (nicht übersieben). Durch Stecklinge lassen sich praktisch alle Arten und Formen vermehren, insbesondere die Zwergweiden werden auf diese Weise vermehrt. Die Veredlung kommt für *S. caprea* und deren Formen in Frage. Veredelt wird im Winter (Handveredlung) auf bewurzeltes Steckholz, seltener durch Okulation im Sommer. Zur Kronenveredlung verwendet man als Unterlage *S. daphnoides*, veredelt wird durch Geißfuß im zeitigen Frühjahr.

Sambucus, Holunder

Vermehrung durch Aussaat, Stecklinge, Steckholz und Ausläufer (Teilung). Die Früchte von *S. nigra* werden im September geerntet, die von *S. racemosa* schon früher. Das Saatgut wird ausgewaschen, sofort stratifiziert und im Frühjahr ausgesät. Man kann aber auch unmittelbar nach der Ernte aussäen. Stecklinge schneidet man im Juni/Juli.

Sciadopitys verticillata, Schirmtanne

Die Aussaat erfolgt im Frühjahr mit importiertem Saatgut unter Glas. Stecklingsvermehrung von Juni bis September ist möglich, doch sind die Bewurzelungsergebnisse nicht immer befriedigend.

Sequoia sempervirens, Küstensequoia

Vermehrung durch Aussaat, Stecklinge und Veredlung. Die Zapfen reifen im Oktober/November und werden nach der Ernte in einen warmen Raum gebracht, wo die Samen schon nach kurzer Zeit ausfallen. Nach trockener, kühler Lagerung wird von März bis Mai unter Glas ausgesät. Stecklingsvermehrung im August/September ist möglich.

Sequoiadendron giganteum, Mammutbaum

Vermehrung durch Aussaat, Stecklinge und Veredlung. Ernte der Zapfen im Oktober/November, in einen warmen Raum gebracht, öffnen sich die Zapfen und geben die Samen frei. Im Frühjahr wird der Samen für etwa 4 Wochen stratifiziert und im April/Mai unter Glas ausgesät. Eine Vermehrung im August/September durch Stecklinge ist möglich, doch dauert es sehr lange bis zur Bewurzelung.

Skimmia, Skimmie

Vermehrung durch Aussaat und Stecklinge. Aussaat sofort nach der Reife der Samen unter Glas. Der Samen muß gründlich vom Fruchtfleisch gereinigt werden. Als Stecklinge verwendet man ausgereifte, leicht verholzte Triebe, die im Sommer geschnitten werden.

Sophora, Schnurbaum

Vermehrung durch Aussaat, Stecklinge und Veredlung. Die Samen werden von November bis Januar geerntet, trocken gelagert und im

April ausgesät (die Samenschale ist aufzurauhen). Stecklinge schneidet man im Juli/August. *S. japonica* 'Pendula' wird im Frühjahr durch Geißfuß auf Sämlinge der Art veredelt.

***Sorbaria,* Fiederspiere**

Vermehrung durch Aussaat, Teilung (Ausläufer), Stecklinge und Wurzelschnittlinge. Ernte der Samen im September/Oktober, nach trokkener Lagerung Aussaat im Frühjahr unter Glas. Stecklingsvermehrung im Juni/Juli.

***Sorbus,* Eberesche**

Vermehrung durch Aussaat, einige Arten durch Ausläufer und Veredlung. Die Früchte werden im September/Oktober geerntet, die Samen ausgewaschen. Man kann sofort aussäen oder die Samen bis zum Frühjahr trocken lagern, kurz vor der Aussaat stratifizieren und dann aussäen. Die vielen Kulturformen und Varietäten werden in der Regel veredelt. Als Unterlage verwendet man *S. aucuparia* und *S. aria*. Für den Speierling *(S. domestica)* werden Birnensämlinge (s. Seite 70) verwendet. Veredelt wird durch Okulation im Sommer oder auch durch Kopulation oder Geißfuß im Frühjahr, letztere Methode vor allem bei Kronenveredlungen. Eine Vermehrung durch Stecklinge ist möglich, doch sind die Bewurzelungsergebnisse nicht immer befriedigend.

***Spiraea,* Spierstrauch**

Vermehrung durch Aussaat, Stecklinge, Steckholz, Anhäufeln und Teilung. Der Samen wird im Herbst geerntet und im Frühjahr unter Glas ausgesät; nicht übersieben. Alle starkwüchsigen Arten werden in der Regel durch Steckholz, die feintriebigen Arten ab Juni durch Stecklinge vermehrt.

***Staphylea,* Pimpernuß**

Vermehrung durch Aussaat, Stecklinge und Absenker. Die Samen werden im Oktober/November geerntet, stratifiziert und im Frühjahr ausgesät. Krautige Stecklinge werden im Juni geschnitten. Zum Absenken verwendet man zweijährige Triebe.

***Stephanandra,* Kranzspiere**

Vermehrung durch Aussaat, Steckholz und Stecklinge. Der Samen wird im Herbst geerntet, trocken gelagert und im Frühjahr unter Glas ausgesät. Krautige Stecklinge, im Juni geschnitten, bewurzeln sich leicht.

***Stewartia,* Scheinkamelie**

Vermehrung durch Aussaat von importiertem Saatgut im Frühjahr unter Glas, durch Stecklinge und Absenken. Stecklinge schneidet man von ausgereiften, leicht verholzten Trieben im Sommer. Abgesenkt wird im Juni.

***Stranvaesia,* Stranvaesie**

Vermehrung durch Aussaat, Stecklinge und Ableger. Der Samen wird stratifiziert und im Frühjahr unter Glas ausgesät. Stecklinge schneidet man von ausgereiften, leicht verholzten Trieben im Juni/Juli. Als Ableger verwendet man zweijährige Triebe.

***Styrax,* Storaxbaum**

Vermehrung durch Aussaat und Ableger. Das Saatgut hat in der Regel nur eine geringe Keimfähigkeit. Aussaat nach zwei- bis dreimonatiger Stratifikation unter Glas. Bis Ableger ausreichend bewurzelt sind und abgenommen werden können, dauert es mindestens 2 Jahre.

***Symphoricarpos,* Schneebeere**

Vermehrung durch Aussaat, Stecklinge und Steckholz. Die Früchte werden im Spätherbst geerntet, die Samen ausgewaschen, sofort stratifiziert und im Frühjahr ausgesät. Leicht ist die Vermehrung durch Stecklinge von Juni bis September.

Gelegentlich wird Flieder auch durch Sattelpfropfen vermehrt.

Syringa, Flieder

Vermehrung durch Aussaat, Stecklinge, Steckholz, Ableger und Veredlung. Ernte der Samen von Dezember bis Februar, nach trockener Lagerung Aussaat im Frühjahr. Bei der eigenen Samenernte ist zu beachten, daß die Fliederarten leicht miteinander bastardieren. Stecklinge werden im Juli geschnitten. Die Sorten und Varietäten werden in der Regel veredelt. Vorwiegend durch Okulation im Sommer, seltener durch Pfropfen im Frühjahr. Die Augen sind möglichst tief unten am Wurzelhals einzusetzen. Als Unterlage verwendet man ein- bis zweijährige Sämlinge von *S. vulgaris* oder andere Arten, gelegentlich auch *Ligustrum ovalifolium.*

Tamarix, Tamariske

Vermehrung durch Aussaat, Stecklinge und Steckhölzer. Die Aussaat erfolgt unmittelbar nach der Reife der Samen. Stecklinge schneidet man im Juli/August. Der Gärtner vermehrt in der Regel durch Steckholz.

Taxodium distichum, Sumpfzypresse

Vermehrung durch Aussaat und Veredlung. Die Zapfen werden im Oktober/November geerntet und erst kurz vor der Aussaat geklengt. Im Februar/März werden die Samen für 4 bis 8 Wochen stratifiziert und anschließend unter Glas ausgesät. Die Varietäten werden im Winter unter Glas durch Kopulation auf die Art veredelt.

Taxus, Eibe

Vermehrung durch Aussaat, Stecklinge und Veredlung. Die Früchte werden geerntet, wenn sie sich rot färben (August/September), ausgewaschen, anschließend stratifiziert (12 bis 18 Monate) und im kommenden Herbst oder im 2. Frühjahr nach der Ernte ausgesät. Die vielen Kulturformen und Varietäten vermehrt man in der Regel durch Stecklinge. Man verwendet gut ausgereifte Triebe, die von Juli bis September geschnitten werden. Bis zur Bewurzelung kann ein Jahr vergehen. Veredelt wird im März/April (im Haus) durch seitliches Einspitzen oder seitliches Anplatten auf im Topf fest eingewurzelte Unterlagen.

Thuja, Lebensbaum

Vermehrung durch Aussaat, Stecklinge und Veredlung. Geerntet werden die Zapfen im September/Oktober. An einen warmen trokkenen Ort gebracht, fallen die Samen schon bald aus. Im April wird, nach vier- bis sechswöchiger Stratifikation, unter Glas oder im Freiland ausgesät. Leicht ist die Vermehrung durch Stecklinge von Juni bis September. Eine Vermehrung durch Veredlung ist möglich, im allgemeinen aber nicht erforderlich.

Thujopsis dolabrata, Hibalebensbaum

Vermehrung durch Aussaat und Stecklinge. Aussaat im Frühjahr unter Glas mit importiertem Saatgut. Keimfähigkeit der Samen in der Regel sehr gering. Vermehrung durch Stecklinge wie bei *Thuja*, es sollten nur Gipfeltriebe verwendet werden.

Tilia, Linde

Vermehrung durch Aussaat, Stecklinge, Absenken und Veredlung. Die Samen der beiden einheimischen Arten reifen von September bis Oktober. Nach der Ernte wird die harte Samenschale aufgerauht, der Samen stratifiziert und im Frühjahr ausgesät. Häufig liegen die Samen über und kommen erst im 2. Frühjahr nach der Ernte zur Keimung. Stecklinge werden im Juni/Juli geschnitten. Als Absenker verwendet man zweijährige Triebe. Veredelt wird durch Okulation im Sommer in Bodennähe. Kronenveredlungen durch Kopulation im Frühjahr. Als Unterlage werden in der Regel *T. tomentosa* 'Petiolaris' (Weißlinde) und *T. platyphyllos* (Sommerlinde) verwendet.

Torreya, Nußeibe

Vermehrung durch Aussaat, Stecklinge und Veredlung. Aussaat mit importiertem Saatgut, das sofort nach Erhalt für etwa 4 Wochen stratifiziert und anschließend einzeln in kleinen Töpfen ausgesät und unter Glas aufgestellt wird. Vermehrung durch Stecklinge im Juli/August. Veredlung auf *Taxus baccata* möglich (s. dort).

Tsuga, Hemlocktanne

Vermehrung durch Aussaat, Stecklinge und Veredlung. Die Zapfen werden im Oktober/November geerntet, geklengt, trocken gelagert und im April/Mai unter Glas ausgesät. Handelssaatgut ist für 4 Wochen zu stratifizieren. Die Varietäten und Kulturformen können durch Stecklinge von August bis September vermehrt werden. Besonders gut bewurzeln sich Stecklinge von einjährigen Kopftrieben. Veredelt wird durch seitliches Einspitzen auf *T. canadensis*.

Ulmus, Rüster, Ulme

Vermehrung durch Aussaat, Stecklinge, Steckholz, Absenken und Veredlung. Alle Arten werden durch Aussaat vermehrt. Aussaat sofort nach der Ernte im Mai/Juni, da die Keimfähigkeit rasch abnimmt. *U. parvifolia* reift erst im September/Oktober und wird nach trockener Lagerung der Samen im Frühjahr ausgesät. Der Schnitt der Stecklinge erfolgt im Sommer. Veredlung durch Okulation im August oder durch Geißfuß im Frühjahr auf *U. minor*.

Vaccinium, Heidel-, Moos-, Preisel- und Rauschbeere

Vermehrung durch Aussaat, Stecklinge, Steckholz und Ablegen. Aussaat wie bei *Erica*, die Samen sind auszuwaschen. Die Sorten werden im Juni/Juli durch Stecklinge vermehrt. Dazu verwendet man kräftige Seitentriebe.

Viburnum, Schneeball

Vermehrung durch Aussaat, Stecklinge, Steckholz *(V. opulus)*, Teilung, Anhäufeln und Veredlung. Die Ernte der Früchte erfolgt bei den meisten Arten von September bis Dezember; nach dem Auswaschen der Samen wird stratifiziert und im Frühjahr ausgesät. Häufig liegen die Samen über, und nicht selten erfolgt die Keimung erst im 2. Frühjahr nach der Ernte. Stecklingsvermehrung der immergrünen Ar-

Früchte von _Viburnum veitchii_. Den richtigen Reifegrad erkennt man an der Schwarzfärbung der Früchte.

ten im August/September, die der sommergrünen im Juni/Juli. Veredlung auf *V. lantana* durch Kopulation, Geißfuß oder seitliches Einspitzen möglich.

Vinca, Immergrün

Vermehrung durch Aussaat, Teilung und Stecklinge. Da nur selten Samen angesetzt wird, hat die Aussaatvermehrung keine große Bedeutung. Stecklinge werden im Sommer von ausgereiften Trieben geschnitten.

Vitis, Weinrebe

Vermehrung durch Aussaat, Stecklinge, Steckholz, Ablegen und Veredlung. Die Aussaat kommt nur für die Wildarten in Frage, für die Echten Weinreben nicht. Der Samen wird nach der Ernte ausgewaschen, stratifiziert und im Frühjahr ausgesät. Als Stecklinge verwendet man leicht verholzte Triebe mit 2 Nodien (Augenpaaren), die im Juli/August geschnitten werden. Durch Steckholz werden insbesondere die Tafeltrauben vermehrt, gesteckt wird unter Glas. Die Veredlung der Echten Weintrauben wird heute ausschließlich maschinell durchgeführt (s. Seite 64).

Weigela, Weigelie

Vermehrung durch Aussaat, Ableger, Stecklinge und Steckholz. Aussaat direkt nach der Ernte unter Glas. Üblich ist die Vermehrung durch krautige Stecklinge im Juni/Juli.

Wisteria, Glyzine, Wistarie

Vermehrung durch Aussaat, Stecklinge, Ableger und Veredlung. Ältere Pflanzen setzen auch bei uns Samen an, der im Oktober geerntet, trocken gelagert und im Frühjahr ausgesät wird. Da Sämlinge häufig blühfaul sind, wird in der Regel vegetativ vermehrt. Als Ableger verwendet man einjährige Triebe, die wellig eingelegt werden, so daß immer ein Triebstück über der Bodenoberfläche steht. Nach der Bewurzelung im Herbst werden sie geteilt. Stecklingsvermehrung im Juli/August aus ausgereiften, leicht verholzten Trieben. Veredlung durch Geißfuß oder Kopulation auf Sämlinge oder Wurzelstücke der Art.

Zelkova, Zelkove, Japanische Ulme

Vermehrung durch Aussaat, Ablegen und Stecklinge. Die Aussaat erfolgt, wo Samen vorhanden sind, wie bei den Ulmen gleich nach der Ernte. Handelssaatgut ist für 2 bis 3 Monate zu stratifizieren. Wenn kein Saatgut vorhanden ist, ist das Ablegen die gebräuchlichste Methode. Eine Vermehrung durch Stecklinge im Juni/Juli ist möglich.

Um durch Ableger zu vermehren, werden bei *Wisteria* die Triebe wellenförmig in den Boden gelegt.

Die Vermehrung der Zimmer-, Beet-, Balkon- und Kübelpflanzen*

Auch für den begeisterten Zimmergärtner gibt es kaum eine dankbarere Aufgabe, als seine Pflanzen selbst zu vermehren. Dabei geht es ihm nicht nur um die Vervielfältigung, sondern oftmals darum, zu groß oder unansehnlich gewordene Pflanzen zu verjüngen und ältere Pflanzen am Leben zu erhalten. Darüber hinaus ist es sehr reizvoll, seltene Pflanzen zu vermehren, die nur sporadisch oder überhaupt nicht im Handel angeboten werden, wo aber die Möglichkeit besteht, sich Samen oder anderes Vermehrungsmaterial zu besorgen.

Zimmerpflanzen lassen sich wie Gehölze sowohl vegetativ als auch generativ vermehren.

Anzucht durch Samen

Samen kann auf verschiedenen Wegen beschafft werden. So gibt es eine Reihe von Samenanbaubetrieben, die sich auf die Gewinnung von Zimmerpflanzensamen spezialisiert haben. Nicht zu vergessen sind die Angebote tropischer Früchte im Handel. Darunter gibt es eine Reihe von Früchten, die keimfähige Samen enthalten und zu den Zimmerpflanzen im weitesten Sinne gehören, so Avocado *(Persea americana)*, Granatapfel *(Punica granatum)*, Pampelmuse *(Citrus maxima)* und viele andere. Und nicht zuletzt hat man durch den internationalen Tourismus die Möglichkeit, wenn dem nicht zollrechtliche Bestimmungen entgegenstehen, aus wärmeren Urlaubsländern, der Heimat vieler Zimmerpflanzen, Samen von seiner Urlaubsreise mitzubringen. Die im Handel für den Hobbygärtner erhältlichen Sämereien werden in der Regel nicht nach Stückzahl oder Gramm, sondern in Portionen angeboten. Es gehört schon einige Erfahrung dazu, den Saatgutbedarf im voraus annähernd genau zu bestimmen, und letztlich entscheidet die Qualität der Samen über den Erfolg.

Das alte Sprichwort „Wie die Saat, so die Ernte“ gilt auch für Samen von Zimmerpflanzen. Voll entwickeltes Saatgut bringt kräftigeres Pflanzenwachstum und schönere Pflanzen. Drei Merkmale bestimmen im wesentlichen die Saatgutqualität:

- Reinheit: Sie bezeichnet den Grad der Verunreinigung des Saatgutes durch Samen von Unkräutern, fremden Kulturpflanzen und durch sonstige Fremdkörper (Sand, Steine, Samenschalen u. a.).
- Keimfähigkeit: Darunter versteht man die Zahl der entwicklungsfähigen Samen.
- Triebkraft: Das ist die Fähigkeit des Keimlings, sich durch eine Abdeckung aus Sand und Ziegelgrus zu drücken. Je schneller das der Fall ist, desto besser ist die Triebkraft bzw. die Saatgutqualität.

Der Samenkauf ist also in mehrfacher Hinsicht Vertrauenssache, daher sollte man nur Samen kaufen, der die Gewähr für Keimfähigkeit und einwandfreie Sortenreinheit erwarten läßt. Das Saatgut ist ein witterungsabhängiges Naturprodukt, und nicht zuletzt entscheidet auch die Lagerung über die Qualität. Ungeeignete Lagerbedingungen, wie hohe Luftfeuchtigkeit, wechselnde Temperaturen und ein hohes Sauerstoffangebot, führen zu einer Beschleunigung der Lebensvorgänge im Samenkorn. Verstärkte Atmung bedingt einen raschen Substanzabbau und schließlich den Verlust der Keimfähigkeit.

Samen in Keimschutzpackungen ist daher beim Kauf der Vorzug zu geben. Bei Samen in einfachen Samentüten, die schon längere Zeit in einem Verkaufsständer stehen, ist Vorsicht geboten.

Saatgut sollte man nicht auf Vorrat kaufen. Der Saatguteinkauf ist daher so zu bemessen, daß er den Bedarf für den jeweiligen Aussaattermin deckt. Auch Samen aus angebrochenen Keimschutzpackungen verlieren sehr rasch ihren Wert, da die keimschützenden mikroklimatischen Bedingungen nicht mehr gegeben sind.

Beim Kauf von Samen für Beet- und Balkonpflanzen sollten bevorzugt F_1-Hybridsorten verwendet werden. Solche F_1-Hybriden zeich-

* nachstehend wird zur Vereinfachung nur noch die Bezeichnung Zimmerpflanzen verwendet.

nen sich gegenüber den anderen Samensorten durch wesentliche Qualitätsverbesserungen aus: gleichmäßiger Wuchs, Sortenreinheit, besondere Widerstandsfähigkeit gegen Krankheiten, gute Wetterfestigkeit, größere Blüten und Reinheit der Blütenfarbe.

Der Samenkauf ist aber nur eine Möglichkeit, sich Samen zu beschaffen. Eine andere Möglichkeit ist, von eigenen Pflanzen Samen zu ernten.

Unsere Zimmerpflanzen gehören mit einigen Ausnahmen zu den Blütenpflanzen (Spermatophyta), bei denen die Blüte das sexuelle Fortbildungsorgan ist. Die Grundzüge der sexuellen Fortpflanzung: Bestäubung – Befruchtung – Samenbildung, wurden schon auf Seite 11 beschrieben.

Viele Zimmerpflanzen setzen von alleine Samen an, andere blühen zwar sehr schön, doch bleibt der Samenansatz aus. Welche Ursachen dies hat, und welche Möglichkeiten es gibt, Pflanzen zum Samenansatz anzuregen, soll nachfolgend kurz beschrieben werden.

Erste Voraussetzung für eine Befruchtung ist, daß der Pollen von den Staubblättern zur Narbe gebracht wird. In der freien Natur übernehmen das viele Insekten und andere Tiere, die von den bunten Blütenblättern und dem Duft angelockt werden und die Blüten so nebenbei bestäuben. Bei unauffälligen Blüten übernimmt diese Tätigkeit der Wind, in wenigen Fällen auch das Wasser. Da aber in der Wohnung diese „Bestäuber" in der Regel fehlen, kann es sein, daß Zimmerpflanzen nur deshalb keine Samen ansetzen, weil keine Bestäubung erfolgt ist. In einem solchen Fall hat man die Möglichkeit, die Blüten künstlich zu bestäuben, indem man den Blütenstaub mit einem Pinsel auf die Narbe überträgt.

Aber nicht jede künstliche Bestäubung bringt den gewünschten Erfolg, da viele Pflanzenarten selbststeril sind. Bei selbststerilen Pflanzen wird zwar ein normaler funktionsfähiger Pollen ausgebildet, doch vermag dieser die Blüten derselben Pflanze nicht zu befruchten. Damit eine Befruchtung stattfinden kann, benötigt man wenigstens zwei Pflanzen. Allerdings müssen sie verschiedener Herkunft sein, denn stammen sie von der gleichen Mutterpflanze ab, ist der Pollen ebenfalls nicht keimfähig.

Eine andere Form der Selbststerilität liegt bei Blüten vor, die vorweibig oder vormännig sind. Bei der Vormännigkeit reifen zuerst die Staubblätter, und erst wenn diese den Pollen entlassen haben, wird die Narbe reif und empfängnisfähig. Bei der Vorweibigkeit wird zunächst die Narbe reif, und wenn sich die

Der Bestäubungsvorgang am Beispiel von *Cylamen* (Alpenveilchen)

Die Abbildung zeigt die einfache Form, den Blütenstaub aus der pollenliefernden Blüte zu entnehmen. Als Auffangfläche dient der saubere, trockene Daumennagel der linken Hand. Man faßt die Blüte mit der rechten Hand und klopft leicht auf die Stelle, wo der Blütenstiel sich zur Blüte hin krümmt; so fällt der Pollen leicht auf den untergehaltenen Daumennagel.

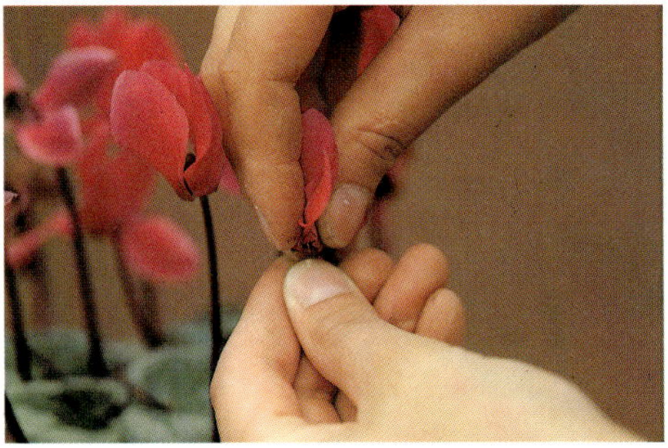

Zum Bestäuben wird der pollenbedeckte Daumennagel an die Narbe der zu bestäubenden Blüte gehalten und diese vorsichtig betupft. Dabei darf die Narbe aber auf keinen Fall mit dem Daumennagel, sondern nur mit dem Pollen in Berührung kommen, da sie schon gegen den leichtesten Druck sehr empfindlich ist.

Vom Beginn des Bestäubens bis zur Bildung der erntereifen Kapseln vergehen zwischen 3,5 und 5 Monate.

Staubbeutel öffnen, sind die Narben schon wieder vertrocknet.
Bei diesen Blütentypen ist es schwierig, Samen von eigenen Pflanzen zu bekommen; nicht nur, weil zwei oder mehrere Pflanzen benötigt werden, es muß zudem sichergestellt sein, daß bei den Pflanzen Exemplare sind, wovon zur Reifezeit der Narbe ein zweites Exemplar mit reifen Pollen zur Verfügung steht.
Neben Pflanzen mit zwittrigen Blüten – auch als vollständige oder zweigeschlechtliche Blüten bezeichnet – gibt es Pflanzenarten mit eingeschlechtlichen oder unvollständigen Blüten. Während bei zwittrigen Blüten sich Staub- und Fruchtblätter in einer Blüte befinden, haben eingeschlechtliche Blüten entweder Staub- oder nur Fruchtblätter. Bei diesen unterscheidet man noch zwischen einhäusigen und zweihäusigen Pflanzen. Bei zweihäusigen Pflanzen hat die einzelne Pflanze nur weibliche oder nur männliche Blüten. Bei ihnen ist eine Selbstbestäubung unmöglich. Auch hier sind zwei Pflanzen – eine mit männlichen und eine mit weiblichen Blüten, die zur gleichen Zeit blühen müssen, zur Befruchtung erforderlich. Anders kann es wieder sein bei einhäusigen Pflanzen mit eingeschlechtlichen Blüten. Bei Begonien z. B., die zu diesem Pflanzentyp gehören, ist es durch Nachbarbestäubung, das heißt durch Übertragung von Pollen der männlichen Blüte auf die Narbe der weiblichen Blüte derselben Pflanze, möglich, einen Samenansatz zu erzielen.
Lohnt es sich aber überhaupt, von seinen Pflanzen Samen zu ernten, mit anderen Worten, welchen Wert hat selbstgeerntetes Saatgut? Wir wissen alle, daß das Produkt einer Vereinigung von männlichen und weiblichen Geschlechtszellen mütterliches und väterliches Erbgut zu gleichen Teilen enthält.
Seit GREGOR MENDEL ist bekannt, daß dieses Erbgut im Bastard unverändert erhalten bleibt, sich bei der erneuten Bildung von Keimzellen zufallsgemäß verteilt, aber so, daß jede Keimzelle einen vollen Satz an Erbanlagen erhält und bei einer Befruchtung, wiederum zufallsgemäß, mit den Keimzellen des Partners kombiniert werden kann. Daraus ist

zu folgern: Sofern eine künstliche Bestäubung mit dem Blütenstaub derselben Pflanze erfolgt, werden nur solche Merkmale auf ihre Nachkommen vererbt, die in der Pflanze erblich verankert sind. In der Regel kann man davon ausgehen, daß die Nachkommen relativ einheitlich sind.
Auf die Nachkommen einer fremdbefruchteten Pflanze werden dagegen auch die Merkmale aller anderen Pflanzen übertragen, deren Pollen an der Bestäubung beteiligt waren. Relativ einheitliche Nachkommen bei Fremdbestäubern kann man dagegen dann erwarten, wenn es sich bei den Pflanzen um die Wildform (Art) handelt.
Ganz anders sieht es bei den vielen Kulturformen aus. Sie spalten in der Regel, wenn es sich nicht um reine Sorten handelt, in der folgenden Generation stark auf; da sie gewöhnlich durch Kreuzung verschiedener Typen mit einem vielfältigen Erbgut entstanden sind. Die Nachkommen können sich erheblich von den Elternpflanzen unterscheiden. Es ist deshalb nicht verwunderlich, wenn jeder Samen andere, neu gemischte Eigenschaften zutage bringt. Dies können neue Blütenfarben, andere Blattformen oder auch andere Wuchseigenschaften sein.
Nachkommen von den erwähnten F_1-Hybriden sind meist wertlos, da häufig Wuchsdepressionen und auch sonst ungünstige Eigenschaften zutage treten.

Im Zusammenhang mit dem Wert selbst geernteten Saatgutes sei auch auf die Abschnitte über die generative und vegetative Vermehrung (Seite 11 bis 13) hingewiesen.
Entscheidend für den Erfolg der Aussaatvermehrung sind neben hochwertigem Saatgut auch Aussaatverfahren, Saatdichte, Abdekkung und die richtige Erde.

Samenernte

Die Früchte mit den Samen lassen wir möglichst lange an der Pflanze, um sicher zu sein, daß der Samen auch genügend ausreift. Die Wanderung von Nährstoffen aus Wurzel, Sproß und Frucht in das Samenkorn hält solange an, bis die Verbindung mit der Mutterpflanze unterbrochen ist. Vor diesem Zeitpunkt geerntet, wird das Samenkorn selten seine optimale Ausbildung erreichen.
Bei *Cyclamen* (Alpenveilchen) wartet man beispielsweise mit der Ernte bis die Samenkapseln aufspringen, erntet sie allerdings, bevor die Samen abtrocknen und ausfallen. Es gibt aber auch Pflanzenarten, bei denen man nicht bis zur sogenannten Vollreife warten sollte, denn bei ihnen springen die Samenkapseln plötzlich auf und entlassen die Samen (z. B. sukkulente Euphorbien). Hier kann man den Verlust der Samen verhindern, indem

Reinigung von Samen, die mit Fruchtfleisch umgeben sind.

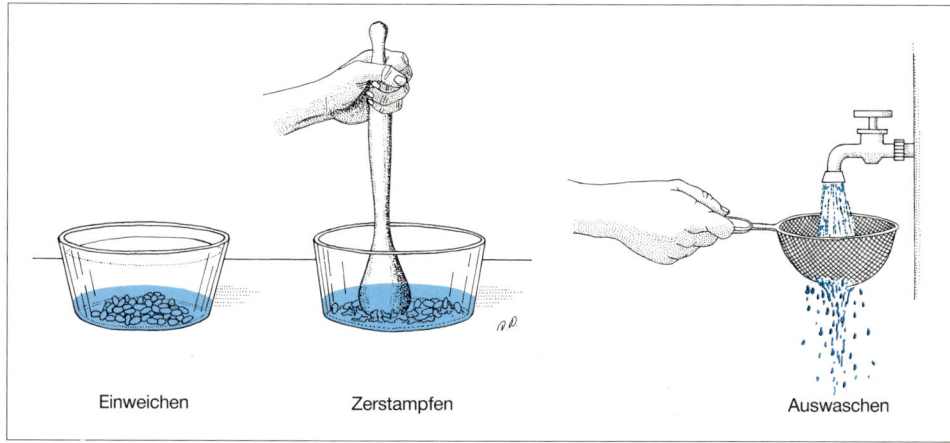

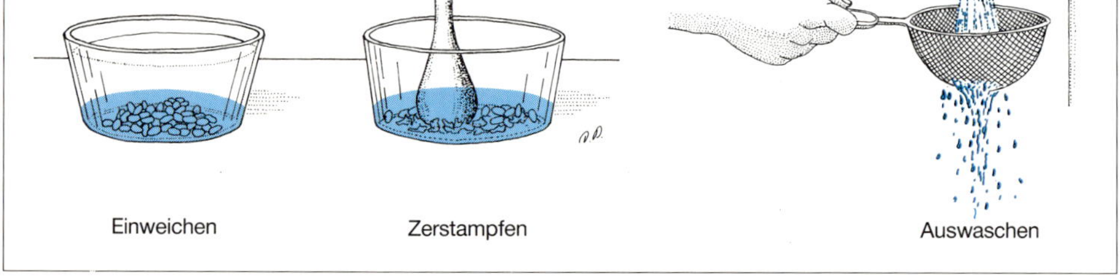

man die reifenden Samenkapseln mit Watte abdeckt, in der sich die Samen verfangen können. Bei Samen, die mit Fruchtfleisch umgeben oder bei Pflanzen, deren Samen in eine fleischige Fruchthülle eingebettet sind, werden die Früchte zur Beschleunigung der Trennung von Samen und Schleimmasse in einem Gefäß zerdrückt, mit etwas Wasser übergossen und einige Tage der Gärung überlassen, dann über feinmaschigem Siebgewebe (Mehl- oder Teesieb je nach Samengröße) ausgewaschen. Anschließend werden die Samen auf einer Papierunterlage getrocknet.
Trockene Samenkapseln, die nach der Ernte nicht von allein aufspringen, zerkleinert man vorsichtig mit einem Gummihammer oder einem Nudelholz (Reinigung der Samen siehe Seite 17).

Aussaat

Die Samen unserer Zimmerpflanzen haben im allgemeinen keine sehr lange Lebensfähigkeit. Ohne besondere Schutzmaßnahmen überdauern die meisten Arten nicht einmal wenige Monate, einige sind nur wenige Tage keimfähig. Die günstigste Aussaatzeit sind die Frühjahrsmonate, wenn die Tage länger werden. Allerdings kann man bei vielen tropischen Pflanzenarten mit der Aussaat nicht bis zum Frühjahr warten, da sie schnell ihre Keimfähigkeit verlieren können. In solchen Fällen ist sofort nach Erhalt des Saatgutes auszusäen, auch wenn die natürlichen Lichtverhältnisse nicht besonders günstig sind.
In der Regel können die meisten Zimmerpflanzen, im Gegensatz zu den Gehölzen, ohne jede Vorbehandlung ausgesät werden. Bei Samen mit harter, wasserundurchlässiger Samenschale, insbesondere Arten aus der Familie der *Leguminosae*, ist es sinnvoll, die Samenschale aufzurauhen oder anzufeilen, wie dies bei den Gehölzen auf Seite 21 beschrieben wurde.
Auch Samen von Zimmerpflanzen können Reste von Fruchtfleisch und Pilzsporen an sich tragen. Um einem Befall durch die gefürchteten Vermehrungspilze vorzubeugen, sind die Samen vor der Aussaat zu beizen (s. Seite 293).
Für die Aussaat kann man die unterschiedlichsten Gefäße verwenden (s. Seite 277) – ob Blumentöpfe, Styroporkistchen oder Kunststoffschalen, sie müssen grundsätzlich neu oder desinfiziert sein, wenn man Probleme mit Vermehrungskrankheiten vermeiden will.
Welche Erden zur Aussaat verwendet werden können, ist auf Seite 269 beschrieben. Der Feinheitsgrad der Aussaaterde – dies gilt insbesondere für die oberste Erdschicht, in die der Samen zu liegen kommt – richtet sich nach der Größe der Samen. Die Erde muß daher, soweit erforderlich, auf die entsprechende Korngröße gesiebt werden. Dies ist unbedingt zu beachten. Denn würde z. B. der staubfeine Samen von Begonien zwischen grobe Erdkrümel geraten, hätte der Keimling Mühe, an die Erdoberfläche zu gelangen. Viele Samen würden es überhaupt nicht schaffen, ein schlechtes Keimergebnis wäre die Folge. Das Herrichten der Aussaatgefäße ist schon bei den Gehölzen auf Seite 29 näher beschrieben worden, diesbezüglich ist dort nachzuschauen.
Bei der Aussaat kommt es auf eine gleichmäßige Verteilung der Samen an. Es ist eine Grundregel, daß die Samen so dünn und

Für geringe Samenmengen haben sich solch kleine Vierecktöpfe (Kakteentöpfe) als Aussaatgefäße bestens bewährt.

Aussaat, verschiedene Möglichkeiten

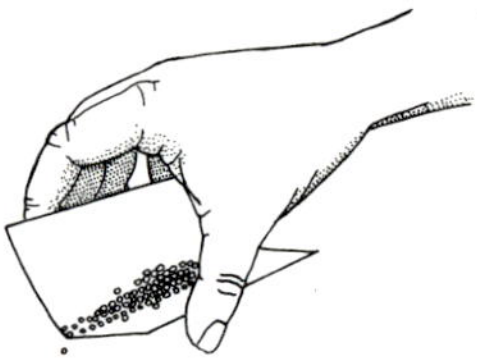

mit gefalteter Postkarte

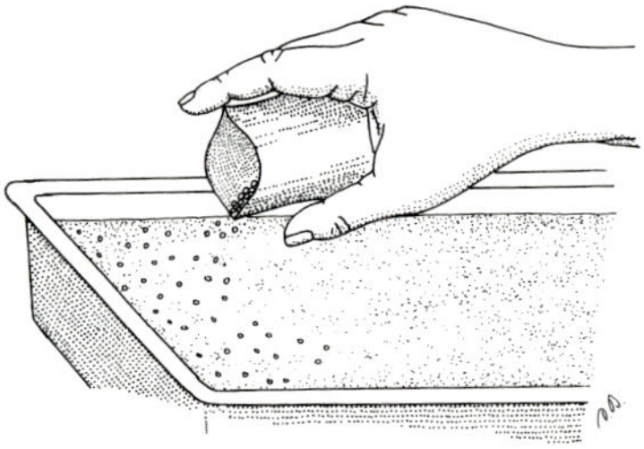

direkt aus der Samentüte

mit Pinzette

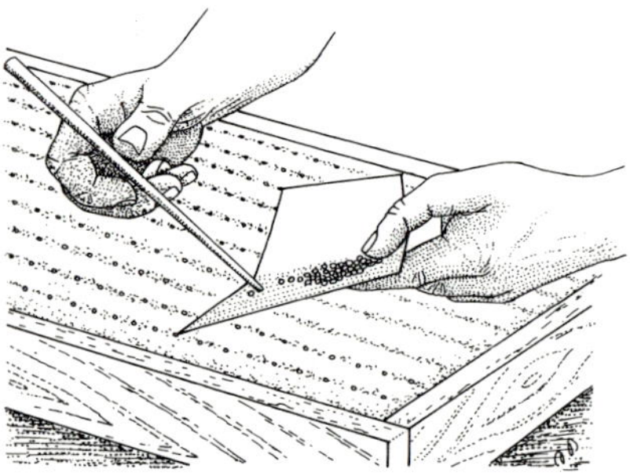

mit Holzstäbchen und gefalteter Postkarte

gleichmäßig wie nur möglich zu verteilen sind. Die Sämlinge danken es mit einer guten Anfangs- und einer besseren Weiterentwicklung. Eine gleichmäßige Aussaat ist mit Hilfe einer Postkarte oder einem Stück Papier in Postkartengröße am einfachsten zu erreichen.

Die Samen werden auf die Postkarte geschüttet, die Karte mit Daumen und Zeigefinger gehalten und leicht zusammengedrückt, so daß eine kleine Rinne entsteht. Durch ein wenig Schräghalten der Karte und gleichzeitiges Hin- und Herschütteln oder durch leichtes Klopfen mit der anderen Hand an die Karte, fangen die Samen zu rutschen oder zu rollen an und können genau dort plaziert werden, wo es gewünscht wird. Sehr feinen Samen, beispielsweise von *Streptocarpus* (Drehfrucht) oder von Begonien, vermischt man vor der Aussaat zur Streckung mit feinem, trockenem Sand, um eine gleichmäßige Aussaat zu gewährleisten.

Grobes Saatgut legt man einzeln aus, sehr große Samen sinnvollerweise gleich in kleine Töpfe oder in Jiffy 7 (s. Seite 272). Eine direkte Aussaat in Grodan- oder Oasis-Vermehrungswürfel ist ebenfalls möglich. Allerdings lohnt sich eine Einzelaussaat nur dann, wenn die Keimfähigkeit der Samen sehr hoch ist, denn einmal benutzte Vermehrungswürfel können nicht wieder verwendet werden.

Wer Schwierigkeiten mit dem Ausbringen der Samen hat, kann für gewisse Samengrößen und -formen ein Einzelkornsägerät verwenden, wie es auf Seite 288 beschrieben ist.

Ist fertig ausgesät, wird mit dem Andrückbrettchen die Aussaatfläche leicht angedrückt. Dies ist wichtig, damit das einzelne Samenkorn innigen Kontakt mit der Aussaaterde bekommt und zügig quellen und keimen kann. Anschließend wird mit Aussaaterde abgedeckt. Man nimmt hierzu ein feines Erdsieb oder ein Mehlsieb, wie es in der Küche verwendet wird. Die Abdeckhöhe richtet sich nach der Größe der Samen. Nach einer Faustregel sollte die Abdekkung bei Samen von Zimmerpflanzen das ein- bis zweifache der Samengröße betragen. Feine Sämereien, wie Begoniensamen, werden nicht abgedeckt, hier genügt das Andrükken.

Die Hinweise zur Abdeckhöhe sind einzuhalten. Gerade hier werden häufig Fehler gemacht, wie die Erfahrung zeigt. Liegt der Samen zu tief, weil zuviel Erde aufgebracht wurde, stirbt der Keimling ab, bevor er an die Erdoberfläche gelangt. Bei zu flachem Säen trocknet der Samen leicht aus, und der Keimling stirbt ebenfalls ab.
Jedes Aussaatgefäß wird umgehend mit dem Namen der Pflanzenart oder -sorte und auch mit dem Datum der Aussaat beschriftet, damit eine Verwechslung der verschiedenen Pflanzenarten später ausgeschlossen ist.
Nun muß noch angegossen werden. Das Angießen muß gründlich, aber vorsichtig erfolgen. Grobe Sämereien kann man mit einer feinen Brause angießen. Bei feineren Sämereien empfiehlt es sich, die Aussaatgefäße in eine Schale mit Wasser zu stellen. So kann sich die Erde selbst mit Wasser vollsaugen. Auch wird ein Abschwemmen oder Zusammenschwemmen der Samen vermieden.
Die Aussaaten sind hell, aber vor direkter Sonne geschützt aufzustellen. Wertvolle Sämereien sind mit einer Glasscheibe abzudekken oder in ein Vermehrungsbeet zu stellen. Bei direkter Sonneneinstrahlung deckt man die Gefäße oder Einrichtungen mit Zeitungspapier ab.
In der lichtarmen Zeit und bei ungünstigen Standorten kann man Aussaaten auch künstlich belichten. Hierfür ist eine Leuchtstoffröhre geeigneter als eine Glühbirne, deren hoher Anteil an Infrarot-Licht die Keimung eher hemmt. Die Beleuchtung darf aber wegen der Gefahr einer zu starken Erwärmung nicht zu nahe über der Aussaat angebracht werden.
Die einzelnen Pflanzenarten stellen an die Keimtemperatur unterschiedliche Anforderungen. Die günstigste Keimtemperatur liegt bei den meisten Zimmerpflanzen zwischen 20 und 25 °C (genaue Angaben sind den Hinweisen zu den einzelnen Pflanzenarten zu entnehmen). Starke Abweichungen nach oben oder unten führen im günstigsten Fall nur zu einer Keimverzögerung. Optimal ist daher die Verwendung von Vermehrungseinrichtungen, die elektrisch heizbar sind und bei denen man die Temperatur über einen Thermostaten steuern kann (s. Seite 298). Hat man diese Möglichkeit nicht, muß man sich einen die optimale Temperatur gewährleistenden Platz im Zimmer oder Kleingewächshaus suchen.

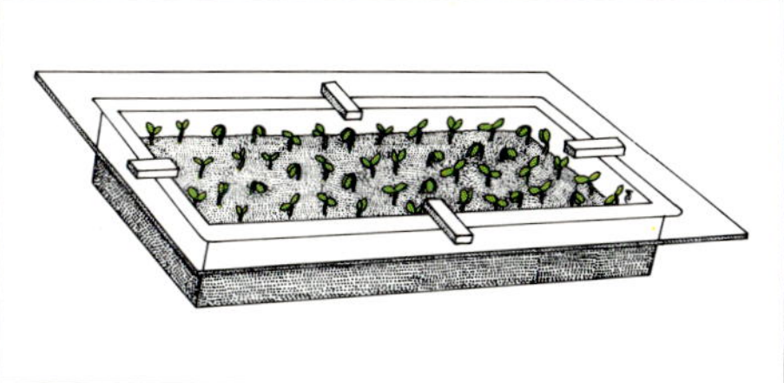

Mit Beginn der Keimung darf die Glasplatte nicht mehr dicht aufliegen. Durch Unterlegen von Hölzchen gewöhnt man die Sämlinge nach und nach an das Freilandklima.

Bis zur Keimung darf die Saatfläche niemals austrocknen. Trocknet die Erde auch nur einmal aus, ist das Keimergebnis in Frage gestellt. Daher sind die Aussaatgefäße täglich zu kontrollieren und, wenn nötig, zu wässern.
Sobald die Keimung beginnt, darf die Scheibe oder Abdeckhaube nicht mehr dicht aufliegen. Feuchtwarme, sogenannte gespannte Luft ist zwar zur Keimung erforderlich, sie bietet jedoch auch den Schadpilzen gute Entwicklungsmöglichkeiten. Daher soll die feuchtwarme Atmosphäre nicht länger als nötig aufrechterhalten werden. Bevor man die Abdeckhaube oder die Glasplatte ganz entfernt, gewöhnt man die Sämlinge durch Unterlegen eines Hölzchens oder ähnlichem an die Umgebungsluft. Allerdings darf man mit dem Entfernen der Abdeckung nicht zu lange warten, denn sonst werden die Sämlinge schwach, überlang und anfällig für Krankheiten.
In diesem Stadium sollten die Sämlinge aber immer noch nicht direkt der Sonne ausgesetzt werden. Bei direkter Sonnenbestrahlung gebe man indirekt Schatten, indem man z. B. auf Rahmen gespanntes Papier oder ähnliches aufstellt. Sobald die Bestrahlung aufhört, nehme man diese Schattierung wieder fort.
Das Hauptziel muß sein: die Pflanzen gesund und dennoch im Trieb zu halten. Dazu verhelfen frische Luft, nicht zu verwechseln mit Zugluft, genügend Licht und sorgsames Wässern.

Noch ein Wort zur Keimfähigkeit der Samen. Über die Lebensfähigkeit der Samen wurden schon auf Seite 25 einige Bemerkungen gemacht. Dort wurde beschrieben, daß der Samen nicht unbegrenzt lebensfähig ist und seine Keimfähigkeit nach kürzerer oder längerer Zeit erlischt. Aber selbst frisches Saatgut ist nie zu 100 % keimfähig. Unter „Keimfähigkeit“ versteht man die Zahl der entwicklungsfähigen Samen; diese Angaben erfolgen in Keimprozenten. Samen von Zimmerpflanzen keimen in der Regel zwischen 50 und 90 %. Den Grad der Keimfähigkeit kann man dem Samen leider nicht ansehen. Die sogenannte Schwimmprobe – die Samen werden in ein Gefäß mit Wasser geschüttet: was zum Boden sinkt, ist keimfähig, Samen, die an der Oberfläche schwimmen, sind taub (?) – kann aufgrund langjähriger Erfahrung nicht empfohlen werden.
Bei älteren Samen ist zu empfehlen, durch eine Keimprobe festzustellen, ob der Samen überhaupt noch keimfähig ist. Allerdings ist dies auch nur dann interessant, wenn genügend Samen zur Verfügung steht. Dazu wird eine bestimmte Menge Samen in eine Schale auf Filterpapier gestreut, das immer feucht gehalten wird. Nach einer gewissen Zeit, je nachdem, ob es sich um schnell- oder langsamkeimende Pflanzenarten handelt, zählt man die gekeimten Samen aus und kann feststellen, ob der Samen überhaupt noch keimfähig ist bzw. zu wieviel Prozent.

Licht und Keimung

Der Keimvorgang wurde schon auf Seite 31 ausführlich beschrieben, so daß hier nicht näher darauf eingegangen werden muß. Die Frage, ob die Aussaatgefäße die ersten Tage hell, daß heißt im Licht, stehen sollen, oder dunkel, das heißt zusätzlich abgedeckt werden müssen – etwa mit schwarzer Folie –, führt immer wieder zu Streitigkeiten, auch unter den Gärtnern. Eine strenge Trennung zwischen sogenannten Licht- und Dunkelkeimern kann heute nicht mehr aufrechterhalten werden. Es ist nachgewiesen, daß das Licht oder die Dunkelheit keinen so starken Einfluß auf die Keimung ausübt, wie vormals angenommen. Daher ist es besser, von lichtgeförderten und lichtgehemmten Samen zu sprechen.
Es ist auch falsch anzunehmen, daß Samen, die mit Erde abgedeckt werden, lichtgehemmte Samen (Dunkelkeimer) sind und Samen, die nicht mit Erde abgedeckt werden, zu den lichtgeförderten Samen (Lichtkeimer) gehören. Die Abdeckung der Samen hat damit nichts zu tun, sondern ausschließlich – wie schon beschrieben – mit der Größe und Triebkraft der Samen.

Pikieren

Pikieren heißt, Sämlinge in einen größeren Standraum umsetzen. Ein rechtzeitiges Pikieren ist sehr wichtig, da ein „Überständigwerden“ (schwache Pflänzchen) den Kulturerfolg gefährdet.
Die Zeit von der Aussaat bis zum Auflaufen (Keimen) der Sämlinge ist bei den einzelnen Pflanzenarten unterschiedlich. Einige laufen schon nach zwei Tagen auf, andere brauchen mehrere Wochen. In einigen wenigen Fällen kann man erleben, daß sogar nach einem Jahr noch Samen auflaufen, während die ersten bereits nach wenigen Wochen Leben zeigten. Man hüte sich deshalb, die Aussaatgefäße zu früh wegzukippen.
Nach dem Auflaufen der Samen wachsen die Sämlinge je nach Pflanzenart mehr oder weniger schnell heran. Sie machen sich bald den Platz streitig, beengen sich gegenseitig und schieben sich in die Höhe, um das zum Wachstum notwendige Licht zu erhalten. Wenn sich die Sämlinge im Aussaatgefäß gegenseitig behindern, wenn Platz-, Licht- und Nährstoffmangel für den einzelnen Sämling entstehen, wird es Zeit zu vereinzeln (der Gärtner spricht vom Pikieren).
Durch das Pikieren wird erreicht, daß die Pflanzen ein reichverzweigtes Wurzelsystem entwickeln. Denn beim Pikieren wird durch bewußtes oder unbewußtes Abreißen oder Abknipsen bzw. Abschneiden der Wurzeln die Seiten- und Haarwurzelbildung angeregt. Je mehr Haarwurzeln die Pflanze hat, desto mehr Wasser und Nährstoffe können die Wur-

Pikieren am Beispiel von *Ficus arnottiana*

Wenn die Sämlinge beginnen, sich im Aussaatgefäß gegenseitig zu behindern (links), ist es Zeit zum Pikieren (rechts).

zeln aufnehmen und umso schneller geht die Weiterentwicklung der Pflanze voran.
Pikiert wird in flache Schalen oder in Blumentöpfe. Welche Erden zum Pikieren verwendet werden können, ist auf Seite 269 beschrieben. Die Gefäße zum Pikieren werden genauso hergerichtet wie bei der Aussaat. Bei kleinen Sämlingen, z. B. von Begonien, ist es empfehlenswert, die oberste Erdschicht (etwa 1 cm) mit gesiebter Erde aufzufüllen und mit einem Brettchen leicht anzudrücken.
Der Abstand von Sämling zu Sämling ist abhängig von der Wuchsstärke. Es sollte möglichst eng pikiert werden. Enges Pikieren ist nicht nur wegen der besseren Platzausnutzung vorteilhaft, sondern weil sich viele Pflanzenarten durch das Bestandsklima (Kleinklima) im engen Abstand besser entwickeln. Daher ist es nur bei raschwüchsigen Pflanzenarten empfehlenswert, die Sämlinge direkt aus dem Aussaatgefäß in einen Blumentopf zu setzen.
Zum Pikieren hebt man die Sämlinge, indem man sie an den ersten Laub- oder den Keimblättern anfaßt, aus dem Aussaatgefäß. Ein spezielles Pikierholz oder ein Holzetikett sind ein gutes Gerät dafür (s. Seite 281). Mit einer leichten Dreh- oder Zugbewegung wird ein Loch in die Erde gedrückt. Fällt das Loch wieder zu, ist die Erde zu trocken und muß angefeuchtet werden. Man läßt die Wurzeln des Sämlings in das Loch gleiten und drückt mit dem Pikierstab die Erde rund um den Sämling leicht an. Dabei ist darauf zu achten, daß die Wurzeln senkrecht in das Loch hineinkommen. Sämlinge mit umgebogenen Wurzeln stocken im Wachstum. Zu lange Wurzeln werden mit den Fingernägeln abgeknipst. Am Wurzelhals wird etwas fester angedrückt, damit die Sämlinge sicher und gerade stehen. Wichtig für die Standfestigkeit der Pflanzen ist auch, daß sie bis zu den Keimblättern pikiert werden.
Sämlinge von Begonien, Gloxinien, *Streptocarpus* u. a. sind meist so klein, daß man sie mit den Fingern gar nicht fassen kann, ohne sie zu beschädigen. Hier kann als Pikierholz eine Pinzette oder noch besser ein eingekerbtes Hölzchen verwendet werden (s. Seite 281).
Ist das Pikiergefäß bepflanzt, wird angegossen. Die Gießkanne muß aber eine ganz feine Brause haben, damit die Erde nicht weggespült und der Sämling aus seiner Lage gebracht wird. Man kann die Pikiergefäße aber auch, wie bei der Aussaat beschrieben, in eine Schale mit Wasser stellen, wo sich die Erde selbst mit Wasser vollsaugen kann.
Bei der Auswahl des Standortes für die pikierten Sämlinge ist zu bedenken, daß die Pflänzchen in diesem Stadium noch nicht in der Lage sind, soviel Feuchtigkeit aufzunehmen, wie eigentlich gebraucht würde. Da beim Herausnehmen aus dem Aussaatgefäß bewußt oder unbewußt Wurzeln abgerissen worden sind, die der Wasseraufnahme dienten. Diese müssen erst wieder neu gebildet werden. Deshalb sind die Pflänzchen die ersten 4 bis 8 Tage vor Sonne und Zugluft zu schützen, bis sie sich vom Umpflanzschock erholt haben. Man

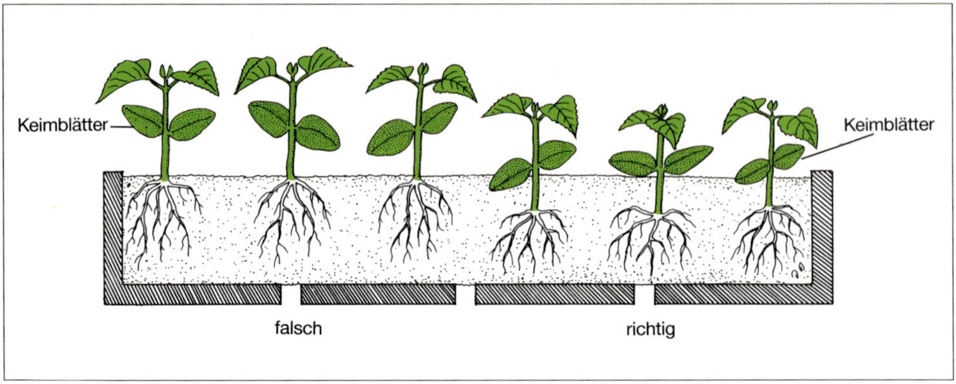

Richtiges Pikieren

kann die Sämlinge dazu mit Zeitungs- oder Seidenpapier beschatten und an warmen Tagen besprühen. Die Abdeckung wird entfernt, sowie die Pflänzchen erkennen lassen, daß sie angewurzelt sind. Nun brauchen sie soviel Licht wie nur möglich, mit Ausnahme einiger Pflanzenarten, die von Natur aus sehr lichtempfindlich sind, wie z. B. Begonien. Sie müssen während der heißesten Stunden des Tages vor direkter Sonnenbestrahlung geschützt werden.

Als Standort in der Wohnung geeignet sind Ost-, West- und Südfenster. Weniger geeignet sind Nordfenster und Fenster, die durch hohe Bauten oder Bäume stark beschattet sind. Um ein einseitiges Wachsen zum Licht hin zu vermeiden, ist es empfehlenswert, die Pikiergefäße wöchentlich um 180 ° zu drehen.

Die Temperaturen sollten bei 20 °C und höher liegen. Temperaturen unter 18 °C sind zu vermeiden, da bei niedrigen Temperaturen das Wachstum stark beeinträchtigt ist und bei einigen Pflanzenarten gänzlich aufhört.

Eintopfen

Früher oder später muß man die pikierten Sämlinge eintopfen. Ob zuvor ein zweites Mal pikiert werden muß, ist abhängig von der Wuchsleistung der jeweiligen Pflanzenart.

Die Töpfe sollten nie zu groß sein, lieber eine große Pflanze in einem kleinen Topf heranziehen als umgekehrt. Letztere zeigen nämlich nur eine bescheidene Zunahme des Wachstums. Die Topfgröße richtet sich nach der Größe des Wurzelballens. Jungpflanzen aus Pikiergefäßen setzt man normalerweise in 8-cm-Töpfe. Wenn dieser Topf gut durchgewurzelt ist, topft man sie in 12-cm-Töpfe um, und wenn ein nochmaliger Wechsel notwendig werden sollte, kann man 16- bis 18-cm-Töpfe verwenden. Eine Faustregel besagt, daß der nächstgrößere Topf im Durchmesser 2 bis 4 cm größer sein sollte als der alte Topf. Der Grund für die Abhängigkeit des Wachstums von der Topfgröße liegt darin, daß dort, wo ein Wurzelballen zu reichlich von Erde umgeben ist, die Erde leicht zu naß und sauer wird, ehe die Pflanze eingewurzelt ist und neues dichtes Wurzelwerk ausgebildet hat. Welche Erden man zum Eintopfen und späteren Umtopfen verwenden kann, ist auf Seite 269 beschrieben.

Niemals dürfen Pflanzen mit trockenem Wurzelballen ein- bzw. umgetopft werden. Es empfiehlt sich immer, die Pflanzen einen Tag vor dem Eintopfen gründlich zu wässern. Unter Schonung des Wurzelballens werden die Pflanzen vorsichtig aus dem Pikiergefäß gehoben. Je weniger die Wurzeln verletzt werden, je besser die Ballen halten, umso rascher überwinden sie den Eingriff. Dies gilt übrigens auch beim späteren Umtopfen. Auch hier sollten die Wurzelballen unversehrt bleiben. Hier können wir vom Gärtner lernen, der aus gutem Grund nur in Ausnahmefällen den Wurzelballen auflockert.

Eine Abdeckung der Abzugslöcher in den Töpfen mit Topfscherben oder Kies ist in der Regel bei Verwendung der aufgeführten Erden nicht notwendig. Nur bei Pflanzen mit empfindlichen Wurzeln deckt man den Topfboden mit Kies, Styromull, Topfscherben oder ähnlichem Material ab. Kies als Füllsubstrat kann dann von Vorteil sein, wenn die Standfestigkeit des Topfes zu wünschen übrig läßt.

Zunächst füllt man ein wenig Erde auf den Topfboden, setzt die Pflanze in die Mitte darauf, und zwar so hoch, wie die Pflanze bisher gestanden hat. Nun füllt man den Raum zwischen Wurzelballen und Topfwand mit Erde auf und drückt sie mit den Fingern leicht an. Dabei ist darauf zu achten, daß zwischen Erdoberfläche und Topfrand ein 1 bis 2 cm hoher Gießrand verbleibt.

Die zum Eintopfen verwendete Erde sollte mäßig feucht sein. Andernfalls, und dies gilt insbesondere für stark torfhaltige Substrate, ist die Erde vorher anzufeuchten. Ist die Erde feucht und der Wurzelballen vor dem Verpflanzen gut angefeuchtet worden, dann ist es nicht nötig und auch nicht sinnvoll, unmittelbar nach dem Verpflanzen zu wässern. Man läßt vielmehr die Pflanzen 1 bis 2 Tage ungegossen stehen. Durch diese Maßnahme wird die Bildung neuer Wurzeln besonders stark angeregt.

Für das erste Gießen sollte man eine Brause verwenden, damit sich die Erde gleichmäßig setzen kann. Bis zum völligen Durchwurzeln des Erdballens wird stets nur von oben gegossen. Pflanzen, die buschig wachsen sollen, werden spätestens nach dem Eintopfen das erste Mal gestutzt, um die Seitentriebbildung anzuregen (s. auch Seite 136).

Die Topfgröße richtet sich nach der Größe des Wurzelballens. Der Topf sollte im Durchmesser 2 bis 4 cm größer sein als der Durchmesser des Wurzel- oder Topfballens. Beim späteren Umpflanzen sollte der Wurzelballen unversehrt bleiben (rechts).

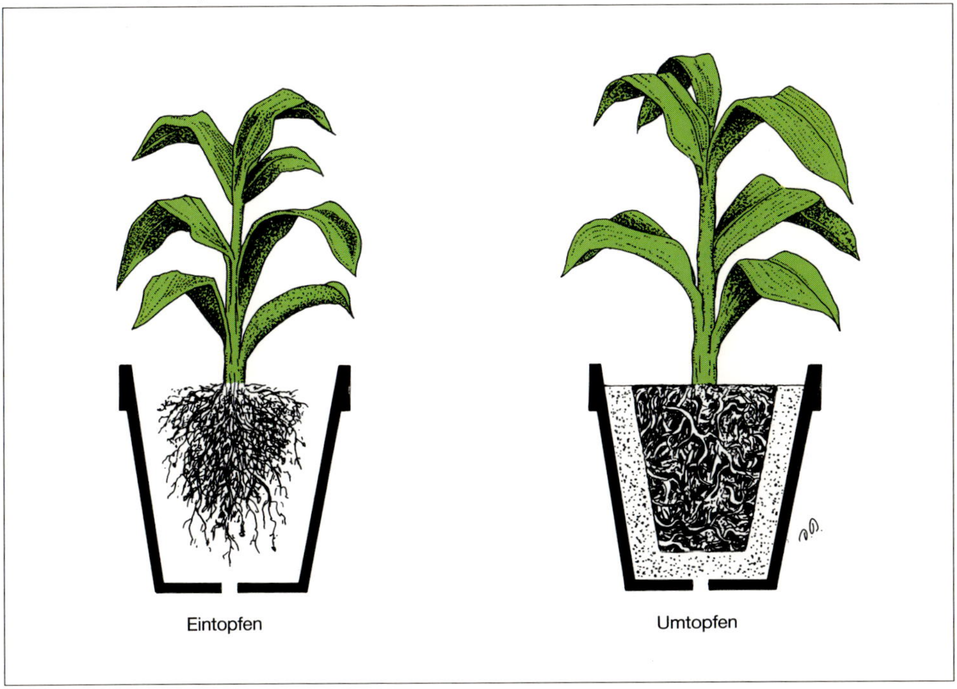

Vegetative Vermehrung

Bei der vegetativen Vermehrung werden von der Mutterpflanze Pflanzenteile (Triebspitzen, Sproßstücke, Wurzelstücke, Blätter u. a.) abgenommen, die sich durch bestimmte Behandlungsmethoden über die Wurzel-, Knospen- und Triebildung zu selbständigen neuen Pflanzen entwickeln (s. auch Seite 13).

Bei den Zimmerpflanzen hat die vegetative Vermehrung einen besonders großen Stellenwert, da häufig nicht genügend und ausreichend keimfähiges Saatgut beschaffbar ist; aber auch weil sich viele Blüten- und Grünpflanzen sortenecht nur vegetativ vermehren lassen. Nachfolgend die wichtigsten vegetativen Vermehrungsmethoden. Auch hier gilt: der optimale Vermehrungstermin ist nicht mit dem Kalender bestimmbar. Vielfach hängt es nicht nur vom Vermehrungsmaterial ab, sondern auch von den örtlichen Gegebenheiten. Steht ein Gewächshaus zur Verfügung oder muß die Vermehrung am Zimmerfenster durchgeführt werden – kann Zusatzlicht gegeben werden, und welche Vermehrungseinrichtungen sind vorhanden?

Teilung

Die Teilung ist eine bewährte Methode, aus einer Pflanze zwei oder mehrere zu machen oder ein zu groß gewordenes Exemplar einfach zu reduzieren. Sie ist möglich bei all den Pflanzenarten, deren Neutriebbildung direkt aus dem Wurzelstock erfolgt.

Viele der bekannten Zimmerpflanzen lassen sich ohne große Schwierigkeiten durch Teilung vermehren, z. B. *Aspidistra elatior*, die Schusterpalme; *Cyperus alternifolius*, das Zypergras. Etwas schwieriger teilen lassen sich Farne (s. Seite 142), Marantengewächse, Usambaraveilchen und *Streptocarpus*, die Drehfrucht.

Die Teilung wird bevorzugt im Frühjahr, zu Beginn der Hauptwachstumszeit, vorgenommen. Um diese Zeit wurzeln die Teilstücke am besten in ihren neuen Gefäßen ein, und auch sonst sind die Bedingungen zu dieser Zeit optimal. Der Vorteil der Vermehrung durch Teilung besteht darin, daß man keine besonderen Vermehrungseinrichtungen benötigt und die Pflanzen sofort wieder eingetopft und an ihren ursprünglichen Platz gestellt werden können.

Viele Zimmerpflanzen, hier *Sansevieria*, lassen sich leicht durch Teilung vermehren.

Es ist eine Vermehrungsmethode, mit der man nur kleinere Mengen vermehren kann; für den Gärtner daher uninteressant, für den Hobbygärtner ideal.
Kann man auch einige Zimmerpflanzen, etwa den Zierspargel *(Asparagus densiflorus)*, einfach durch Zerschneiden des Wurzelstocks teilen, muß bei der Mehrzahl der Pflanzen etwas behutsamer vorgegangen werden. Die zu teilende Pflanze wird ausgetopft, und ehe man sie vorsichtig mit etwas Fingerspitzengefühl auseinanderreißt, wird die alte Erde abgeschüttelt oder der Wurzelballen mit einem Hölzchen aufgelockert. Häufig kommt man ohne Zuhilfenahme eines Messers oder einer Schere nicht aus. Jedes Teilstück muß mindestens eine Knospe und noch genügend Wurzelwerk besitzen. Kranke, beschädigte, abgestorbene und überlange Wurzeln sind zu entfernen oder einzukürzen. Die einzelnen Teilstücke werden je nach Größe in entsprechende Gefäße eingetopft.
Bis man neuen Wuchs erkennt, wird nur wenig gewässert. Auch sind die geteilten Pflanzen einige Tage vor direkter Sonne geschützt aufzustellen.

Kindel und Ableger

Kindel und Ableger sind an der Pflanze entspringende, bewurzelte Seitensprosse. Die Bezeichnung Kindel wird in der Regel nur für die Ableger der Pflanzenarten aus der Familie der *Bromeliaceae* (Ananasgewächse) verwendet.
Die Vermehrung durch Kindel hat bei den Bromelien eine besondere Bedeutung, denn jedes Exemplar blüht nur einmal, um dann abzusterben; Blüten- und Samenbildung bedeuten also im Leben der meisten Bromelien den Tod. Wenngleich die Pflanze nur ein einziges Mal blüht und dann abstirbt, sorgt sie nicht nur durch die Erzeugung von Samen, sondern auch durch Bildung von Kindeln für ihre Erhaltung und Verbreitung. Die sich im Anschluß an jede Blühperiode wiederholende Bildung der Kindel macht die Pflanze nahezu unsterblich.
Mit einem scharfen Messer trennt man die Ableger oder Kindel unter Schonung der Wurzeln von der Mutterpflanze ab. Je mehr Wurzeln der Ableger hat, umso besser wächst er an. Sukkulente Ableger läßt man einige Stun-

Vermehrung durch Kindel bei Bromelien.
Mit einem scharfen Messer trennt man das Kindel unter Schonung der Wurzel von der Mutterpflanze ab.

den an der Luft liegen, bis die Wundfläche abgetrocknet ist (s. auch Seite 150).
Ableger benötigen mit Ausnahme der Sukkulenten eine etwas sorgfältigere Pflege als die durch Teilung vermehrten Pflanzen, da das Verhältnis von Wurzelmasse zur Blattmasse in der Regel negativ ist. Beim Eintopfen wähle man keine zu großen Töpfe aus. Bei Ablegern mit wenigen Wurzeln ist es notwendig, in den ersten Tagen nach dem Eintopfen einen Verdunstungsschutz, z. B. durch Abdecken mit Folie, zu geben.

Ausläufer

Ausläufer oder Stolonen sind ober- oder unterirdisch wachsende Sproßachsen mit sehr langen Internodien, aus deren Knospen sich wieder Jungpflanzen mit sproßbürtigen Wurzeln entwickeln. Ein bekanntes Beispiel aus unseren Gärten ist die Erdbeere. Bekannte Beispiele aus dem Zimmerpflanzensortiment sind u. a. *Chlorophytum comosum*, die Grünlilie, *Saxifraga stolonifera*, der Judenbart, oder *Nephrolepis exaltata*, der Schwertfarn.
Bei genügender Bewurzelung werden die jungen Pflänzchen von der Mutterpflanze abgetrennt und eingetopft. Weiterkultur wie bei der Vermehrung durch Ableger.

Brutpflanzen

Daß eine vegetative Vermehrung nichts Unnatürliches ist, machen die als „lebendgebärend“ bezeichneten Pflanzenarten deutlich, die auf Blättern, Blattstielen und an Blütenständen kleine Brutpflänzchen mit Wurzeln ausbilden. Bei einer bestimmten Größe fallen die Brutpflänzchen ab und wachsen, wenn sie auf ein geeignetes Substrat fallen, zu neuen Pflanzen heran.
Das bekannteste Beispiel für diese Art der Vermehrung sind verschiedene Arten aus der Gattung *Kalanchoë* einschließlich der früher selbständigen Gattung *Bryophyllum.* Sie tragen den bezeichnenden Namen Brutblätter – eine Pflanzengruppe, mit der sich GOETHE lebhaft beschäftigt hat. In der Regel bilden sich die Brutpflänzchen schon an der stehenden Pflanze aus, es gibt aber auch Arten, so *Kalachoë laxiflora*, bei denen die Brutpflänzchen erst nach dem Abtrennen und Auflegen der Blätter auf ein geeignetes Substrat heranwachsen.

Die Grünlilie, *Chlorophytum,* läßt sich leicht durch Ausläufer vermehren.

Abmoosen (Markottage, Luftableger)

Das Abmoosen ist eine Vermehrungsmethode, um möglichst schnell zu einer relativ großen Pflanze zu kommen, aber auch eine zu groß oder unansehnlich gewordene Pflanze zu verjüngen und damit zu erhalten. Haben doch viele Pflanzen mit zunehmendem Alter die Neigung, die unteren Blätter zu verlieren. Man könnte zwar eine zu groß gewordene Pflanze stark zurückschneiden und das abgeschnittene Teil wegwerfen, dann treibt sie aus dem verbliebenen Stumpf wieder aus; doch dauert es relativ lange, bis sie sich wieder zu einer ansehnlichen Pflanze entwickelt.

Man hat durch das Abmoosen die Möglichkeit, bei wertvollen Pflanzen in Erfahrung zu bringen, ob eine vegetative Vermehrung überhaupt möglich ist. Findet keine Bewurzelung statt, kann die Umhüllung wieder entfernt werden, ohne daß die Pflanze einen größeren Schaden davonträgt.

Das Abmoosen ist besonders bei großblättrigen Pflanzen vorteilhaft, da sie aufgrund der großen Blattfläche viel Wasser verdunsten und bei einer normalen Stecklingsvermehrung große Schwierigkeiten haben, Wurzeln zu bilden.

Die Technik des Abmoosens wurde schon in allen Einzelheiten bei den Gehölzen auf Seite 37 beschrieben.

Die Wurzelbildung setzt bei Zimmerpflanzen in der Regel nach 2 bis 4 Wochen ein und ist nach etwa 6 bis 8 Wochen abgeschlossen. Bei schwer vermehrbaren Arten kann es auch mehrere Monate dauern.

Beim Abnehmen der bewurzelten Pflanze ist darauf zu achten, daß der Moosballen nicht auseinanderfällt und daß keine Wurzeln abreißen. Das gleiche gilt für das Eintopfen. Hier kommt es nicht selten vor, daß beim Andrücken der Erde der Wurzelballen abgedrückt wird.

Während der ersten Tage nach dem Eintopfen ist ein Verdunstungsschutz zu geben, und die Pflanzen sind öfter zu übersprühen. Größere Pflanzen sind an einem Stab festzubinden, bis sie fest eingewurzelt sind.

Bei *Ardisia crenata* ist selbst im vollen Fruchtschmuck ein Abmoosen möglich. Bewurzelter Luftableger (links) und Mutterpflanze (rechts)

Stecklingsvermehrung

Bei den bisher beschriebenen vegetativen Vermehrungsmethoden erfolgte die Wurzelbildung stets an der Mutterpflanze. Bei der Stecklingsvermehrung, sei es durch Kopf-, Trieb-, Stamm-, Augen- oder Blattstecklinge, erfolgt die Wurzelbildung erst nach dem Abtrennen von der Mutterpflanze. In der Regel sind für die Stecklingsvermehrung, mit Ausnahme der Sukkulenten, die gesondert behandelt werden, besondere Vermehrungseinrichtungen (s. Seite 297) notwendig.

Kopf- und Teilstecklinge

Das Schneiden der Stecklinge wurde schon auf Seite 40 bei den Gehölzen ausführlich beschrieben. Daher soll hier nur auf Besonderheiten eingegangen werden, die bei der Stecklingsvermehrung der Zimmerpflanzen beachtet werden müssen.

Je nach Pflanzenart werden krautige, leicht verholzte (halbreife) oder verholzte (reife) Stecklinge geschnitten. Die Mutterpflanzen

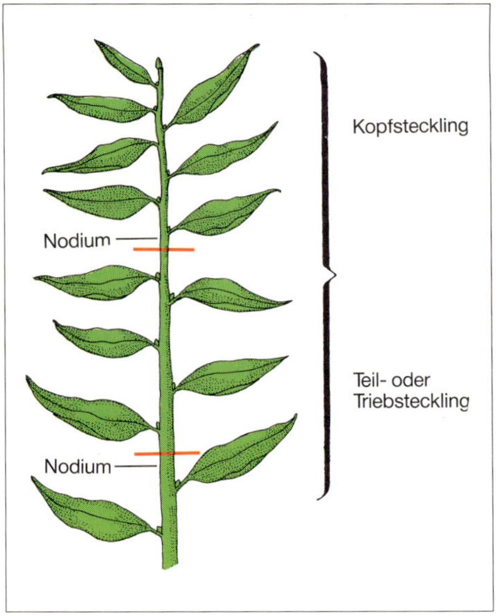

Stecklingsarten

sollten gesund und wüchsig sein. Stecklinge von hungrigen Pflanzen mit gelben Blättern bewurzeln nur langsam oder gar nicht, da zuwenig Reservestoffe vorhanden sind. Von kranken oder absterbenden Pflanzen nehme man Stecklinge nur dann, wenn man die Pflanze erhalten will und weitere Pflanzen der Art nicht zur Verfügung stehen. Der Zeitpunkt des Stecklingschnittes kann sehr variieren. Grundsätzlich ist eine Vermehrung ganzjährig möglich, vorausgesetzt der Reifegrad der Triebe stimmt (nähere Angaben siehe bei den einzelnen Pflanzenarten).

Als Stecklinge verwendet man Triebenden, dann handelt es sich um Kopfstecklinge, oder auch Mittelstücke des Triebes, dann spricht man von Trieb- oder Teilstecklingen (s. auch Abb. Seite 41). Zur Vermehrung sind sie in der Regel gleichermaßen geeignet.

Die Stecklinge nimmt man erst etwas länger von der Mutterpflanze, als man sie braucht. Üblich ist eine Stecklingslänge von 5 bis 10 cm mit 4 bis 5 Blattansätzen (Knoten oder Nodien). Der Schnitt erfolgt mit einem scharfen Messser, bei krautigen Stecklingen auch mit einer Rasierklinge, etwa 3 bis 5 mm unter einem Nodium.

Der Grund, weshalb der Schnitt dicht unter einem Nodium erfolgen sollte und nicht durch das Internodium, ist folgender: Die Wurzelbildung geschieht in der Regel bevorzugt, manchmal ausschließlich an den Nodien oder dicht dabei.

Dies hängt damit zusammen, daß meristematische Zellen oder Zellen, die eine größere Regenerationsfähigkeit besitzen, überwiegend oder ausschließlich im Nodienbereich vorhanden sind und daß es in diesem Bereich (Leitbündelverzweigungen) zu einem lokalen Stau des Wuchsstoffstromes kommt, wodurch die Wurzelbildung gefördert wird.

Blüten oder Knospen an den Stecklingen sind zu entfernen. Denn Stecklinge mit Blütenknospen bewurzeln sich nicht oder nur sehr schwer. Insbesondere bei holzigen Stecklingen empfiehlt es sich, Wuchsstoffe einzusetzen (s. Seite 289). Ob die verbliebenen Blätter eingekürzt werden sollten oder nicht, ist auf Seite 42 bei den Gehölzen beschrieben. Sinngemäß gelten die dort gemachten Aussagen auch für Stecklinge von Zimmerpflanzen.

Stammstecklinge

Bei Stammstecklingen handelt es sich um blattlose Teilstücke von fleischigen (grünen) oder schwach verholzten Sprossen mit einem Durchmesser von 1 cm und mehr. Durch Stammstecklinge können u. a. Dieffenbachien, *Monstera, Philodendron, Schefflera* und *Dracaena* vermehrt werden.

Mit einem scharfen Messer wird der Sproß in kurze, 3 bis 10 cm lange Abschnitte zerteilt, von denen jedes Stück mindestens ein Nodium mit einem ruhenden Auge (Knospe) aufweisen muß.

Man kann aber auch längere Sproßstücke mit mehreren Nodien in das Vermehrungssubstrat legen und erst nach erfolgter Bewurzelung und Durchtrieb in kleinere Teilstücke teilen.

Im Gegensatz zu den Kopf- und Teilstecklingen werden Stammstecklinge nicht senkrecht gesteckt, sondern waagerecht in das Vermehrungssubstrat gelegt und zur Hälfte mit Erde bedeckt. Schon bald werden sich an dem Nodium Wurzeln bilden, und das Auge wird zu einem neuen Sproß auswachsen.

Vermehrung einer Dieffenbachie durch Stammstecklinge

Vermehrung eines Gummibaumes, *Ficus elastica* 'Decora', durch Knotenstecklinge

Knotenstecklinge (Augenstecklinge)

Der Knotensteckling ist ein in der Regel beblättertes etwa 2 bis 3 cm langes, verholztes Sproßstück mit einem gut ausgebildeten Auge. Durch Knotenstecklinge werden u. a. großblättrige Gummibaumarten, z. B. *Ficus elastica*, vermehrt (s. Abb. Seite 131).

Die Stecklinge werden einzeln, in der Regel senkrecht, in Töpfe gesteckt, das Blatt wird zusammengerollt (um die Verdunstung einzuschränken) und mit Bast oder einem Gummiring zusammengehalten. Durch die so gebildete Blattröhre wird ein Holzstäbchen gesteckt (Bambus- oder ein Schaschlikstäbchen), damit das Ganze einen gewissen Halt bekommt.

Bei Pflanzen mit gegenständigen Blättern, z. B. *Aphelandra* (Glanzkölbchen) und *Hydrangea* (Hortensie), kann das Sproßstück noch halbiert werden, man erhält so je Knoten (Nodium) zwei Stecklinge. Solche Stecklinge sind nicht senkrecht, sondern waagerecht zu stecken bzw. auszulegen.

Stecklinge vom Blatt

Daß man Sproßteile mit intakten Vegetationspunkten (Augen oder Kospen) abschneiden und zur Bewurzelung bringen kann und eine neue Pflanze erhält, ist schon faszinierend. Daß aber auch einzelne Blätter und selbst Blattstücke ein solches Regenerationsvermögen besitzen, grenzt schon an ein Wunder. Denn Blattstecklinge müssen sowohl Wurzeln als auch Sprosse regenerieren.

Durch Blattstecklinge lassen sich nicht alle Pflanzenarten vermehren. Zwar gibt es eine Reihe von Arten, die an isolierten Blättern leicht Wurzeln ausbilden (z. B. Pelargonien), doch sind sie nicht in der Lage, auch Vegetationspunkte auszubilden.

Die Vermehrung durch Stecklinge vom Blatt ist bei Begonien-Arten, Saintpaulien (Usambaraveilchen), *Streptocarpus* (Drehfrucht), Sansevierien (Bogenhanf), Kalanchoen, Peperomien (Pfeffergesicht), einer Reihe von Sukkulenten und anderen Arten, ja selbst bei einigen Farnen, möglich.

Vermehrung des Usambaraveilchens, *Saintpaulia ionantha*, durch Blattstecklinge

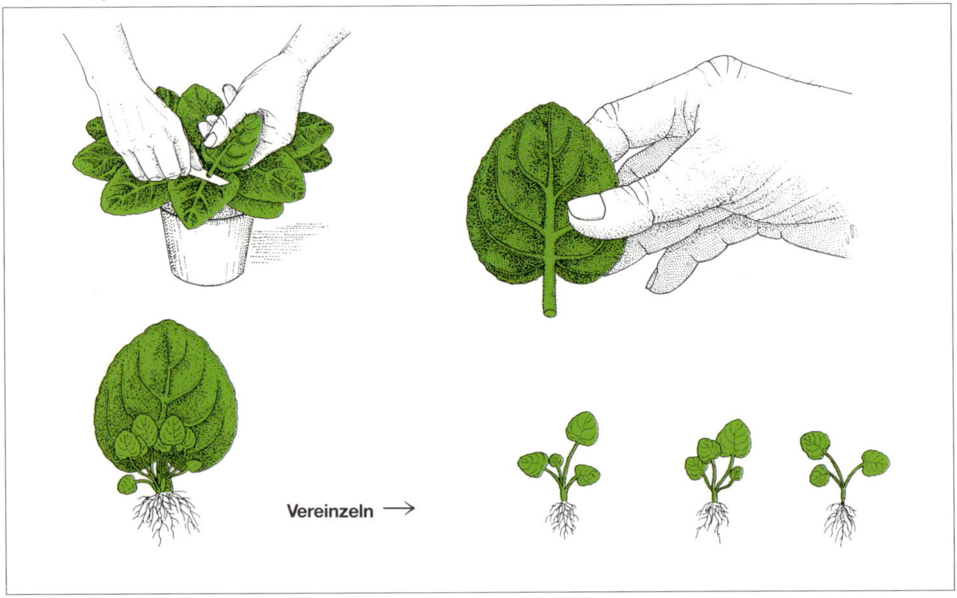

Ganze Blätter

Durch ganze Blätter vermehrt man u. a. das Usambaraveilchen, *Saintpaulia ionantha*. Die besten Ergebnisse erzielt man mit ca. 5 Monate alten Blättern, bei einem Durchmesser von etwa 4 cm. Jüngere oder ältere Blätter bilden zwar auch Wurzeln und Vegetationspunkte aus, aber stark verzögert.

Die Blattstiele werden auf 1 bis 2 cm eingekürzt. Je länger der Blattstiel ist, um so länger dauert die Bewurzelung. Bei größeren Mengen sind die Blätter schuppenförmig oder dachförmig gegenüberstehend zu stecken, damit sie selbst bei engem Stand möglichst viel Licht erhalten.

Vom Stecken des Blattes bis zur Bewurzelung und Bildung sichtbarer Austriebe vergehen etwa 8 bis 12 Wochen. Pro Blatt entstehen mehrere kleine Pflänzchen. Damit sich schöne Blattrosetten ausbilden können, müssen diese Pflänzchen beim Pikieren voneinander getrennt werden, da sonst ein Gewirr von vielen Rosetten entsteht. Gerade letzteres wird häufig vom Hobbygärtner nicht genügend beachtet, der sich dann wundert, daß seine Usambaraveilchen zwar viele Blätter ausbilden, aber nicht so recht blühen wollen.

Durch ganze Blätter lassen sich auch Lorraine- und Elatior-Begonien vermehren. Bei der Vermehrung von *Kalanchoë* (Flammendes Käthchen) durch Blätter wird das Blatt nicht abgeschnitten, sondern vom Stiel (Sproß) abgerissen, der verbleibende Bart ein wenig eingekürzt. Bei Farnen reißt man ausgereifte Blätter so ab, daß einige Wurzeln am Blattstiel verbleiben. Bei der Vermehrung von Kamelien *(Camellia)* durch Blattstecklinge ist darauf zu achten, daß beim Abreißen am Blattstiel ein Auge verbleibt. Dies erreicht man dadurch, daß man vor dem Abreißen oberhalb und unterhalb des Blattes am Sproß einen Einschnitt vornimmt, wie dies für Nadelgehölzstecklinge auf Seite 43 beschrieben wurde. Aus ganzen Blättern lassen sich auch viele Sukkulenten vermehren, u. a. Arten der Gattungen *Senecio, Crassula* und *Pachyphytum*. Blattstecklinge von Sukkulenten sind, genau wie deren Sproßstecklinge, wegen der wasserreichen Gewebe stark fäulnisgefährdet. Man läßt sie daher vor dem Stecken gut abtrocknen (s. auch Seite 151).

Blatt-Teilstecklinge (Blattstückstecklinge)

Bei einigen Pflanzenarten haben selbst Blattadern die Fähigkeit, nach Verletzung und Abtrennung, Vegetationspunkte und Wurzeln auszubilden, u. a. *Begonia*-Rex-Hybriden, *Streptocarpus*-Hybriden und verschiedene *Kalanchoe*-Arten.

Bei der Vermehrung der Königsbegonie (*Begonia*-Rex-Hybriden) gibt es mehrere Varianten:

1. Man verwendet ausgereifte, jedoch nicht verhärtete Blätter und schneidet entlang der Blattadern keilförmige Stücke heraus. Mit dem schmalen Ende steckt man sie ziemlich dicht nebeneinander in das Vermehrungsgefäß.
2. Man schneidet das Blatt, ohne Rücksicht auf den Verlauf der Blattadern, in 2 bis 3 cm große Quadratstücke. Diese Quadratstücke werden nebeneinander in das Vermehrungsgefäß gelegt oder gesteckt. Am Rande der Stücke bilden sich nach einigen Wochen Vegetationspunkte und Wurzeln aus.
3. Die dritte Variante ist die Blatteinschnittmethode. Hier legt man ganze Blätter flach auf das Vermehrungssubstrat, beschwert sie mit kleinen Steinchen oder steckt sie mit kleinen Drahtklammern (eingekürzte Haarklammern) fest und durchtrennt an einigen Stellen die Adern. An diesen Schnittstellen entwickeln sich schon nach kurzer Zeit junge Pflänzchen.

Bei der Drehfrucht (*Streptocarpus*-Hybriden) trennt man bei ausgewachsenen Blättern die Mittelrippe heraus, so daß zwei Hälften entstehen. Diese beiden Hälften steckt man schräg, nachdem man zuvor mit einem Hölzchen eine kleine Rinne gezogen hat, in ihrer ganzen Länge in das Vermehrungssubstrat. Bei Verwendung kleinerer Gefäße, etwa Blumentöpfen, können die Hälften auch in kleinere Teilstücke geschnitten werden. Nach der Bewurzelung und Ausbildung neuer Triebe werden die Blatthälften in kleinere Einheiten zerschnitten, aufpikiert oder in kleine Töpfe gepflanzt.

Man kann das Blatt auch in Querstücke trennen, die, um sie bessser stecken zu können, am unteren Ende keilförmig zugeschnitten

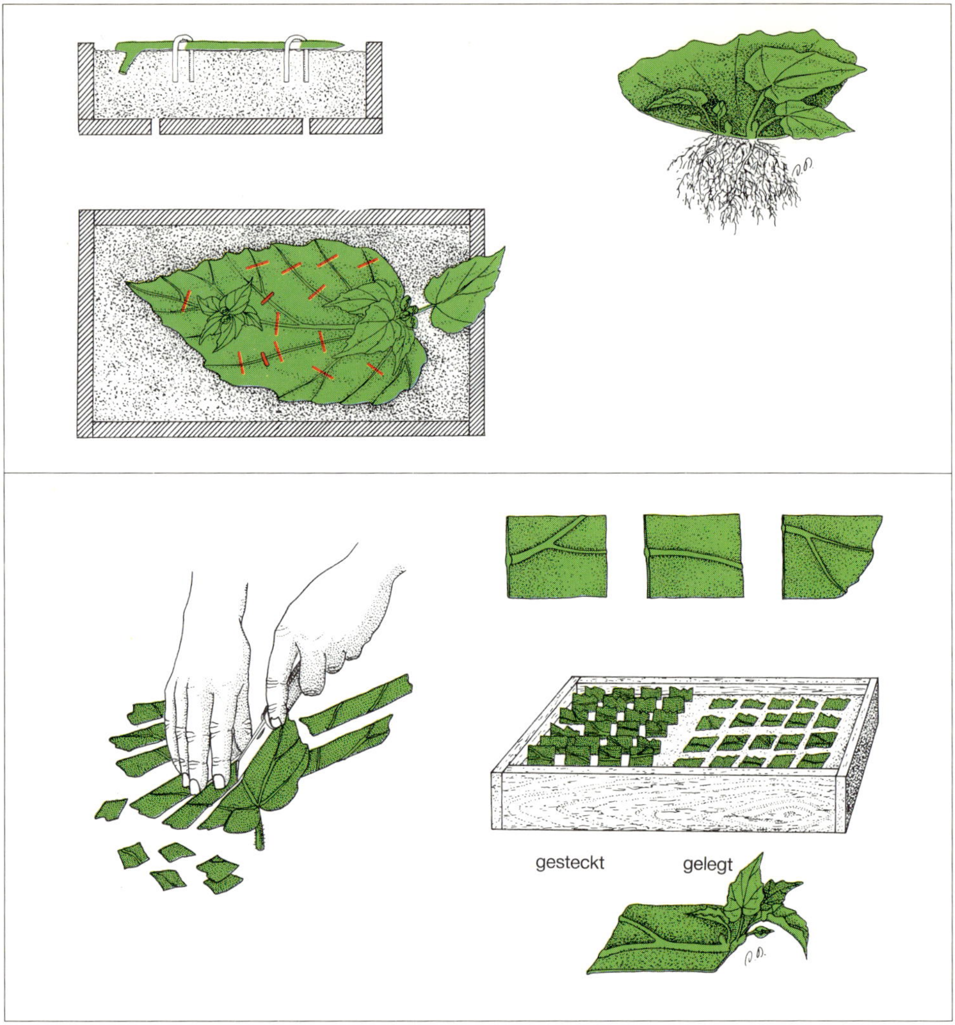

Vermehrung der Königsbegonie, *Begonia*-Rex-Hybride, Blatteinschnittmethode (oben), Quadratstückmethode (unten).

werden (s. Abb. Seite 213). Stecken und Weiterbehandlung dieser Querstücke werden, wie bei den Usambaraveilchen beschrieben, durchgeführt.

Bei Sansevierien (Bogenhanf) teilt man ausgereifte Blätter in 5 bis 6 cm lange Teilstücke, die man senkrecht in das Vermehrungssubstrat steckt (s. Seite 209). Auch hier kommt es darauf an, daß die Teilstücke immer mit dem ursprünglich basalen Teil in das Substrat gesteckt werden.

Bei Sansevierien ist zu beachten, daß sich durch Blatt- und Teilstecklinge nur die „Grünen“ Arten vermehren lassen. Die beliebten gelbstreifigen Sansevierien (z. B. *Sansevieria trifasciata* 'Laurentii') kann man nicht auf diese Art und Weise vermehren, da bei dieser Methode nur grüne Triebe ausgebildet werden. Eine sortenechte Vermehrung ist bei diesen buntblättrigen Formen nur durch Teilung möglich.

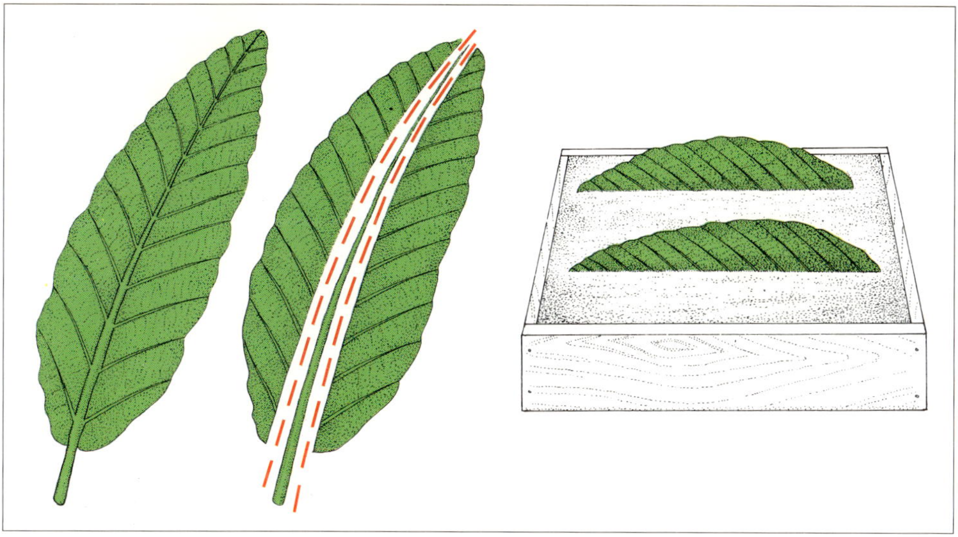

Eine Methode, um *Streptocarpus*-Hybriden durch Blattstecklinge zu vermehren: Mittelrippe heraustrennen und die Blatthälften stecken.

Behandlung geschnittener Stecklinge

Das Stecken der Stecklinge und die erforderlichen Pflegemaßnahmen sind schon auf den Seiten 42 bis 43 bei der Gehölzvermehrung ausführlich beschrieben worden. Die dort gemachten Aussagen gelten sinngemäß auch für Stecklinge der Zimmerpflanzen. Welche Substrate sich für die Vermehrung eignen und welche Vermehrungsgefäße in Frage kommen, ist auf den Seiten 269 bis 308 behandelt.
Als Standort für die Stecklingsgefäße bzw. Vermehrungseinrichtungen eignen sich in der Wohnung Ost-, West- und Südfenster. Damit es nicht zu einer übermäßigen, pflanzenschädlichen Erwärmung der Vermehrungseinrichtungen kommt, müssen diese bei direkter Sonnenbestrahlung schattiert werden.
Wie bei den Gehölzen hat auch bei den Zimmerpflanzen die Bodentemperatur einen entscheidenden Einfluß auf den Bewurzelungserfolg. Im allgemeinen sind zur Bewurzelung Bodentemperaturen von mindestens 20 bis 25 °C erforderlich. Welche Bodentemperaturen für die einzelnen Pflanzenarten optimal sind, ist im speziellen Teil bei den einzelnen Arten angegeben.
Die zur Bewurzelung benötigte Zeit ist von Pflanzenart zu Pflanzenart verschieden. Krautige Stecklinge bewurzeln sich oft schon nach 2 bis 4 Wochen, stark verholzte brauchen länger.
Die Stecklinge werden aus dem Vermehrungsbeet genommen, wenn sie ausreichend bewurzelt sind und ein deutlicher Zuwachs erkennbar ist. Im Gegensatz zu Sämlingen werden be-

Die Stecklinge sind so flach wie möglich, aber fest zu stecken. Bei krautigen Stecklingen empfiehlt es sich, die Löcher vorzustechen.

Um buschige Pflanzen zu erhalten, sollten Sämlinge bzw. bewurzelte Stecklinge entweder kurz vor dem Eintopfen oder kurz danach zum ersten Mal gestutzt werden.

Selbst Dieffenbachien bilden im Wasserglas willig Wurzeln aus.

wurzelte Stecklinge in der Regel nicht pikiert, sondern gleich in einen Blumentopf eingepflanzt. Die weitere Behandlung ist die gleiche wie die der Sämlinge (s. Seite 124, „Eintopfen").
Da meist von Grund auf verzweigte Pflanzen erwünscht sind, sollten bereits bewurzelte Stecklinge, entweder kurz vor dem Eintopfen oder kurz danach, das erste Mal gestutzt werden.
Beim ersten Stutzen genügt es, wenn man 2 bis 3 Nodien (Blattansätze) stehen läßt. Ob später ein zweites, drittes usw. Stutzen notwendig ist, ist abhängig von der jeweiligen Pflanzenart oder auch der angestrebten Form. Je nachdem, wie oft gestutzt wird, erhält man entsprechend buschige oder lichtere Exemplare.

Stecklingsvermehrung im Wasserglas

Wer sich nicht mit Vermehrungssubstraten und Vermehrungseinrichtungen abgeben will, kann versuchen, seine Stecklinge im Wasser zu bewurzeln. Viele von Natur aus wüchsige Pflanzenarten, wie Tradescantien (Dreimaster-

blume), *Impatiens* (Fleißiges Lieschen), *Coleus* (Indianernessel), aber auch die Efeutute (*Epipremnum pinnatum* 'Aureum') und Dieffenbachien bilden im Wasser willig Wurzeln aus. Auch etwas schwierig wurzelnde Arten, wie Oleander, *Sparmannia africana* (Zimmerlinde) und selbst Blattstecklinge von Usambaraveilchen bewurzeln im Wasserglas.
Die Gefäße, die man verwendet, sollten nicht aus Metall sein. Von Vorteil ist es, wenn dem Wasser eine Prise Blumendünger zugegeben wird, 1/2 g bzw. 0,5 ml je Liter Wasser.
Einen kleinen Nachteil hat diese Methode der Stecklingsbewurzelung: die bewurzelten Stecklinge erleiden nach dem Umpflanzen in Erde zunächst einen Schock. Um den Schock möglichst klein zu halten, empfiehlt es sich, möglichst früh in Erde umzusetzen und nicht erst dann, wenn die Wurzeln schon das halbe Glas ausgefüllt haben.
Eine Pflanzenart, die in der Regel nur im Wasserglas herangezogen wird, ist *Cyperus alternifolius*, das Zypergras. Man verwendet eingekürzte Blattschöpfe mit einem 2 bis 4 cm langen Stielstück. Die Blattschöpfe legt man mit dem Stiel nach unten oder oben in das Wasser, nach 2 Wochen setzt die Wurzel- und nach weiteren 2 Wochen die Triebbildung ein.

Das Zypergras läßt sich leicht durch Blattschöpfe vermehren.

Vermehrung der Farne

Farne lassen sich durch Teilung, Stecklinge, Ausläufer, Brutpflänzchen und Sporenaussaat vermehren. Während man bei den vegetativen Vermehrungsmethoden relativ schnell eine ansehnliche Pflanze bekommt, erfordert die Sporenaussaat schon ein wenig Geduld. So vergehen z. B. beim Frauenhaarfarn *(Adiantum)* 6 Monate, beim Hirschgeweihfarn *(Platycerium)* bis zu 1 Jahr, bis die ersten Farnblätter (Wedel) erscheinen. Nachstehend sind die verschiedenen Vermehrungsmethoden näher beschrieben. Die Weiterkultur der Jungpflanzen unterscheidet sich nicht von der der Zimmerpflanzen; deshalb ist dort nachzuschauen.

Sporenaussaat

Im Gegensatz zu den Blütenpflanzen, die sich generativ durch Samen vermehren lassen, besitzen Farne Sporen. Die Farnsporen sind mikroskopisch kleine Fortpflanzungsorgane, ein Vorstadium der Keimpflanzen, bei denen die Befruchtung erst nach der Aussaat stattfindet. Der Entwicklungsgang eines Farnes von der Spore bis zur fertigen Pflanze ist so interessant, daß zunächst etwas näher darauf eingegangen werden soll, vor allem aber, um auch bei der Vermehrung nichts falsch zu machen und die gegebenen Hinweise besser verstehen zu können.

Die Farnsporen sind staubfein und sitzen in den Sporenkapseln (Sporangien) auf der Unterseite der Wedel. Eine Sporenkapsel kann mehrere Hundert Sporen enthalten, eine einzige Farnpflanze Tausende von Sporenkapseln tragen, die in kleinen Gruppen, den sogenannten Sori, beieinanderstehen.

Sät man Farnsporen aus und gibt man ihnen genügend Feuchtigkeit, zeigt sich meist schon nach einigen Tagen ein grüner Anflug auf der Erdoberfläche – die Sporen sind gekeimt. Aus diesem grünen Anflug entsteht nach wenigen Wochen – kann aber je nach Art auch länger dauern – durch Zellteilung ein herzförmiges Gebilde, der Vorkeim (Prothallium). Dies ist nun nicht die neue Farnpflanze, sondern die geschlechtliche Generation, aus der erst

Vorkeim (Prothallium), links, und Vorkeim mit ersten Blättern und Wurzeln (Sporophyt), rechts

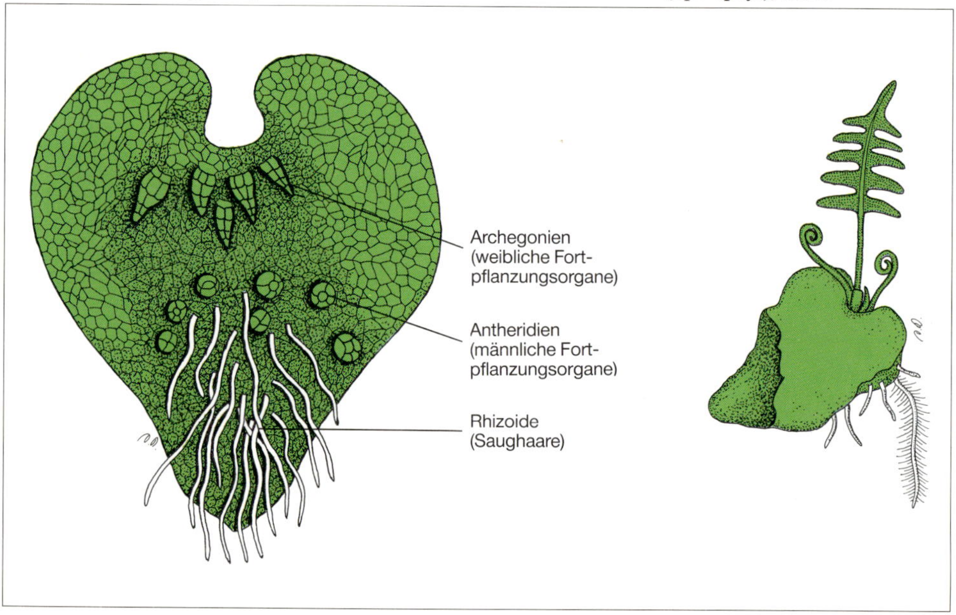

Wenn die Sporangien sich dunkelbraun verfärben, hier *Pellaea rotundifolia*, sind die Sporen reif, und die Wedel können geerntet werden.

die eigentliche Farnpflanze hervorgeht. Mit wurzelähnlichen Gebilden – den Rhizoiden – nimmt der grüne (damit zur Photosynthese befähigte) Vorkeim Nährstoffe und Wasser aus dem Boden auf.

Auf der Unterseite des Vorkeims befinden sich die männlichen und weiblichen Fortpflanzungsorgane. Die männlichen Organe – die Antheridien – enthalten die Spermatozoiden und sitzen in der Nähe des zugespitzten Teils des Vorkeims; die weiblichen Organe – die Archegonien – beherbergen die Eizellen und befinden sich an dem gegenüberliegenden herzförmig eingeschnittenen Ende.

Damit die eigentliche Farnpflanze heranwachsen kann, muß es zunächst zu einer Befruchtung kommen, das heißt wie bei den Blütenpflanzen zur Vereinigung der männlichen und weiblichen Eizellen.

Insekten oder Wind, die bei Blütenpflanzen den Transport der männlichen Keimzellen übernehmen, das heißt die Pflanze bestäuben, kommen bei Farnen nicht in Betracht. Dagegen ist das Wasser, in der freien Natur als Tau oder Regen, in Kultur durch künstliche Bewässerung, wohl imstande eine solche Brücke zu bilden. Ein kleiner Wassertropfen, der den Vorkeim mit einem dünnen Film überzieht, genügt den Spermatozoiden, um zur Eizelle zu schwimmen.

Dieser Vorgang erinnert lebhaft an die Befruchtung der Samenpflanzen. Die Spermatozoiden entsprechen dem Blütenstaub, das Archegonium der Samenanlage mit der Eizelle. Während bei den Blütenpflanzen beide Organe (Staubblätter und Fruchtblätter) in Blüten eingeschlossen sind, fehlen den Farnen die Blüten. Man bezeichnet sie daher auch als blütenlose Pflanzen.

Nach der Befruchtung geht durch Zellteilung der Sporophyt, die eigentliche in Stamm, Blätter und Wurzeln gegliederte Farnpflanze, hervor. Der Vorkeim – er hat seine Aufgabe erfüllt – stirbt schließlich ab. Erfolgt aus irgendeinem Grund keine Befruchtung, kann der Vorkeim jahrelang als herzförmiges Gebilde weiterleben.

Überblicken wir den Entwicklungsgang eines Farnes noch einmal, so finden wir, kurz gesagt, folgendes: Aus den Sporen, die auf vegetativem Wege, wie eine Art Ableger, am Farnwedel entstehen, geht ein Vorkeim hervor, der auf generativem Wege (durch Vereinigung von Eizellen und Spermatozoiden) wieder eine sporentragende Farnpflanze erzeugt. Die Entstehung eines Vorkeimes aus einem anderen oder einer sporentragenden Farnpflanze aus einer anderen findet nie statt. Die Farnpflanze tritt also in zwei streng voneinander getrennten Formen oder Generationen auf: einer vegetativen Form, der sporentragenden Farnpflanze, und einer generativen, dem Vorkeim. Beide Formen wechseln regelmäßig miteinander ab. Dieser Vorgang wird als Generationswechsel bezeichnet.

Daß die keimende Spore und der Vorkeim sehr leicht durch Vertrocknen zugrunde gehen und zur Befruchtung Wasser notwendig ist, macht deutlich, daß Farne in der Regel nur an ständig feuchten Orten vorkommen, in Wüsten und Steppen dagegen gänzlich fehlen.

Der Ernte der staubfeinen Sporen ist größte Aufmerksamkeit zu schenken. Denn sobald die Sporenkapseln reif sind, springen sie auf, und die Sporen werden herausgeschleudert. Deshalb sind die Sporen kurz vor der Vollreife zu ernten. Dies ist besonders dann wichtig, wenn noch andere Farnarten in der Nähe stehen, da es sonst zu einer Vermischung der Sporen kommen kann.

Zur Gewinnung der Sporen werden ganze Wedel, sobald sie reif sind, zu erkennen äußerlich an der Bräunung der Sporangien, abgeschnitten und in Pergamenttüten verpackt. Bei Temperaturen um 25 °C fallen die Sporen aus. Um die Sporenkapseln von den Sporen zu trennen, schüttet man sie auf ein Blatt Papier, hält das Papier ein wenig schräg und klopft leicht gegen die Unterseite. Die feinen Sporen bleiben schließlich auf dem Papier zurück.

Die Aussaat muß unter größter Sauberkeit erfolgen. Nur neue oder desinfizierte Gefäße sind zu verwenden. Als Aussaatsubstrat eignet sich u. a. reiner Torf. Weitere Substrate sind in der Tabelle auf Seite 275 genannt. Da die keimenden Sporen rasch von Algen oder Moosen überwachsen werden, ist es sinnvoll, das Substrat vor der Aussaat mit kochendem Wasser

Da Wasser bzw. eine hohe relative Luftfeuchtigkeit Voraussetzung für den Befruchtungsvorgang ist, sind die Gefäße mit einer Glasplatte abzudecken und die Vorkeime gelegentlich zu übersprühen.

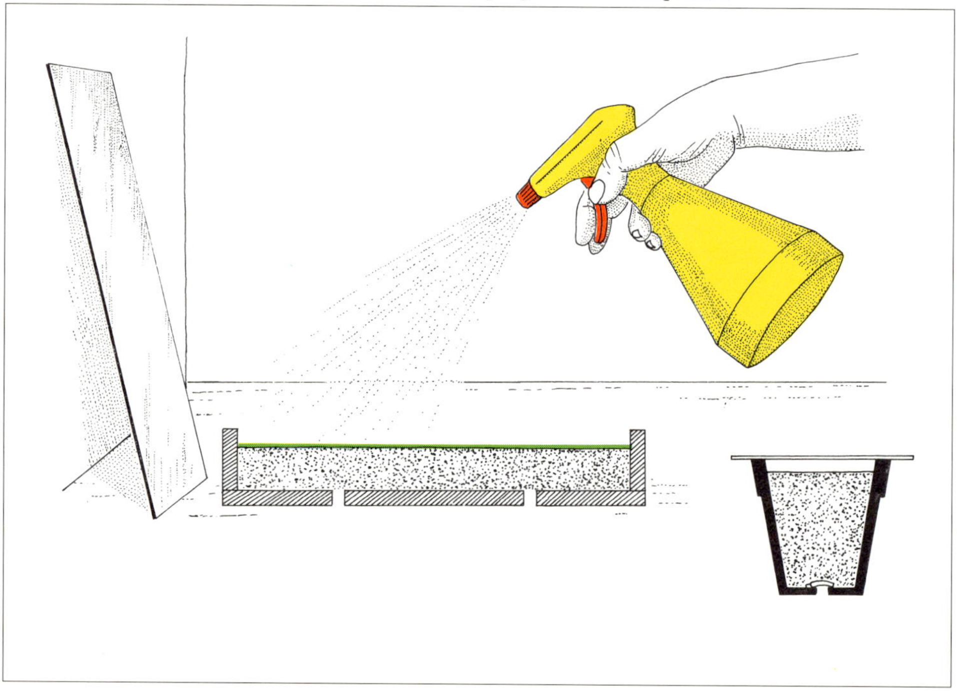

Der grüne „Rasen" auf der Erdoberfläche zeigt an, daß die Vorkeime zu wachsen beginnen, hier *Blechnum brasiliense*.

Frisch pikierte Vorkeimrasen-Teilstücke

abzugießen. Wird nicht sorgfältig gearbeitet und die Hygiene nicht genügend ernst genommen, wird man sehr schnell erfahren müssen, daß Moose und Algen schneller sind und die keimenden Farnsporen erdrücken.

Es sollte nur eine Art an einem Ort ausgesät werden, um eine Vermischung durch in der Luft schwebende Sporen zu vermeiden. Bei Aussaat mehrerer Farnarten werden die benötigten Gefäße hergerichtet, beiseite gestellt, abgedeckt und einzeln zur Aussaat hergeholt. Fertige Aussaaten werden ebenso behandelt.

Das Aussaatsubstrat wird locker bis zur Oberkante der Gefäße eingefüllt, glatt abgestrichen und mit dem Andrückbrettchen so angedrückt, daß sich die Oberfläche des Substrates etwa 1 bis 2 cm unter der Oberkante des Gefäßes befindet. Für die oberste Schicht ist nur fein gesiebtes Substrat zu verwenden.

Die gereinigten Sporen gibt man auf ein gefaltetes Stück Papier (Postkarte), und die Sporen sind durch vorsichtiges Klopfen gegen die Unterseite möglichst gleichmäßig auf der Substratoberfläche zu verteilen. Auch hier ist größte Sauberkeit angebracht. Keinesfalls darf das benutzte Stück Papier für die nächste Farnart verwendet werden. Denn einige wenige Farnsporen werden immer am Papier haften bleiben und möglicherweise bei der nächsten Aussaat mit abfallen. Die Sporen werden nicht angedrückt und auch nicht mit Substrat abgedeckt. Bewässert wird zweckmäßig durch Anstauen (Aussaatgefäß in eine Schale Wasser stellen) mit abgekochtem Wasser.

Da Wasser bzw. eine hohe Luftfeuchtigkeit Voraussetzung für den Befruchtungsvorgang ist, sind die Gefäße mit einer Glasplatte, Kunststoffhaube oder Folie abzudecken. Ideal ist die Verwendung kleinerer Vermehrungsbeete (s. Seite 298). In der Regel braucht bis zur Keimung nicht zusätzlich gewässert werden. Ein gelegentliches Übersprühen ist aber von Vorteil. Die Gefäße sind an einem hellen, vor direkter Sonne geschützten Ort aufzustellen, bei Temperaturen nicht unter 18 °C. Nach ungefähr einer Woche beginnt die Keimung der Sporen.

Rund 6 bis 8 Wochen später ist das Aussaatgefäß von einem grünen Rasen bedeckt, der uns deutlich macht, daß die Vorkeime zu wachsen beginnen. Bei einigen Arten kann es allerdings einige Monate, ja bis zu einem Jahr dauern, bis sich die geschlechtliche Generation – das Prothallium – ausgebildet hat.

Im Vorkeimstadium müssen die Prothallien durch häufiges Übersprühen unbedingt feucht gehalten werden (abgekochtes Wasser verwenden), denn jetzt versuchen die Spermatozoiden, die Eizellen an den gegenüberliegenden Enden der Prothallien zu erreichen. Dies kann nur gelingen, wenn diese mit einer dünnen Wasserschicht überzogen sind.

Pikiert wird nicht erst, wenn die ersten typischen Farnblättchen erkennbar sind, sondern schon dann, wenn die Vorkeime sich so weit entwickelt haben, daß sie sich gegenseitig im Wachstum behindern.

Der Vorkeimrasen wird dabei in etwa 1 cm^2

große Stücke geteilt und unter leichtem Andrücken auf dem Substrat ausgelegt. Haben sich die Farnpflanzen entwickelt und eine Höhe von 3 bis 4 cm erreicht, werden die Tuffs geteilt und im Abstand von 5 cm x 5 cm aufpikiert. Ob noch ein zweites oder drittes Pikieren erforderlich ist, ist abhängig von der Wuchsstärke der einzelnen Arten.

Vegetative Methoden

Viele Farne lassen sich einfacher und schneller durch Teilung der Wurzelballen, der verdickten Wurzelstücke, die über oder unter der Erdoberfläche verlaufen, durch Ausläufer, Stecklinge oder auch durch Brutpflänzchen vermehren.

Die Teilung der Wurzelballen ist schwierig und bringt nicht immer befriedigende Ergebnisse. Man drückt vorsichtig mit den Händen den Wurzelballen auseinander, nachdem zuvor die Erde etwas herausgeschüttelt wurde. Bereitet dies Schwierigkeiten, nimmt man ein Messer zur Hilfe und schneidet den Ballen in einzelne Teilstücke. Dabei ist darauf zu achten, daß jede Teilpflanze einen genügend großen Trieb und ausreichend Wurzeln besitzt. Die einzelnen Teilstücke werden in Töpfe gepflanzt und, bis sie fest eingewurzelt sind, geschützt (Verdunstungsschutz geben) aufgestellt.

Farne mit kriechenden Wurzelstöcken lassen sich am einfachsten vermehren, indem man sie über die Ränder ihrer Töpfe hinaus in andere, unmittelbar daneben gestellte Töpfe hineinwachsen läßt. Eine Abdeckung mit Torfmoos *(Spaghnum)* erleichert die Wurzelbildung. Ist die Pflanze festgewurzelt, trennt man den Wurzelstock mit einem scharfen Messer von der Mutterpflanze ab.

Man kann solche Wurzelstöcke auch in einzelne Teilstücke zertrennen. Je Teilstück sollten dabei einige Wedel belassen werden. Sind

Viele Farne lassen sich durch vorsichtiges Teilen vermehren.

Vermehrung von Farnen mit kriechendem Wurzelstock.
Erst wenn genügend Wurzeln ausgebildet sind, wird die Jungpflanze von der Mutterpflanze abgetrennt (links).
Teilt man den Wurzelstock in mehrere Teilstücke, sind diese bis zur Bewurzelung vor Feuchtigkeitsverlusten zu schützen (rechts).

reichlich Wedel vorhanden, sind einige zu entfernen, damit die abgetrennten Teilstücke nicht überfordert werden bei der Versorgung der Wedel mit Wasser und Nährstoffen. Die abgetrennten Teilstücke werden mit einer Drahtklammer auf dem Substrat befestigt und sind bis zur Bewurzelung vor Feuchtigkeitsverlusten geschützt aufzustellen.

Bei den ausläuferbildenden Farnen (z. B. *Nephrolepis*) trennt man die jungen Pflänzchen ab, pikiert sie auf oder setzt sie in kleine Töpfe. Man kann aber auch so vorgehen, wie bei der Vermehrung der Wurzelstöcke beschrieben, indem man die Ausläufer in andere, unmittelbar daneben gestellte Töpfe hineinwachsen läßt und erst nach dem Einwurzeln abtrennt.

Einige Farne bringen auf vollentwickelten Wedeln Brutpflanzen hervor, die man abnimmt und zunächst aufpikiert. Zum Teil sind es nur Brutknospen, die gewaltig angeschwollenen Sporen oder kleinen Brutzwiebeln ähneln und sich erst nach Loslösung von der Mutterpflanze zu einer selbständigen Pflanze entwikkeln.

Der Geweihfarn *(Platycerium)* bildet im Alter viele Tochterpflanzen aus, die man mit einem scharfen Messer abtrennen kann. Man fährt mit dem Messer unter dem Deckblatt sowie an dessen Seiten entlang und löst dabei die Tochterpflanze mitsamt dem dazugehörigen Teil der Mutterpflanze ab. Dieses Wurzelstück der Mutterpflanze erleichtert den jungen Farnen das An- und Weiterwachsen.

Viele Farne, hier *Asplenium bulbiferum*, bringen auf vollentwickelten Wedeln Brutpflanzen hervor.

Selaginella-Arten (Moosfarne) vermehrt man durch Stecken von Zweigteilen (Stecklinge), die man dem Substrat auflegt, mit Drahtklammern festheftet oder teilweise mit Substrat bedeckt. Triebspitzen steckt man aufrecht zu 8 bis 10 Stück gleich in einen Topf. Bis zur Bewurzelung ist für hohe Luftfeuchtigkeit zu sorgen.

Vermehrung der Kakteen und anderer Sukkulenten

Kakteen und andere Sukkulenten lassen sich je nach Gattung und Art durch Samen, Stecklinge, Pfropfen und Teilung (Ableger) vermehren.

Aussaat

Welche Schwierigkeiten auftreten können, wenn man von seinen Pflanzen Samen ernten will, ist schon bei den Zimmerpflanzen beschrieben worden. Der überwiegende Teil der Sukkulenten ist selbststeril, viele sind zweihäusig. Damit sie Samen ansetzen, ist die Bestäubung der Blüte mit den Pollen einer anderen Blüte der gleichen Art, aber anderer Herkunft (aus einem anderen Klon*) notwendig. Bei recht seltenen Arten kann es sinnvoll sein, rechtzeitig mit anderen Sukkulentenfreunden Kontakt aufzunehmen, die das Gegenstück besitzen. Auf diesem Wege lassen sich die Pollen rasch austauschen.

Bei den Kakteen gibt es eine Reihe von Arten, die, ohne daß sich die Blüten überhaupt öffnen, Samen ansetzen. Arten mit solchen sogenannten kleistogamen Blüten finden wir u. a. bei *Setiechinopsis* und *Frailea.*

Die Reifezeit der Früchte ist bei den einzelnen Sukkulenten-Arten unterschiedlich. So dauert es bei Kakteen in der Regel einige Monate, bei *Aloë* nur wenige Wochen und bei den Mittagsblumengewächsen *(Mesembryanthemaceae)* bis zu einem Jahr und länger, bis die Samen reif sind und abgenommen werden können. Zur Erntezeit ist den mit Flughaaren ausgestatteten Samen besondere Aufmerksamkeit zu schenken. Das gleiche gilt für Früchte der Euphorbien. Bei ihnen springen die verholzenden Kapseln an trocken-heißen Tagen auf und schleudern die Samen weit fort. In allen Fällen ist es vorteilhaft, die reifenden Früchte in luftdurchlässiges Gewebe (z. B. Stück eines Perlonstrumpfes) einzubinden oder, bei Euphorbien, mit Watte abzudecken. Kakteenfrüchte kann man in zwei Gruppen einteilen, in Früchte, die zur Reifezeit an der Pflanze trocknen, bei denen sich die Samen leicht ernten lassen, und Früchte, bei denen der Samen in eine fleischige Fruchthülle eingebettet ist. Bei letzteren werden die reifen Früchte von der Pflanze abgenommen, zerdrückt und nach einigen Tagen unter fließendem Wasser ausgewaschen (s. auch Seite 118).

* Ein „Klon" ist ein Bestand genetisch einheitlicher Individuen, der ursprünglich von einer Pflanze abstammt.

Wer seine Sammlung mit neuen Arten bereichern will, ist auf den Kauf von Samen angewiesen. Samen wird vom einschlägigen Kakteen- und Sukkulentenhandel in großer Auswahl angeboten. Jährlich werden Listen und Kataloge herausgegeben, in Zeitschriften wird annonciert, aber auch Interessengemeinschaften haben unter ihren Mitgliedern einen Samentausch eingerichtet. Besonders geschätzt ist am Heimatstandort der Pflanzen gesammeltes Saatgut. Dies gilt vor allem dann, wenn es an exakt bestimmten Pflanzen fachmännisch gesammelt wurde und unter Angabe des Fundortes verkauft wird. Grundsätzlich sollte man nur soviel zukaufen, wie man aussäen kann. Diesem Grundsatz kommt entgegen, daß Sukkulentensaatgut in der Regel in Portionen (man kann auch mehr haben) mit 10 bis 25 Samen angeboten wird. Wer Neuheiten und Raritäten wünscht, sollte frühzeitig bestellen. Die Angebotslisten werden aufgesetzt, wenn sich die Ernte übersehen läßt. Der Versand der Sämereien beginnt meistens im Spätherbst und wird bis in die Frühjahrsmonate fortgesetzt.

Vor der Aussaat sollte man sorgfältig überlegen, welchen Sukkulentensamen man aussäen will. Es gibt Sukkulenten, die nur schwer und mit viel Mühe aus Samen herangezogen werden können, z. B. weil die Samen staubfein sind oder nur schwer keimen. Der erfahrene Hobbygärtner wird sich besonders freuen, wenn es ihm gelingt, auch „schwierige" Sukkulenten aus Samen heranzuziehen. Der Anfänger sollte seine ersten Aussaatversuche mit „einfacheren" Arten machen.

Im allgemeinen ist die Keimfähigkeit der Sukkulentensamen gut, die Dauer der Keimfähigkeit bei den einzelnen Arten aber verschieden. Leider gibt es darüber wenig zuverlässige Angaben, so daß auch hier der Grundsatz gilt, möglichst frisches, das heißt aus der Ernte des Vorjahres stammendes Saatgut zu verwenden. Leider kann man den Grad der Keimfähigkeit den Samen nicht ansehen. Die sogenannte Schwimmprobe, wonach der im Wasser untergehende Samen keimfähig sei, der oben schwimmende aber nicht, ist bei Samen von Sukkulenten völlig ungeeignet.

Viele Kakteen, hier *Parodia ayopayana*, setzen auch in Kultur willig Samen an.

Nun zur Aussaat selbst, sie unterscheidet sich nur in wenigen Punkten von der anderer Zimmerpflanzen (s. Seite 119 ff).

Welche Substrate man zur Aussaat verwenden kann, ist auf Seite 269 ff beschrieben. Da in der Regel nur Portionen ausgesät werden, empfiehlt es sich, als Saatgefäße kleinere Blumentöpfe (Kunststoff-Vierecktöpfe) zu verwenden, um Verwechslungen durch beim Wässern oder Spülen verschwemmte Samen auszuschließen, was sehr schnell passieren kann, wenn man viele Arten in größere Gefäße aussät.

An die Sauberkeit sind besonders hohe Anforderungen zu stellen. Aussaatgefäße und Substrate sollten unbedingt keimfrei sein, denn schnell werden die oft mikroskopisch kleinen Keimlinge nicht nur von verschiedenen Pilzen befallen, sondern ebenso häufig von Algen und Moosen überwuchert. Auch ist es sinnvoll, die Samen zu beizen (s. Seite 293).

Die Technik der Aussat ist die gleiche, wie bei den Zimmerpflanzen beschrieben. Der Samen wird nur in Ausnahmefällen (bei sehr großen Samen) zusätzlich mit Substrat abgedeckt, in der Regel aber nur leicht angedrückt.

Nach der Aussaat sind die Gefäße nicht von oben anzugießen, sondern in flache, mit Was-

Wenn sich wie hier Moose und Algen breitmachen, ist es höchste Zeit zum Pikieren.

ser gefüllte Schalen zu stellen. Auf diese Weise wird ein Verschwemmen der Samen verhindert.

Auch Samen von Kakteen und anderen Sukkulenten benötigen bis zur Keimung eine verhältnismäßig hohe Luftfeuchtigkeit und dürfen während des Keimens nicht austrocknen. Auch hier empfiehlt es sich, entsprechende Vermehrungseinrichtungen (s. Seite 297) zu verwenden, zumindest sollte den Gefäßen eine Glasplatte aufgelegt werden. Als geeignete Keimtemperaturen haben sich für die Mehrzahl der Arten Temperaturen um 25 °C erwiesen. Eine nächtliche Abkühlung auf 18 °C fördert die Keimung und ist zur Erzielung gesunder Sämlinge günstig. Die Frage nach dem Standort für die Aussaatgefäße ist einfach zu beantworten. Sukkulenten sind Bewohner von Gebieten mit hohen Lichtintensitäten, das heißt, sie benötigen vom Tage der Aussaat bis zum Keimen den hellsten Platz. Allerdings müssen die Aussaaten bis zur Keimung und noch einige Wochen darüber hinaus vor direkter Sonnenbestrahlung geschützt werden. Der Hobbygärtner, der auf natürliches Licht angewiesen ist, sollte mit der Aussaat bis März warten. Wer eine Zusatzbelichtung zur Verfügung hat, kann schon im Januar mit der Aussaat beginnen.

Die Zeit von der Aussaat bis zur Keimung ist bei den einzelnen Arten unterschiedlich lang. Während viele hochsukkulente Mesembryathemaceen (Mittagsblumengewächse) schon nach wenigen Tagen auflaufen und der überwiegende Teil der Kakteenarten nach 2 bis 4 Wochen, kann es bei einigen Opuntien mehrere Monate dauern.

Wenn bei Kakteen die ersten Dornen erscheinen, bei den anderen Sukkulenten die Keimblätter voll ausgebildet sind, wird der Deckel

Schon als Keimlinge zeigen Kakteen ihre große Vielfalt. Während einige Arten noch deutlich zwei Keimblätter ausbilden (oben rechts), sind bei anderen die Keimblätter stark reduziert (oben links).

der Vermehrungseinrichtung oder die Glasplatte zunächst nur etwas angehoben, mit weiterem Erstarken der Sämlinge schließlich ganz entfernt. Hier zeigt sich ein weiterer Vorteil der Aussaat in Einzeltöpfe. Während die schnellkeimenden Arten aus dem Vermehrungskasten herausgenommen werden, können die anderen bei optimalen Keimbedingungen noch verbleiben.

Wenn der gewachsene Raumbedarf der jungen Sämlinge nicht mehr befriedigt werden kann, muß pikiert werden. Wann das erste Mal pikiert wird, ist nicht mit dem Kalender bestimmbar. Während einige Arten schon bald nach der Keimung pikiert werden müssen, dauert es bei anderen Arten bis zu einem Jahr. Grundsätzlich sollte dann pikiert werden, wenn das Wachstum der Sämlinge trotz Einhaltung aller notwendigen Pflegemaßnahmen offensichtlich stagniert.

Ein vorzeitiges Pikieren kann notwendig werden, wenn sich Moose und Algen breit machen und die Sämlinge zu ersticken drohen. Im Herbst sollte nicht mehr pikiert werden, die Sämlinge wachsen dann nicht mehr gut an und gehen geschwächt in den Winter hinein; hier ist es besser, bis zum Frühjahr zu warten.

Pikiert wird relativ eng. Als Anhaltspunkt mag dienen: Der Abstand zwischen den Sämlingen soll so groß sein wie ihr Durchmesser. Denn die Erfahrung zeigt, daß die Pflanzen besser wachsen, wenn sie sich fast berühren. Gewässert werden die frisch pikierten Sämlinge erst 3 bis 5 Tage nach dem Pikieren, damit eventuelle Wurzelverletzungen ausheilen können.

Zunächst sind die Pikiergefäße an geschützter Stelle aufzustellen und erst nach und nach an das volle Sonnenlicht zu gewöhnen.

Der größte Teil der Sukkulenten-Arten, insbesondere die Kakteen, verlangen ein mehrmaliges Pikieren, bevor man sie in Einzeltöpfe pflanzt.

Stecklinge

Über 80 % aller Sukkulenten lassen sich ohne große Schwierigkeiten vegetativ vermehren. Jede sich verzweigende Sukkulente kann Material für die Stecklingsvermehrung liefern. Sukkulenten, die sich nicht verzweigen, wird man aber nur vegetativ vermehren, um kranke, angefaulte Exemplare am Leben zu erhalten

Sukkulente Pflanzenarten lassen sich auf unterschiedliche Art und Weise vermehren (von links nach rechts). *Crassula perforata* z. B. durch Kopfstecklinge, *Pachyphytum oviferum* durch ganze Blätter, *Kalanchoë laxiflora* durch Brutpflänzchen und *Gasteria verrucosa* durch Teilung (Ableger).

Viele vom Grunde her sprossende Kakteenarten, hier *Chamaecereus silvestrii,* lassen sich durch das Abtrennen einzelner Sprosse vermehren.

oder um ältere, von unten stark verholzte Pflanzen zu verjüngen. Allerdings ist es nicht immer sinnvoll, Sukkulenten vegetativ zu vermehren. So gibt es eine Reihe von anderen Sukkulenten mit verdickter Stammbasis (z. B. *Adenium*, Wüstenrose) die sich zwar durch Seitenaststecklinge vermehren lassen, doch nehmen diese niemals die typische Wuchsform der Mutterpflanze ein, sondern wachsen wie Seitenäste weiter.

Alle vom Grund her sprossenden Arten lassen sich durch Ableger, Kindel oder Ausläufer (Teilung) vermehren. So Agaven, Haworthien, Aloeen und *Crassula*-Arten. Bei einigen Kakteen entspringen aus den Areolen älterer Pflanzen junge Pflänzchen, die oft schon einige gut entwickelte Wurzeln besitzen (z. B. *Echinopsis*). Andere starksprossende, polsterbildende Arten findet man in den Gattungen *Mammillaria, Chamaecereus, Notocactus* und anderen Gattungen. Häufig sitzen diese Ableger so locker an der Mutterpflanze, daß man sie mit geringem Druck ablösen kann. Sitzen sie fester, nimmt man ein Messer zur Hilfe.

Bei größeren Schnittstellen läßt man die Pflänzchen 1 bis 2 Tage liegen, damit die Schnittstelle abtrocknen kann, um sie dann in entsprechende Töpfe zu pflanzen.

Für die Vermehrung durch Stecklinge sind das Frühjahr und der Sommer die günstigsten Jahreszeiten.

Der Steckling wird mit einem scharfen Messer von der Mutterpflanze getrennt. Er wird in der Regel gleich so lang geschnitten, wie er später sein soll. Stecklinge mit größerem Durchmesser schneidet man unten konisch zu. Ein konischer Zuschnitt ist deshalb sinnvoll, weil das Gewebe an der Schnittstelle häufig so stark eintrocknet, daß ein tiefer Hohlraum entsteht und die Bewurzelung schwierig wird.

Euphorbien-Stecklinge oder Stecklinge von anderen Pflanzenarten, die Milchsaft enthal-

Stecklingsschnitt bei Kakteen

ten, taucht man nach dem Schneiden in warmes Wasser (40 °C), um den Milchsaft zum Gerinnen zu bringen. Anderenfalls wird die Wurzelbildung erschwert.
Sowohl die Schnittwunden an der Mutterpflanze als auch die des Stecklings sind besonders gefährdete Zonen für Krankheiten. Um ein Eindringen von Krankheitserregern zu vermeiden, ist ein Einpudern der Schnittflächen mit Holzkohlepulver zu empfehlen.
Vor dem Stecken müssen die Schnittstellen der Stecklinge gründlich abtrocknen. Stecklinge von Kakteen kann man so lange trocken lagern, bis Wurzelansätze sichtbar sind. Allerdings sind sie senkrecht zu lagern, denn längere Stecklinge ziehen sich bei waagerechter Lagerung krumm, und die entstandenen Deformationen lassen sich nicht wieder ausgleichen. Man stellt sie in Gefäße, die so eng sein müssen, daß die Schnittfläche nicht den Boden berührt. Gut geeignet hierfür sind Blumentöpfe, da sie konisch zulaufen.
Sind die Schnittflächen abgetrocknet oder Wurzelansätze sichtbar, werden die Stecklinge gesteckt. Als Gefäße verwende man möglichst kleine Blumentöpfe. Welche Substrate man verwenden kann, ist auf Seite 275 beschrieben.
Die Stecklinge sollten dem Substrat mehr oder weniger nur aufgesetzt und nicht tief hineingesteckt werden. Um ein Umfallen längerer Stecklinge zu vermeiden, befestigt man sie an Stäben, die man tief in das Substrat steckt.
Eine Verwendung von Bewurzelungsmitteln (Wuchsstoffen) ist in der Regel nicht erforderlich und kann auch nicht für alle Sukkulenten empfohlen werden.

Bei waagerechter Lagerung ziehen sich längere Kakteenstecklinge krumm.

Viele Blattsukkulenten, hier *Echeveria,* lassen sich leicht durch Blattstecklinge vermehren.

Nach dem Stecken wird das Substrat zunächst nicht angegossen. In der Regel ist mit dem ersten Wässern bis zur Wurzelbildung zu warten. Wird zuviel gegossen, ist die Fäulnisbildung groß.
Besondere Vermehrungseinrichtungen sind zur Bewurzelung nicht erforderlich. Vorteilhaft ist eine hohe Bodenwärme von 20 bis 25 °C.
Wenn durch gutes Wachstum zu erkennen ist, daß die Wurzelbildung eingesetzt hat und schließlich der Stecklingstopf durchwurzelt ist, werden die Pflanzen in ihren endgültigen Topf in entsprechendes Substrat umgepflanzt.
Bei der Vermehrung flachtriebiger Kakteen durch Stecklinge ist eine andere Schnittechnik und Behandlung notwendig. Bei Opuntien trennt man ganze Ohren ab, und zwar an der Nahtstelle. Bei Weihnachts- (*Schlumbergera*-Hybriden) und Oster- (*Rhipsalidopsis gaertneri)* Kakteen schneidet oder bricht man etwa 5 bis 10 cm lange Sproßglieder an der schmalsten Stelle ab. Um schnell zu ansehnlichen Exemplaren zu kommen, empfiehlt es sich, gleich mehrere Stecklinge in den Endtopf zu stecken. Bei den Phyllokakteen schneidet man nicht an der schmalsten Stelle, sondern

etwa 0,5 cm unter zwei gegenüberliegenden Areolen. Am unteren Ende wird der Steckling keilförmig zugeschnitten. Da Phyllokakteen relativ lange Triebe ausbilden, können aus einem Trieb mehrere Stecklinge geschnitten werden. Allerdings ist beim Stecken dieser Triebstücke wie bei den Teilstecklingen auf die Polarität zu achten (s. Seite 42).
Stecklinge flachtriebiger Kakteen läßt man nur einen Tag trocken liegen, bevor gesteckt wird.
Zahlreiche Blattsukkulenten lassen sich auch durch Blattstecklinge vermehren, so z. B. Arten der Gattungen *Crassula, Echeveria, Kalanchoë, Sedum, Haworthia* und *Gasteria*. Man verwende stets ausgereifte, gesunde Blätter, die vorsichtig an der Basis abgebrochen werden. In der Regel wird nicht nachgeschnitten. Nach kurzer, trockener Lagerung werden sie gesteckt. Dabei ist darauf zu achten, daß die Blattoberseite nach oben weist.

Pfropfen

Die Veredlung von Gehölzen ist eine Selbstverständlichkeit, aber auch bei Kakteen und anderen Sukkulenten hat die Veredlung (Pfropfen) eine gewisse Bedeutung.
Das Pfropfen von Sukkulenten kann eine nützliche Methode sein, um das Wachstum und die Blühfähigkeit langsam wachsender Arten zu beschleunigen. Auch können seltene Sukkulenten, die an der Wurzel erkrankt sind und bei denen die Neubewurzelung als Steckling wenig Aussicht auf Erfolg bietet, durch eine Pfropfung gerettet werden. Überhaupt versuchen viele Sukkulentenfreunde, empfindliche Sukkulenten von extremen Standorten und Klimaten dadurch in ihre Sammlung einzupassen, daß sie diese auf eine wüchsige und robuste Unterlage pfropfen. Manchen Kakteen fehlt wegen einer Ausfall-Mutation das Blattgrün (Chlorophyll); diese Arten, z. B. die meist rot gefärbten Formen von *Gymnocalycium mihanovichii* var. *friedrichii*, besser bekannt als Erdbeerkaktus oder die gelben Formen von *Chamaecereus silvestrii*, dem Bananenkaktus, sind wegen des fehlenden Blattgrüns auf eigener Wurzel nicht lebensfähig und müssen daher gepfropft werden. Auch die „Kammformen" („Cristaten"), die wegen ihrer eigentümlichen Form und Bestachelung so beliebt sind, lassen sich langfristig meist nur als Pfropfung erhalten. Gärtner bedienen sich der Pfropfmethode, um kurzfristig zu verkaufsfertigen Pflanzen zu gelangen.
Wie bei der Gehölzveredlung müssen Unterlage und Pfröpfling in verwandtschaftlicher Beziehung zueinander stehen, bei den Kakteen kein Problem, bei den anderen Sukkulenten ist es schon manchmal schwieriger, einen geeigneten Partner zu finden.
Die beste Veredlungszeit sind die Monate Mai bis August; das Anwachsen geht am leichtesten, und die Veredlung kann bis zum Winter bereits gut verwachsen.

Pfropfen der Kakteen

Als Unterlage eignen sich alle raschwüchsigen und weniger empfindlichen Arten. Am häufigsten als Unterlage verwendet werden:

Cereus peruvianus,
Echinopsis eyriesii und andere Arten,
Eriocereus martinii und andere Arten,
Opuntia bergerana und andere Arten,
Pereskia aculeata und andere Arten,
Pereskiopsis velutina und andere Arten,
Selenicereus grandiflorus,
Trichocereus pachanoi, T. schickendantzii und
T. spachianus.

Nicht geeignet als dauerhafte Unterlage sind Arten der Gattung *Hylocereus*. Trotzdem werden viele Kakteen, insbesondere die blattgrünfreien Mutanten, auf *Hylocereus* veredelt. Bei diesen an ihren, dreikantigen Querschnitt gut erkennbaren Kakteen, handelt es sich um Pflanzen, die in tropisch-feuchten Gebieten beheimatet sind, die keine Trockenheit und keine niedrigen Temperaturen vertragen. Diese Ansprüche stehen in der Regel im Gegensatz zu denen der aufgepfropften Kakteenart. Daß diese ungeeignete „Ehe" über kurz oder lang in die Brüche geht, ist nicht verwunderlich. Zu tiefe Temperaturen, Trockenheit und vor allem Wassergaben bei tiefen Temperaturen führen zum Kümmern und zum Ver-

Pfropfunterlagen

Trichocereus spachianus

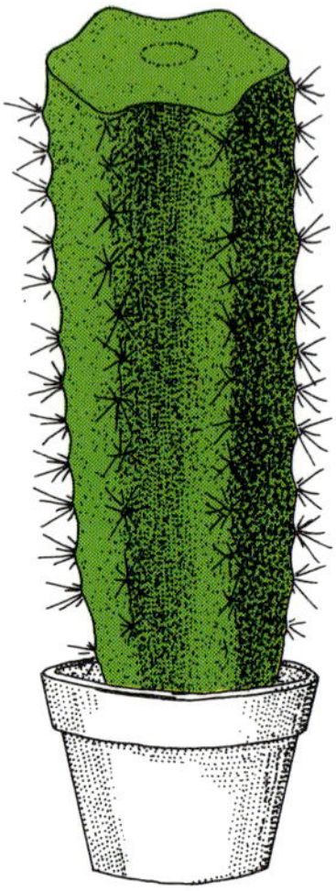

Trichocereus pachanoi

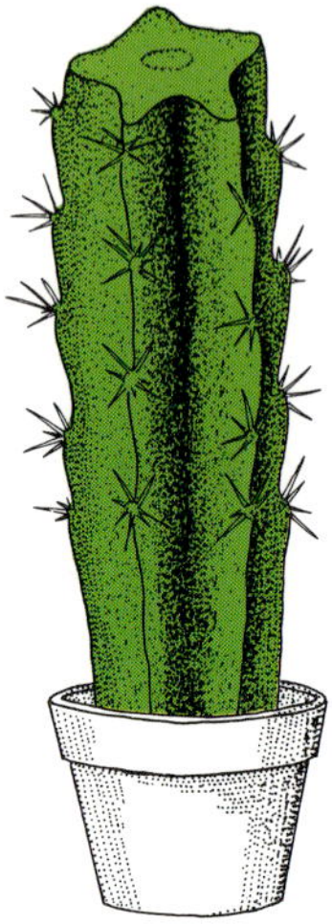

Eriocereus jusbertii

Hylocereus

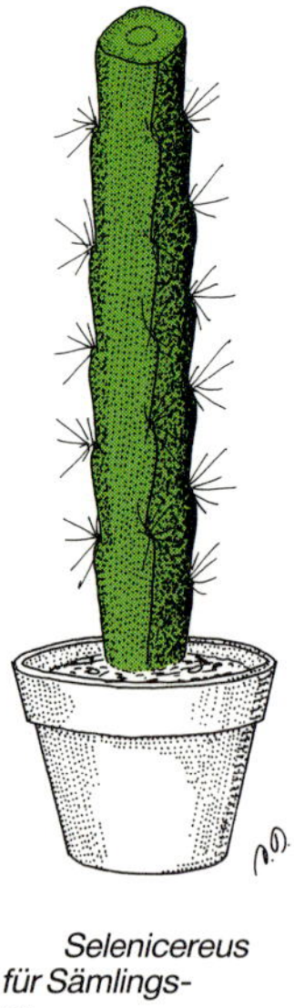

Pereskia und *Selenicereus*
dienen bevorzugt als Unterlage für Sämlings- und Spaltpfropfungen

faulen der Unterlage und damit häufig auch zum Verlust des Pfröpflings.
Die Unterlage zieht man in der Regel aus Samen, aber auch gute Stecklinge lassen sich verwenden. Die Unterlage sollte im Topf eingewurzelt und gut im Trieb sein. Daher sind die späten Frühjahrsmonate die beste Zeit für das Pfropfen. Will man gefährdete Arten retten, kann selbstverständlich auch zu anderen Zeiten veredelt werden.
Die verbreitetste Pfropfmethode ist die sogenannte Waagerecht- oder Horizontalpfropfung. Mit einem scharfen Messer führt man einen waagerechten ziehenden Schnitt in der für die Pfropfung vorgesehenen Höhe durch die Unterlage. Man kann hoch oder tief, das heißt auf einen kurzen oder hohen Stumpf, pfropfen. Die Höhe ist aber nicht zuletzt von der Unterlage selbst abhängig. Denn der Schnitt sollte im saftigen und nicht im verholzten Teil geführt werden, weil die Anwachsergebnisse im holzigen Bereich nicht befriedigen. Allerdings darf das Gewebe auch nicht zu jung sein. Da es den Zellen an Stabilität mangelt, schrumpft das junge Gewebe leicht zusammen; Pfröpfling und Unterlage könnten nicht verwachsen.
Sollte das Schneiden der Unterlage durch starken Dornenbewuchs behindert sein, ist es angebracht, die Dornen in der Umgebung der Schnittfläche zuvor mit einer Schere wegzuschneiden.
Anschließend werden die Rippen der Unterlage abgekantet. Ebenso wie die Unterlage wird der Pfröpfling vorbereitet. Ein Abkanten ist nur bei älteren Pflanzen notwendig. Die Pfropfarbeit, das Schneiden der Unterlage und das Schneiden des Pfröpflings sowie ihr Zusammenfügen, muß so rasch wie möglich vonstatten gehen. Trocknen die Schnittflächen ab, muß noch einmal nachgeschnitten werden. Wir können uns helfen, indem wir von der Unterlage eine dünne Scheibe abschneiden und darauf liegen lassen, während wir in Ruhe den Pfröpfling vorbereiten. Beim Aufsetzen wird dann die Scheibe entfernt. Der Pfröpfling wird von der Seite her mit einer leichten Drehbewegung auf die Unterlage geschoben. Da-

Verschiedene Möglichkeiten, um Kakteenpfröpflinge auf der Unterlage zu fixieren. Spezieller Pfropfapparat (links), Gummiringe (Mitte), Kakteendorn oder Stecknadel bei Spaltpfropfungen (rechts)

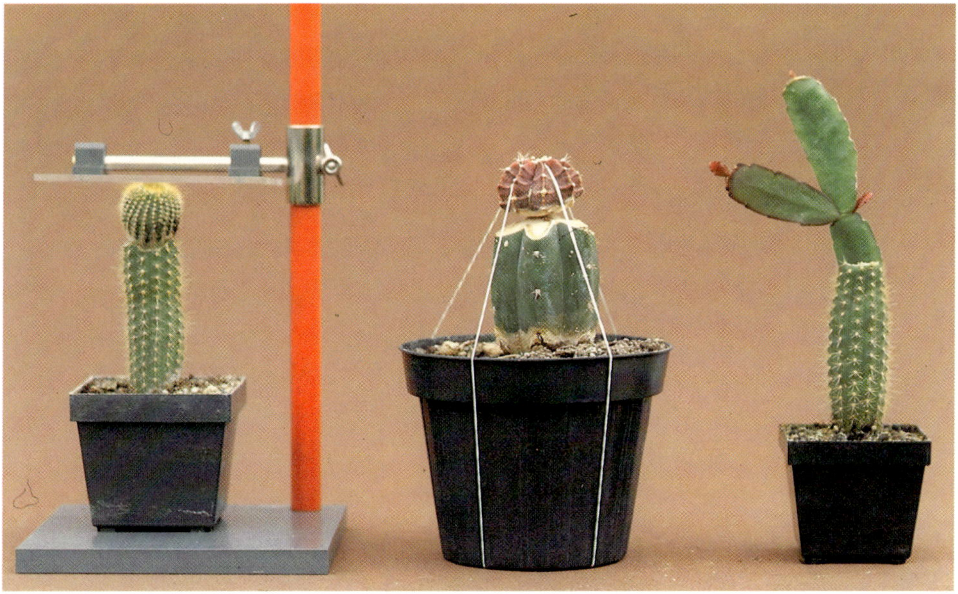

Waagerecht- oder Horizontalpfropfung

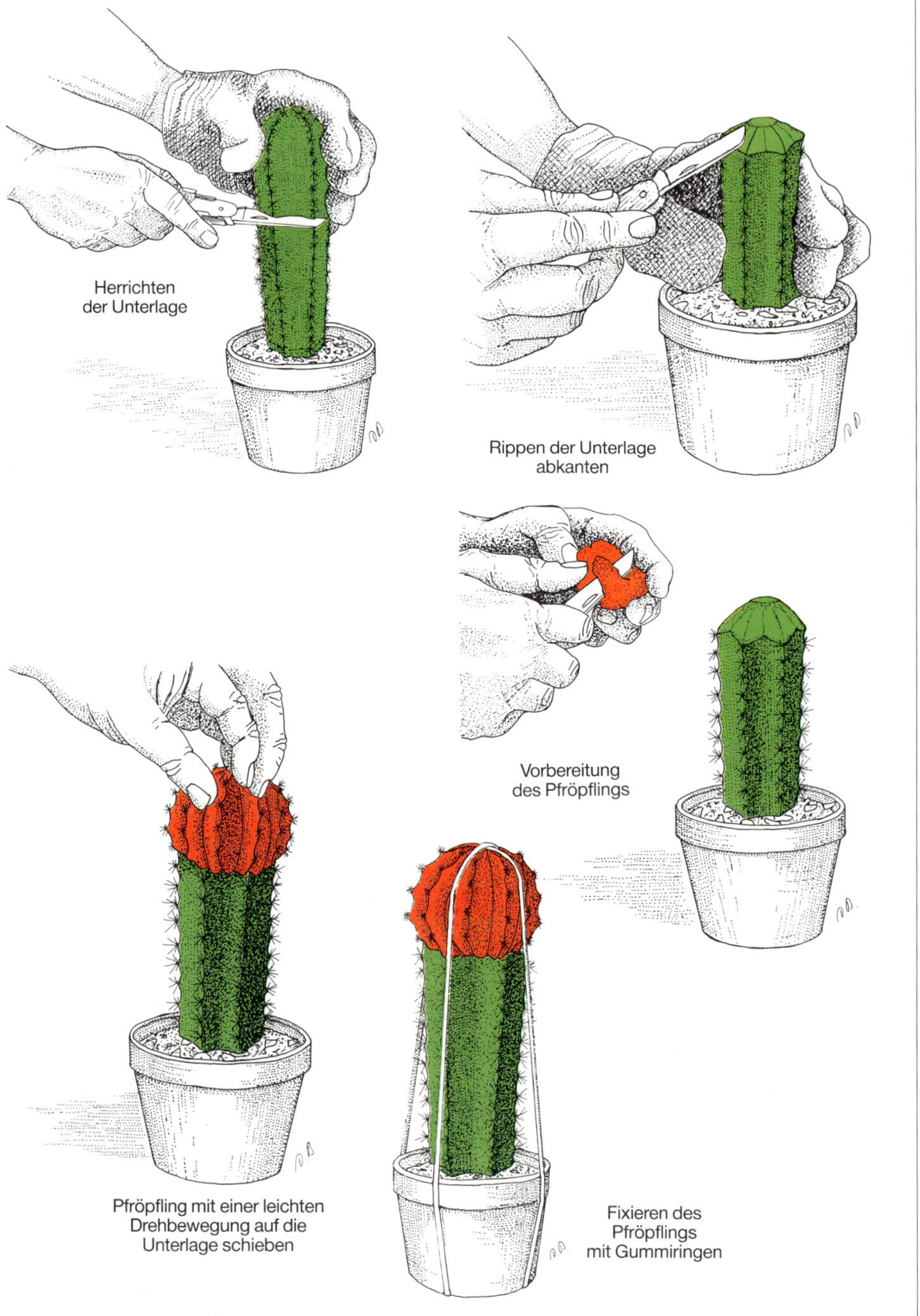
Herrichten der Unterlage
Rippen der Unterlage abkanten
Vorbereitung des Pfröpflings
Pfröpfling mit einer leichten Drehbewegung auf die Unterlage schieben
Fixieren des Pfröpflings mit Gummiringen

bei ist darauf zu achten, daß weder Luft noch störende Fremdkörper zwischen die Partner gelangen.
Die Pfropfung kann nur gelingen, wenn die deutlich sichtbaren Leitbündelringe von Unterlage und Pfröpfling übereinanderliegen. Stimmen die Stärken der Unterlagen und des Pfröpflings nicht überein, setzt man den Pfröpfling etwas seitlich auf, so daß sich die Leitbündelringe überschneiden.
Damit der Pfröpfling nicht verrutscht und beide Teile aneinandergedrückt bleiben, muß der Pfröpfling auf der Unterlage noch fixiert werden. Dazu hat man mehrere Möglichkeiten: Man streift kreuzweise zwei oder, wenn nötig, mehr Gummiringe über das Ganze, oben über den Pfröpfling, unten über den Topfboden. Die Gummis dürfen nicht zu stramm anliegen, der Pfröpfling könnte sonst zerdrückt werden, aber auch nicht zu schlaff sein, weil sie dann ihren Zweck nicht erfüllen würden. Es ist darauf zu achten, daß während des Aufziehens der Gummibänder Pfröpfling und Unterlage nicht gegeneinander verrutschen und dann vielleicht die Übereinstimmung der Leitbündel nicht mehr gegeben ist. Pfröpflinge mit empfindlicher Bedornung sollten durch ein aufgelegtes Stück Schaumgummi abgepolstert werden. Übertriebene

Soweit sollte man es gar nicht erst kommen lassen. Unerwünschte Sprosse an der Unterlage sind frühzeitig zu entfernen.

Besorgnis ist jedoch nicht angebracht; wenn die Pfropfung gelingt, gleichen sich die Druckstellen in der Bestachelung durch das einsetzende kräftige Wachstum in kurzer Zeit aus.
Die Verwendung von Gummiringen erfordert ein wenig Geschick und Übung, da diese häufig wegspringen und mit ihnen der Pfröpfling. Man kann auch dünne Schnüre verwenden, an deren Enden man kleine Steinchen oder Bleistücke bindet. Die Fäden werden kreuzweise über den Pfröpfling gelegt. Das Gewicht wird von dem Druck bestimmt, der auf den Pfröpfling einwirken soll.
Wer des öfteren Pfropfarbeiten durchführt, für den lohnt es sich, spezielle Pfropfapparate zu verwenden, wie sie im Sukkulentenhandel angeboten werden, die man aber auch selbst bauen kann.
Die Pfropfungen dürfen bis zum Anwachsen nicht austrocknen. Sie sollen hell (nicht sonnig) und warm (bei 20 bis 25 °C), möglichst feuchtwarm, stehen.
Die Veredlungsstelle muß bis zum Anwachsen absolut trocken gehalten werden. Wasser zwischen Pfröpfling und Unterlage würde das Anwachsen unmöglich machen.
Die Verwachsung setzt in der Regel schon nach 48 Stunden ein. Die Halterung darf jedoch erst dann entfernt werden, wenn die Verwachsung einwandfrei erwiesen ist. Dies dürfte nach 8 bis 14 Tagen der Fall sein.
Gelungene Pfropfungen, zu erkennen an frischem Wachstum im Scheitel des Pfröpflings, können nach weiteren 14 Tagen an ihren endgültigen Standort gebracht werden, nachdem wir sie nach und nach an intensivere Lichtverhältnisse gewöhnt haben. Falls eine Verwachsung nicht stattgefunden hat und der Pfröpfling von der Unterlage von allein oder bereits bei leichtem Druck abfällt, kann gegebenenfalls noch einmal nachgeschnitten und die Arbeit wiederholt werden.
Übrigens kann man die abgeschnittene Spitze der Pfropfunterlage wie einen Steckling behandeln und neu bewurzeln. Solche bewurzelten Stecklinge können etwa nach einem Jahr wieder als Pfropfunterlage verwendet werden. Auch die als Pfröpfling verwendete Pflanze kann aufbewahrt werden, wenn sie ein intaktes Wurzelwerk hat. Schon bald wer-

den sich aus dem Reststück kleine Sprosse bilden, die zu weiteren Pfropfungen benutzt werden können.

Oft beginnen die Unterlagen frischer Pfropfungen mit einer unerwünschten Sprossung, die das Wachstum des Pfröpflings erheblich beeinflussen kann. Sobald solche Seitentriebe an der Unterlage erkennbar sind, schneide man sie ab.

Bei Kakteenliebhabern weit verbreitet ist neben der Pfropfung älterer Pflanzen die Sämlingspfropfung. Durch sie wird die Zeitspanne zwischen Aussaat und Blühfähigkeit verkürzt. Unter günstigen Bedingungen können solche Sämlinge noch im selben Jahr zur Blüte kommen, die, wurzelecht gezogen, dafür mehrere Jahre benötigen. Nicht selten werden später die Pfröpflinge wieder von der Unterlage geschnitten und wie Stecklinge zu Bewurzelung gebracht.

Als Unterlage für Sämlingspfropfungen besonders geeignet sind die relativ dünntriebigen, schnellwüchsigen, robusten, leicht und schnell vermehrbaren *Pereskiopsis*-Arten.

Als Pfröpflinge verwendet man junge Sämlinge aus dem Aussaatgefäß, die gerade ihre ersten Stacheln entwickelt haben. Natürlich ist der Umgang mit solchen zarten Pflänzchen nicht ganz einfach. Zum Halten der Sämlinge kann man Pinzetten, zum Schneiden sollte man Rasierklingen verwenden.

Der Sämling wird vorsichtig aus dem Aussaatgefäß gelöst. Dann wird mit einem gut angesetzten Schnitt der Wurzelhals vom Pflanzenkörper getrennt. Der zur Pfropfung präparierte Sämling wird auf die zuvor beschnittene Unterlage gebracht, wobei natürlich auch hier auf die Leitbündelführung zu achten ist. Sind auch bei einem Sämling die Leitbündel kaum zu erkennen, so kann man doch davon ausgehen, daß sie sich im Zentrum des Pfröpflings befinden. Bei größeren Unterlagen ist es notwendig, den Sämling exzentrisch auf eines der ringförmigen Leitbündel zu setzen.

Bei wenige Tage alten Sämlingen genügt das Eigengewicht, um ihn auf der Unterlage festzuhalten. Bei größeren bedient man sich verschiedener Hilfsmittel. So kann man einen neben die Pflanze gesteckten einfachen Drahtbügel so biegen, daß ein leichter Druck auf den Pfröpfling ausgeübt wird. Eine weitere Möglichkeit ist die Verwendung von dünnen Reagenzgläsern, die man über die Pfröpflinge stülpt. Dadurch wird einmal ein gewisser Druck ausgeübt und zum anderen für gespannte Luft an der Veredlungsstelle gesorgt. Allerdings muß darauf geachtet werden, daß das Kondenswasser ungehindert abfließen kann und nicht auf die Veredlungsstelle tropft. Bis zum Verwachsen hält man die Sämlingspfropfungen in gespannter Luft, durch Überstülpen eines Einweckglases oder durch Verwendung geeigneter Vermehrungseinrichtungen (s. Seite 297).

Zwei Möglichkeiten, um Sämlinge auf der Unterlage zu fixieren

Wird der Pfröpfling später zu groß, so schneidet man ihn herunter, beläßt ihm aber ein ca. 2 bis 5 cm langes Stück der Unterlage, bewurzelt ihn neu und kann die Pflanze so weiterkultivieren, ohne daß die Unterlage sichtbar ist.

Die Spaltpfropfung wendet man bei flachtriebigen Kakteen, wie *Rhipsalidopsis* (Osterkak-

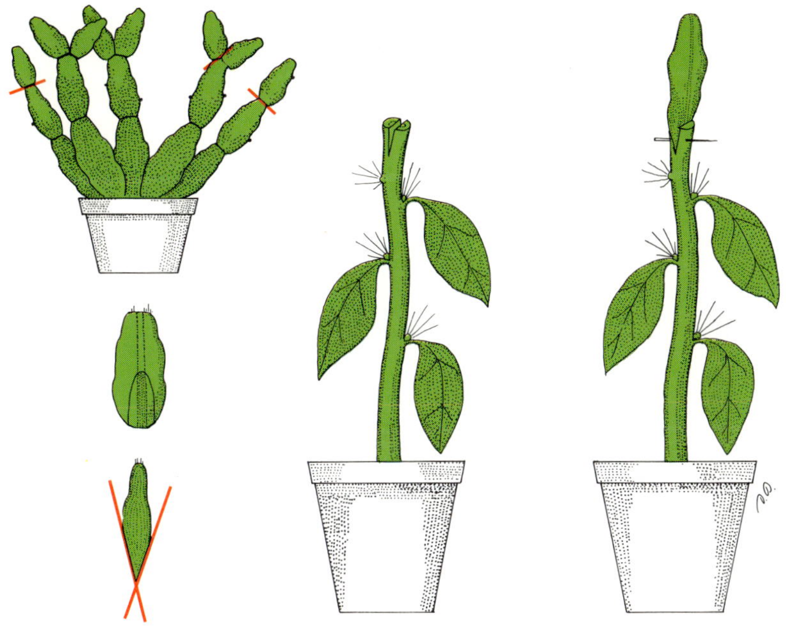
Oberhaut in Spalt-
länge abschaben
Unterlage 2 bis 3 cm
tief spalten
Endglied mit Kakteen-
dorn fixieren

Spaltpfropfung

tus) oder *Schlumbergera* (Weihnachtskaktus), an, um kleine Kronenbäumchen heranzuziehen. Als Unterlage geeignet ist *Selenicereus, Eriocereus, Pereskia* und *Pereskiopsis*. Die Unterlage wird auf 25 bis 30 cm eingekürzt (die gebräuchlichste Höhe) und in der Mitte etwa 2 bis 3 cm tief gespalten. In den so vorbereiteten Spalt wird als Pfröpfling ein Endglied oder ein Trieb mit mehreren Gliedern eingeschoben. Zuvor wird mit einer Rasierklinge die Oberhaut (Epidermis) des unteren Gliedes in Spaltlänge abgeschabt. Damit der Pfröpfling festsitzt und nicht verrutscht, wird durch Unterlage und Pfröpfling ein Kakteendorn oder eine Stecknadel geschoben. Da die Krone mit der Zeit immer schwerer wird, ist es sinnvoll, die Unterlage schon frühzeitig an einem Stab festzubinden.

Pfropfen der anderen Sukkulenten

Bei den anderen Sukkulenten hat das Pfropfen nur eine geringe Bedeutung. Bislang werden nur Arten gepfropft, die man wurzelecht selten über einen längeren Zeitraum hinweg kultivieren kann. Zu ihnen zählen die Gattungen *Trichocaulon, Hoodia, Decabelone* und Arten der Gattungen *Stapelia* und *Caralluma*. Als Unterlage dienen die Knollen von *Ceropegia woodii* oder andere knollenbildende Ceropegien, dickstämmige *Stapelia*-Arten (z. B. *S. gigantea*) oder *Ceropegia dichotoma*. Das Pfropfen selbst wird wie bei den Kakteen durchgeführt.

Bei der Verwendung von knollenbildenden Ceropegien geht man folgendermaßen vor:

Die Knollen sollen im Topf gut eingewurzelt sein und zu etwa 1/3 aus der Erde schauen. Dann wird mit einem scharfen Messer der obere Teil der Knolle, dem Querschnitt des Pfröpflings entsprechend, waagerecht abgetrennt. Wie bei den Kakteen beschrieben, wird der Pfröpfling hergerichtet, auf die Unterlage aufgeschoben und mit einem Kakteendorn befestigt. Bei kleineren Pfröpflingen benötigt man keine Pfropfapparate, bei größeren wird man die bei den Kakteen beschriebenen Vorrichtungen verwenden müssen. Die Austriebe der Ceropegien werden nach dem Anwachsen nach und nach entfernt.

Pfropfen von Stapelien auf *Ceropegia*-Knollen

Adenium obesum, die Wüstenrose, auf *Nerium oleander* veredelt.

Das Pfropfen ist grundsätzlich nur an warmen, sonnigen Tagen durchzuführen, da unter diesen Bedingungen Reis und Unterlage schnell miteinander verwachsen.
Die Wüstenrose *(Adenium obesum)* kann auf Oleander gepfropft werden. So erhält man besonders wüchsige und blühwillige Exemplare. Veredelt wird durch Kopulation (s. Seite 55) auf 1½ Jahre alte Oleander *(Nerium oleander)*. Daß veredelte Pflanzen nicht immer schön aussehen, zeigt die Abbildung, denn hier fehlt die für *Adenium* typische Stammknolle. Ein Verstreichen mit Baumwachs oder ähnlichem Material ist auch bei der Veredlung „anderer Sukkulenten" nicht erforderlich.
Die Veredlungen werden bis zum Anwachsen, das meist bereits nach 1 bis 2 Wochen erfolgt ist, in gespannter Luft gehalten.
Praktisch lassen sich alle Stammsukkulenten (z. B. Euphorbien) pfropfen. Doch wird bei ihnen diese Art der vegetativen Vermehrung nur selten angewendet, da sie in der Regel auf eigener Wurzel genauso gut wachsen.

Vermehrung der Orchideen

Für den Hobbygärtner, der nicht an einer Massenanzucht interessiert ist, aber dennoch die eine oder andere seiner Orchideen vermehren möchte, bietet sich die Vermehrung durch Teilung und Ableger an. Andere vegetative Vermehrungsmethoden, etwa die durch Stecklinge, entfallen bei Orchideen. Die Teilung ist einfach bei den Pflanzen, die zum rosetten- oder polsterförmigen Wuchs neigen. Dazu gehören u. a. *Paphiopedilum, Phalaenopsis* und *Masdevallia*. Sie lassen sich leicht beim Umtopfen in mehrere Stücke zerlegen, doch ist zu beachten, daß eine zu starke Teilung die Pflanzen schwächt und die Blühwilligkeit darunter leidet. Die sympodialen Gattungen, bei denen die Jahrestriebe hintereinander in einer Reihe an einem waagerecht wachsenden Sproß (Rhizom) sitzen, können in Teilstücke mit jeweils einem Trieb (Pseudobulbe) geteilt werden. Selbst ältere unbeblätterte, sogenannte Rückbulben, mit einem schlafenden Auge am Rhizomstück kann man noch verwenden.
Der Mutterpflanze beläßt man bei einer Teilung 3 bis 5 Bulben einschließlich des Leittriebes. Die Teilstücke sind in nicht zu große Töpfe einzupflanzen. Sie regenerieren sich im Laufe von 2 bis 3 Jahren zu blühfähigen Pflanzen, sofern überhaupt Reserveaugen vorhanden sind oder waren.
Bei den blattlosen Rückbulben ist folgendes Verfahren erfolgversprechend: Die Bulbe wird gereinigt, die eingetrockneten Schnittflächen am Rhizom bis zu den lebenden Zellschichten zurückgeschnitten. Die so behandelte Bulbe wird in einem Glas mit Wasser (etwa 2 cm hoch) bis zum Austrieb des Sprosses und der Wurzel an einem warmen (um 24 °C), hellen, nicht sonnigen Ort aufgestellt. Die Pflege beschränkt sich auf die Erneuerung des Wassers, alle 2 bis 3 Wochen. Hat der Sproß 1 oder 2 neue Blätter und Wurzeln ausgebildet, kann eingetopft werden.
Monopodial wachsende Orchideen, die normalerweise nur einen Trieb entwickeln, sind vegetativ nur schwierig vermehrbar; erst ältere Pflanzen eignen sich dazu. Wenn diese in etwa 20 cm Höhe über der Topfoberfläche genügend Luftwurzeln gebildet haben, kann

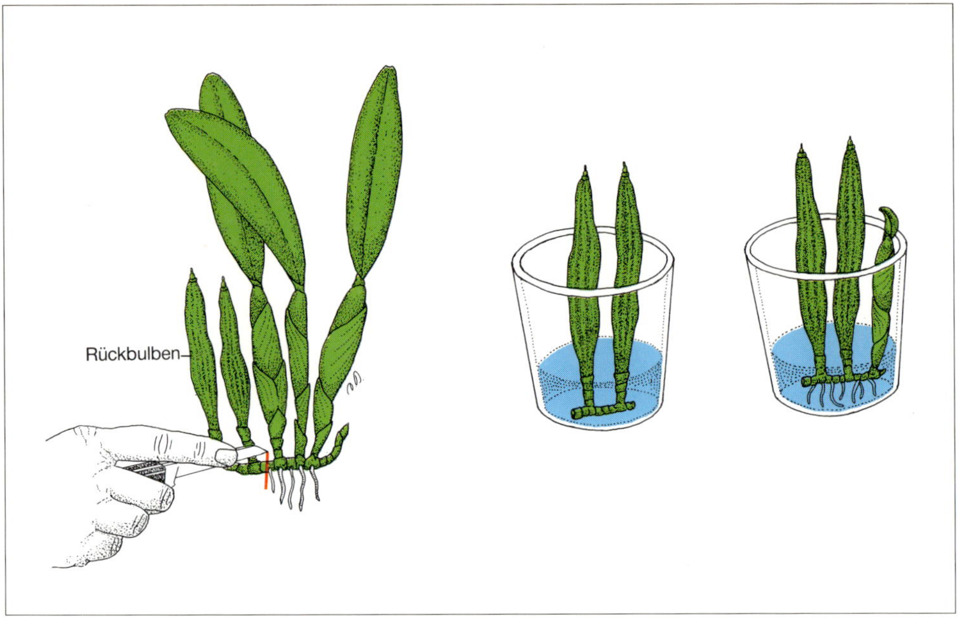
Rückbulben

Vermehrung sympodial wachsender Orchideen aus wurzellosen Rückbulben im Wasserglas, z. B. *Cattleya*

Vermehrung sympodial wachsender Orchideen, z. B. *Cattleya*, durch Teilung der Rhizome

Wachstumsrichtung
Mit scharfem Messer oder
Schere werden die Rhizome geteilt
Richtige Plazierung im Topf
und richtige Pflanzhöhe

Orchideenvermehrung durch Ableger (Keikis)

Vermehrung monopodial wachsender Orchideen durch „Kopfstecklinge", z. B. *Vanda*

Teilung von Orchideen mit rosettenförmigen Wuchs. Alte und abgestorbene Wurzeln an der Teilpflanze sind sauber wegzuschneiden (links).

man das obere, beblätterte Stück durch einen glatten Schnitt abtrennen und neu einpflanzen. Der verbliebene untere Teil treibt nach einigen Monaten neu aus. Diese Vermehrungsart ist möglich bei *Vanda, Renanthera, Aërides, Angraecum* und anderen monopodial wachsenden Arten.

Manche Arten verschiedener Gattungen, wie *Dendrobium* und *Phalaenopsis*, neigen dazu, an den abgeblühten Blütenständen Ableger – bei den Orchideen spricht man von „Keikis" – auszubilden. Andere entwickeln in den Spitzenregionen älterer Sprosse durch seitliche Sproßaustriebe ebenfalls Ableger aus. Diese Ableger oder Keikis – man kann durch Behandlung mit Wuchsstoffen (Orchid Keiki Fix) die Adventivpflanzenbildung induzieren bzw. beschleunigen – werden nach Ausbildung mehrerer Wurzeln von der Mutterpflanze abgetrennt. Sie werden nicht eingetopft, wie es normal üblich ist, sondern auf dem Substrat mit dem Rest des Blütensprosses oder der Basis des Sprosses mit Drahtklammern festgeheftet. Die neu heranwachsenden Wurzeln dringen dann selbständig in das Substrat ein.

Das Pflanzsubstrat muß sehr durchlässig und luftig sein. Geeignet ist ein *Sphagnum*-Farnwurzel-Gemisch im Verhältnis 1:1 oder 2:1. Beigaben von Kiefernrinde haben sich bewährt. Die Durchlässigkeit des Pflanzstoffes ist notwendig, damit überschüssiges Wasser abfließen kann. Zuviel Wasser oder stehende Nässe sind leicht die Ursache von Wurzelfäule. Dem Hobbygärtner ist zu empfehlen, fertige Orchideen-Substrate zu verwenden, wie sie in Gärtnereien und im einschlägigen Orchideenhandel angeboten werden.

Die Vermehrung aus Samen ist bei Orchideen an besondere Bedingungen gebunden und die Arbeitsweise äußerst kompliziert. Nur wenige Orchideenfreunde befassen sich deshalb damit. Trotzdem sollen die Grundlagen und die Methode nachfolgend kurz beschrieben werden. Wer mehr darüber erfahren will, sei auf die spezielle Orchideenliteratur hingewiesen (s. Literaturverzeichnis).

Zur Aussaat gehören ein überdurchschnittliches Maß an Einfühlungsvermögen, Geduld und Ausdauer und auch die Fähigkeit, Mißerfolge hinzunehmen, ohne den Mut zu verlieren.

Orchideen weisen eine außerordentlich hohe Samenproduktion auf. So enthält eine Samenkapsel von *Cattleya* über eine Million Samen. Die in Kolumbien beheimatete *Anguloa rukkeri* schlägt alle Rekorde: nicht weniger als vier Millionen Samen enthält eine einzige Kapsel! Vier Millionen Samenkörner in einer Orchideenkapsel bedeuten, daß die Samen

Paphiopedilum niveum **läßt sich sowohl durch Teilung als auch durch Aussaat sortenecht vermehren.**

Orchideen-Hybriden, hier Cattleya **'Irene Finney', lassen sich sortenecht nur auf vegetativem Wege vermehren.**

auf ein kaum meßbares Maß zusammenschrumpfen müssen. Und in diesen fast nicht mehr vorstellbaren Größen (die Samengröße kann immerhin bis auf 1/100 Millimeter absinken) findet sich das gesamte Erbgut wohl verpackt. Was diesen Orchideensamen aber fehlt, ist das Nährgewebe, welches üblicherweise die erste Ernährung des keimenden Embryos ermöglicht.

Der Orchideensamen ist auf eine Nahrungshilfe von außen angewiesen. Diese Funktion übernehmen mikroskopisch kleine Wurzelpilze. Ihre Hyphen wachsen durch besondere Einlaßzellen in den durch Feuchtigkeit gequollenen Samen ein. Sie vermitteln die Aufnahme organischer Stoffe dadurch, daß sie in den Embryozellen „verdaut" werden. Dieser Prozeß setzt sich später mit den in den inneren Wurzelzellen zu dichten Knäueln angehäuften Pilzhyphen als beständige Wechselwirkung fort. Diese als Symbiose bezeichnete Abhängigkeit zweier völlig gegensätzlicher Formen pflanzlichen Lebens gibt es anderweitig innerhalb des Pflanzenreiches nur in geringem Umfang.

Das Fehlen des Nährgewebes verhindert, daß Orchideen zum planetbeherrschenden Unkraut werden. CHARLES DARWIN stellte bereits vor 100 Jahren einmal nachstehende Rechnung für unser geflecktes Knabenkraut auf:

Eine gut gewachsene Pflanze erzeugt 30 bis 35 Kapseln mit je 5000 bis 6000 Samenkörnern. Diese Zahl von 200000 Samen je Pflanze garantiert (theoretisch), daß nach 4 Generationen die Erde bis auf den letzten Quadratzentimeter mit *Dactylorhiza maculata* bedeckt sein wird.

Da es zu einer Keimung aber nur kommen kann, wenn die entsprechenden Pilze im Boden vorhanden sind, ist es nicht verwunderlich, daß, trotz des Überflusses an möglichen Nachkommen, die Vermehrungsrate nur beschränkt ist und das Gleichgewicht innerhalb der jeweiligen Pflanzengesellschaft erhalten bleibt.

Orchideen in herkömmliche Anzuchtsubstrate auszusäen hat wenig Sinn, denn ihnen fehlt der Pilz, den Orchideensamen zum Keimen benötigen.

Man kann den Samen auf die Topf- oder Körbchenoberflächen aussäen. Hier findet der Samen einerseits ein gutes Keimbett; andererseits enthält die Erde oder das Substrat auch die für die Entwicklung des Keimlings erforderlichen Wurzelpilze, denn auch die im Topf kultivierte Orchidee ist auf diese Pilze angewiesen. Das Verfahren ist aber nicht so ergiebig, als daß man es allgemein empfehlen könnte.

Da die herkömmlichen Vermehrunsgmethoden den Bedarf an Orchideen nicht decken konnten, suchte man schon vor einigen Jahrzehnten nach Wegen, die eine Massenvermehrung möglich machen. Als erstem gelang es dem amerikanischen Botaniker KNUDSON

(1922), ein künstliches Nährsubstrat zu entwickeln, welches das Vorhandensein der Pilze überflüssig machte. Auf seinen Angaben beruhen auch heute noch – allerdings vielfach variiert und vervollständigt – die gebräuchlichsten Rezepte. Diese Nährsubstrate liefern den Orchideensamen die Kohlenhydrate, die in der Natur von den Orchideen-Pilzen vermittelt werden. Damit diese Nährsubstrate nur den kleinen Orchideen zugute kommen und nicht irgendwelchen unerwünschten Bakterien und Pilzen zum Fraß dienen, muß das Aussäen unter sterilen Bedingungen erfolgen, das heißt, Nährsubstrat, Samen, Aussaatgefäße und Gerätschaften müssen absolut steril sein und die Aussaat selbst muß ebenfalls unter sterilen Bedingungen durchgeführt werden.

Wenngleich es auch möglich ist, die Aussaat mit einfachen Mitteln durchzuführen, so ist das Vorhandensein eines Labors mit entsprechenden Einrichtungen an und für sich Bedingung.

Bei der Vermehrung der Orchideen muß auch die Gewebekultur erwähnt werden (s. Seite 167), die heute bei Orchideen einen noch größeren Stellenwert hat als die Aussaat.

Vermehrung der Pflanzen für die Hydrokultur

Zwischen Pflanzen in Hydrokultur und Erdkultur gibt es bezüglich der Standortansprüche keine Unterschiede. In Hydrokultur gezogene Pflanzen sehen auch genauso aus wie ihre Artgenossen in Erde. Wohl aber bilden Pflanzen in Hydrokultur andersartige Wurzeln aus. Wir sprechen von Wasserwurzeln, im Gegensatz zu den Erdwurzeln. Dies zu wissen ist wichtig, will man Pflanzen für die Hydrokultur vermehren.

Eine Pflanze in Erde bildet kräftigere, dickere und stärker verzweigte Wurzeln aus als die gleiche Pflanzenart in Hydrokultur. Die Wurzelhaare, die eigentlichen Organe der Wasser- und Nährstoffaufnahme, oft nur als zarter weißer Flaum erkennbar, sind kurz aber kräftig gebaut, die Wurzelspitze selbst mit einer starken Schleimschicht überzogen. In Hydrokultur hingegen neigen die Wurzeln zu einem langen, weniger verzweigten, fadenförmigen Wuchs, und die Wurzelspitze hat einen weniger starken Schleimüberzug.

Hydrokulturpflanzen in Töpfen aus Styropor in standardisierten Maßen für Tisch- und Großgefäße

Zwischen der Anzucht von Jungpflanzen in Erde und Hydrokultur bestehen keine grundsätzlichen Unterschiede. Während der Vermehrungsvorgang selbst der gleiche ist, wird bei der Hydrokultur nicht in Erde vermehrt, sondern in Material, das frei von Humusstoffen ist.

Für Aussaaten kann Estrichsand in der Körnung 00 bis 02, Blähton mit einer Körnung bis 4 mm und Grodan in loser Form verwendet werden (s. Seite 275).

Bei der Vermehrung durch Stecklinge, die bei der Hydrokultur den weitaus größten Raum einnimmt, verwendet man Blähton in verschiedenen Körnungen, Grodan- und Oasisvermehrungswürfel, Perlite und Sand. Bei Verwendung von Grodan-Vermehrunsgwürfeln kann es allerdings später Probleme geben. Aufgrund der hohen Wasserkapazität kann es zur Unterkühlung am Wurzelhals kommen; das vertragen viele Pflanzen nicht und faulen weg. Es empfiehlt sich daher, bevor man in den Endtopf pflanzt, das Grodan weitgehend von den Wurzeln zu entfernen.

Während man bei großen und kräftigen Stecklingen, z. B. bei *Monstera* und *Philodendron*, häufig gleich in den Endtopf setzt und dazu

Blähton oder Blähschiefer verwendet, steckt man kleine und vor allem weiche Stecklinge bevorzugt in die obengenannten Substrate.
Bis zur Bewurzelung wird ohne Wasserstand gearbeitet, die Stecklinge und Aussaaten werden nur von oben gegossen oder besprüht. Erst nach stärkerer Ausbildung der Wurzeln kann das Wasser leicht angestaut werden. Die Vermehrung im Wasserglas wurde schon auf Seite 136 beschrieben. Diese Methode ist bei der Vermehrung von Hydrokulturpflanzen, zumindest für den Hobbygärtner, interessant; ist man doch hier nicht auf spezielle Vermehrungssubstrate angewiesen.
Zur Vermehrung werden meist Gitter- oder Schlitztöpfe unterschiedlicher Größe verwendet. Zur Weiterkultur werden Töpfe aus Kunststoff oder Styropor in standardisierten Maßen angeboten. Nur solche sollte man auch verwenden, denn sie gewährleisten, daß sie in die auf dem Markt erhältlichen Tisch-, Klein- und Großgefäße passen.
Für Tisch- und Kleingefäße beträgt die Normhöhe 12 cm, mit Topfdurchmessern von 11, 13, 15 und 18 cm.
Für Großgefäße beträgt die Normhöhe 19 cm, mit Topfdurchmessern von 11, 15, 18 und 22 cm.
Als Füllsubstrat wird ausschließlich Blähton oder Blähschiefer verwendet. Früher benutzte Substrate, wie Bimskies, Basalt, Granitsplitt, Schlacke, Kies u. a., sind wegen ihrer mehr oder weniger großen Nachteile als Füllsubstrat nicht zu empfehlen.

Umstellung von Erd- auf Hydrokultur

Wie schon erwähnt, bilden Pflanzen in Hydrokultur andere Wurzeln aus als in Erdkultur, daher kann eine Umstellung von Erd- auf Hydrokultur nur eine Notlösung sein, da es häufig zu größeren Ausfällen kommt.
In der Regel lassen sich nur junge Pflanzen erfolgreich umstellen, ältere Pflanzen bringen meist nicht mehr die Kraft für eine Wurzelneubildung auf. Denn bei der Umstellung sterben die alten Wurzeln an den Spitzen ab und verlieren zunächst ihre Funktionen, so daß die Pflanze in den ersten Wochen nach der Umstellung einem frisch geschnittenen Steckling gleicht. Da ältere Pflanzen in der Regel viel Blattmasse entwickelt haben, ist dementsprechend die Verdunstung hoch, und die Pflanzen haben Schwierigkeiten, mit ihren wenigen Wurzeln den notwendigen Wasserbedarf zu decken.
Der Vorgang des Auswaschens ist relativ einfach. Der ausgetopfte Wurzelballen wird unter fließendem, nicht zu kaltem Wasser mit Hilfe einer Brause sorgfältig ausgewaschen. Um ein Abreißen der Wurzeln zu verhindern, empfiehlt es sich, den Wurzelballen auf ein Sieb zu legen. Es ist mit größter Sorgfalt zu arbeiten und darauf zu achten, daß die Erde bis auf den letzten Rest entfernt wird. Denn der kleinste Rest Erde im Hydrokultur-Gefäß kann zur Fäulnis führen. Ebenso sind alte, verletzte oder angebrochene Wurzelteile mit einem scharfen Messer abzuschneiden. Es ist besser, eine Wurzel mehr zu entfernen, als eine kranke zu belassen. Zu lange Wurzeln – sie dürfen allenfalls bis zum Boden des Hydrokultur-Gefäßes reichen – werden ebenfalls eingekürzt.
Als Substrat zum Eintopfen verwendet man Blähton oder Blähschiefer. Zunächst wird in den Topf eine 3 bis 4 cm hohe Schicht Substrat eingefüllt. Die ausgewaschene Pflanze wird so in das Substrat gehalten, daß der Wurzelhals in gleicher Höhe mit dem Topfrand liegt. Anschließend wird mit Substrat aufgefüllt. Wichtig ist, daß die Wurzeln, die sich in der Erde entwickelt haben, nicht sofort ins Wasser kommen, sondern die Möglichkeit haben, ins Wasser hineinzuwachsen. Wenn notwendig, müssen auch die oberirdischen Teile etwas zurückgeschnitten werden.
Bis zur Wurzelneubildung ist für gespannte Luft zu sorgen. Die Pflanzen sind in dieser Zeit täglich 1- bis 2mal zu übersprühen, damit Wurzeln und Substrat feucht bleiben und die Pflanzen nicht welken. Der Wasserstand darf, bis die Pflanze ausreichend neue Wurzeln gebildet hat, die ½-Marke nicht übersteigen. Gut angewachsen ist eine Pflanze dann, wenn man sie an ihren oberirdischen Teilen anfassen

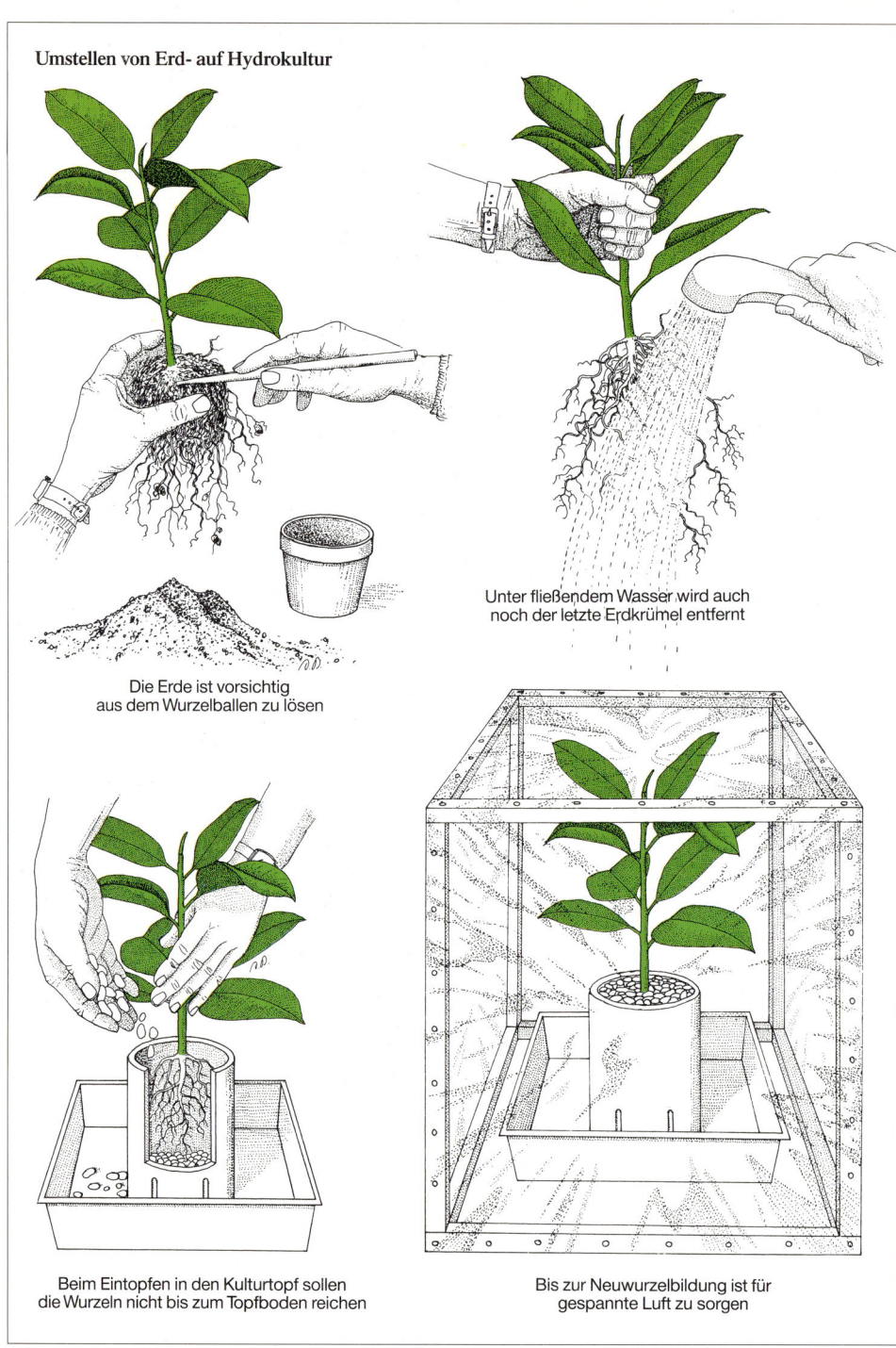

Umstellen von Erd- auf Hydrokultur

Die Erde ist vorsichtig
aus dem Wurzelballen zu lösen

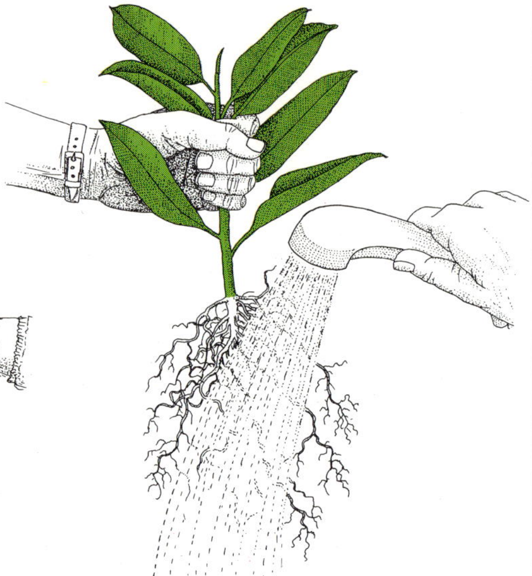

Unter fließendem Wasser wird auch
noch der letzte Erdkrümel entfernt

Beim Eintopfen in den Kulturtopf sollen
die Wurzeln nicht bis zum Topfboden reichen

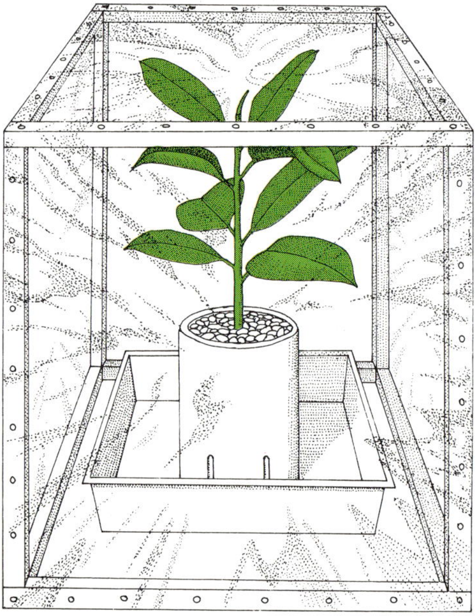

Bis zur Neuwurzelbildung ist für
gespannte Luft zu sorgen

und hochheben kann, ohne daß sie sich aus dem Kulturtopf löst. Je nach Pflanzenart dauert dies 1 (z. B. bei *Philodendron*) bis 2 Monate (z. B. bei *Anthurium*).

Es muß noch einmal betont werden, daß die Umstellung von Erd- auf Hydrokultur nicht einfach ist. Hat aber eine Pflanze die Umstellung erfolgreich überstanden, weist sie gegenüber reinen Hydrokulturpflanzen keine Nachteile auf.

Eine Umstellung von Hydro- auf Erdkultur ist ohne größere Probleme möglich. Bei der Umstellung ist nur darauf zu achten, daß die Pflanzen gut feucht – nicht naß – gehalten werden, bis sich neue Wurzeln im Erdreich gebildet haben.

Gewebekultur (Meristemkultur, Sproßspitzenkultur, Zellkultur)

Die Gewebekultur ist die modernste Art der vegetativen Vermehrung; ihre Bedeutung nimmt im Gartenbau immer mehr zu. Das Verfahren ist technisch äußerst kompliziert und allgemein für den Hobbygärtner, aber auch für den Gärtner selbst nicht anwendbar, da es hauptsächlich Laborarbeit erfordert. In mancherlei Hinsicht ist diese Vermehrungsmethode in ihren Auswirkungen jedoch von besonderem Interesse. Daher ist es angebracht, mindestens die Grundlagen und die Technik dieser Methode zu kennen, damit man weiß, was es bedeutet, wenn jemand sagt, der *Ficus benjamina*, die Anthurie oder Orchidee stamme aus einer Meristem- oder Gewebekultur.

Die vegetative Vermehrung der Pflanze mit Hilfe von Ablegern und Stecklingen usw. ist schon beschrieben worden. Sie ermöglicht es dem Gärtner, Pflanzen, die aus verschiedenen Gründen sortenecht nicht aus Samen vermehrt werden können, sortenecht zu vermehren. Was soll aber geschehen mit einer wirtschaftlich interessanten Sorte, die eben nicht aus Samen vermehrt werden kann, bei der aber auch die gebräuchlichen vegetativen Vermehrungsmethoden versagen oder zu unergiebig sind? Die Antwort wäre noch vor etwa zwei Jahrzehnten ein Achselzucken gewesen. Heute ist durch die Gewebekultur eine sortenechte Massenvermehrung bei vielen Pflanzenarten möglich, und täglich kommen neue hinzu.

Die Kultivierung von pflanzlichem Gewebe, aus dem sich neue Pflanzen regenerieren, ist schon seit einigen Jahrzehnten bekannt. Wirtschaftlich anwendbar in der Praxis ist sie erst seit etwa 10 Jahren.

Für die Gewebekultur benutzt man winzige Pflanzenteilchen, die man der Pflanze unter sterilen Bedingungen entnimmt, um sie in einem geeigneten Nährmedium zur Regeneration zu veranlassen. Diese Teile können ganze Organe (z. B. die Sproßspitze), Gewebe oder nur einzelne Zellen sein. Die Fähigkeit, selbst aus einer einzelnen Pflanzenzelle neue Pflanzen zu regenerieren, beruht auf der Tatsache, daß in einer Pflanzenzelle der vollständige „Bauplan" für die gesamte Pflanze enthalten ist.

Am bekanntesten ist die Meristemvermehrung. Ein „Meristem" ist ein Gewebe, das aus teilungsfähigen Zellen besteht. Meristeme finden wir an den Wurzelspitzen, in den Triebspitzen, Knospen und im Sproß als Kambium. Die Meristemvermehrung entwickelte sich nicht so sehr wegen der Massenvermehrung, sondern aufgrund der Tatsache, daß embryonale Zellen im Bereich der Triebspitzen und Knospen stets virose- und bakteriosefrei sind, auch wenn die Pflanze sonst verseucht ist. Durch die Meristemvermehrung hatte man erstmals die Möglichkeit, bakteriose- und virosefreie Pflanzen heranzuziehen.

Die Bezeichnung Meristemvermehrung trifft strenggenommen nur dann zu, wenn man sich auf die wenigen noch undifferenzierten Zellen eines Vegetationspunktes beschränkt, das entnommene Teil also im Umfang nur den Bruchteil eines Millimeters mißt. Im allgemeinen entnimmt man aber gerade im obengenannten Fall größere Teile, oft ganze Knospen, da mit diesen eine Weiterentwicklung sehr viel leichter zu erreichen ist. Daher sollte dann korrekterweise von „Sproßspitzenkultur" gesprochen werden.

Der Entnahme der Triebspitzen geht in der Regel eine Wärmebehandlung voraus. Dabei werden die ausgesuchten Mutterpflanzen Temperaturen von etwa 40 °C ausgesetzt. Diese hohen Temperaturen hemmen die Lebensfähigkeit der Viren und verzögern ihre Verbreitung in der Pflanze. Die bei dieser Wärmebehandlung hinzugewachsenen Triebspitzen werden mit feinen Instrumenten herausgeschnitten. Daß dies alles unter sterilen Bedingungen durchgeführt werden muß, ist verständlich, denn solch junges Gewebe wäre ein idealer Nährboden für alle möglichen pilzlichen Krankheiten, deren Erreger immer gegenwärtig sind. Die entnommenen Sproßspitzen werden in Reagenzgläsern auf künstlichen Nährboden gebracht.

Nach 6 bis 8 Wochen entwickelt sich aus der Sproßspitze eine Jungpflanze, die bei entsprechender Größe auf normalem Substrat (Erde) weiterkultiviert wird. Diese Pflanzen bilden dann das Ausgangsmaterial für die Mutterpflanze, von denen in Spezialbetrieben Stecklinge geschnitten werden, die der Gärtner vor Ort bis zur Verkaufsreife weiterkultiviert. Diese Vermehrungsmethode hat im Gartenbau praktische Bedeutung bei Nelken-, Chrysanthemen- und Pelargonien-(Geranien) Kulturen. Das Verfahren ermöglicht nämlich die Anzucht von Pflanzen, die frei von Virosen und Bakteriosen sind. Gerade die aufgeführten Pflanzenarten leiden – wenn sie von normalen Mutterpflanzen aus Stecklingen gezogen werden – stark unter Qualitätsminderung durch die genannten Krankheiten.

Eine eigentliche Massenvermehrung findet nur bei der Anwendung von Methoden statt, bei denen mit einzelnen Zellen, Gewebeteilen, in Ausnahmefällen auch mit Sproßspitzen (zum Beispiel bei Orchideen) gearbeitet wird. Bei der eigentlichen Gewebekultur werden die unter einem Mikroskop herausoperierten Gewebeteile wie bei der Sproßspitzenkultur auf einem speziellen Nährboden, dessen Zusammensetzung von Pflanzenart zu Pflanzenart unterschiedlich sein kann, ausgebracht. Nach etwa 4 bis 8 Wochen wird man erste Veränderungen wahrnehmen. Die Zellen beginnen sich zu teilen, im Laufe der Zeit entstehen undifferenzierte Zellklumpen. Diese Zellklumpen werden in dauernder schüttelnder oder rotierender Bewegung gehalten, damit die Nährlösung immer gut durchlüftet ist. Außerdem wird verhindert, daß schon in diesem Stadium Wurzeln und Sprosse entstehen, denn durch das Schütteln wird erreicht, daß die Zellen unbegrenzt in Teilung bleiben und eine Ausdifferenzierung von Organen unterbleibt.

Hat man auf diese Art genügend Protocorme (so nennt man diese Zellhaufen) erzeugt, werden sie auf ein anderes Nährmedium umgelegt, auf dem sich dann Wurzeln, Sproß und Blätter ausbilden. Wenn die Jungpflanzen ausreichend groß sind, werden sie wie Sämlinge behandelt und in ein entsprechendes Substrat pikiert. Man kann also durch fortlaufende Teilung der sich bildenden Protocorme theoretisch aus einer einzelnen Zelle eine unbegrenzte Zahl neuer Pflanzen erzielen, die alle Eigenschaften der Mutterpflanze aufweisen und sich wie ein Ei dem anderen gleichen.

Die Gewebekultur kann naturgemäß nur zur Reproduktion hervorragender Züchtungen dienen; sie ist nicht geeignet für die Verbesserung und Fortentwicklung von Pflanzenzüchtungen, wozu man nach wie vor die generative Vermehrung anwenden muß.

Die Vermehrung der Zimmer-, Beet-, Balkon- und Kübelpflanzen (alphabetisch)

Dieser spezielle Teil beschreibt die Vermehrung von rund 380 Gattungen. Neben gebräuchlichen sind auch weniger verbreitete Vermehrungsmethoden aufgeführt, und es werden Hinweise zur optimalen Vermehrungstemperatur und zum Vermehrungszeitpunkt gegeben. Soweit keine Angaben zum Vermehrungszeitpunkt gemacht werden, ist eine Vermehrung ganzjährig möglich, doch sollte man bevorzugt im Frühjahr, zu Beginn der Hauptwachstumszeit, vermehren. Bei Pflanzenarten, die sich nicht oder nur wenig von selbst verzweigen, werden Ratschläge zum Stutzen gegeben. Bei Balkon- und Beetpflanzen findet man Hinweise zur Endtopfgröße und zu den Abhärtungs-Temperaturen, die einzuhalten sind, bevor man die Pflanzen ins Freie bringt. Bei der Vermehrung durch Stecklinge wird die Anwendung von Wuchsstoffen empfohlen.
Es konnte nicht darauf verzichtet werden, die wissenschaftlichen Namen der betreffenden Pflanzen aufzuführen, da es einerseits in vielen Fällen keine eingebürgerten deutschen Namen gibt, zum anderen die Pflanzen in Samenlisten und Katalogen des Samenhandels und Gärtnereien auch nur mit ihrem botanischen Name angeboten werden. Wird eine Pflanze gesucht, deren botanischer Name nicht bekannt ist, findet man sie über das Sachregister.

Abutilon, Schönmalve

Vermehrung durch Kopf- oder Teilstecklinge, die ganzjährig geschnitten werden können. Zunehmend wird im Handel auch Samen angeboten. Aussaat von Januar bis April. Vermehrungstemperatur um 22 °C, Weiterkultur nicht unter 15 °C. Um reichverzweigte Pflanzen zu erhalten, ist ein mehrmaliges Stutzen der Jungpflanzen erforderlich.

Acacia, Akazie, Känguruhdorn, Mimose

Vermehrung durch Aussaat ganzjährig. Die Samenschale ist aufzurauhen (s. Seite 21). Vermehrungstemperatur um 22 °C, Weiterkultur nicht unter 15 °C.

Acalypha hispida, Fuchsschwanz, Katzenschwanz

Acalypha-Wilkesiana-Hybriden, Nesselblatt, Kupferblatt

Den Fuchsschwanz wie auch das Nesselblatt vermehrt man sowohl durch Kopf- als auch Teilstecklinge ganzjährig, bevorzugt im Frühjahr oder Sommer. Vermehrungstemperatur 22 °C, Weiterkultur nicht unter 18 °C.

Acca sellowiana

Vermehrung durch Aussaat und Kopfstecklinge. Saatgut wird nur selten im Handel angeboten. Aussaat sofort nach Erhalt der Samen.

Abutilon megapotamicum wird durch Teil- oder Kopfstecklinge vermehrt.

Stecklingsvermehrung bevorzugt im Sommer, man verwendet Stecklinge mit mindestens 3 Nodien (Blattansätzen). Vermehrungstemperatur 22 bis 25 °C, Weiterkultur nicht unter 15 °C.

Achimenes-Hybriden, Schiefteller

Vermehrung leicht durch Teilung der Rhizome im Frühjahr oder durch Kopf-, aber auch Blattstecklinge (wie für *Begonia*-Rex-Hybriden auf Seite 133 beschrieben), von März bis Juni. Man setzt später 5 bis 8 Jungpflanzen in den Endtopf. Vermehrung durch Aussaat ist möglich, aber nicht üblich. Vermehrungstemperatur mindestens 20 °C, Weiterkultur nicht unter 18 °C.

Acorus, Kalmus

Sowohl die Art als auch die buntblättrigen Formen lassen sich leicht durch Teilung vermehren.

Adiantum, Frauenhaarfarn

Vermehrung durch Sporenaussaat, bevorzugt im Frühjahr, oder durch vorsichtiges Teilen des Wurzelstocks. Vermehrungstemperatur 22 °C, Weiterkultur nicht unter 15 °C.

Aechmea, Lanzenrosette

Vermehrung durch Abtrennen bewurzelter Kindel oder durch Aussaat. Die feinen Samen dürfen nicht abgedeckt werden. Keimung bei 22 bis 25 °C und hoher Luftfeuchtigkeit, Weiterkultur nicht unter 18 °C.

Aeonium

Vermehrung in der Regel durch Rosettenstecklinge, die sich leicht bewurzeln, einige Arten auch durch Blattstecklinge. Bei *A. tabuliforme* ist die Vermehrung nur durch Aussaat möglich. Vermehrungstemperatur 22 °C, Weiterkultur nicht unter 15 °C.

***Aeschynanthus radicans,* eine beliebte Ampelpflanze, wird durch Kopf- oder Teilstecklinge vermehrt.**

Aeschynanthus, Schamblume, Lippenstiftpflanze

Vermehrung durch Kopf- oder Teilstecklinge im Frühjahr/Sommer. Später sind 5 bis 8 Jungpflanzen in den Endtopf zu setzen oder gleich zu stecken. Vermehrungstemperatur 22 bis 25 °C, Weiterkultur nicht unter 16 °C.

Agapanthus, Schmucklilie

Vermehrung durch Teilung im Herbst nach der Blüte. Aussaat im Frühjahr bei 15 °C möglich, Keimung sehr unregelmäßig, Sämlinge erreichen die Blühreife in der Regel erst nach 3 Jahren.

Agave, Agave

Vermehrung in der Regel durch Ausläufer (Kindel) oder Teilung der Rhizome im Frühjahr. Vor dem Einpflanzen läßt man die Schnittstellen erst 1 bis 2 Tage abtrocknen. Aussaat möglich (gelegentlich wird Samen angeboten) doch sehr langwierig. Keimtemperatur 22 bis 25 °C.

Ageratum houstonianum, **Leberbalsam**

Vermehrung durch Aussaat oder Kopfstecklinge. Aussaat von Januar bis März, Keimtemperatur 18 bis 21 °C, Weiterkultur bei 16 bis 18 °C, zur Abhärtung 12 °C. Stecklingsvermehrung im März bei 18 °C. Bis zu 3 Sämlinge oder bewurzelte Stecklinge sind in den 6 bis 9-cm-Endtopf zu setzen.

Aglaonema, **Kolbenfaden**

Vermehrung durch Kopf- und Stammstecklinge, Teilung und Aussaat. Bewurzelung und Keimung nur bei hohen Bodentemperaturen von 25 bis 30 °C. Bei der Aussaat ist zu beachten, daß nur frisches Saatgut ausreichend keimfähig ist. Weiterkultur nicht unter 20 °C.

Albizia, **Albizie, Schirmakazie**

Vermehrung wie *Acacia*.

Allamanda cathartica, **Goldtrompete**

Vermehrung durch ausgereifte, leicht verholzte Teilstecklinge mit mindestens einem Nodium, von Frühjahr bis Herbst. Später 2 bis 3 bewurzelte Stecklinge in den Endtopf setzen. Vermehrungstemperatur 22 bis 25 °C, Weiterkultur nicht unter 18 °C.

Alocasia, **Alocasie**

Vermehrung durch Ausläufer und Teilung der Rhizome bei 25 bis 30 °C und hoher Luftfeuchtigkeit. Aussaat möglich, doch kaum üblich.

Aloë, **Bitterschopf**

Vermehrung durch Ausläufer (Kindel), Aussaat und durch Kopfstecklinge, bei einigen Arten auch durch Blattstecklinge. Vermehrung durch Kopfstecklinge nur bei hohen Bodentemperaturen (25 bis 30 °C) erfolgversprechend.

Amaranthus caudatus, **Gartenfuchsschwanz**

Vermehrung durch Aussaat im März/April bei 15 bis 18 °C, nach dem Auflaufen sind die Keimlinge sofort kühler zu stellen. Sind die Sämlinge groß genug, wird direkt in 8- bis 10-cm-Töpfe pikiert.

Amaryllis bella-donna, **Belladonnalilie**

Vermehrung durch Abtrennen der Brutzwiebeln beim Umtopfen. Bis zur Blühreife dauert es 3 bis 4 Jahre.

Amorphophallus

Vermehrung durch Aussaat (langwierig), bei einigen Arten auch durch Brutknollen, die an ausläuferartigen Verzweigungen gebildet werden. Vermehrungstemperatur 25 °C, Weiterkultur nicht unter 18 °C.

Ampelopsis, **Scheinrebe**

Vermehrung im Sommer durch krautige Stecklinge bei 18 °C. Später setzt man 3 bis 5 Jungpflanzen in den Endtopf.

Ananas comosus, **Ananas**

Vermehrung durch Kindel oder Abtrennen der Blattschöpfe auf den Früchten. Hierzu können auch gekaufte Früchte verwendet werden, wenn die Schöpfe noch grün und frisch sind. Zur Bewurzelung sind hohe Bodentemperaturen (25 bis 30 °C) erforderlich. Weiterkultur bei mindestens 18 °C.

Anisodontea capensis, **Fleißiges Lieschen**

Vermehrung durch Kopfstecklinge im Herbst und Frühjahr. Vermehrungstemperatur 20 °C, Weiterkultur bei 15 °C. Besonders schön als Kronenbäumchen.

Annona, **Cherimoya, Sauersack, Netzanone**

Früchte, die keimfähige Samen enthalten, werden in Feinkostläden angeboten. Nach

Entfernung des Fruchtfleisches ist sofort auszusäen. Vermehrung durch Stecklinge möglich. Vermehrungstemperatur um 25 °C, Weiterkultur nicht unter 18 °C.

Anthurium, Flamingoblume

Ältere Pflanzen kann man durch vorsichtiges Teilen vermehren. Der Gärtner vermehrt durch Aussaat oder Gewebekultur. Bei der Vermehrung durch Aussaat ist zu beachten, daß der Samen nach der Reife schnell seine Keimfähigkeit verliert, daher muß sofort nach der Ernte oder nach Erhalt des Saatgutes ausgesät werden. Vor der Aussaat ist der Samen durch Auswaschen vom Fruchtfleisch zu befreien. Vermehrungstemperatur 25 °C, Weiterkultur nicht unter 18 °C.

Aphelandra, Glanzkölbchen

Vermehrung durch Kopf-, Teil- oder Knotenstecklinge im Frühjahr und Sommer bei Temperaturen von 22 bis 25 °C. Weiterkultur nicht unter 18 °C.

Arachis hypogaea, Erdnuß

Vermehrung durch Aussaat ungerösteter Erdnüsse im Frühjahr. Man legt gleich 3 bis 5 Samen in den Endtopf. Vermehrungstemperatur 20 °C, Weiterkultur nicht unter 18 °C.

Araucaria heterophylla, Zimmertanne

Vermehrung in der Regel durch Aussaat, allerdings verliert der Samen schnell seine Keimfähigkeit, daher sofort nach Erhalt der Samen aussäen. Weiter ist eine Vermehrung durch Stecklinge möglich. Doch nur die Triebspitzen behalten die typische Wuchsform der Zimmertanne bei. Zur Wurzelbildung sind hohe Bodentemperaturen von 25 bis 30 °C notwendig. Zu groß gewordene Pflanzen sind besser durch Abmoosen zu vermehren. Weiterkultur bei 16 °C, im Winter möglichst unter 10 °C.

Arbutus unedo, Erdbeerbaum

Vermehrung durch krautige Kopfstecklinge oder leicht verholzte Teilstecklinge im Sommer. Aussaat möglich, frisches keimfähiges Saatgut wird jedoch nur selten angeboten. Vermehrungstemperatur 20 bis 22 °C, Weiterkultur bei 18 °C.

Ardisia, Ardisie

Vermehrung durch Aussaat von zugekauften oder selbst geernteten Samen, die reichlich angesetzt werden. Samen durch Auswaschen vom Fruchtfleisch befreien. Vermehrung durch Kopfstecklinge möglich. Vermehrungstemperatur 22 °C, Weiterkultur nicht unter 18 °C.

Asclepias curassavica, Seidenpflanze

Vermehrung durch Aussaat im Frühjahr. Samen wird reichlich angesetzt. Stecklingsvermehrung möglich.

Asparagus, Zierspargel

Vermehrung durch Teilung im Frühjahr oder durch Aussaat. Der Samen ist durch Auswaschen vom Fruchtfleisch zu befreien. Aussaat bis zur Keimung (bei 24 °C) mit Zeitungspapier abdecken (lichtgehemmt). Später sind 2 bis 3 Sämlinge in den Endtopf zu setzen. Weiterkultur bei 18 °C.

Sämlinge von *Ardisia crenata*

***Aspidistra elatior*, Schusterpalme**

Vermehrung durch Teilung im Frühjahr. Die einzelnen Teilstücke sollten mindestens 2 bis 3 Blätter haben. Aussaat möglich.

***Asplenium*, Streifenfarn, Nestfarn**

Vermehrung durch Sporenaussaat im Frühjahr bei 22 bis 24 °C. *A. bulbiferum* und *A. daucifolium* auch durch Brutpflänzchen, die zahlreich auf den Wedeln ausgebildet werden. Weiterkultur nicht unter 18 °C.

***Aucuba japonica*, Aukube**

Vermehrung durch leicht verholzte Kopfstecklinge im Frühjahr oder Sommer bei 20 °C. Vermehrung durch Aussaat ist bei der grünen Art möglich. Die Jungpflanzen sind mehrmals zu stutzen.

***Banksia*, Protea**

Vermehrung durch Aussaat von importiertem Saatgut. Die Samenschale ist aufzurauhen. Vermehrungstemperatur 25 bis 30 °C, Weiterkultur nicht unter 20 °C.

***Bauhinia*, Bauhinie**

Vermehrung durch Aussaat von importiertem Saatgut, die Samenschale ist aufzurauhen. Jungpflanzen sind des öfteren zu stutzen. Vermehrungstemperatur 25 °C, Weiterkultur nicht unter 20 °C.

***Beaucarnea*, Elefantenfuß**

Vermehrung durch importiertes Saatgut ganzjährig oder, bei älteren Pflanzen, durch Abtrennung von Seitentrieben. Vermehrungstemperatur 22 bis 24 °C, Weiterkultur bei 18 °C.

***Begonia*-Elatior-Hybriden, Elatiorbegonie**

Die Vermehrung kann durch Blatt- und Kopfstecklinge vorgenommen werden und ist zu jeder Jahreszeit möglich. Zur Vermehrung durch Blattstecklinge eignen sich jene Blättchen der Blütenregion, die nahezu ausgewachsen sind. Als Kopfstecklinge verwendet man Triebe mit mindestens 2 Nodien. Vermehrungstemperatur 20 bis 25 °C, Weiterkultur nicht unter 18 °C.

Sämlinge von *Beaucarnea gracilis*

***Begonia*, Blatt-, Strauch- und Hängebegonie**

Begonia masoniana und andere Arten lassen sich wie die Rex-Begonie leicht durch Blattstecklinge vermehren (s. Seite 133). Aus unterirdischen Stammstücken läßt sich u. a. *B. heracleifolia* vermehren. Strauch- und Hängebegonien werden durch Kopf- oder Augenstecklinge vermehrt. Eine Vermehrung durch Aussaat ist möglich, aber von untergeordneter Bedeutung. Vermehrungstemperatur 25 bis 30 °C, Weiterkultur bei 20 °C.

***Begonia*-Knollenbegonien-Hybriden, Knollenbegonien**

Für den Hobbygärtner ist das Antreiben zugekaufter oder überwinterter Knollen vom letzten Jahr (also niemals die Knollenbegonien im Herbst wegwerfen) eine einfache Möglichkeit Knollenbegonien zu vermehren. Die wurzel-

Eine eigenartige Begonie, *Begonia crispula*

Wie für *Begonia*-Rex-Hybriden beschrieben, läßt sich *Begonia crispula* durch die Blatteinschnittmethode vermehren.

seitig konvex, sproßseitig konkav geformte scheibenartige Knolle wird im Februar/März direkt in den 11- bis 12-cm-Endtopf gelegt und nur wenig mit Erde bedeckt. Das Antreiben der Knollen erfolgt bei Temperaturen zwischen 20 bis 24 °C. Ein Überbrausen mit gewärmtem Wasser in den ersten Wochen nach dem Legen fördert die Sproß- und Wurzelbildung. Nach dem Austrieb wird die Temperatur auf 18 bis 20 °C abgesenkt. Eine Vermehrung ist auch durch Zerschneiden der Knollen möglich. Jedes Teilstück muß eine Knospenanlage enthalten. Die Schnittflächen läßt man abtrocknen und stäubt sie dann mit Holzkohlepulver ein. Der Gärtner vermehrt heute überwiegend durch Aussaat. Sie ist allerdings nicht einfach, da der Samen staubfein ist (verlängern mit Sand s. Seite 120). Aussaat bei 20 bis 25 °C, Weiterkultur nach dem Pikieren und Eintopfen bei 18 °C, zur Abhärtung, bevor die Pflanzen ins Freie kommen, Temperatur auf 12 °C absenken.

Begonia-Lorrainebegonien-Hybriden, Lorrainebegonie

Vegetative Vermehrung wie bei den *Elatior*-Begonien beschrieben. Von einigen Hybrid-Sorten wird auch Saatgut angeboten. Aussaat im März bei 20 °C, Weiterkultur nicht unter 15 °C.

Begonia-Rex-Hybriden, Königsbegonie

Vermehrung durch Blattstecklinge (s. Seite 133) bei 24 °C. Bei älteren Pflanzen können die Stämme in Teilstücke mit 2 bis 3 Nodien geschnitten werden, auch Teilung ist möglich. Der Gärtner vermehrt heute vorwiegend durch Samen. Weiterkultur nicht unter 18 °C.

Begonia-Semperflorens-Hybriden, Apfelblüte

Vermehrung durch Aussaat im Januar/Februar, Samen nicht abdecken. Keimtemperatur 20 bis 24 °C, nach dem Pikieren 18 °C. Man pflanzt später in 6- bis 8-cm-Endtöpfe oder pikiert, wenn das Wetter es erlaubt, in einen Frühbeetkasten. Vor dem Auspflanzen ist ein Abhärten der Pflanzen, Gewöhnung an niedrige Temperaturen und intensive Sonnenbestrahlung, unbedingt notwendig. Stehen Mutterpflanzen zur Verfügung lassen sich Apfelblüten auch leicht durch Stecklinge vermehren.

***Bellis perennis,* Gänseblümchen**

Vermehrung im Juni/Juli durch Aussaat in den Frühbeetkasten oder auf gut vorbereitete Beete im Garten. Die Aussaaten sind stets feucht zu halten. 5 bis 6 Wochen nach der Aussaat wird auf Beete oder direkt an Ort und Stelle ausgepflanzt.

***Beloperone guttata,* Spornbüchschen, Zimmerhopfen**

Vermehrung durch Kopf- oder Teilstecklinge von Januar bis März. Man steckt 3 bis 5 gleich in den Vermehrungstopf oder pflanzt später 3 bis 5 Jungpflanzen in den Endtopf. Wichtig ist ein ein- bis zweimaliges Stutzen, um buschige Pflanzen zu erhalten. Vermehrungstemperatur 20 bis 22 °C, Weiterkultur nicht unter 15 °C.

***Billbergia,* Billbergie, Strandhafer**

Vermehrung durch Kindel oder durch Aussaat. Hybrid-Sorten können nur durch Kindel vermehrt werden. Keimtemperatur 25 °C, Weiterkultur nicht unter 15 °C.

***Bixa orellana,* Lippenstift-Baum**

Vermehrung durch importiertes Saatgut, welches allerdings nur selten angeboten wird. Nur wirklich frisches Saatgut ist keimfähig. Vermehrungstemperatur 25 °C, Weiterkultur nicht unter 20 °C.

***Blechnum,* Rippenfarn**

Vermehrung durch Teilung oder Sporenaussaat. Vermehrungstemperatur 22 °C, später genügen 20 °C.

***Bougainvillea,* Drillingsblume**

Vermehrung ganzjährig durch gut ausgereifte Kopf- oder Teilstecklinge mit 2 bis 3 Nodien (Blattansätze). Zur Bewurzelung sind hohe Bodentemperaturen von 25 bis 30 °C erforderlich, Weiterkultur nicht unter 18 °C.

***Brachychiton,* Glücksbaum, Flaschenbaum**

Vermehrung durch Aussaat importierten Samens, der aufzurauhen ist, oder durch Kopfstecklinge. Vermehrungstemperatur 22 bis 25 °C, Weiterkultur nicht unter 20 °C.

***Brachyscome multifida,* Blaues Gänseblümchen**

Vermehrung im Herbst durch Stecklinge von abgeblühten Pflanzen oder von überwinterten Mutterpflanzen von Januar bis März. Man steckt gleich 5 Stück in den Vermehrunsgtopf und stutzt später mindestens einmal. Als Endtopf dient der 10-cm-Topf. Vermehrungstemperatur 22 °C, Weiterkultur bei 15 °C.

***Brassaia actinophylla* (syn. *Schefflera actinophylla*), Lackblattpflanze, Schefflera**

Vermehrung kleinerer Mengen durch noch nicht verholzte Kopf- und Teilstecklinge. Der Gärtner vermehrt heute in der Regel durch Aussaat importierten Saatguts. Vermehrungstemperatur 22 bis 25 °C, Weiterkultur bei 20 °C.

***Browallia,* Browallie**

Vermehrung leicht durch Samen und Stecklinge. Um buschige Pflanzen zu erhalten, sind 3 bis 5 Pflanzen in den Endtopf zu setzen und einmal zu stutzen. Vermehrungstemperatur 25 °C, Weiterkultur nicht unter 18 °C.

***Brunfelsia,* Brunfelsie**

Vermehrung durch Kopf- oder Teilstecklinge, letztere mit 1 bis 3 Nodien. 2 bis 3 Jungpflanzen sind in den Endtopf zu pflanzen und ein-

Brunfelsia pauciflora var. calycina wird in der Regel durch Teilstecklinge vermehrt.

mal zu stutzen. Vermehrungstemperatur 20 bis 22 °C, Weiterkultur nicht unter 18 °C.

Byblis, Regenbogenpflanze

Vermehrung durch Aussaat im Frühjahr. Vermehrungssubstrat Sand und Torf im Verhältnis 2:1. Samen nicht abdecken. Vermehrungstemperatur 20 °C. *Byblis gigantea* läßt sich auch durch Wurzelstecklinge vermehren.

Caladium, Buntwurz, Caladie

Vermehrung durch Teilung der Knollen nach der Überwinterung. Der Neuaustrieb sollte sichtbar sein, um sicher zu gehen, daß jedes Teilstück mindestens ein Auge besitzt. Vermehrungstemperatur bis zur Ausbildung der ersten Blätter 25 bis 30 °C, Weiterkultur nicht unter 20 °C.

Calamus ciliaris, Rotangpalme

Vermehrung durch Aussaat (Samen muß frisch sein), durch Stecklinge und Abmoosen. Vermehrungstemperatur für Stecklinge 30 °C, Weiterkultur nicht unter 18 °C.

Calathea, Korbmarante

Vermehrung ausschließlich durch Teilung. Jedes Teilstück muß mindestens 2 Blätter besitzen. Vermehrungstemperatur 22 bis 25 °C, Weiterkultur bei 20 °C.

Calceolaria-Hybriden, Pantoffelblume

Vermehrung durch Aussaat bei 18 °C; Samen nicht übersieben, nur andrücken.

Calceolaria integrifolia, Pantoffelblume

Vermehrung durch Kopfstecklinge oder Aussaat. Stecklinge schneidet man rechtzeitig vor dem ersten Frost im Herbst. Die Bewurzelung erfolgt am besten bei Bodentemperaturen von 14 bis 15 °C. Nach der Bewurzelung werden die Stecklinge in 8-cm-Töpfe eingetopft und kühl überwintert. Von diesen Jungpflanzen kann man im Januar/Februar nochmals Stecklinge schneiden. Der Gärtner vermehrt heute überwiegend durch Aussaat im Dezember/Januar. Keimtemperatur 18 °C, Weiterkultur zunächst bei 15 °C, später abhärten auf 8 bis 10 °C. Niedrige Temperaturen begünstigen gedrungenen Wuchs und rechtzeitigen Blütenansatz. Als Endtöpfe verwendet man den 10- bis 11-cm-Topf. Stutzen, ein- oder mehrmals, ist bei stecklingsvermehrten Pflanzen angebracht; die durch Aussaat vermehrten Sorten verzweigen sich normalerweise auch ohne Stutzen gut.

Calliandra

Vermehrung wie *Acacia.*

Callisia

Vermehrung wie *Tradescantia.*

Callistemon, Zylinderputzer

Vermehrung durch Aussaat ganzjährig mit importiertem Saatgut. Stecklingsvermehrung bevorzugt von August bis März. Man verwen-

Stecklingsarten bei *Camellia.* Blattsteckling, Blattsteckling mit einem Ansatz alten Holzes, Knotensteckling, Kopfsteckling (von links nach rechts).

det kurze, etwa 5 cm lange Triebe, die an ihrer Ansatzstelle abgerissen werden. Vermehrungstemperatur 20 °C, Weiterkultur nicht unter 15 °C.

Calocephalus brownii, Silberkopf

Vermehrung durch krautige Triebspitzen (Kopfstecklinge) im Herbst oder von überwinterten Mutterpflanzen im Laufe des Winters. Man setzt später mehrere Jungpflanzen in den 8- bis 10-cm-Endtopf. Vermehrungstemperatur 18 bis 20 °C, Weiterkultur bei 8 bis 12 °C.

Camellia, Kamelie, Tee

Vermehrung durch ausgereifte, leicht verholzte Kopf-, Trieb- oder Knotenstecklinge, bevorzugt im August. Eine Vermehrung durch Blattstecklinge mit einem Ansatz alten Holzes ist möglich, ebenso Aussaat, doch ist nur frisches Saatgut ausreichend keimfähig. Veredelt wird durch seitliches Einspitzen (s. Seite 59). Als Unterlage verwendet der Gärtner in der Regel die Sorte 'Lady Campbell'.

Campanula isophylla, Glockenblume

Vermehrung durch etwa 5 cm lange Kopfstecklinge im Frühjahr. Man setzt später 2 bis 3 Jungpflanzen in den Endtopf. Es ist ein- bis zweimal zu stutzen, um eine bessere Verzweigung zu erreichen. Zur Vermehrung sind 15 °C ausreichend.

Durch Aussaat vermehrt wurde diese weißblühende *Camellia japonica.*

Capsicum annuum, Zierpaprika, Spanischer Pfeffer

Aussaat ganzjährig möglich, bevorzugt im Frühjahr. Man kann einzelne oder auch 2 bis 3 Pflanzen zusammen in den Endtopf setzen. Vermehrung durch Kopfstecklinge möglich. Vermehrungstemperatur 20 °C, Weiterkultur nicht unter 15 °C.

Carex brunnea, **Segge**

Vermehrung durch Teilung der Wurzelballen. Durch Aussaat ist nur die Art selbst zu vermehren.

Carissa, **Wachsbaum**

Vermehrung durch importiertes Saatgut, das frisch sein muß, und durch ausgereifte Kopfstecklinge im Sommer. Vermehrungstemperatur 25 °C, Weiterkultur nicht unter 15 °C.

Carludovica palmata, **Panamapalme**

Vermehrung durch Abtrennung von Seitentrieben. Samen wird nur selten im Handel angeboten. Er hat nur eine kurze Keimfähigkeit und muß sofort nach dem Eintreffen ausgesät werden. Vermehrungstemperatur 25 °C, Weiterkultur nicht unter 20 °C.

Carmona retusa, **Fukien Tee**

Vermehrung ganzjährig durch Kopf- oder Triebstecklinge. Um buschige Pflanzen zu erhalten, ist mehrmaliges Stutzen erforderlich. Vermehrungstemperatur 25 °C, Weiterkultur nicht unter 15 °C.

Cassia, **Kassie, Gewürzrinde**

Vermehrung wie *Acacia.*

Casuarina, **Kasuarine, Känguruhbaum**

Vermehrung ganzjährig leicht durch Aussaat, Samen wird im Handel angeboten. Stecklingsvermehrung im Mai/Juni möglich. Vermehrungstemperatur 22 °C, Weiterkultur nicht unter 18 °C.

Catharanthus roseus, **Madagaskar-Immergrün**

Vermehrung durch Aussaat im Frühjahr. Jungpflanzen zu dritt oder zu fünft in den Endtopf pflanzen; Stutzen sinnvoll. Vermehrungstemperatur 20 °C, Weiterkultur nicht unter 15 °C.

Celosia argentea **var.** *cristata,* **Hahnenkamm**
Celosia argentea **var.** *plumosa,* **Federbusch-Celosie**

Aussaat im März/April, Keimtemperatur 18 bis 20 °C, Weiterkultur bei 16 °C, vor dem Auspflanzen langsam abhärten. Die Sämlinge können direkt in 9- bis 11-cm-Endtöpfe pikiert werden.

Cephalotus follicularis, **Kleine Kannenpflanze**

Vermehrung durch Teilung der Horste, Wurzelschnittlinge im April/Mai. Eine Vermehrung durch Blattstecklinge (s. *Drosera*) ist möglich. Als Vermehrungssubstrat geeignet ist ein Gemisch aus zerhacktem Torfmoos *(Sphagnum)* und Sand. Vermehrungstemperatur 15 °C.

Ceratonia siliqua, **Johannisbrotbaum**

Vermehrung durch importierten Samen, der vor der Aussaat aufzurauhen ist oder durch Kopfstecklinge im Frühjahr. Vermehrungstemperatur 25 °C, Weiterkultur bei 15 °C.

Ceropegia woodii, **Leuchterblume**

Vermehrung durch Kopfstecklinge, von denen bis zu 10 Stück in den 7-cm-Vermehrungstopf gesteckt werden. Man kann auch durch die kleinen Knöllchen vermehren, die in den Blattachseln der zarten Triebe ausgebildet werden. Vermehrungstemperatur 25 °C, Weiterkultur nicht unter 15 °C.

Cestrum, **Hammerstrauch**

Vermehrung durch ausgereifte, leicht verholzte Stecklinge im Frühjahr oder durch Aussaat. Jungpflanzen sind mehrmals zu stutzen, um buschige Pflanzen zu erzielen. Vermehrungstemperatur 22 °C, Weiterkultur nicht unter 15 °C.

Chamaedorea, **Bergpalme**

Vermehrung durch Aussaat im Frühjahr. Nur frisches Saatgut ist ausreichend keimfähig.

Man setzt später 2 bis 3 Jungpflanzen in den Endtopf. Vermehrungstemperatur um 25 °C, Weiterkultur nicht unter 18 °C.

Chamaeranthemum

Vermehrung durch Kopfstecklinge im Frühjahr. Vermehrungstemperatur 22 °C, Weiterkultur nicht unter 18 °C.

Chamaerops humilis, Zwergpalme

Vermehrung durch Aussaat im Frühjahr oder durch Seitentriebe, die man abtrennt und gleich eintopft. Vermehrungstemperatur 20 bis 25 °C, Weiterkultur nicht unter 15 °C.

Chlorophytum comosum, Grünlilie, Brautschleppe

Vermehrung im allgemeinen durch Jungpflänzchen, die sich zahlreich an den bis zu 1 m langen Ausläufern bilden (s. Seite 128). Vermehrung durch Teilung und Aussaat möglich, aber kaum üblich und notwendig.

Choisya ternata, Orangenblume

Vermehrung durch Kopfstecklinge im Frühjahr/Sommer. Vermehrungstemperatur 22 bis 25 °C, Weiterkultur nicht unter 15 °C.

Chrysanthemum frutescens, Strauchmargerite

Vermehrung durch Kopfstecklinge, die man vor Wintereintritt von den abgeblühten Pflanzen schneidet, oder von kühl überwinterten Mutterpflanzen im Januar/Februar. Die bewurzelten Jungpflanzen werden in 10- bis 12-cm-Endtöpfe getopft. Wichtig ist ein mehrmaliges Stutzen, um buschige Pflanzen zu erzielen. Vermehrungstemperatur 15 bis 18 °C, Weiterkultur bei 8 bis 10 °C, vor dem Auspflanzen langsam abhärten. Um Kronenbäumchen (Hochstämmchen) zu ziehen, läßt man den stärksten Trieb flott wachsen, schneidet die überflüssigen weg, bindet den stärksten an einem Stab an und stutzt in der gewünschten Höhe. Durch wiederholtes Stutzen der austreibenden Seitentriebe erhält man im Laufe der Zeit reichverzweigte Kronen.

Cissus, Russischer Wein, Königswein, Känguruhklimme

Vermehrung durch Kopfstecklinge, in der Regel aber durch Teilstecklinge mit 2 Nodien. Man steckt 2 bis 3 Stecklinge in den 7-cm-Vermehrungstopf. Vermehrungstemperatur 20 bis 22 °C, bei *C. discolor* 30 °C, Weiterkultur nicht unter 16 °C.

Cistus, Zistrose

Vermehrung leicht durch Aussaat im Frühjahr oder durch Stecklinge. Die Jungpflanzen sind mehrmals zu stutzen. Vermehrungstemperatur 20 °C, Weiterkultur nicht unter 15 °C.

Veredlung von *Citrus limetta* auf *Poncirus trifoliata* durch Spaltpfropfung

Citrus, Zitrone, Orange, Limone, Calamondin, Mandarine

Vermehrung durch Aussaat, Stecklinge, Abmoosen und Veredlung. Früchte der meisten Citrusarten, wie Apfelsine, Mandarine u. a., sind in der Regel samenlos. Es handelt sich hierbei um Edelsorten, die im allgemeinen veredelt werden müssen. Veredelt wird durch Kopulation oder Okulation im Frühjahr oder durch Spaltpfropfen (s. Seite 53 und 179), auf *Poncirus trifoliata* (Bitterorange) oder *Citrus aurantium* ssp. *aurantium* (Pomeranze) im Frühjahr. Eine Samenvermehrung ist bei den Zitronatzitronen *(C. medica)*, den sauren Limetten *(C. aurantiifolia)* und den Pampelmusen *(C. maxima)* möglich. Aussaat ganzjährig, bevorzugt im Frühjahr. In einem einzelnen Samen ist oft nicht nur ein Keimling, sondern ein halbes Dutzend enthalten. Die Stecklingsvermehrung führt man in den Sommermonaten durch. Beim Stecklingsschnitt hat sich eine Methode bewährt, die von der im Abschnitt Vermehrung beschriebenen abweicht. Im Bereich des Knotens wird durch das ausgereifte Holz ein schräger Längsschnitt gemacht. Keimtemperatur 20 °C, Vermehrungstemperatur bei Stecklingen 30 °C, Weiterkultur bei etwa 15 °C. Die Jungpflanzen sind mehrmals zu stutzen, um eine bessere Verzweigung zu erreichen.

Clerodendrum, Losbaum

Vermehrung durch Kopf- oder Teilstecklinge, letztere mit einem Nodium (Blattpaar). Kopfstecklinge müssen gut ausgereift sein. Um buschige Pflanzen zu erhalten, steckt man gleich 3 Stecklinge in den 7-cm-Vermehrungstopf. Kopfstecklinge müssen einmal gestutzt werden. Vermehrungstemperatur 24 °C, Weiterkultur nicht unter 18 °C.

Cleyera japonica

Vermehrung durch Kopfstecklinge im Frühjahr. Aussaat ist möglich, doch ist nur frisches Saatgut ausreichend keimfähig. Jungpflanzen sind mehrmals zu stutzen. Vermehrungstemperatur 20 °C, Weiterkultur nicht unter 12 °C.

Clianthus, Ruhmesblume, Teufelskopf

Vermehrung durch Aussaat, die Samenschale ist aufzurauhen, und Veredlung. Veredelt wird in der Regel nur *C. formosus* (Teufelskopf), die sehr wurzelempfindlich ist. Als Unterlage verwendet man Sämlinge von *C. puniceus* oder *Caragana arborescens*, sobald die ersten Laubblätter gut entwickelt sind. Veredelt wird durch Spaltpfropfung (s. Seite 61). Vermehrungstemperatur 22 °C, Weiterkultur bei 15 °C.

Clivia, Riemenblatt, Klivie

Vermehrung durch Abtrennen der Seitensprosse, mit mindestens 4 Blättern und einigen Wurzeln, nach der Blüte. Sie erreichen meist nach 2 Jahren ihre Blühfähigkeit. Eine Vermehrung durch Aussaat ist sehr langwierig. Die Samen sind sofort nach der Reife auszusäen, da die Keimfähigkeit nur sehr kurz ist. Vermehrungstemperatur 20 bis 22 °C, Weiterkultur nicht unter 18 °C.

Cneorum tricoccon

Vermehrung durch Kopfstecklinge im Juni/ Juli oder durch Aussaat im Frühjahr. Die Samen sind durch Auswaschen vom Fruchtfleisch zu befreien. Jungpflanzen mehrmals stutzen. Vermehrungstemperatur 22 °C, Weiterkultur nicht unter 15 °C.

Coccoloba uvifera, Seetraube

Eine Vermehrung durch Stecklinge ist nur bei hohen Bodentemperaturen (um 35 °C) erfolgreich. Für den Hobbygärtner ist das Abmoosen die sicherste Methode. Aussaat ist möglich, doch wird Samen nur selten angeboten. Weiterkultur nicht unter 15 °C.

Cocos nucifera, Kokospalme

Vermehrung durch Aussaat der im Winter im Handel erhältlichen Kokosnüsse. Man entfernt die noch anhaftenden Bastfasern (Basthülle) und legt die „Nuß“ zur Hälfte in feuchten Torf, Torfmoos oder in Wasser. Zur Keimung sind hohe Temperaturen von mindestens 25 °C erforderlich. Nach etwa 4 bis 6 Wochen bricht der Keim aus einer der 3 Keimporen am Ende der Nuß. Nach einem halben Jahr wird die gekeimte Kokosnuß flach eingetopft. Weiterkultur nicht unter 18 °C.

Codiaeum, Kroton, Wunderstrauch

Vermehrung durch Kopf- oder Teilstecklinge ganzjährig, bevorzugt im Frühjahr. Die Stecklinge sollten gut ausgereift, aber noch nicht verholzt sein. Zur Bewurzelung sind hohe Bodentemperaturen (25 bis 30 °C) erforderlich. Weiterkultur nicht unter 20 °C. Eine Vermehrung durch Samen, der auch bei uns angesetzt wird, ist möglich.

Codonanthe crassifolia

Vermehrung wie *Columnea.*

Coffea, Kaffeestrauch

Vermehrung durch Aussaat sofort nach der Ernte (ungeröstete Bohnen). Selbst frisch geernteter Samen ist nur wenige Wochen keimfähig. Eine Vermehrung durch Kopfstecklinge im Juni/Juli ist möglich. Stecklinge von Seitenzweigen ergeben allerdings nur horizontal wachsende Pflanzen, die keinen Mitteltrieb hervorbringen. Vermehrungstemperatur 30°C, Weiterkultur nicht unter 20 °C.

Coleus, Buntnessel, Indianernessel

Vermehrung ganzjährig leicht durch Stecklinge. Um buschige Pflanzen zu erhalten, ist mindestens einmal zu stutzen. Der Gärtner vermehrt heute überwiegend durch Aussaat. Im Handel werden eine Reihe von Sorten mit reichem Farbspiel und unterschiedlichen Blattformen angeboten. Vermehrungstemperatur 20 °C, Weiterkultur nicht unter 15 °C.

Columnea, Columnee

Vermehrung durch Kopf- oder Teilstecklinge mit 2 bis 4 Nodien. Gesteckt wird in 7- bis 8-cm-Vermehrungstöpfe, man verteilt 6 bis 10 Stecklinge gleichmäßig am Topfrand, oder man pflanzt später 6 bis 10 Jungpflanzen in den Endtopf. Jungpflanzen von Kopfstecklingen sind einmal zu stutzen. Vermehrungstemperatur 22 bis 25 °C, Weiterkultur nicht unter 18 °C.

Noch stecken die Keimblätter von *Coffea arabica* in der Samenhülle.

Cordyline, Keulenlilie

Eine Vermehrung ist durch Aussaat, Kopfstecklinge, Stammstecklinge und Rhizome möglich. Kopfstecklinge sollten mindestens 6 bis 10 Blätter haben; gesteckt wird in 8-cm-Vermehrungstöpfe. Stammstecklinge sind mit 3 bis 6 Blattnarben zu schneiden. Man kann aber auch die Stämme in ihrer ganzen Länge ins Vermehrungsbeet legen und in doppelter Stammstärke abdecken. Nach erfolgtem Durchtrieb und Bewurzelung, wird der Stamm in Stücke geschnitten und jede Jungpflanze mit einem Stammstück eingetopft, oder man schneidet die Durchtriebe ab und behandelt sie wie Kopfstecklinge. Durch Rhizome wird im Frühjahr vermehrt. Bei der Aussaat ist man auf importierten Samen angewiesen, der sofort nach Erhalt ausgesät werden muß. Zur Wurzelbildung und Keimung sind hohe Bodentemperaturen (25 bis 30 °C) erforderlich. Weiterkultur von *C. fruticosa* nicht unter 18 °C, bei *C. australis* und *C. indivisa* genügen 15 °C.

Corokia cotoneaster, Zickzackstrauch

Vermehrung durch krautige bis leicht verholzte Stecklinge von Juni bis August. Um buschige Pflanzen zu erreichen, ist mehrmals zu stutzen. Vermehrungstemperatur 18 bis 20 °C, später genügen 10 °C.

Correa

Vermehrung durch Aussaat (Samen wird nur selten angeboten) und Stecklinge im Frühjahr. Vermehrungstemperatur 25 °C, Weiterkultur nicht unter 15 °C.

Corynocarpus laevigatus, Karakabaum

Vermehrung durch Kopf- oder Teilstecklinge, aber auch durch Aussaat, Samen wird hin und wieder angeboten. Vermehrungstemperatur 20 °C, Weiterkultur nicht unter 15 °C.

Cotyledon

Vermehrung durch Kopf- oder Blattstecklinge. Die Blätter sind abzureißen und ohne nachzuschneiden zu stecken. Vermehrungstemperatur 22 °C.

Coussapoa

Vermehrung durch Kopf- oder Teilstecklinge, zu groß gewordene Pflanzen auch durch Abmoosen. Vermehrungstemperatur 22 bis 25 °C, Weiterkultur nicht unter 18 °C.

Crassula, Dickblatt

Vermehrung ganzjährig leicht durch Kopf- und Blattstecklinge oder auch durch Aussaat. Vermehrungstemperatur 20 °C, Weiterkultur nicht unter 15 °C.

Crossandra

Vermehrung sowohl generativ als auch vegetativ gleich gut. Vegetativ in der Regel durch Kopfstecklinge, von denen bis zu 5 Stück in einen 7-cm-Vermehrungstopf gesteckt oder später in den Endtopf zusammengepflanzt werden. Vermehrungstemperatur 20 bis 22 °C, Weiterkultur nicht unter 18 °C.

Cryptanthus, Versteckblüte, Erdstern

Eine Vermehrung durch Aussaat ist möglich, wird aber selten durchgeführt. Üblich ist die Vermehrung durch Kindel, die reichlich ausgebildet werden und sich leicht ablösen lassen. Die Bewurzelung erfolgt am besten bei 22 bis 24 °C, später genügen 18 bis 20 °C.

Ctenanthe, Kammamarante

Vermehrung wie *Calathea.*

Cunonia capensis

Vermehrung durch Aussaat oder ausgereifte, leicht verholzte Stecklinge im Frühjahr. Vermehrungstemperatur 22 °C, Weiterkultur nicht unter 15 °C.

Cuphea, Zigarettenblümchen

Vermehrung durch krautige Stecklinge im Frühjahr oder im Herbst. Später sind mehrere Jungpflanzen in den Endtopf zu setzen und mindestens einmal zu stutzen. Aussaat ist möglich. Vermehrungstemperatur 20 °C, später genügen 15 °C.

Cussonia, Cussonie

Vermehrung durch Aussaat im Frühjahr oder durch Kopf- und Teilstecklinge bei 20 °C; später genügen 15 °C.

Cyanotis

Vermehrung wie *Tradescantia.*

Cycas revoluta, Palmfarn

Vermehrung durch importierten Samen, der sofort nach Erhalt bei 30 bis 35 °C ausgesät werden muß. Keimung häufig erst nach mehreren Monaten. Weiterkultur nicht unter 15 °C.

Cyclamen, Alpenveilchen

Vermehrung nur durch Aussaat möglich. Aussaat von August bis Dezember. Optimale Keimtemperatur 20 °C. Temperaturschwankungen nach oben und unten führen zu einem schlechten Keimergebnis. Die Aussaatgefäße sind bis zur Keimung dunkel zu halten (lichtgehemmt). Weiterkultur bei 18 bis 20 °C, später genügen 15 °C.

Cyperus, Zypergras, Papyrus

Vermehrung durch Teilung, Aussaat und Stecklinge. Am weitesten verbreitet ist die Vermehrung durch Blattschöpfe mit kurzem Stielansatz. Man kürzt die Blätter ein und legt den Schopf ins Wasser oder steckt ihn in Erde. Schon nach wenigen Wochen bilden sich kleine Pflänzchen aus, die man, wenn sie groß genug sind, abnimmt und zu dritt zusammenpflanzt (s. auch Seite 137). Vermehrungstemperatur 20 °C, Weiterkultur nicht unter 15 °C.

Cyphomandra betacea, Baumtomate

Vermehrung ganzjährig leicht aus Samen oder durch krautige Kopfstecklinge. Früchte der Baumtomate, die keimfähiges Saatgut enthalten, werden in Feinkostläden angeboten. Vermehrungstemperatur 22 bis 25 °C, Weiterkultur nicht unter 18 °C.

Cyrtomium, Schildfarn

Vermehrung im Frühjahr durch Teilung. Größere Mengen durch Sporenaussaat bei 20 °C. Weiterkultur nicht unter 15 °C.

Auch in Kultur setzt *Dalechampia spathulata* Samen an.

Cytisus canariensis, Kanarischer Ginster

Vermehrung durch etwa 5 cm lange krautige, bis leicht verholzte Stecklinge von Frühjahr bis Sommer. Zur Erzielung buschiger Pflanzen ist mehrmaliges Stutzen erforderlich. Man kann auch mehrere Jungpflanzen in den Endtopf setzen. Vermehrungstemperatur 20 °C, Weiterkultur nicht unter 12 °C.

Dalechampia spathulata, Dalechampsie

Vermehrung durch Aussaat (Samen wird auch in Kultur angesetzt) oder durch Kopf- und Teilstecklinge. Vermehrungstemperatur 25 bis 30 °C, Weiterkultur nicht unter 18 °C.

Darlingtonia, Kobrapflanze

Vermehrung durch Teilung und Aussaat. Aussaat im zeitigen Frühjahr bei 5 bis 10 °C. Vermehrungstemperatur 10 °C.

Dasylirion, Rauhschopf

Vermehrung nur durch importierten Samen, der sofort nach Erhalt ausgesät werden muß. Vermehrungstemperatur 25 °C, Weiterkultur nicht unter 18 °C.

Die vielen *Datura*-Sorten lassen sich sortenecht nur vegetativ vermehren.

Datura, Stechapfel, Engelstrompete

Obwohl eine Vermehrung durch Samen leicht möglich ist, wird in der Regel nur durch Stecklinge vermehrt, die von Frühjahr bis Herbst geschnitten werden können. Die Stecklinge müssen gut ausgereift sein, weiche Triebspitzen faulen restlos weg. Vermehrungstemperatur 20 °C, Weiterkultur bei 15 bis 18 °C.

Davallia, Davallie

Vermehrung durch Teilung der Rhizome und Sporenaussaat. In der Regel wird das Rhizom in Stücke geschnitten und auf feuchtem Substrat ausgelegt. Man kann das Rhizom aber auch über den Topf hinaus in einen daneben gestellten Topf wachsen lassen und erst nach der Bewurzelung abtrennen (s. Seite 143). Vermehrungstemperatur 25 °C, Weiterkultur nicht unter 18 °C.

Delonix regia, Flamboyant

Vermehrung wie *Acacia*.

Dianthus caryophyllus, Karthäusernelke, Gebirgshängenelke

Vermehrung durch Kopfstecklinge die im Spätherbst, vor Frosteinbruch, geschnitten werden. Vermehrungstemperatur 12 bis 14 °C. Nach der Bewurzelung topfen in 9- bis 10-cm-Töpfe. Mehrmaliges Stutzen erforderlich, um buschige Pflanzen zu erhalten. Weiterkultur bei niedrigen Temperaturen (um 10 °C).

Dianthus-Chinensis-Hybriden, Kaiser- oder Heddewigsnelke

Vermehrung durch Aussaat im Februar/März. Pikiert wird direkt in den 9- bis 10-cm-Endtopf. Die Jungpflanzen sind zu stutzen, um eine bessere Verzweigung zu erreichen. Vermehrungstemperatur 18 bis 20 °C, Weiterkultur bei 12 bis 15 °C, vor dem Auspflanzen langsam abhärten.

Dichorisandra, Doppeldrilling

Vermehrung üblicherweise durch Stecklinge im Frühjahr/Sommer oder durch Teilung und Aussaat. Vermehrungstemperatur 25 °C, Weiterkultur nicht unter 18 °C.

Didymochlaena

Vermehrung durch Teilung oder Sporenaussaat bei 25 °C, später genügen 15 °C.

Dieffenbachia, Dieffenbachie

Bei den im Blumenhandel angebotenen Pflanzen handelt es sich in der Regel um Hybriden (Kulturformen), die nur vegetativ vermehrt werden können. Durch Kopfstecklinge erhält man am schnellsten fertige Pflanzen. Länger dauert die Vermehrung durch etwa 5 cm lange Stammstecklinge mit mindestens einem Auge, die horizontal auszulegen sind (s. Seite 131). Vermehrungstemperatur 25 °C, Weiterkultur nicht unter 15 °C.

Dionaea muscipula, Venusfliegenfalle

Vermehrung durch Aussaat im Frühjahr, auf Weißtorf, durch Teilung im Frühjahr und Blattstecklinge im Mai/Juni (s. *Drosera*).

Bewurzelter Stammsteckling einer Dieffenbachie

Dioscorea, Yamswurzel, Luftkartoffel

Vermehrung leicht durch Abtrennen der Brutknollen oder durch Luftknollen, die bei einigen Arten zahlreich an den dünnen Sprossen gebildet werden. Aussaat ist möglich. Kultur nicht unter 18 °C.

Dipladenia, Dipladenie

Vermehrung ganzjährig durch Teilstecklinge mit mindestens einem Nodium (Augensteckling), aber auch durch gut ausgereifte Kopfstecklinge. Der Austritt des Milchsaftes wird im lauwarmen Wasser zum Stillstand gebracht. Später werden 2 bis 4 Jungpflanzen in den Endtopf gesetzt. Pflanzt man einzeln muß mindestens einmal gestutzt werden. Vermehrungstemperatur 22 bis 25 °C, Weiterkultur nicht unter 18 °C.

Dipteracanthus

Vermehrung ganzjährig durch Aussaat oder Stecklinge. 3 bis 5 Jungpflanzen sind später in den Endtopf zu setzen. Stutzen im allgemeinen nicht erforderlich. Vermehrungstemperatur 25 °C, Weiterkultur nicht unter 18 °C.

Dizygotheca, Fingeraralie

Vermehrung durch Aussaat (nur frisches Saatgut ist ausreichend keimfähig) oder durch Kopf- und Teilstecklinge. Zur Wurzelbildung sind Temperaturen von 25 bis 30 °C erforderlich, Weiterkultur nicht unter 18 °C.

Dombeya

Vermehrung durch Aussaat, doch wird nur selten Samen angeboten. Leicht, die Vermehrung durch ausgereifte, leicht verholzte Kopfstecklinge im Frühjahr. Vermehrungstemperatur 25 °C, Weiterkultur nicht unter 18 °C.

Dorstenia, Dorstenie

Vermehrung ganzjährig durch Aussaat (Samen wird auch in Kultur reichlich angesetzt) und durch Stecklinge. Vermehrungstemperatur 25 °C, Weiterkultur nicht unter 18 °C.

Dovyalis caffra, Tropische Aprikose

Vermehrung durch krautige- bis leicht verholzte Stecklinge ganzjährig möglich. Mehrmaliges Stutzen der Jungpflanzen erforderlich, um buschige Pflanzen zu erreichen. Vermehrungstemperatur 22 °C, Weiterkultur nicht unter 18 °C.

Dracaena, Drachenbaum

Vermehrung je nach Art sowohl generativ als auch vegetativ möglich. Die buntblättrigen Formen bzw. Sorten lassen sich nur durch Kopf- oder Stammstecklinge sortenecht vermehren. *D. draco* (Drachenbaum) dagegen läßt sich nur durch Samen vermehren, die Keimung erfolgt sehr unregelmäßig und kann sich mehrere Monate hinziehen. Kopfstecklinge von Seitentrieben sind mit einem schmalen

Ring des alten Holzes zu schneiden. Als Stammstecklinge dienen Stammstücke mit 2 bis 3 Augen. Vermehrungstemperatur 25 bis 30 °C, Weiterkultur nicht unter 18 °C. Im Handel werden gelegentlich unbewurzelte Stämme unterschiedlicher Länge von *D. fragrans* angeboten, die man als Ti-plants bezeichnet.

Drosera, Sonnentau

Vermehrung durch Aussaat und Blattstecklinge, einige auch durch Wurzelschnittlinge. Aussaat im Frühjahr in Weißtorf. Samen dürfen nicht abgedeckt werden. Die Blattstecklinge werden dicht an der Basis abgeschnitten. Als Vermehrungssubstrat dient feingehacktes Torfmoos *(Sphagnum)*. Die Blattstecklinge sind mit ihrer Tentakelseite nach oben flach auf das Substrat zu legen. Ein inniger Kontakt mit dem Substrat ist wichtig. Ein Verdunstungsschutz ist unerläßlich. Durch Wurzelschnittlinge lassen sich u. a. *D. capensis* und *D. binnata* vermehren.

Drosophyllum lusitanicum, Taublatt

Vermehrung durch Aussaat im Frühjahr direkt in kleine Töpfe, in ein Gemisch aus Weißtorf und Sand (3:1). Vermehrungstemperatur 20 bis 25 °C.

Duchesnea indica, Indische Erdbeere

Vermehrung leicht durch Abtrennen der jungen Pflänzchen, die zahlreich an den Ausläufern gebildet werden, oder durch Aussaat im Frühjahr. Vermehrungstemperatur 20 °C, später genügen 10 °C.

Echeveria, Echeverie

Vermehrung durch Aussaat, Blattstecklinge, am einfachsten durch Abreißen von Tochterrosetten mit Wurzelansatz. Blattstecklinge sind vorsichtig vom Sproß abzureißen, flach zu stecken oder dem Vermehrungssubstrat nur aufzulegen. Die Aussaat kommt nur für die reinen Arten in Frage. Vermehrungstemperatur 20 °C, Weiterkultur nicht unter 15 °C.

Ensete ventricosum

Vermehrung durch Aussaat, siehe *Musa*.

Enterolobium cyclocarpum, Guanacaste

Vermehrung durch importierten Samen, die Samenschale ist vor der Aussaat aufzurauhen. Vermehrungstemperatur 25 bis 30 °C, Weiterkultur nicht unter 18 °C.

Epipremnum pinnatum 'Aureum', Efeutute

Vermehrung ganzjährig durch Kopf- oder Teilstecklinge, letztere mit 1 bis 2 Nodien. Das Stecken erfolgt zu 3 bis 5 Stück in den 8-cm-Vermehrungstopf. Bei Kopfstecklingen ist ein Stutzen der Jungpflanzen erforderlich, um buschige Pflanzen zu erhalten. Vermehrungstemperatur 20 bis 22 °C, Weiterkultur nicht unter 18 °C.

Episcia, Episcie, Flammenveilchen

Zur Vermehrung verwendet man Ausläufer und Stecklinge, die gleich gut geeignet sind. Für Ampelpflanzen sind bis zu 3 Stück in den Endtopf zu setzen. Vermehrungstemperatur 20 bis 25 °C, Weiterkultur nicht unter 20 °C.

Episcien lassen sich leicht durch Ausläufer vermehren.

Erica, Kapheide, Glockenheide

Vermehrung durch importierten Samen oder durch noch nicht zu sehr verholzte Stecklinge im Frühjahr/Sommer. Vermehrungstemperatur 20 °C, Weiterkultur zunächst nicht unter 15 °C.

Eriobotrya japonica, Wollmispel

Die Anzucht erfolgt in der Regel durch Samen, der frisch sein muß, denn schon wenige Wochen nach der Reife sind die Samen nicht mehr zu gebrauchen. Eine Vermehrung durch Stecklinge ist möglich, doch dauert die Wurzelbildung sehr lange. Jungpflanzen sind mehrmals zu stutzen, um buschige Pflanzen zu erhalten. Vermehrungstemperatur 20 °C, bei der Vermehrung durch Stecklinge 25 bis 30 °C, Weiterkultur bei 15 °C.

Erythrina, Korallenstrauch

Vermehrung durch Aussaat und Stecklinge. Vor der Aussaat ist die Samenschale aufzurauhen. Wird dies unterlassen, ist das Keimergebnis nur sehr gering, oder die Samen liegen lange über. Die Vermehrung durch Stecklinge erfolgt im Frühjahr nach dem Austrieb. Man verwendet etwa 10 cm lange Triebe, die man mit etwas altem Holz von der Mutterpflanze schneidet. Da die Wurzeln sehr empfindlich sind und nicht beschädigt werden dürfen, wird einzeln in kleine Vermehrungstöpfe gesteckt. Vermehrungstemperatur 25 °C, Weiterkultur bei 15 °C.

Eucalyptus, Schönhaube

Vermehrung durch importierten Samen, der sofort nach Erhalt ausgesät werden muß. Stecklingsvermehrung ist möglich, doch erfolgt die Wurzelbildung erst nach Monaten. Vermehrungstemperatur 25 °C, Weiterkultur nicht unter 18 °C.

Eugenia, Kirschmyrte

Vermehrung durch Aussaat und Stecklinge, bevorzugt im Frühjahr. Samen wird nur selten

Eucalypten, hier *Eucalyptus robusta,* werden in der Regel durch Aussaat vermehrt.

im Handel angeboten. Als Stecklinge verwendet man ausgereifte, leicht verholzte Kopftriebe. Nur durch ständiges Stutzen erhält man buschige Pflanzen. Vermehrungstemperatur 25 bis 30 °C, Weiterkultur nicht unter 18 °C.

Euonymus japonica, Spindelstrauch

Vermehrung durch gut ausgereifte Kopf- oder Teilstecklinge, bevorzugt im Frühjahr. Jungpflanzen sind mehrmals zu stutzen, um eine bessere Verzweigung zu erreichen. Vermehrungstemperatur 20 °C, Weiterkultur bei 15 °C.

Eupatorium atrorubens, Wasserdost

Vermehrung im Frühjahr durch Kopf- und Teilstecklinge, die sich leicht bewurzeln. Die Jungpflanzen sind mehrmals zu stutzen, um eine bessere Verzweigung zu erreichen. Vermehrungstemperatur 20 °C, Weiterkultur nicht unter 18 °C.

Euphorbia pulcherrima, Weihnachtsstern

Vermehrung durch Kopfstecklinge im Juni/Juli. Der Austritt des Milchsaftes wird im lauwarmen Wasser zum Stillstand gebracht. Der Steckling sollte eine Länge von 8 bis 10 cm aufweisen. Um mehrtriebige Pflanzen zu erhalten, muß man stutzen, je nach gewünschter Triebzahl auf 4 bis 7 Blätter. Der letzte Stutztermin, um Weihnachten fertige Pflanzen zu erhalten, ist der 10. September. Vermehrungstemperatur 22 bis 25 °C, Weiterkultur nicht unter 18 °C.

Euphorbia, sukkulente Arten

Der überwiegende Teil der sukkulenten Euphorbien läßt sich leicht durch Stecklinge vermehren. Die Medusenhaupt-Euphorbien und die kugelige *E. obesa* lassen sich allerdings nur durch Samen vermehren. Seitenäste der Medusenhäupter bewurzeln zwar, wachsen aber wie Seitenäste weiter. Eine Vermehrung durch Aussaat ist bei allen Arten gut möglich. Vermehrungstemperatur 20 bis 25 °C, Weiterkultur nicht unter 15 °C.

Evolvulus glomeratus ssp. *grandiflorus* (= *E. arbuscula*)

Vermehrung sowohl durch Kopf- als auch Teilstecklinge. Später 3 bis 5 Jungpflanzen in den Endtopf pflanzen. Vermehrungstemperatur 25 °C, Weiterkultur 18 °C.

Exacum affine, Blaues Lieschen, Bitterblatt

Vermehrung durch Aussaat oder Stecklinge, bevorzugt im Frühjahr. Der sehr feine Samen ist nicht abzudecken. Die Sämlinge sind tuffweise zu pikieren, oder man pflanzt später bis zu 5 Jungpflanzen in den Endtopf. Mehrmaliges Stutzen fördert die Verzweigung. Vermehrungstemperatur 18 bis 20 °C, Weiterkultur nicht unter 16 °C.

Farne

Vermehrung siehe Seite

x Fatshedera lizei, Efeuaralie

Vermehrung durch Kopf- oder Teilstecklinge, letztere mit mindestens 2 Nodien (Blättern). Der Gärtner pflanzt später 3 Jungpflanzen in den Endtopf. Um buschige Pflanzen zu erhalten, ist mehrmaliges Stutzen erforderlich. Vermehrungstemperatur 20 bis 24 °C, Weiterkultur nicht unter 15 °C.

Fatsia japonica, Zimmeraralie

Der Gärtner vermehrt in der Regel durch importiertes Saatgut, das sofort nach Erhalt ausgesät werden muß. Für den Hobbygärtner interessant ist die Vermehrung durch Kopfstecklinge. Die Blätter dürfen nicht eingekürzt werden, man hält sie mit Gummiringen zusammen (s. auch Seite 131). Die Sorte 'Variegata' läßt sich nur durch Stecklinge vermehren. Vermehrungstemperatur 20 °C, Weiterkultur nicht unter 15 °C.

Felicia amelloides, Kapaster, Blue Daisy

Vermehrung durch Stecklinge, die vor Winterantritt von den abgeblühten Pflanzen geschnitten werden, oder von kühl überwinterten Mutterpflanzen. Man setzt später mehrere Jungpflanzen in den 8 bis 10-cm-Endtopf. Ein- oder mehrmaliges Stutzen sinnvoll. Vermehrungstemperatur 12 bis 15 °C, vor dem Auspflanzen langsam abhärten.

Ficus, Gummibaum, Indischer Feigenbaum, Trauerfeige, Feige, Birkenfeige u. a.

Eine Vermehrung durch Aussaat ist im allgemeinen nicht möglich, da frisches keimfähiges

Abmoosen von *Ficus benjamina*. Anstelle von Moos und einer Umhüllung aus Folie kann man zum Abmoosen auch einen aufgeschnittenen Kunststofftopf und Erde verwenden (s. Seite 37).

Ein durch Knotensteckling vermehrter Gummibaum, *Ficus elastica* 'Decora'

Saatgut nur selten angeboten wird. In der Regel wird durch Kopfstecklinge vermehrt, einige Arten durch Teilstecklinge (z. B. *F. benjamina*) oder durch Augenstecklinge (z. B. *F. elastica*, s. auch Seite 131). Bei den kleinblättrigen Arten setzt man mehrere Jungpflanzen in den Endtopf, bei *F. benjamina* bis zu 3, bei *Ficus pumila* zwischen 6 und 10 Stück. Vermehrungstemperatur 28 bis 30 °C, Weiterkultur je nach Art nicht unter 15 bis 18 °C, *F. pumila* auch niedriger.

Fittonia, Fittonie, Mosaikpflanze

Vermehrung durch Kopf- und Teilstecklinge. Man setzt später 2 bis 3 Jungpflanzen in den Endtopf. Einzelpflanzen sind mehrmals zu stutzen. Vermehrungstemperatur 20 bis 24 °C, Weiterkultur nicht unter 18 °C.

Fortunella, Kumquat

Vermehrung wie *Citrus*.

Fuchsia-Hybriden, Fuchsie, Glockenstock

Vermehrung durch Kopfstecklinge. Um große, gut verzweigte Pflanzen zu erhalten, vermehrt man im September/Oktober, kleinere Pflanzen von Dezember bis April. Man schneidet ausgereifte, leicht verholzte Stecklinge mit mindestens 4 Nodien (Blattpaaren). Nach der Bewurzelung wird zunächst in 8-cm-Zwischentöpfe gepflanzt, bevor in 11- bis 12-cm-Endtöpfe verpflanzt wird. Um gut verzweigte Pflanzen zu erhalten, ist, je nach Jahreszeit und Sorte, mehrmals zu stutzen. Vermehrungstemperatur 18 bis 22 °C, Weiterkultur bei 12 bis 15 °C, vor dem Auspflanzen ist langsam abzuhärten. Anzucht von Kronenbäumchen (Hochstämmen) siehe *Chrysanthemum frutescens*.

Gardenia jasminoides, Gardenie

Vermehrung durch Stecklinge, günstigste Vermehrungstermine sind der Spätsommer und das zeitige Frühjahr. Verwendet werden Kopfstecklinge, aber auch noch nicht stark verholzte Augenstecklinge (Knotenstecklinge). Man setzt später 3 Jungpflanzen in den Endtopf; Einzelpflanzen sind mehrmals zu stutzen. Vermehrunsgtemperatur 22 bis 25 °C, Weiterkultur nicht unter 18 °C.

Gasteria, Gasterie

Vermehrung im allgemeinen durch Kindel, die zahlreich gebildet werden, aber auch durch Blattstecklinge und Aussaat. Vermehrungstemperatur um 20 °C, Weiterkultur nicht unter 15 °C.

Geogenanthus poeppigii

Vermehrung durch Kopfstecklinge oder Teilung bei Temperaturen um 22 °C. Man setzt später mehrere Jungpflanzen in den Endtopf.

Gerbera

Vermehrung durch Aussaat oder Teilung. Aussaat am besten im Herbst bei etwa 25 °C, Weiterkultur nicht unter 15 °C.

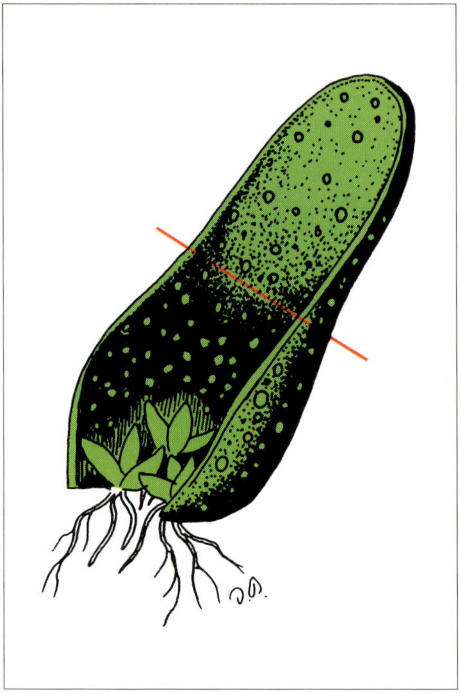

Gasterien lassen sich leicht durch Blattstecklinge vermehren. Der obere Teil kann nochmals zur Vermehrung genutzt werden.

Gloriosa, Ruhmeskrone, Prachtlilie

Vermehrung durch Samen, doch dauert es wenigstens 2 Jahre bis zur Blühreife. Einfacher ist eine Vermehrung durch Abtrennen (Teilung) der Nebenknollen im Frühjahr. Man legt je nach Größe der Knollen 2 bis 3 in den Endtopf. Vermehrungstemperatur 20 bis 24 °C, Weiterkultur nicht unter 18 °C.

Goethea cauliflora, Goethea

Vermehrung durch ausgereifte, leicht verholzte Kopf- oder Teilstecklinge im Frühjahr. Mehrmaliges Stutzen ist erforderlich. Vermehrungstemperatur 25 bis 30 °C, Weiterkultur bei 20 °C.

Gossypium, Baumwolle

Vermehrung durch Aussaat im Frühjahr. Es empfiehlt sich, die Jungpflanze mindestens einmal zu stutzen oder 2 bis 3 Jungpflanzen in den Endtopf zu setzen. Vermehrungstemperatur 22 °C, Weiterkultur nicht unter 18 °C.

Graptopetalum bellum (syn. *Tacitus bellus*), Stille Schönheit

Vermehrung durch Aussaat, besser durch Blattstecklinge, die von der Mutterpflanze gerissen und, ohne nachzuschneiden, gesteckt werden. Vermehrungstemperatur 20 °C, Weiterkultur bei 18 °C.

Grevillea, Australische Silbereiche

Vermehrung durch Aussaat von importiertem Saatgut; die Samenschale ist aufzurauhen. Eine Vermehrung durch Stecklinge ist möglich, doch dauert es relativ lange bis zur Wurzelbildung. Vermehrungstemperatur 20 °C, Weiterkultur nicht unter 16 °C.

Guzmania, Guzmanie

Der Hobbygärtner wird bevorzugt durch Kindel vermehren. Diese entstehen allerdings oft nur in Einzahl sehr dicht an der Mutterrosette. Sie werden durch einen dicht an der Mutterrosette nach unten geführten Schnitt mit einem scharfen Messer abgetrennt. Der Gärtner ver-

Graptopetalum bellum wird in der Regel durch Blattstecklinge vermehrt.

mehrt in der Regel durch Aussaat. Von der Aussaat bis zur Blühreife vergehen etwa 3 Jahre. Vermehrungstemperatur 25 °C, Weiterkultur nicht unter 20 °C.

Gynura, Gynure

Vermehrung durch Kopfstecklinge ganzjährig. Man steckt gleich 2 bis 3 Stecklinge in den 7-cm-Vermehrungstopf oder setzt später 2 bis 3 Jungpflanzen in den Endtopf. Vermehrungstemperatur 20 bis 22 °C, Weiterkultur nicht unter 18 °C.

Haemanthus, Blutblume

Vermehrung durch Aussaat oder Brutzwiebeln. Ausgesät wird sofort nach der Reife, allerdings benötigen Sämlinge mehrere Jahre, ehe sie blühen. Zu beachten ist, daß die jungen, noch nicht blühfähigen Pflanzen in den ersten Kulturjahren nicht ruhen dürfen. Brutzwiebeln werden wie Sämlinge behandelt. Abgeschnittene Blätter von *H. albiflos* entwikkeln im trockenen Zustand an den Schnittstellen eine Anzahl von Jungpflanzen, die, abgetrennt, wie Sämlinge weiterkultiviert werden. Vermehrungstemperatur 22 °C, Weiterkultur nicht unter 16 °C.

Hakea

Vermehrung durch Aussaat von importiertem Saatgut bei hohen Bodentemperaturen von 25 bis 30 °C; die Samenschale ist aufzurauhen. Die Keimung geht oft sehr unregelmäßig vor sich und kann sich bis zu 1 Jahr ausdehnen. Weiterkultur nicht unter 18 °C.

Haworthia, Haworthie

Die meisten Arten bilden reichlich Kindel aus, die abgetrennt und neu bewurzelt werden können. In der Regel lassen sich die Arten auch durch Blattstecklinge vermehren. Vermehrungstemperatur 20 °C, Weiterkultur nicht unter 15 °C.

Hebe-Andersonii-Hybriden, Strauchveronika

Vermehrung üblicherweise durch Kopf- oder Teilstecklinge von Frühjahr bis Herbst. Eine Vermehrung der reinen Arten durch Samen ist möglich. Um buschige Pflanzen zu erhalten, ist mehrmals zu stutzen. Vermehrungstemperatur 20 °C, Weiterkultur bei 15 °C.

Hedera, Efeu

Vermehrung durch Kopf- und Teilstecklinge, letztere mit 1 bis 2 Nodien. Man steckt 5 bis 10 in den 8-cm-Vermehrungstopf. Eine andere Möglichkeit ist, längere Triebe mit 5 bis 10 Nodien dem Substrat im Endtopf kreisförmig aufzulegen und mit Drahtklammern festzustekken. Durch die horizontale Lage wachsen die Augen an den Nodien zu neuen Trieben heran. Kopfstecklinge sind einmal zu stutzen. Vermehrungstemperatur 20 °C, Weiterkultur nicht unter 18 °C.

Heliamphora, Sumpfkrug

Vermehrung durch Teilung des Rhizoms mit einigen Blattschläuchen. Als Vermehrungssubstrat zerhacktes Torfmoos *(Sphagnum)* verwenden. Vermehrungstemperatur 20 °C, Weiterkultur 10 °C.

Heliconia, Heliconie

Heliconien sind in kleineren Mengen durch Teilung, größere Mengen durch Aussaat (der Samen muß eingeführt werden) zu vermehren, die Samenschale ist aufzurauhen. Vermehrungstemperatur 25 °C, Weiterkultur nicht unter 20 °C.

Heliotropium arborescens, Heliotrop

Vermehrung durch krautige Kopfstecklinge von kühl überwinterten Mutterpflanzen von Januar bis April oder auch schon im Herbst von abgeblühten Pflanzen. Der Gärtner vermehrt heute überwiegend durch Aussaat von Januar bis März. Nach dem Auflaufen wird direkt in den 9- bis 10-cm-Endtopf pikiert. Anzucht von Hochstämmchen siehe bei *Chrysan-*

Eine nicht alltägliche Methode, um Efeu zu vermehren. Längere Triebe werden kreisförmig der Erde aufgelegt und festgehakt.

themum frutescens. Vermehrungstemperatur 18 °C, Weiterkultur bei 12 bis 14 °C.

Hemigraphis alternata

Vermehrung ganzjährig durch Stecklinge bei 25 °C. Durch mehrmaliges Stutzen oder Zusammenpflanzen mehrerer Jungpflanzen erhält man buschige Pflanzen. Weiterkultur nicht unter 18 °C.

Samen des Kautschukbaumes, *Hevea brasiliensis*

Heterocentron macrostachyum

Vermehrung durch Kopfstecklinge im Frühjahr, von denen man nach der Bewurzelung 3 Stück in den Endtopf pflanzt. Mehrmaliges Stutzen sinnvoll, um buschige Pflanzen zu erzielen. Vermehrungstemperatur 22 °C, Weiterkultur nicht unter 16 °C.

Hevea brasiliensis, Kautschukbaum

Vermehrung durch Aussaat importierter Samen. Nur frisches Saatgut ist keimfähig. Stecklingsvermehrung ist möglich. Vermehrungstemperatur 25 bis 30 °C, Weiterkultur nicht unter 18 °C.

Hibiscus, Roseneibisch

Vermehrung durch Kopf- oder Teilstecklinge, letztere mit 2 bis 3 Nodien. Der Gärtner steckt in der Regel 3 Stück in den 7-cm-Vermehrungstopf. Ein Stutzen der Jungpflanzen ist ein- bis zweimal erforderlich, um gut aufgebaute Pflanzen zu erhalten. Vermehrungstemperatur 22 bis 24 °C, Weiterkultur nicht unter 18 °C.

Gut bewurzelter Kopfsteckling von *Hibiscus rosa-sinensis.* Als Substrat wurde Vermiculit verwendet.

Hippeastrum, Amaryllis, Ritterstern

Vermehrung durch Aussaat, Brutzwiebeln und Zwiebelschalenstecklinge. Eigene Samenernte ist nur möglich, wenn man mehrere Pflanzen besitzt, da der Ritterstern in der Regel selbststeril ist. Aussaat sofort nach der Reife, bis zur Blühreife dauert es 2 bis 3 Jahre. Eine Vermehrung durch Brutzwiebeln, die nur sporadisch gebildet werden, ist wenig ergiebig; durch Schnitte durch den Boden der Mutterzwiebel kann die Zahl der Brutzwiebeln erhöht werden. Größere Mengen werden durch Zweibelschalenstecklinge vermehrt. Hierzu werden von der Zwiebel die Wurzeln und ein Teil des Wurzelkranzes entfernt. Dann schneidet man die Zwiebel in zwei Hälften, und zwar senkrecht parallel zu den Blättern. Diese Hälften durchschneidet man ebenso mehrmals senkrecht. Die so gewonnenen Stücke werden anschließend nochmals in 2 bis 3 gleich große Stücke geschnitten, die dann gesteckt werden. Nach einigen Wochen haben sich die ersten Wurzeln gebildet und nach 2 bis 3 Monaten kleine Zwiebeln. Bis zur Blühreife dauert es wie bei der Aussaat 2 bis 3 Jahre. Die günstigste Zeit für die Vermehrung durch Zwiebelschuppen ist Mai/Juni. Vermehrungstemperatur 22 bis 25 °C, Weiterkultur nicht unter 18 °C.

Hoffmannia, Hoffmannie

Vermehrung durch Kopf- oder Teilstecklinge bei mindestens 25 °C, Weiterkultur nicht unter 20 °C.

Homalocladium platycladum, Bandbusch

Vermehrung durch Aussaat und Stecklinge. Bei der Stecklingsvermehrung werden die flachen Triebe jeweils unter einem Nodium (dort wo die Blättchen sitzen) flach durchgetrennt. Später sind 2 bis 3 Jungpflanzen in den Endtopf zu setzen. Vermehrungstemperatur 20 °C, Weiterkultur nicht unter 15 °C.

Howeia, Kentiapalme

Vermehrung nur durch importierten Samen möglich, der sofort nach Erhalt auszusäen ist. Die Keimung erfolgt sehr ungleichmäßig, während einige schon nach 1 bis 2 Monaten keimen, benötigen andere bis zu 6 Monate. Vermehrungstemperatur 25 bis 30 °C, Weiterkultur bei 20 °C.

Hoya, Wachsblume

Vermehrung durch Augenstecklinge (beblätterte Rankenteile mit einem Blattpaar). Im Endtopf sind 2 bis 3 Jungpflanzen zusammen zu setzen. Vermehrungstemperatur 20 bis 25 °C, Weiterkultur nicht unter 18 °C.

Hydnophytum formicarum

Vermehrung leicht durch Samen, der auch in Kultur angesetzt wird. Vermehrungstemperatur 25 °C, Weiterkultur nicht unter 20 °C.

Hydrangea, Hortensie

Vermehrung durch Kopfstecklinge oder Augenstecklinge von Februar bis April. Im Gegensatz zur beschriebenen Schnittmethode (s. Seite 130) werden die Stecklinge nicht unter dem Nodium, sondern mit einem 1 bis 2 cm langen Stengelstück geschnitten, da Hortensien am gesamten Stengel Wurzeln bilden. Eine Vermehrung im Wasserglas ist möglich. Stecklinge aus der Februar-März-Vermehrung müssen, nachdem sie eingetopft sind und den Topf durchgewurzelt haben, im April bzw. bis Ende Juni gestutzt werden. Vermehrungstemperatur 16 bis 18 °C, Weiterkultur bei 20 °C, zur Blütenbildung 15 °C.

Hypocyrta glabra, Holzschuhpflanze

Vermehrung wie *Columnea.*

Hypoestes phyllostachya

Vermehrung durch Aussaat und Kopfstecklinge ganzjährig. Sämlinge werden in Tuffs pikiert, bewurzelte Stecklinge setzt man zu mehreren in den Endtopf. Mehrmaliges Stutzen der Jungpflanzen ist notwendig, um buschige Pflanzen zu erzielen. Vermehrungstemperatur 22 °C, Weiterkultur nicht unter 18 °C.

Impatiens-Neu-Guinea-Hybriden

Vermehrung dieser Hybriden nur durch Stecklinge möglich, wenn die typischen Sorteneigenschaften erhalten bleiben sollen. Vermehrung für Balkonpflanzen von Februar bis Mai von überwinterten Mutterpflanzen. Bewurzelte Stecklinge pflanzt man in 10- bis 12-cm-Endtöpfe. Mehrmaliges Stutzen meist erforderlich, um buschige Pflanzen zu erhalten. Vermehrungstemperatur 18 bis 20 °C, Weiterkultur bei 15 °C.

Impatiens-Neu-Guinea-Hybriden lassen sich sortenecht nur durch Stecklinge vermehren.

Impatiens walleriana, Fleißiges Lieschen

Das Fleißige Lieschen wird heute in der Regel durch Aussaat vermehrt, obwohl auch Stecklinge leicht bewurzeln. Vermehrung durch Aussaat von Februar bis Mai, Samen nicht übersieben. Nach dem Auflaufen wird direkt in den 9- bis 12-cm-Endtopf pikiert. Ein Stutzen erübrigt sich in der Regel, da sich die Pflanzen von selbst sehr gut verzweigen. Vermehrungstemperatur 20 bis 22 °C, Weiterkultur bei 16 °C, vor dem Auspflanzen langsam abhärten.

Iresine herbstii, Iresine

Vermehrung durch Kopf- oder Teilstecklinge, die leicht bewurzeln, auch im Wasserglas. Im Endtopf sind mehrere Jungpflanzen zusammenzupflanzen und mehrmals zu stutzen. Vermehrungstemperatur 20 °C, Weiterkultur nicht unter 16 °C.

Ixora

Vermehrung durch Kopf- oder Teilstecklinge ganzjährig, bevorzugt von Oktober bis April, durch ausgereifte, leicht verholzte Stecklinge. Zur Wurzelbildung sind hohe Bodentemperaturen (25 bis 30 °C) erforderlich. Die Jungpflanzen sind ein- bis zweimal zu stutzen. Weiterkultur nicht unter 18 °C.

Jacaranda mimosifolia, Palisanderbaum

Vermehrung durch Aussaat und Kopfstecklinge. Aussaat erfolgt durch importierten Samen, der sofort nach dem Eintreffen ausgesät werden muß. Eine Vermehrung durch Kopfstecklinge ist nur bei hohen Bodentemperatu-

Jacobinia carnea wird durch Stecklinge vermehrt.

ren (25 bis 30 °C) erfolgreich. Der Gärtner setzt in der Regel 2 bis 3 Pflanzen in den Endtopf. Einzelpflanzen sind mehrmals zu stutzen. Keimtemperatur 22 °C, Weiterkultur nicht unter 18 °C.

Jacobinia, Jacobinie, Libonie, Justicie

J. pauciflora vermehrt man durch krautige Kopfstecklinge, die im Frühjahr, nach der Blüte, geschnitten werden. *J. carnea* wird ebenfalls durch Kopfstecklinge vermehrt, bevorzugt im Winter. In beiden Fällen sind die Jungpflanzen mindestens einmal zu stutzen, um mehrtriebige Pflanzen zu erhalten. Vermehrungstemperatur 20 °C, später genügen bei *J. carnea* 18 °C, bei *J. pauciflora* 12 °C.

Jasminum officinale, Jasmin

Vermehrung durch krautige Kopfstecklinge von März bis Mai, bei 20 °C. Mehrmaliges Stutzen erforderlich, um buschige Pflanzen zu erzielen. Weiterkultur nicht unter 15 °C.

Jatropha podagrica, Flaschenbaum

Vermehrung durch Aussaat; in der Regel muß Samen eingeführt werden, da in Kultur nur wenig Samen angesetzt wird. Vermehrungstemperatur 20 bis 22 °C, Weiterkultur nicht unter 18 °C.

Juanulloa aurantiaca

Vermehrung im Sommer durch Teilstecklinge, mit mindestens 2 Nodien. Bewurzelung nur bei hohen Bodentemperaturen von 25 bis 30 °C, Weiterkultur nicht unter 20 °C.

Kadsura japonica

Vermehrung durch Aussaat von eingeführten Samen (wird nur selten angeboten) und durch Stecklinge im Sommer. Vermehrungstemperatur 25 °C, Weiterkultur nicht unter 15 °C.

Kakteen

Vermehrung siehe Seite 144 ff.

Kalanchoë, Flammendes Käthchen, Brutblatt

K. blossfeldiana kann durch Aussaat, Kopf- oder Blattstecklinge vermehrt werden. Kopfstecklinge sollten 2 bis 3 Nodien (Blattpaare) haben. Blattstecklinge werden vom Stiel gerissen und, ohne nachzuschneiden, gesteckt. Alle anderen Arten können ebenfalls durch Kopf- und Blattstecklinge, aber auch durch Aussaat vermehrt werden. Vermehrungstemperatur 20 bis 25 °C, Weiterkultur nicht unter 18 °C.

Kohleria, Kohlerie

Vermehrung durch Teilung der Wurzelstücke bzw. Rhizome im Frühjahr. Im Sommer ist eine Vermehrung durch Kopfstecklinge möglich. Vermehrungstemperatur 20 bis 22 °C, Weiterkultur nicht unter 18 °C.

Lagerstroemia, Lagerströmie, Kreppmyrte

Vermehrung durch Aussaat (Samen wird nur selten angeboten), Kopf- und Teilstecklinge. Man schneidet ausgereifte, leicht verholzte Triebe von Frühjahr bis Herbst. Vermehrungstemperatur 22 bis 25 °C, Weiterkultur nicht unter 18 °C.

Durch Aussaat vermehrte *Lagerstroemia indica*

Lantana-Camara-Hybriden, Wandelröschen

Vermehrung durch Kopfstecklinge im Herbst oder von überwinterten Mutterpflanzen im Januar/Februar. Eingetopft werden die bewurzelten Stecklinge gleich in 10- bis 12-cm-Endtöpfe. Ein mehrmaliges Stutzen ist erforderlich, um buschige Pflanzen zu erhalten. Vermehrungstemperatur 20 °C, Weiterkultur bei 12 bis 18 °C, vor dem Auspflanzen langsam abhärten. Anzucht von Kronenbäumchen siehe bei *Chrysanthemum frutescens.*

Die Vermehrung von *Lapageria rosea* ist nicht einfach.

Lapageria rosea, Lapagerie

Vermehrung durch Aussaat von importiertem Saatgut. Der Samen muß sofort nach Erhalt ausgesät werden, da die Keimfähigkeit nur sehr kurz ist. Dem Hobbygärtner zu empfehlen ist das Absenken junger Triebe in danebenstehende Töpfe. Dazu wird der Trieb so in das Substrat gedrückt, daß ein oder zwei Blattknoten mit Erde bedeckt sind, an diesen bilden sich Wurzeln. Vermehrungstemperatur 22 bis 25 °C, Weiterkultur nicht unter 15 °C.

Laurus nobilis, Lorbeerbaum

Vermehrung durch Kopfstecklinge bevorzugt im Spätwinter. Um buschige Pflanzen zu erzielen, sind die Jungpflanzen häufig zu stutzen. Vermehrungstemperatur 18 bis 22 °C. Weiterkultur bei 15 °C. Anzucht von Hochstämmchen siehe bei *Chrysanthemum fructescens.*

Ledebouria socialis (syn. _Scilla socialis, Scilla violacea)_

Vermehrung leicht durch Abtrennen der Brutzwiebeln (Teilung), ganzjährig.

Leea rubra

Vermehrung durch importierten Samen, der sofort nach Erhalt ausgesät werden muß. Eine Vermehrung durch Kopfstecklinge ist möglich, aber wenig ergiebig. Vermehrungstemperatur 25 bis 30 °C, Weiterkultur nicht unter 20 °C.

Leptospermum scoparium, Leptospermum

Die vielen Sorten werden vegetativ durch Stecklinge vermehrt. Man schneidet krautige Stecklinge von März bis Mai oder ausgereifte, leicht verholzte Stecklinge im August. Die Art selbst ist leicht durch Aussaat zu vermehren. Samen wird regelmäßig auch bei uns angesetzt. Vermehrungstemperatur für Stecklinge 25 bis 30 °C, zur Keimung 20 °C, Weiterkultur nicht unter 15 °C.

Leucadendron, Silberbaum

Vermehrung wie *Grevillea. L. argenteum* kann nur durch Aussaat vermehrt werden.

Liriope muscari u. a. Arten

Vermehrung wie *Ophiopogon.*

Lobelia erinus, Männertreu

Vermehrung durch Aussaat im Februar/März. Man sät direkt in 6- bis 7-cm-Töpfe (auch Multitopfplatten oder Torfanzuchttöpfe) mit 5 Korn je Topf oder Breitsaat in Kisten, später tuffweise pikieren. Vermehrungstemperatur 18 bis 20 °C, Weiterkultur bei 10 °C.

Lotus berthelotii, Hornklee, Geflügelte Erbse

Vermehrung im Sommer durch 3 bis 5 cm lange Rankenstücke (Teilstecklinge), die krautigen (weichen) Spitzen sind zu entfernen. 5 bis 8 Stecklinge werden gleich in 7-cm-Vermehrungstöpfe gesteckt oder später im Endtopf zusammengepflanzt. Vermehrungstemperatur 20 °C, Weiterkultur nicht unter 15 °C.

Malpighia coccigera u. a. Arten, Barbados Cherry, Singapur Stechapfel

Vermehrung leicht durch Kopf- und Teilstecklinge, bevorzugt im Sommer. Die Jungpflanzen sind mehrmals zu stutzen, um eine bessere Verzweigung zu erreichen. Vermehrungstemperatur 22 bis 25 °C, Weiterkultur nicht unter 18 °C.

Maranta, Marante

Vermehrung wie *Calathea.*

Medinilla, Medinille

Eine Vermehrung durch Samen ist möglich, doch wird Samen selten angeboten. Üblich ist die Vermehrung durch Kopfstecklinge im Januar/Februar. Sie werden geschnitten, wenn sich zwischen den Blattpaaren die neuen Triebe hindurchzuschieben beginnen. Vermehrungstemperatur 25 bis 30 °C, Weiterkultur nicht unter 20 °C.

Melaleuca, Myrtenheide

Vermehrung wie *Callistemon.*

Melampodium paludosum

Vermehrung durch Kopf- oder Triebstecklinge bevorzugt im Frühjahr. Vermehrungstemperatur 20 bis 24 °C, Weiterkultur bei 15 bis 18 °C.

Miconia, Miconie

Vermehrung durch Kopfstecklinge bei hohen Bodentemperaturen von 25 bis 30 °C, Weiterkultur nicht unter 20 °C.

Microcoelum weddelianum, Kokospälmchen

Vermehrung durch Aussaat von importiertem Samen, der nur kurze Zeit keimfähig ist. Der

Gärtner pflanzt in der Regel 3 Jungpflanzen in den Endtopf. Vermehrungstemperatur 30 °C, Weiterkultur nicht unter 20 °C.

***Mikania ternata*, Sommerefeu**

Vermehrung ganzjährig durch Kopf- oder Teilstecklinge. Man setzt später bis zu 3 Jungpflanzen in den Endtopf. Mehrmaliges Stutzen ist sinnvoll. Vermehrungstemperatur 20 °C, Weiterkultur nicht unter 15 °C.

***Mimosa pudica*, Mimose, Sinnpflanze, Rührmichnichtan**

Vermehrung durch Aussaat, Samen wird auch in Kultur reichlich angesetzt. Wird die Samenschale vor der Aussaat aufgerauht, ist mit einem fast 100 %igen Keimergebnis zu rechnen. In den Endtopf sind bis zu 3 Sämlinge zu pflanzen, da *M. pudica* eintriebig wächst und sich – auch nach dem Stutzen – kaum verzweigt. Vermehrungstemperatur 20 bis 25 °C, Weiterkultur nicht unter 18 °C.

Monadenium

Vermehrung wie sukkulente Euphorbien.

***Monstera deliciosa*, Fensterblatt, Zimmerphilodendron**

Der Gärtner vermehrt durch Aussaat. Der Samen muß eingeführt werden und ist nur kurze Zeit keimfähig. Der Hobbygärtner wird durch Kopfstecklinge vermehren, dabei ist der Trieb so abzuschneiden, daß der Steckling mehrere Luftwurzeln enthält. Eine Vermehrung ist auch durch Stammstecklinge möglich. Vermehrungstemperatur 22 bis 25 °C, Weiterkultur nicht unter 18 °C.

***Murraya paniculata*, Orangenjasmin**

Vermehrung durch Aussaat (auch in Kultur wird reichlich Samen angesetzt) oder Kopfstecklinge. Der Samen ist durch Auswaschen vom Fruchtfleisch zu befreien. Vermehrungstemperatur 25 bis 30 °C, Weiterkultur nicht unter 18 °C.

Die Fruchtformen der Bananen lassen sich nur durch das Abtrennen von Wurzelsprößlingen vermehren.

***Musa*, Banane**

Die Fruchtsorten lassen sich nur durch Abtrennen von Wurzelsprößlingen vermehren, denn wie wir wissen, enthalten die Früchte keine Samen. Von den Zierformen werden im Handel Samen angeboten. Die Samenschale ist aufzurauhen. Vermehrungstemperatur 25 °C, Weiterkultur nicht unter 18 °C.

***Myrmecodia echinata*, Ameisenknolle**

Vermehrung durch Aussaat. Ältere Pflanzen blühen und fruchten regelmäßig. Die Samen sind durch Auswaschen vom Fruchtfleisch zu befreien. Vermehrungstemperatur 20 bis 25 °C, Weiterkultur nicht unter 18 °C.

***Myrsine africana*, Myrsine**

Vermehrung ganzjährig durch Kopfstecklinge. Damit sie sich gut verzweigen, sind Jungpflanzen öfters zu stutzen. Vermehrungstemperatur 22 °C, Weiterkultur nicht unter 15 °C.

***Myrtus communis*, Gemeine Myrte, Brautmyrte**

Vermehrung im allgemeinen durch ausgereifte, leicht verholzte Kopfstecklinge, die ab

Mai den ganzen Sommer über geschnitten werden können. Um buschige Pflanzen zu erhalten, ist mehrmals zu stutzen. Leicht ist die Vermehrung durch Aussaat (obwohl nicht üblich). Auch in Kultur wird reichlich Samen angesetzt. Nach der Reife (die Samen sind auszuwaschen) ist sofort auszusäen. Sämlinge bauen sich wesentlich besser auf als Stecklinge, ein Stutzen ist im allgemeinen nicht erforderlich. Vermehrungstemperatur 20 bis 25 °C, Weiterkultur nicht unter 15 °C.

Nandina domestica, Nandine

Vermehrung durch Kopfstecklinge im Sommer. Vermehrungstemperatur 22 °C, Weiterkultur nicht unter 15 °C.

Nautilocalyx

Vermehrung durch Kopfstecklinge im Frühjahr/Sommer bei mindestens 20 °C. Die Jungpflanzen sind mindestens einmal zu stutzen. Weiterkultur nicht unter 18 °C.

Nematanthus

Vermehrung wie *Hypocyrta.*

Neoregelia, Neoregelie

Vermehrung durch Kindel und Aussaat. Die Kindel sind erst abzunehmen, wenn sie ausreichend bewurzelt sind. Aussaat, nach Entfernen des Fruchtfleisches durch Auswaschen. Vermehrungstemperatur 22 bis 25 °C, Weiterkultur nicht unter 18 °C.

Nepenthes, Kannenstrauch

Vermehrung durch Aussaat, Kopf- und Teilstecklinge. Nur frisches Saatgut, das nach der Ernte nicht austrocknen darf, ist ausreichend keimfähig. Die Vermehrung durch Stecklinge erfolgt von Januar bis März in reinem Torf. Zur Bewurzelung sind hohe Bodentemperaturen (25 bis 30 °C) erforderlich. Die früher häufig angewandte Methode, bei der der Stiel des Stecklings in das Abzugsloch eines umgestülpten Topfes gesteckt und das Oberteil des Topfes voll *Sphagnum* gefüllt wurde, ist nach eigener Erfahrung nicht erforderlich. Weiterkultur nicht unter 20 °C.

Nephthytis afzelii

Vermehrung durch Teilung des kriechenden Wurzelstockes oder durch Aussaat. Samen wird auch in Kultur angesetzt. Vermehrungstemperatur 25 °C, Weiterkultur nicht unter 18 °C.

Nephrolepis, Nierenschuppenfarn

Vermehrung durch Sporenaussaat und Ausläufer. Die vielen Sorten von *N. exaltata* lassen sich in der Regel nur vegetativ vermehren, da häufig keine Sporen gebildet werden oder diese steril sind. Die Ausläuferbildung kann durch Einfüttern der Pflanzen in feuchten Torf angeregt werden. Vermehrungstemperatur 22 bis 25 °C, Weiterkultur nicht unter 18 °C.

Nerium oleander, Oleander

Vermehrung durch Kopf- oder Teilstecklinge (selbst im Wasserglas), bevorzugt in den Frühjahrsmonaten. Eine Vermehrung durch Aussaat ist möglich, doch erhält man von den gefülltblühenden Formen nur einfachblühende Nachkommen. Vermehrungstemperatur 20 °C, Weiterkultur bei 15 °C.

Nertera granadensis, Korallenmoos

Vermehrung durch Aussaat (tuffweise pikieren) oder Teilung im Februar/März. Vermehrungstemperatur 18 °C, Weiterkultur nicht unter 15 °C.

Nicotiana x sanderae, Ziertabak

Vermehrung durch Aussaat im Februar/März. Nach dem Auflaufen wird einzeln in 8- bis 10-cm-Endtöpfe pikiert. Vermehrungstemperatur 18 bis 22 °C, Weiterkultur bei 12 °C.

Nidularium

Vermehrung wie *Guzmania.*

Ochna serrulata setzt auch in Kultur reichlich Samen an.

Nolina longifolia

Vermehrung wie *Beaucarnea.*

Ochna, Micky-Maus-Pflanze

Vermehrung durch Aussaat oder leicht verholzte Kopf- oder Teilstecklinge. Samen ist nur selten im Handel, doch wird auch in Kultur Samen angesetzt. Vermehrungstemperatur 25 bis 30 °C, Weiterkultur nicht unter 15 °C.

Olea europaea, Ölbaum, Olive

Vermehrung durch Aussaat, Kopf- oder Triebstecklinge im Sommer. Stecklinge bewurzeln nur bei hohen Bodentemperaturen von 25 bis 30 °C. Die Jungpflanzen sind frühzeitig und häufig zu stutzen, um eine gute Verzweigung zu erreichen. Weiterkultur bei 15 °C.

Ophiopogon, Schlangenbart

Obwohl eine Vermehrung durch Aussaat möglich ist, ist die Vermehrung durch Teilung sinnvoller und ergiebiger.

Oplismenus hirtellus, Stachelspelze

Vermehrung durch Stecklinge, von denen man 5 bis 10 Stück in den Endtopf steckt. Vermehrungstemperatur 20 °C, Weiterkultur nicht unter 18 °C.

Orchideen

Vermehrung siehe Seite 159 ff.

Pachyphytum, Dickblatt, Mondstein

Vermehrung leicht durch Blatt- oder Kopfstecklinge, bevorzugt im Frühjahr. Aussaat ist möglich, doch wird nur selten Samen angeboten. Vermehrungstemperatur 20 °C, Weiterkultur nicht unter 15 °C.

Pachypodium lamerei, Madagaskarpalme, u. a. Arten

Vermehrung durch Aussaat, Samen muß eingeführt werden. Zur Keimung sind hohe Temperaturen von 20 bis 25 °C erforderlich.

Pachystachys lutea, **Gelber Hopfen**

Vermehrung bevorzugt durch Kopfstecklinge, Teilstecklinge bringen einen ungleichen Austrieb. Die Stecklinge schneidet man mit 3 Nodien (Blattansätzen), man steckt 3 Stück in einen 7-cm-Vermehrungstopf oder pflanzt später 3 Jungpflanzen im Endtopf zusammen. Ein- bis zweimaliges Stutzen ist erforderlich. Vermehrungstemperatur 22 bis 24 °C, Weiterkultur nicht unter 18 °C.

Pandanus, **Schraubenbaum**

Vermehrung durch Aussaat (Samen wird nur selten angeboten) und Kindel. Bis auf *P. utilis* lassen sich alle Arten durch Kindel vermehren. Man trennt sowohl bewurzelte als auch unbewurzelte Grundtriebe ab, die bei Temperaturen von 20 bis 25 °C Wurzeln bilden. Keimtemperatur 25 °C, Weiterkultur nicht unter 18 °C.

Parkinsonia aculeata, **Parkinsonie**

Vermehrung wie *Acacia.*

Parthenocissus henryana, **Jungfernrebe**

Vermehrung wie *Cissus.*

Passiflora, **Passionsblume**

Vermehrung durch Aussaat (Samen von *P. caerulea* wird häufig angeboten) und durch Rankenstücke (Teilstecklinge) mit 2 bis 3 Nodien. Bei Bodentemperaturen von 25 bis 30 °C bewurzeln die meisten Arten schon nach 2 bis 3 Wochen. Weiterkultur nicht unter 18 °C.

Pavonia multiflora, **Pavonie**

Vermehrung durch Kopf- oder Teilstecklinge mit 2 Nodien. Es empfiehlt sich 3 Jungpflanzen im Endtopf zusammenzupflanzen, da Pavonien eintriebig wachsen und sich – auch nach dem Stutzen – kaum verzweigen. Vermehrungstemperatur 22 bis 25 °C, Weiterkultur nicht unter 18 °C.

Pedilanthus tithymaloides, **Schuhblüte**

Vermehrung durch Stecklinge im Frühjahr oder Sommer. Am besten 2 bis 3 Jungpflanzen in den Endtopf pflanzen, da sie sich von selbst kaum verzweigen. Vermehrungstemperatur 22 bis 25 °C, Weiterkultur bei 18 °C.

Pelargonium-**Peltatum-Hybriden, Efeupelargonie, Hängegeranie**

Efeupelargonien werden vegetativ vermehrt. Vermehrung im Herbst durch Kopfstecklinge oder von überwinterten Mutterpflanzen von Januar bis April. Efeupelargonien sind, im Gegensatz zu den Zonalpelargonien, unmittelbar nach dem Schneiden zu stecken. Ein- bis zweimaliges Stutzen der Jungpflanzen ist erforderlich. Bei später Vermehrung (Februar/März) empfiehlt es sich 2 bis 3 bewurzelte Stecklinge im Endtopf zusammenzupflanzen. Vermehrungstemperatur 20 bis 22 °C, Weiterkultur bei 15 °C, später abhärten auf 12 °C.

Pelargonium-**Zonale-Hybriden, Zonalpelargonie, Geranie**

Vermehrung durch Stecklinge und Aussaat. Stecklingsvermehrung entweder vor Wintereintritt von den abgeblühten Pflanzen oder von hell und kühl überwinterten Mutterpflanzen. Die Stecklinge sollten etwa eine Länge von 5 bis 10 cm mit 3 bis 4 Blättern (Nodien) aufweisen. Vor dem Stecken läßt man die Schnittflächen einige Stunden abtrocknen. Besondere Vermehrungseinrichtungen (Vermehrungsbeete) sind bei den Zonalpelargonien nicht erforderlich; Standorte mit hoher Luftfeuchtigkeit sind eher von Nachteil. Die im Spätsommer vermehrten Pflanzen werden zunächst in 8- bis 9-cm-Töpfe gepflanzt, hell bei 15 °C aufgestellt und kommen im Januar in den 11- bis 12-cm-Endtopf. Ende Januar kann man von diesen Pflanzen nochmals Stecklinge abnehmen und zur Bewurzelung bringen. Für die Frühjahrsvermehrung wählt man den 10-cm-Topf als Endtopf. Bei der Spätsommervermehrung ist ein- bis zweimaliges Stutzen der Triebe erforderlich, Jungpflanzen aus der

Zonalpelargonien werden sowohl vegetativ als auch generativ vermehrt, hier eine durch Aussaat vermehrte F_1-Hybride.

Frühjahrsvermehrung verzweigen sich in der Regel von selbst sehr gut.
Vermehrung durch Aussaat im Dezember/Januar direkt in 7-cm-Vermehrungstöpfe (Multitopfplatten, Jiffy 7 usw.). Der Samen ist nur schwach mit Erde abzudecken. Zur Keimung sind Temperaturen von 21 bis 24 °C erforderlich, die unbedingt eingehalten werden müssen. Die Keimfähigkeit liegt bei über 90 %. Schlechte Keimergebnisse sind stets auf starke Temperaturschwankungen während des Keimprozesses zurückzuführen und nicht etwa auf die Samenqualität. Obwohl einige Sorten auch in Kultur Samen ansetzen, ist eine eigene Samenernte nicht sinnvoll, da die Nachkommen stark aufspalten (s. Seite 11). Wer es dennoch versuchen möchte, muß die Samenschale vor der Aussaat aufrauhen. Bei gekauftem Saatgut braucht man dies nicht zu tun, da die Samen schon vorbehandelt sind. Die optimale Keimtemperatur wurde schon genannt, zur Stecklingsbewurzelung sind 20 bis 22 °C erforderlich, Weiterkultur zunächst bei 16 °C, später ist ein Absenken auf 10 °C zu empfehlen.

Efeupelargonien werden ausschließlich vegetativ, durch Stecklinge, vermehrt, hier die Sorte 'Mexikanerin'.

Pellaea, Pellefarn

Vermehrung durch Sporenaussaat oder durch Teilung der Pflanzen beim Umpflanzen.

Pellionia, Pellionie

Vermehrung ganzjährig durch Kopf- oder Teilstecklinge. Man steckt gleich 5 bis 10 Stecklinge in den Endtopf. Vermehrungstemperatur 22 bis 25 °C, Weiterkultur nicht unter 18 °C.

Pentas lanceolata

Vermehrung durch Kopfstecklinge im März. Die Jungpflanzen sind mehrmals zu stutzen, um buschige Pflanzen zu erzielen. Vermehrungstemperatur 20 bis 25 °C, Weiterkultur nicht unter 15 °C.

Peperomia, Zwergpfeffer

Vermehrung durch Kopfstecklinge, Teilstecklinge und Blattstecklinge mit kurzem Stielansatz (z. B. *P. argyreia*), gelegentlich auch durch Teilung, selten durch Aussaat. Bei den Arten, die als Ampelpflanzen Verwendung finden, setzt man 3 bis 5 Jungpflanzen in den Endtopf. Vermehrungstemperatur 25 °C, Weiterkultur nicht unter 18 °C.

***Perilepta dyeriana*, Perilepte**

Vermehrung ganzjährig durch Kopfstecklinge oder Teilstecklinge. Damit sie sich verzweigen, mehrmals stutzen. Vermehrungstemperatur 20 bis 25 °C, Weiterkultur nicht unter 20 °C.

***Persea americana*, Avocadobirne**

Vermehrung durch Aussaat der in den Avocadofrüchten steckenden Kerne. Die Kerne (Samen) werden mit der Spitze nach oben in einen mit Erde gefüllten Vermehrungstopf gesteckt oder so über einem Wasserglas befestigt, daß das Wasser bis an die Unterkante heranreicht. Zur Keimung sind hohe Temperaturen von mindestens 25 °C erforderlich; Weiterkultur nicht unter 18 °C.

***Petunia*-Hybriden, Petunien**

Vermehrung durch Aussaat im Februar/März; den sehr feinen Samen nicht übersieben. Nach dem Auflaufen wird pikiert und später in den 8- oder 9-cm-Endtopf gepflanzt. Vermehrungstemperatur 20 °C, Weiterkultur zunächst bei 18 °C, später bei 15 °C. Eine Vermehrung durch Stecklinge ist möglich.

***Philodendron*, Baumfreund**

Vermehrung, je nach Art, durch Rhizome, Kopf-, Teil- und Stammstecklinge oder auch durch Aussaat. Kopfstecklinge mit Luftwurzeln werden direkt in den Endtopf gesteckt. Als Stammstecklinge verwendet man Stammstücke mit einer Länge von 5 bis 10 cm und mit 1 bis 2 Augen. Bei allen dünntriebigen Arten, wie z. B. *P. scandens*, schneidet man Teilstecklinge mit 2 Nodien und steckt immer 3 bis 10 Stück in den Vermehrungstopf, der auch der Endtopf sein kann. Einige nicht kletternde Arten liefern nicht genügend Stecklingsmaterial (z. B. *P. bipinnatifidum*), bei ihnen ist man auf die generative Vermehrung angewiesen, wenn man nicht abmoosen will. Samen ist im Handel erhältlich. Unmittelbar nach dem Eintreffen muß ausgesät werden, da der Samen seine Keimfähigkeit nur etwa 4 Wochen behält. Vermehrungstemperatur 25 bis 30 °C, Weiterkultur nicht unter 20 °C.

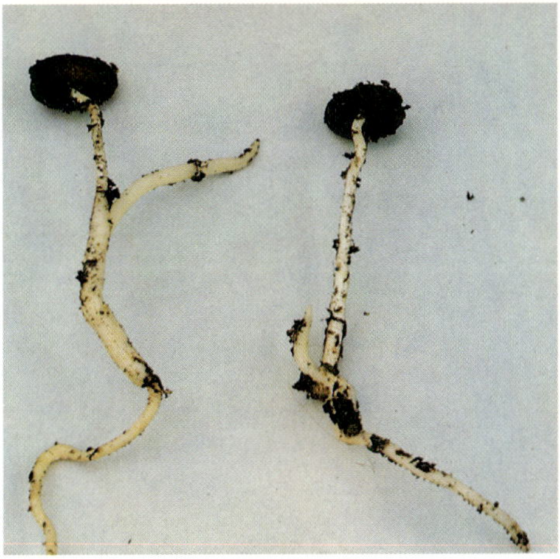

Keimlinge der Dattelpalme, *Phoenix*. Sie bildet zunächst eine kräftige Wurzel aus, und das Keimblatt bleibt noch in der Erde verborgen. Nach 10 Wochen erscheint dann ein schuppenförmiges Blatt über der Erdoberfläche. Erst nach drei Jahren entstehen schließlich die ersten gefiederten Blätter.

***Phlebodium aureum*, Tüpfelfarn**

Vermehrung durch Sporenaussaat (langwierig) und Teilung der Pflanze oder einzelner Rhizome. Selbst Rhizomstücke von 5 cm treiben willig aus. Vermehrungstemperatur 25 °C, Weiterkultur nicht unter 15 °C.

***Phoenix*, Dattelpalme**

Die Vermehrung der Dattelpalme erfolgt durch importierten Samen (in der Regel sind die Kerne handelsüblicher Datteln auch keimfähig). Da die Keimfähigkeit nur kurz ist, muß nach Eintreffen der Samen sofort ausgesät werden. Die Samenschale ist aufzurauhen. Die Keimung erfolgt sehr unregelmäßig, deshalb nimmt man immer wieder die größeren Sämlinge aus dem Aussaatgefäß heraus. Vermehrungstemperatur 22 bis 24 °C, Weiterkultur nicht unter 18 °C.

Phormium tenax, Neuseeländer Flachs

Üblich ist die Vermehrung durch Teilung im Frühjahr, aber auch eine Vermehrung durch Aussaat ist möglich. Insbesondere auf den Kanarischen Inseln wird immer wieder keimfähiges Saatgut angeboten.

Phyllitis scolopendrium, Hirschzungenfarn

Vermehrung durch Sporenaussaat oder durch Blattstielenden. Bei der Blattstielmethode werden die Blätter von den Stielen getrennt und die nur wenige Zentimeter langen Stielenden gesteckt, an denen sich nach 2 bis 3 Monaten junge Farnpflanzen bilden. Vermehrungstemperatur 20 °C, Weiterkultur nicht unter 15 °C.

Pilea, Kanonierblume

Vermehrung durch Aussaat (sie spielt keine große Rolle) oder Stecklinge. Bei der Stecklingsvermehrung, die ganzjährig möglich ist, verwendet man Kopfstecklinge mit 2 bis 3 Nodien, die man zu 2 bis 5 Stück in den 7-cm-Vermehrungstopf steckt. Vermehrungstemperatur 22 bis 25 °C, Weiterkultur nicht unter 18 °C.

Pimelea ferruginea, Glanzstrauch

Vermehrung durch ausgereifte, leicht verholzte Kopfstecklinge nach der Blüte im Frühjahr. Wichtig ist mehrmaliges Stutzen der Jungpflanzen, um buschige Pflanzen zu erhalten. Vermehrungstemperatur 22 °C, Weiterkultur nicht unter 15 °C.

Pinguicula, Fettkraut

Die Vermehrung der winterharten Arten erfolgt bevorzugt durch Aussaat im Frühjahr. Bei älteren Pflanzen bilden sich zum Winter hin in den Achseln der oberen Laubblätter kleine gestielte Brutzwiebelchen, die abgenommen und wie Samen ausgesät werden können. Bei den nicht winterharten Arten erfolgt die Vermehrung durch Aussaat oder Abtrennen der Winterknospen. Die Nachzucht aller Arten kann durch Blattstecklinge in feuchtem Sand erfolgen. Aussaatsubstrat: feingeriebenes Torfmoos.

Pinus pinea, Pinie, Schirmkiefer

Vermehrung leicht aus Samen im Frühjahr. Hierzu benötigt man Pinienzapfen mit keimfähigem Saatgut. Damit die Zapfen sich öffnen und die Samen freigeben, muß geklengt werden (s. Seite 19). Vermehrungstemperatur 20 °C, Weiterkultur bei 15 °C.

Piper ornatum, Pfeffer, Arten

Vermehrung durch krautige Stecklinge mit 1 bis 2 Nodien, von denen man 3 bis 5 Stück in den 8-cm-Vermehrungstopf steckt. Vermehrungstemperatur 25 bis 30 °C, Weiterkultur nicht unter 18 °C.

Pisonia umbellifera, Vogelfangbaum

Vermehrung ganzjährig durch Kopf- oder Teilstecklinge, letztere mit 2 Nodien. Der Gärtner setzt in der Regel 3 Jungpflanzen in den Endtopf. Vermehrungstemperatur 25 °C, Weiterkultur nicht unter 18 °C.

Pittosporum, Klebsame

Die einzelnen Arten lassen sich sowohl durch Aussaat als auch durch Stecklinge vermehren. Samen wird allerdings nur selten angeboten. Kopf- und Teilstecklinge schneidet man im Sommer von gut ausgereiften Trieben. Die kleinblättrigen Arten, z. B. *P. tenuifolium,* sind mehrmals zu stutzen. Vermehrungstemperatur 25 °C, Weiterkultur nicht unter 15 °C.

Platycerium bifurcatum, Hirschgeweihfarn

Vermehrung durch Sporenaussaat (sehr langwierig) oder durch Abnahme von Jungpflanzen, die sich an älteren Pflanzen bilden. Die Jungpflanzen werden abgenommen, wenn sich 1 bis 2 Blätter (fertile) sowie ausreichend Wurzeln gebildet haben. Vermehrungstemperatur 20 bis 22 °C, Weiterkultur nicht unter 18 °C.

Plectranthus fruticosus, **Mottenkönig**
Plectranthus oertendahlii, **Harfenstrauch**

Vermehrung durch Aussaat und Stecklinge. Letztere Methode ist die einfachere, selbst im Wasserglas wurzeln Stecklinge leicht. Später sind 2 bis 3 Jungpflanzen in den Endtopf zu setzen. Vermehrungstemperatur 20 °C, Weiterkultur nicht unter 15 °C.

Plumbago auriculata, **Bleiwurz**

Vermehrung durch Aussaat (wenig üblich), Stecklinge und Ausläufer. Am verbreitesten ist die Vermehrung durch krautige Stecklinge im Frühjahr oder Herbst. Vermehrungstemperatur 20 °C, Weiterkultur nicht unter 15 °C. Um Kronenbäumchen zu ziehen, läßt man den stärksten Trieb flott wachsen, unterdrückt die übrigen, bindet ihn an einen Stab an und stutzt in der gewünschten Höhe.

Podocarpus, **Steineibe**

Vermehrung durch Aussaat von importiertem Samen (die Regel) oder durch Stecklinge. Stecklingsvermehrung im Juni/Juli möglich. Vermehrungstemperatur 25 °C, Weiterkultur bei 18 °C.

Nur selten setzt die Steineibe in Kultur Samen an, hier *Podocarpus nivalis.*

Polyscias, **Fiederaralie, Mingaralie, Karibikbäumchen**

Vermehrung ganzjährig durch Kopf-, Trieb- oder Stammstecklinge bei 25 bis 30 °C. Damit sie buschig wachsen, ist mehrmals zu stutzen. Weiterkultur nicht unter 18 °C.

Polystichum, **Schildfarn**

Vermehrung durch Sporenaussaat oder Teilung im Frühjahr. Vermehrungstemperatur 20 °C, Weiterkultur nicht unter 18 °C.

Portulaca umbraticola

Vermehrung ganzjährig durch Stecklinge. Für die Balkonbepflanzung wird im Spätherbst vermehrt. Gesteckt wird einzeln (dann muß gestutzt werden) oder zu mehreren direkt in den 10- oder 11-cm-Endtopf. Vermehrungstemperatur 18 bis 22 °C, Weiterkultur bei 16 °C.

Portulacaria afra, **Pfennigbaum**

Vermehrung ganzjährig leicht durch Stecklinge. Vor dem Stecken läßt man die Schnittfläche abtrocknen.

Primula, **Primel**

Vermehrung von *P. kewensis, P. malacoides* (Flieder- oder Brautprimel), *P. obconica* (Becherprimel) und *P. praenitens* (Chinesenprimel) durch Aussaat. Allein die Chinesenprimel wird gelegentlich auch noch durch Stecklinge vermehrt. Keimtemperatur 15 bis 18 °C, bei *P. obconia* 20 °C.

Pseuderanthemum, **Falsches Eranthemum**

Vermehrung ganzjährig durch Kopfstecklinge. Jungpflanzen sind mehrmals zu stutzen. Vermehrungstemperatur 20 °C, Weiterkultur nicht unter 18 °C.

Pseudobombax ellipticum, **Bombax, Elefantenbaum**

Vermehrung nur durch Aussaat möglich. Samen wird in den Samenkatalogen des Sukkulentenhandels angeboten. Vermehrungstemperatur 25 °C, Weiterkultur nicht unter 18 °C.

Psidium guajava, **Guayave, u. a. Arten**

Vermehrung durch Aussaat (Samen muß eingeführt werden) oder Kopfstecklinge. Vermehrungstemperatur 25 °C, Weiterkultur nicht unter 18 °C.

Pteris, **Saumfarn**

Alle Arten und Sorten fallen echt und können daher durch Sporenaussaat vermehrt werden. Wird nur eine kleine Anzahl von Pflanzen benötigt, vermehrt man durch Teilung im Frühjahr. Vermehrungstemperatur 25 °C, Weiterkultur nicht unter 18 °C.

Punica granatum, **Granatapfel**

Vermehrung durch Aussat und Stecklinge. Im Gegensatz zur landläufigen Meinung ist die Aussaat zu bevorzugen, da sich die Pflanzen besser aufbauen und die Aussaatvermehrung im allgemeinen keine Schwierigkeiten bereitet. Die frühe Inkulturnahme des Granatapfels führte zur Auslese unterschiedlichster Typen. Darunter sind auch kleinbleibende Zierformen, die unter dem Sortennamen 'Nana' geführt werden. Diese Pflanzen sind in allen Teilen kleiner. Da Granatäpfel auch in Kultur willig Samen ansetzen, macht die Beschaffung von Saatgut in der Regel keine Schwierigkeiten. Man sollte nur vollreife Früchte ernten, zu erkennen am Aufplatzen der Fruchtschale. Eine Vermehrung durch Stecklinge erfolgt im Februar/März durch unbelaubte, etwa 10 cm lange verholzte Zweige. Während des Sommers kann man auch durch krautige Stecklinge vermehren. Vermehrungstemperatur 20 bis 25 °C, Weiterkultur zunächst nicht unter 18 °C, später kann die Temperatur auf 10 °C absinken.

Frucht von *Punica granatum*

Quamoclit vulgaris, **Zypressenwinde**

Vermehrung durch Aussaat Ende März/Anfang April direkt in den Endtopf. Vermehrungstemperatur 20 °C, Weiterkultur bei 15 °C.

Quercus ilex, **Steineiche**
Quercus suber, **Korkeiche**

Vermehrung von *Q. ilex* und *Q. suber* durch Aussaat, sofort nach Erhalt der Samen oder durch Stecklinge im Juni/Juli. Wurzelbildung nur bei hohen Bodentemperaturen (25 bis 30 °C), Weiterkultur der Jungpflanzen nicht unter 15 °C.

Rehmannia angulata, **Rehmannie**

Vermehrung durch Aussaat im Frühjahr oder Stecklinge im Frühsommer. Vermehrungstemperatur 22 °C, Weiterkultur nicht unter 18 °C.

Rhapis excelsa, **Ruten- oder Steckenpalme**

Vermehrung durch importiertes Saatgut, das nur kurze Zeit keimfähig ist. An älteren Pflanzen bilden sich viele Ausläufer, die vorsichtig abgetrennt werden können. Vermehrungstemperatur 25 °C, Weiterkultur nicht unter 18 °C.

Rhododendron simsii, **Zimmerazalee**

Vermehrung durch Veredlung und Stecklinge. Eine Stecklingsvermehrung ist praktisch ganzjährig möglich, wird aber bevorzugt im April/Mai durchgeführt. Die Stecklinge sollen kräftig sein und mindestens 7 Blätter besitzen. Ver-

Der Gärtner vermehrt Azaleen in der Regel durch seitliches Einspitzen oder Kopulation.

mehrungstemperatur 20 bis 22 °C. Veredelt wird durch seitliches Einspitzen oder Kopulation (s. Seite 59 und 56). Als Unterlage werden in der Regel die Sorten 'Euratom' und 'Concinna' verwendet. Die Veredlungen werden nicht verbunden, sondern bis zum Verwachsen mit kleinen Kunststoffklammern zusammengehalten (s. bei *Citrus*). Nach dem Anwachsen bzw. nach der Bewurzelung ist mehrmaliges Stutzen erforderlich, um buschige Pflanzen zu erhalten. Von der Vermehrung bis zur ersten Blüte vergehen 1½ Jahre.

Rhoeo spathacea, Rhoeo

Vermehrung durch Aussaat oder Kopfstecklinge. *R. spathacea* 'Vittata' kann nur vegetativ vermehrt werden. Kopfstecklinge sind einzeln in entsprechend große Töpfe zu stecken. Vermehrungstemperatur 22 °C, Weiterkultur nicht unter 18 °C.

Rhoicissus capensis

Vermehrung wie *Cissus*.

Rivina humilis var. _glabra,_ Rivinie

Vermehrung durch Aussaat (Samen wird auch in Kultur reichlich angesetzt), die Samen sind vor der Aussaat auszuwaschen, aber auch durch Stecklinge die sich leicht bewurzeln. Man setzt später 3 bis 5 Jungpflanzen in den Endtopf, die man mindestens einmal stutzt. Vermehrungstemperatur 20 bis 25 °C, Weiterkultur nicht unter 18 °C.

Rosa chinensis 'Minima', Zwerg-, Mini- oder Kußröschen

Vermehrung durch ausgereifte, leicht verholzte Triebstecklinge von Frühjahr bis Herbst oder durch Veredlung auf *Rosa canina*. Vermehrungstemperatur 20 bis 22 °C, Weiterkultur bei 15 bis 18 °C.

Rosmarinus officinalis, Rosmarin

Vermehrung durch Aussaat im März/April oder durch ausgereifte Stecklinge im Juli/August. Um buschige Pflanzen zu erhalten, ist mehrmaliges Stutzen erforderlich. Vermehrungstemperatur 18 °C, Weiterkultur nicht unter 10 °C.

Rubus reflexus, Chinabrombeere

Vermehrung im Sommer durch ausgereifte, leicht verholzte Kopf- oder Teilstecklinge,

Bewurzelter Stammsteckling von *Saccharum officinarum*

letztere mit mindestens 2 Nodien. Zur Bewurzelung sind hohe Bodentemperaturen von 25 bis 30 °C erforderlich.

***Ruellia*, Ruellie**

Vermehrung durch Aussaat oder Stecklinge. Aussaat und Stecklingsvermehrung bevorzugt im Februar/März. Später drei Jungpflanzen in den Endtopf setzen. Von *R. colorata* wird nur selten Samen angeboten. Vermehrung durch Kopf-, Teil- oder Knotenstecklinge. Mindestens einmal stutzen. Vermehrungstemperatur 25 °C, Weiterkultur nicht unter 18 °C.

***Saccharum officinarum*, Zuckerrohr**

Vermehrung leicht durch Stammstecklinge. Die Blattscheiden sind vollständig von Stamm (Halm) zu entfernen, da es sonst zur Fäulnis kommen kann. Vermehrungstemperatur 25 bis 30 °C, Weiterkultur nicht unter 18 °C.

***Sageretia thea*, Sageretie, Falscher Tee**

Vermehrung leicht durch Kopf- und Teilstecklinge. Mehrmaliges Stutzen der Jungpflanzen erforderlich, um gut verzweigte Pflanzen zu erhalten. Vermehrungstemperatur 20 bis 25 °C, Weiterkultur nicht unter 18 °C.

Durch Blattsteckling vermehrtes Usambaraveilchen

***Saintpaulia ionantha*, Usambaraveilchen**

Vermehrung üblicherweise durch Blattstecklinge (s. Seite 132). Eine Vermehrung durch Aussaat ist möglich. Samen wird im Samenhandel angeboten. Vermehrungstemperatur 25 °C, Weiterkultur nicht unter 20 °C.

***Salvia splendens*, Feuersalbei**

Vermehrung durch Aussaat im März/April. Nach dem Auflaufen zunächst pikieren und später in den 9- oder 10-cm-Endtopf pflanzen. Vermehrungstemperatur 24 °C, Weiterkultur bei 15 °C. Salvien lassen sich auch sehr gut durch Stecklinge vermehren.

***Sanchezia nobilis*, Sanchezie**

Vermehrung ganzjährig durch Kopf- oder Teilstecklinge, letztere mit mindestens 2 Nodien. Wichtig ist ein- bis zweimaliges Stutzen, um buschige Pflanzen zu erhalten. Vermehrungstemperatur 22 bis 25 °C, Weiterkultur nicht unter 18 °C.

***Sansevieria*, Bogenhanf**

Vermehrung ganzjährig durch Teilung und Blattstecklinge (s. auch Seite 134). Vermehrungstemperatur 20 °C, Weiterkultur bei 18 °C.

***Sarracenia*, Schlauchpflanze**

Vermehrung durch Teilung ganzer Pflanzen oder des Rhizoms im zeitigen Frühjahr. Aussaat im Frühjahr. Nur frisches Saatgut ist ausreichend keimfähig. Als Vermehrungssubstrat dient eine Mischung aus zerhacktem Torfmoos *(Sphagnum)*, Weißtorf und etwas Sand. Vermehrungstemperatur 10 °C.

***Sauromatum guttatum*, Eidechsenwurz**

Vermehrung im Herbst durch Abtrennen der Brutknollen, die sich an älteren Knollen bilden. Vermehrungstemperatur 20 °C, Weiterkultur nicht unter 15 °C.

Vermehrung der Sansevierie durch Teilung der Blätter in Querstücke

***Saxifraga stolonifera*, Judenbart**

Vermehrung durch Abtrennen der jungen Pflänzchen, die sich zahlreich an den fadenförmigen Ausläufern bilden. Vermehrungstemperatur bei 10 °C, bei 'Tricolor' nicht unter 15 °C.

Schefflera arboricola

Vermehrung bei kleineren Mengen durch ausgereifte, nicht verholzte Kopf- oder Teilstecklinge. Der Gärtner vermehrt in der Regel generativ durch importierten Samen. Da der Samen schnell seine Keimfähigkeit verliert, richten sich die Aussaattermine nach der Samenreife am heimatlichen Standort. In der Regel werden gleich 2 bis 3 Samenkörner in den Vermehrungstopf gelegt, oder man setzt später 2 bis 3 Jungpflanzen in den Endtopf. Keimtemperatur 22 bis 25 °C, Weiterkultur nicht unter 18 °C.

Scindapsus pictus

Vermehrung wie *Epipremnum*.

***Scirpus cernuus*, Simse**

Vermehrung durch Teilung im Frühjahr bei 18 bis 22 °C.

***Scutellaria costaricana*, Helmkraut**

Vermehrung durch Kopf- und Teilstecklinge im Frühjahr/Sommer, Teilstecklinge mit mindestens 2 Nodien. Man setzt 2 bis 4 Jungpflanzen in den Endtopf. Nach dem Anwachsen ist einmal zu stutzen. Vermehrungstemperatur 22 bis 25 °C, Weiterkultur nicht unter 18 °C.

***Sedum*, Fetthenne, Mauerpfeffer**

Vermehrung leicht durch Blatt- und Kopfstecklinge.

Viele sukkulente *Senecio*-Arten, hier *Senecio stapeliiformis,* setzen auch in Kultur Samen an.

Senecio-Cruentus-Hybriden, Cinerarie

Vermehrung durch Aussaat von Juli bis Oktober, Samen nicht übersieben. Vermehrungstemperatur 18 bis 20 °C, Weiterkultur bei 18 °C.

***Senecio macroglossus,* Kapefeu**
***Senecio mikanioides,* Sommerefeu**

Vermehrung durch Kopf- oder Teilstecklinge ganzjährig. Man pflanzt später 2 bis 5 Jungpflanzen in den Endtopf. Vermehrungstemperatur 20 °C, Weiterkultur nicht unter 15 °C.

***Senecio,* sukkulente Arten**

Vermehrung leicht durch Kopf-, Teil- oder Blattstecklinge. Bei Arten mit „Perlen-Blättern", z. B. *S. rowleyanus* (eine beliebte Ampelpflanze), schneidet man je nach Endtopfgröße 8 bis 12 lange Triebstecklinge, die man dem Substrat auflegt und mit Drahtklammern festheftet.

***Selaginella,* Moosfarn, Mooskraut**

Vermehrung ganzjährig durch Sporenaussaat, Teilung und Stecklinge. Als Stecklinge verwendet man Zweigteile oder Zweigspitzen, von denen man 5 bis 10 Stück in den Endtopf steckt, oder man legt mehrere Zweigteile der Erde auf und heftet sie mit Drahtklammern fest. Vermehrungstemperatur 20 bis 22 °C, Weiterkultur nicht unter 18 °C.

***Senecio bicolor,* Kreuzkraut, Silbereiche**

Vermehrung durch Aussaat von März bis Mai. Nach dem Auflaufen direkt in den 8- bis 10-cm-Endtopf pikieren. Vermehrungstemperatur 16 bis 18 °C, Weiterkultur bei 10 °C.

***Serissa foetida,* Juni-Schnee, Baum der tausend Sterne**

Vermehrung ganzjährig durch Kopf- oder Teilstecklinge. Die Jungpflanzen sind mehrmals zu stutzen, um eine bessere Verzweigung zu erreichen. Vermehrungstemperatur 20 °C, Weiterkultur nicht unter 15 °C.

***Setcreasea pallida* 'Purple Heart'**

Vermehrung wie *Tradescantia.*

***Siderasis fuscata,* Siderasie**

Vermehrung wie *Rhoeo.*

***Sinningia,* Gloxinie, Rechsteinerie**

Vermehrung üblicherweise durch Aussaat, die staubfeinen Samen dürfen nicht übersiebt werden. Außerdem ist es möglich, durch Teilung der Knollen, durch Kopfstecklinge, die älteren Knollen nach dem Austrieb abgenommen werden, und durch Blattstecklinge zu vermehren. Vermehrungstemperatur 25 bis 30 °C, Weiterkultur nicht unter 22 °C.

***Skimmia japonica,* Skimmie**

Vermehrung durch noch nicht verholzte Kopf- und Teilstecklinge im Sommer. Eine Vermehrung durch Samen, der auch in Kultur angesetzt wird, ist im Frühjahr möglich. Vermehrungstemperatur 22 bis 25 °C, Weiterkultur nicht unter 15 °C.

Smithiantha-Hybriden

Vermehrung ist mit der Anzucht von *Achimenes* identisch.

Bei *Soleirolia soleirolii* legt man die dünnen Triebe dem Substrat auf und heftet sie büschelweise mit Drahtklammern fest.

Solanum pseudocapsicum, Korallenstrauch

Vermehrung in der Regel durch Aussaat, eigene Samenernte ist möglich, aber auch durch Stecklinge. Die Aussaat erfolgt im Frühjahr. Später setzt man 2 bis 3 Jungpflanzen in den Endtopf. Vermehrungstemperatur 22 bis 25 °C, Weiterkultur nicht unter 18 °C.

Soleirolia soleirolii, Bubiköpfchen

Die Vermehrung erfolgt vegetativ. Von älteren Pflanzen schneidet man büschelweise die dünnen Triebe ab, die man dem Substrat in 7- bis 11-cm-Endtöpfen auflegt und mit Drahtklammern festheftet. Vermehrungstemperatur 20 bis 22 °C, Weiterkultur bei 18 °C.

Sophora tetraptera, Schnurbaum

Vermehrung wie *Acacia*.

Sparmannia africana, Zimmerlinde

Vermehrung durch Kopfstecklinge, die man von Seitentrieben der Blütentriebe schneidet. Die Stecklinge dürfen weder zu hart (verholzt), noch zu weich (krautig) sein. Im Jungpflanzenstadium sind die Pflanzen mehrmals zu stutzen. Vermehrungstemperatur 20 bis 22 °C, Weiterkultur nicht unter 15 °C.

Spathiphyllum, Scheidenblatt

Zwar ist eine Vermehrung durch Aussaat möglich, doch wird in der Regel durch Teilung vermehrt. Bei den im Blumenhandel angebotenen Pflanzen handelt es sich in der Regel um

Durch einen Kopfsteckling wurde diese Zimmerlinde vermehrt.

Hybriden, die nur vegetativ vermehrt werden können. Vermehrungstemperatur 25 °C, Weiterkultur nicht unter 20 °C.

***Sprekelia formosissima,* Jakobslilie**

Vermehrung wie *Hippeastrum*.

***Stapelia,* Aasblume**

Vermehrung durch Stecklinge und Aussaat; wurzelempfindliche Arten durch Pfropfen auf Knollen von *Ceropegia woodii*. Vermehrungstemperatur 20 bis 25 °C, Weiterkultur bei 18 °C.

***Stenocarpus sinuatus,* Stenocarpus**

Vermehrung durch Aussaat von importiertem Saatgut, die Samenschale ist aufzurauhen. Stecklingsvermehrung im Sommer ist möglich. Vermehrungstemperatur 25 bis 30 °C, Weiterkultur nicht unter 18 °C, später genügen 12 °C.

***Stenotaphrum secundatum,* Hohlspelze**

Die Pflanzen bilden mit kurzem Laub besetzte Ranken oder Ausläufer, die man zerschneidet, die Einzelstücke pflanzt man zu mehreren in den Endtopf. Vermehrungstemperatur 20 °C, später genügen 10 °C.

***Stephanotis floribunda,* Kranzschlinge**

Vermehrung durch Teilstecklinge (Augenstecklinge) mit 1 Nodium. Nach der Bewurzelung setzt man 2 bis 3 Jungpflanzen in den Endtopf. Vermehrungstemperatur 25 bis 30 °C, Weiterkultur nicht unter 18 °C.

***Strelitzia,* Strelitzie, Paradiesvogelblume**

Ältere Pflanzen können durch Teilung im Frühjahr vermehrt werden. Sonst Vermehrung durch importierten Samen, der frisch sein muß, die Samenschale ist aufzurauhen. Vermehrungstemperatur 22 bis 25 °C, Weiterkultur nicht unter 18 °C.

Reife Frucht mit Samen, *Stephanotis floribunda*

Durch Blattstecklinge vermehrte Drehfrucht

Blattstückstecklinge von *Streptocarpus*-Hybriden

Streptocarpus-Hybriden, Drehfrucht

Die Drehfrucht wird heute überwiegend durch Blattstecklinge vermehrt (s. Seite 135). Es ist aber auch möglich, durch Aussaat zu vermehren. Samen ist im Handel erhältlich. Einige Sorten setzen auch im Zimmer Samen an. Aussaat im Frühjahr, den staubfeinen Samen nicht übersieben. Keimtemperatur 22 bis 25 °C, zur Stecklingsvermehrung sind Temperaturen von 18 bis 20 °C optimal; Weiterkultur nicht unter 18 °C.

Stromanthe sanguinea

Vermehrung wie *Calathea*.

Sukkulenten

Vermehrung siehe Seite 144 ff.

***Swietenia mahagoni,* Mahagonibaum**

Vermehrung durch Aussaat von importiertem Saatgut, sofort nach Erhalt. Die Keimfähigkeit ist nur begrenzt. Vermehrungstemperatur 25 bis 30 °C, Weiterkultur nicht unter 20 °C.

***Synadenium grantii,* Milchbaum**

Vermehrung leicht durch Stecklinge im Frühjahr. Der Austritt des Milchsaftes wird im lauwarmen Wasser zum Stillstand gebracht. 2 bis 3 Jungpflanzen sind in den Endtopf zu setzen, da der Milchbusch eintriebig wächst und sich – auch nach dem Stutzen – kaum verzweigt. Vermehrungstemperatur 22 °C, Weiterkultur nicht unter 18 °C.

***Syngonium,* Purpurtute, Gänsefuß**

Vermehrung durch Kopf- und Stammstecklinge. Vermehrungstemperatur 25 bis 30 °C, Weiterkultur nicht unter 20 °C.

***Syzygium paniculatum,* Kirschmyrte, u. a. Arten**

Vermehrung durch Aussaat (die Arten setzen in der Regel auch bei uns Samen an) und durch ausgereifte, leicht verholzte Kopfstecklinge im Sommer. Vermehrungstemperatur 22 bis 25 °C, Weiterkultur nicht unter 18 °C, *S. paniculatum* auch niedriger.

***Tectona grandis,* Teakbaum**

Vermehrung wie *Swietenia*.

***Tetrastigma voinieranum,* Kastanienwein**

Vermehrung durch Augenstecklinge (Nodium mit 1 Blatt). Beim Stecken ist darauf zu achten, daß das Auge über der Erde steht. Vermehrungstemperatur 22 bis 25 °C, Weiterkultur nicht unter 18 °C.

Theobroma cacao, Kakaobaum

Vermehrung durch Samen, der frisch sein muß. Samen nur selten im Handel erhältlich. Vermehrungstemperatur 22 bis 25 °C, Weiterkultur nicht unter 20 °C. Eine Vermehrung durch Stecklinge ist möglich.

Thunbergia alata, Schwarzäugige Susanne

Vermehrung in der Regel durch Aussaat. Man legt 3 bis 5 Samenkörner in den 7-cm-Vermehrungstopf. Eine Vermehrung durch Stecklinge ist möglich. Vermehrungstemperatur 18 bis 20 °C, Weiterkultur bei 18 °C.

Tibouchina urvilleana, Tibouchine

Vermehrung durch ausgereifte, leicht verholzte Triebstecklinge mit 2 Nodien. Später setzt man 2 bis 3 Jungpflanzen in den Endtopf. Eine Bewurzelung findet nur bei hohen Bodentemperaturen statt (25 bis 30 °C), Weiterkultur nicht unter 18 °C.

Tillandsia, Tillandsie

Der überwiegende Teil der Arten läßt sich durch Teilung oder Ablösen der Kindel leicht vermehren. Andere lassen sich nur durch Aussaat vermehren. Die epiphytisch wachsenden Arten sät man auf Rindenstücke oder nach der „Oeser-Methode" auf *Thuja*-Zweige aus. Hierzu werden nicht all zu dicke *Thuja*-Zweige mitsamt ihrem Grün mit Nylonfäden umwickelt, worauf man die mit Flughaaren ausgestatteten Samen aussät. Später wird zu mehreren auf andere Zweige oder Rinde umpikiert. Vermehrungstemperatur 25 °C, Weiterkultur nicht unter 20 °C.

Tillandsien-Aussaat nach der Oeser-Methode

Reicher Samenansatz an *Tillandsia ionantha*

Mehrere *Thuja*-Zweige werden zu einem Bündel zusammengebunden.

Die mit Flughaaren ausgestatteten Samen werden gleichmäßig auf dem Zweigbündel verteilt.

Nach dem Befeuchten haften die Samen fest auf dem Zweigbündel.

***Tolmiea menziesii*, Henne und Küken**

Vermehrung durch Brutpflänzchen, die sich auf den Blättern ausbilden und, zusammen mit etwas Blattspreite abgetrennt, in kleine Vermehrungstöpfe eingepflanzt werden.

***Torenia fournieri*, Torenie**

Vermehrung durch Aussat im Frühjahr; Samen nicht übersieben. Um buschige Pflanzen zu erhalten, setzt man bis zu 5 Jungpflanzen in den Endtopf. Vermehrungstemperatur 20 °C, Weiterkultur nicht unter 15 °C.

***Trachelospermum jasminoides*, Sternjasmin**

Vermehrung wie *Stephanotis*.

***Trachycarpus fortunei*, Hanfpalme**

Vermehrung nur durch Aussaat von importiertem Saatgut möglich, da die Hanfpalme stets eintriebig wächst und keine Seitentriebe ausbildet. Nur frisches Saatgut ist ausreichend keimfähig. Vermehrungstemperatur 25 °C, Weiterkultur nicht unter 15 °C.

***Tradescantia*, Tradeskantie, Dreimasterblume**

Vermehrung ganzjährig durch Kopfstecklinge. Man verwendet 5 bis 8 lange Triebspitzen, von denen man bis zu 10 Stück gleich in den Endtopf steckt. Vermehrungstemperatur 20 °C, Weiterkultur bei 18 °C. Tradeskantien bewurzeln auch im Wasserglas gut.

***Trevesia burckii*, Trevesie**

Vermehrung am leichtesten durch Aussaat, vorausgesetzt, man bekommt frisches Saatgut. Eine Vermehrung durch Stecklinge bei hohen Bodentemperaturen (30 bis 35 °C) ist möglich. Weiterkultur nicht unter 18 °C.

Trichostigma peruvianum

Vermehrung durch Kopf- und Teilstecklinge, letztere mit 2 Nodien. Man setzt später 2 bis 3 Jungpflanzen in den Endtopf, da *Trichostigma* eintriebig wächst und sich – auch nach dem Stutzen – kaum verzweigt. Vermehrungstemperatur 25 bis 30 °C, Weiterkultur nicht unter 18 °C.

***Urginea maritima*, Meerzwiebel**

Vermehrung durch Tochterzwiebeln, die man im Frühjahr vorsichtig abtrennt und einzeln eintopft.

***Vallota speciosa*, Vallote**

Wie *Hippeastrum* läßt sich *Vallota* aus Samen heranziehen, doch dauert es wenigstens 3 Jahre, bis die Sämlinge ins blühfähige Alter kommen. Einfacher ist die Vermehrung durch Brutzwiebeln, die sich bei manchen Exemplaren reichlich bilden, bei anderen nur selten.

***Veltheimia capensis*, Walzenlilie**

Vermehrung durch Abtrennen der Brutzwiebeln während der Ruhezeit im Mai/Juni. Durch Anschneiden des Zwiebelbodens wird die Bildung von Brutzwiebeln gefördert.

***Verbena*-Hybriden, Verbenen**

Vermehrung durch Aussaat und Stecklinge. Aussaat im Februar/März, die Samen sind vor der Aussaat einige Tage einer Kältebehandlung (bei 5 °C) zu unterziehen, wodurch das Keimergebnis in der Regel verbessert wird. Pikieren direkt in den 8- oder 9-cm-Endtopf. Keimtemperatur 18 bis 22 °C, Weiterkultur bei 15 °C. Stecklingsvermehrung (bei Bodentemperaturen von 20 °C) von Februar bis April. Bei beiden Methoden ist es sinnvoll, zu stutzen.

***Vriesea*, Vriesee**

Vriesea splendens wird in der Regel nur durch Samen vermehrt, andere Arten und Hybriden vorwiegend durch Kindel. Der Samen ist nur kurze Zeit keimfähig und daher unmittelbar nach der Reife auszusäen. Vermehrungstemperatur 25 bis 30 °C, Weiterkultur nicht unter 20 °C.

Washingtonia, Washingtonie

Vermehrung durch Aussaat; der Samen muß frisch sein, da die Keimfähigkeit schnell erlischt. Vor der Aussaat ist die Samenschale aufzurauhen. Die Keimung erfolgt meist unregelmäßig und kann sich über mehrere Monate hinziehen. Vermehrungstemperatur 25 bis 30 °C, Weiterkultur nicht unter 15 °C.

Wedelia, Goldstern-Wedelie

Vermehrung durch Stecklinge von abgeblühten Mutterpflanzen im Herbst. Man steckt gleich 3 Stück in den 7-cm-Vermehrungstopf oder pflanzt später 3 Jungpflanzen in den 10-cm-Endtopf. Vermehrungstemperatur 20 bis 22 °C, Weiterkultur bei 15 °C.

Xantheranthemum igneum

Vermehrung wie *Chamaeranthemum*.

Yucca, Palmlilie

Vermehrung wie *Dracaena*.

Zantedeschia aethiopica, Calla

Vermehrung durch Aussaat, Teilung oder Abtrennen der Tochterpflanzen. Zur Anzucht durch Samen ist nur frisches Saatgut zu verwenden. Die Teilung erfolgt nach der Ruhezeit im Juli. Tochterpflanzen werden zu Beginn der Ruhezeit abgenommen. Vermehrungstemperatur 18 bis 22 °C, Weiterkultur nicht unter 15 °C.

Zebrina, Zebra-Tradeskantie

Vermehrung wie *Tradescantia*.

Zephyranthes, Zephirblume

Vermehrung durch Brutzwiebeln, die reichlich angesetzt werden. Eine Vermehrung durch Samen ist möglich.

Die Vermehrung der Stauden

Stauden können wie Laub- oder Nadelgehölze, wie Zimmer-, Beet-, Balkon- und Kübelpflanzen, je nach Art, auf generativem oder vegetativem Wege vermehrt werden. Die generative Vermehrung ist bei allen reinen Arten und Sorten angebracht, die sich sorten- bzw. artenecht durch Samen vermehren lassen. Davon gibt es weitaus mehr Sorten, als gemeinhin angenommen wird. Ein Blick in Samenkataloge macht dies deutlich. Neben den schon früher bekannten Lupinen-Hybriden, findet man heute Sortimente von *Delphinium*-Hybriden, *Chrysanthemum*-Hybriden, *Digitalis*-Hybriden, *Gaillardia*-Hybriden, *Papaver*-Hybriden und viele andere.

Lassen sich viele Sorten und Varietäten sortenecht auch nur auf vegetativem Wege vermehren (s. auch Seite 11), so kann es für den Hobbygärtner trotzdem interessant sein, von Sorten und Varietäten, ob nun auf generativem oder vegetativem Wege vermehrt, Samen zu ernten (sofern Samen angesetzt wird) und auszusäen. Die Nachkommen werden zwar sehr uneinheitlich sein, aber unter der bunten Formenvielfalt können auch Typen sein, die es verdienen, weiterkultiviert zu werden. Sind doch auf diesem Wege sehr viele Staudensorten entstanden, die dann vegetativ weiter vermehrt wurden. Nicht lohnend ist die Samenernte von sogenannten F_1-Hybriden, da die Nachkommen in der Vitalität häufig nachlassen und nicht selten Wuchsdepressionen auftreten.

Für den Gärtner spielen bei der Wahl der Vermehrungsmethode wirtschaftliche Gesichtspunkte eine nicht unerhebliche Rolle. So wird er selbst Arten, die sich generativ sortenecht vermehren lassen, vegetativ vermehren, wenn er mit dieser Methode schneller verkaufsfertige Pflanzen erhält. Andererseits kann es auch sein, daß die Vermehrung durch Samen aus Kostengründen vorgezogen wird, weil dadurch die Mutterpflanzenhaltung eingespart werden kann, die bei der vegetativen Vermehrung unumgänglich ist.

Die Vermehrung und Anzucht von Stauden bereitet im allgemeinen keine Schwierigkeiten, wenn man ihre arteigentümlichen Ansprüche zu berücksichtigen vermag.

Samenernte, Samenkauf

Auch bei Staudensamen gilt der Grundsatz, ausreichend keimfähig ist nur frisches Saatgut. Wirkliche Gewähr für frisches Saatgut gibt die eigene Samenernte oder der Kauf von Samen, der von Staudengärtnereien, die sich mit der Samengewinnung beschäftigen, direkt oder über Samengeschäfte vertrieben wird. Ob es sich um garantiert frisches, einwandfreies Saatgut handelt, läßt sich durch Kontrolle des auf den Samentüten aufgedruckten Datums überprüfen. Bei überlagerten Sämereien ist meist keine ausreichende Keimfähigkeit mehr garantiert. Ist zu Hause einmal eine Samentüte liegengeblieben, sollte man sich durch eine Keimprobe von der Qualität des Saatgutes überzeugen und dann erst entscheiden, ob man noch aussät.

Der richtige Zeitpunkt für die eigene Samenernte ist auch bei Stauden nicht mit dem Kalender bestimmbar (s. Seite 16). Der Zeitpunkt der Reife ist in der Regel an einer Verfärbung der Samenstände, der Samenkapseln oder an den Samenkörnern selbst zu sehen. Die Farbe geht erst ins Grünlich-Gelbe, später ins Gelbe oder Braune über. Bei Compositen z. B. zeigt das Vertrocknen der Hüllblätter die Reife des Samens an. Eine Faustregel besagt, daß Samenkörner nie in der Milchreife geerntet werden dürfen.

Wer die Eigenschaften der einzelnen Pflanzen kennt, kann den vollreifen Samen ernten. Wer

noch unsicher ist, erntet etwas vor der Vollreife und läßt im Haus nachreifen. Bei einigen Staudenarten wird man nicht ein einziges Samenkorn ernten, wenn man bis zur Vollreife des Samens wartet, da dieser bereits vorher ausgefallen ist. Häufig ist auch ein mehrmaliges Absammeln des Samens oder der Samenkapseln (kann sich unter Umständen über mehrere Wochen erstrecken) notwendig.
Der Samen oder die Fruchtstände bedürfen nach der Ernte noch einer Nachtrocknung. Man legt sie deshalb in offene Gefäße, damit viel Luft an die Samen gelangt. Keinesfalls dürfen sie in diesem Stadium in luftdichten Kunststoffdosen oder Folienbeuteln gelagert werden, Fäulnis wäre die Folge.
Daß bei der Samenernte auf einwandfreie Etikettierung geachtet wird, um Irrtümer und Verwechslungen zu vermeiden, sollte selbstverständlich sein.
Nach der Nachtrocknung werden die Samen gereinigt (s. Seite 17 und 118) und in Papiertütchen gefüllt. Die sachgemäße Lagerung der Sämereien spielt für die Erhaltung der Keimkraft und der Keimfähigkeit eine große Rolle. Zu hohe relative Luftfeuchtigkeit, zu hohe Temperaturen und ungehinderter Zutritt der Luft beeinträchtigen die Keimfähigkeit des Saatgutes. Keinesfalls sollte der Samen in offenen Behältnissen aufbewahrt werden.

Aussaat

Wichtig für das Gelingen der Aussaat ist es, die besonderen Keimeigenschaften der Sämereien zu kennen, denn nach diesen sind die Aussaattermine und der Aussaatort zu bestimmen. Sieht man einmal davon ab, daß die Keimung bei einigen Staudensamen an bestimmte Bedingungen, wie z. B. niedrige Temperaturen, gebunden und dies zu berücksichtigen ist, ist die Aussaat in einem relativ weiten Zeitraum möglich. Beim Gärtner werden sich die Termine weitgehend danach richten, wann er pflanz- und handelsfähiges Material haben möchte. Der Hobbygärtner wird bei der Mehrzahl der Pflanzen die Aussaattermine so wählen, daß die Pflanzen im Juni/Juli so weit gediehen sind, daß sie an Ort und Stelle ausgepflanzt werden können.
Die Entwicklung des Sämlings bis zur auspflanzfähigen (verkaufsfertigen) Pflanze ist recht unterschiedlich. Nach der Dauer der Vorkultur unterscheidet man zwischen den nachfolgenden Gruppen.

Stauden für Kaltaussaat: Ein Großteil der Staudensamen, sie werden als Frostkeimer bezeichnet, benötigt wie viele Gehölze zunächst niedrige Temperaturen, um dann durch den Wechsel zu höheren Temperaturen zu keimen. Die Bezeichnung Frostkeimer ist falsch, zumindest irreführend. Denn die Stimulierung der Keimung wird nicht bei Temperaturen unter dem Gefrierpunkt erreicht; wirksam sind in der Regel nur Temperaturen zwischen 0 und 5 °C (s. auch Seite 22).
Man sät von Dezember bis Februar aus und läßt die Aussaatgefäße 2 bis 3 Tage bei Temperaturen von 18 bis 20 °C im Zimmer oder Kleingewächshaus stehen, damit der Samen anquellen kann. Anschließend werden die Gefäße, vor Mäusen durch engmaschiges Drahtgeflecht geschützt, im Frühbeetkasten oder im Garten aufgestellt und der Witterung ausgesetzt. Die für die Keimung erforderliche Einwirkungsdauer niedriger Temperaturen ist von Art zu Art verschieden. In der Regel reichen 6 bis 8 Wochen. Nach dieser Kühlbehandlung werden die Gefäße wieder ins Haus geholt und hell bei Temperaturen von 10 bis 15 °C (nicht höher) aufgestellt. Die Keimung setzt dann sehr schnell ein. Zu gegebener Zeit wird dann pikiert und bei viel Luft und mäßiger Temperatur weiterkultiviert.
Die Kühlbehandlung braucht nicht unbedingt unter den Witterungsbedingungen des Freilandes durchgeführt zu werden, sondern funktioniert, wie bei den Gehölzen auf Seite 22 beschrieben, auch im Kühlschrank. Hier hat man die Aussaaten besser unter Kontrolle und ist auch an keine bestimmte Jahreszeit gebunden, was besonders bei importiertem Saatgut von Interesse ist.

Stauden mit langer Vorkultur: Zu dieser Gruppe gehören u. a. *Aquilegia*-Arten und

-Sorten (Akelei) sowie *Campanula*-Arten (Glockenblume). Sie werden im Frühjahr unter Glas bei 15 bis 18 °C ausgesät und nach Keimung und Pikieren bei viel Luft und mäßiger Temperatur (am besten im Frühbeetkasten) weiterkultiviert.

Stauden mit kurzer Vorkultur: Bei dieser Gruppe ist man nicht streng an eine bestimmte Jahreszeit gebunden. Man wird den Aussaattermin aber so wählen (Ende März/Anfang April), daß die Pflanzen nach dem Pikieren und Auspflanzen noch im Herbst zur Blüte kommen. Zu dieser Gruppe gehören z. B. *Alyssum saxatile* (Steinkraut) und *Arabis caucasica* (Gänsekresse).

Zweijährige Pflanzen und Halbstauden: Die Aussaat dieser Pflanzengruppe richtet sich nach deren Winterfestigkeit und wird nicht vor Mitte Mai vorgenommen. Bei einer zu frühen Aussaat bilden sich noch im Sommer Langtriebe, die den Winter sehr schlecht überstehen. Ausgesät wird direkt ins freie Land auf Beete oder auch in Kisten (möglichst dünn); nach dem Auflaufen kann dann unpikiert an Ort und Stelle ausgepflanzt werden. Zu dieser Gruppe gehören z. B. *Digitalis*-Arten (Fingerhut) und *Verbascum*-Arten (Königskerze).
Neben diesen Gruppen mit Vorkultur gibt es auch Arten, die direkt an Ort und Stelle ausgesät werden können. Man bezeichnet sie als Stauden ohne Vorkultur. Im Sommer ausgesät, hat man im nächsten Jahr blühende Pflanzen. So wird z. B. bei den Staudenlupinen verfahren, bei denen eine Vorkultur nicht zweckmäßig ist.
Als Aussaatgefäße sind für kleinere Mengen Vierecktöpfe zu empfehlen, für größere Mengen Pikierkisten. Auch eine Direktsaat in Multitopfplatten oder Torfanzuchttöpfe ist möglich. Wichtig ist, daß je Gefäß nur eine Art ausgesät wird, um Verwechslungen zu vermeiden. Dadurch wird auch ausgeschlossen, daß schnellkeimende und langsamkeimende Samen zusammen in ein Gefäß kommen. Denn die Schnellkeimer müßten schon pikiert werden, bevor die Langsamkeimer überhaupt zur Keimung kommen.
Welche Aussaatsubstrate verwendet werden können, ist auf Seite 269 beschrieben. Auch bei Stauden empfiehlt es sich, den Samen vor der Aussaat vorbeugend gegen Pilzbefall zu beizen (s. Seite 293).

Durch Aussaat in kleine Vierecktöpfe wird ausgeschlossen, daß schnellkeimende und langsamkeimende Samen in ein Gefäß kommen.

Die Technik der Aussaat ist identisch mit der Aussaat der Gehölze (s. Seite 25). Übersiebt werden die Aussaaten in zwei- bis dreifacher Samenkornstärke, feine Sämereien werden nicht abgedeckt. Anschließend wird gut angegossen.

Erfolgt auch die Aussaat in der Regel in Kisten, Töpfe, Schalen usw., da man die Saaten hier besser unter Kontrolle hat, ist es doch möglich, die Aussaat auf gut vorbereitete Beete im Garten oder in den Frühbeetkasten vorzunehmen. Es sollte dann aber so weitläufig ausgesät werden, daß das Pikieren eingespart werden kann.

Für einige Staudenarten, die nur durch Samen vermehrt werden können, bei denen aber die Samenernte schwierig oder die Lagerfähigkeit der Samen begrenzt ist, kann die Selbstaussaat am Standort interessant sein (u. a. bei *Heracleum*, der Herkulesstaude, und *Corydalis*, dem Lerchensporn). Der Boden um die Pflanzen herum muß während des Sommers offen und unkrautfrei gehalten werden, damit die Samen ein gutes Keimbett finden. Die Sämlinge erscheinen im folgenden Frühjahr und können dann pikiert, ausgepflanzt oder in Einzeltöpfe gesetzt werden.

Ist in Kisten oder Töpfe ausgesät worden, muß pikiert werden, wenn sich die Sämlinge gegenseitig im Wachstum behindern. Man pikiert in Pikierkästen, Stauden, die gegen Wurzelverletzungen empfindlich sind, in Multitopfplatten, Torfanzuchttöpfe oder in Einzeltöpfe aus Kunststoff oder Ton. Bei sehr kleinen und zarten Sämlingen ist es sinnvoll, gleich 2 bis 5 Sämlinge tuffweise zusammen zu pikieren und später beim Eintopfen oder Auspflanzen wieder zu vereinzeln. Die Technik des Pikierens ist auf Seite 122 beschrieben, welche Substrate man verwenden kann, auf Seite 275.

Die Teilung von Stauden, hier *Begonia*, ist eine einfache, aber wenig ergiebige Vermehrungsmethode.

Vegetative Vermehrung der Stauden

Die Methoden der vegetativen Staudenvermehrung sind weitgehend identisch mit denen anderer Pflanzengruppen, sei es der Gehölze oder der Zimmerpflanzen.

Teilung und Ausläufer

Die Teilung ist eine einfache (wenn auch nicht die ergiebigste) Methode, zu der keine besonderen Vermehrungseinrichtungen notwendig sind, um aus einer Pflanze mehrere zu machen. Der Hobbygärtner teilt seine Stauden aber nicht nur, um sie zu vermehren, sondern auch, um Stauden, die zu sehr in die Breite gehen, sich gegenseitig im Wachstum bedrängen, schwach und blühfaul werden, einfach zu verjüngen. Die Teilung bietet sich vor allem bei denjenigen Pflanzen an, die Horste bilden oder sich durch kriechende Rhizome reichlich bestocken. Dazu gehören Staudenastern, Rudbeckien, Schwertlilien und viele andere Arten.

Stauden teilt man im Frühjahr zu Beginn der Vegetationszeit oder nach Ende der Vegetationszeit im Herbst. Einige Stauden lassen sich auch im vollen Wachstum teilen. Der Staudengärtner teilt bevorzugt während der Wachstumsruhe im Winter. Dabei spielen wirtschaftliche Gesichtspunkte eine nicht unerhebliche Rolle; kann doch die arbeitsarme Winterzeit sinnvoll überbrückt werden. Die Mutterpflanzen werden im Herbst ausgegraben, frostfrei eingeschlagen und im Laufe des Winters geteilt. Die einzelnen Teilstücke werden eingeschlagen, im Frühjahr aufgepflanzt oder gleich in entsprechende Töpfe gesetzt.

Zur Teilung werden die Pflanzen mit dem Spaten (Spatengabel) aus der Erde genommen und soweit durch Schütteln von der anhaften-

Weniger empfindliche Stauden lassen sich mit Spaten oder Grabegabel teilen.

den Erde befreit, daß die Triebknospen der Wurzeln übersichtlich freiliegen. Im einfachsten Fall lassen sich die Horste nach dem Aufnehmen bereits mit der Hand in faustgroße Einzelpflanzen zerlegen. Sonst teilt man mit dem Messer, bei weniger empfindlichen Arten kann man auch den Spaten zu Hilfe nehmen. Die Wurzeln sind etwa auf Handlänge einzukürzen, Ausnahme: Stauden mit besonders fleischigen Wurzeln, z. B. Pfingstrosen.

Wenn es darum geht, recht große Pflanzenzahlen zu erzielen, dann können die Teilstücke sehr klein gehalten werden. Allerdings ist darauf zu achten, daß jedes Teilstück mindestens ein kräftiges triebfähiges Auge behält. Solche kleinen Teilstücke bezeichnet man als Rißlinge.

Die Teilung während des Wachstums im Sommer ist vor allem bei frühblühenden Stauden angebracht, so u. a. bei *Aubrieta* (Blaukissen), *Cerastium* (Hornkraut) und *Thymus* (Thymian). Aber auch andere Blütenstauden lassen sich gut nach der Blüte teilen, z. B. Bergenien *(Bergenia)*, Rittersporn *(Delphinium)*, Gemswurz *(Doronicum)* und Ehrenpreis *(Veronica)*. Um die Verdunstung einzuschränken, sind die Blätter bzw. Triebe der zu teilenden Stauden auf 1/2 bis 1/3 ihrer Länge

In der Regel lassen sich die Horste nach dem Aufnehmen mit der Hand teilen. Man teilt in faustgroße Stücke und kürzt die Wurzeln auf Handlänge ein.

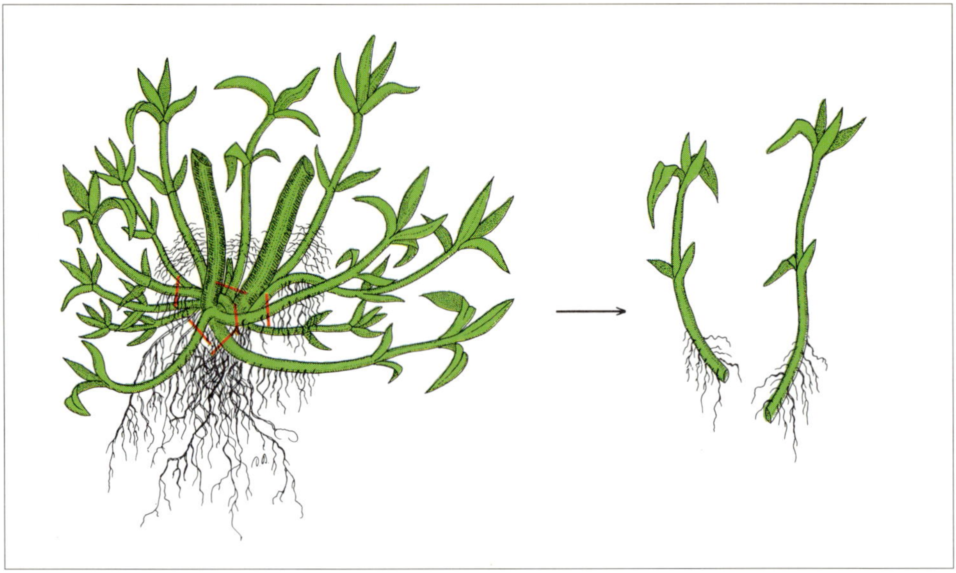

Will man große Pflanzenzahlen erzielen, dann können viele Stauden auch in solch kleine Teilstücke (Rißlinge) geteilt werden, z. B. Astern.

einzukürzen. Auf keinen Fall dürfen die Blätter ganz entfernt werden. Ohne Blätter brauchen die Teilstücke sehr lange bis zum Austrieb. Bedingung für ein Anwachsen ist auch, daß die Teilpflanzen nicht in Wind und Sonne herumliegen, sondern gleich aufgepflanzt oder eingetopft und kräftig angegossen werden. In den ersten Tagen ist auch Schutz vor zu intensiver Sonnenbestrahlung zu geben.

Die Vermehrung durch Ausläufer ist der Teilung sehr ähnlich. Ausläufer werden je nach Pflanzenart oberirdisch oder unterirdisch gebildet. Der Vorteil der Ausläufervermehrung besteht darin, daß die Mutterpflanze weniger in Mitleidenschaft gezogen wird, da die aus dem Boden kommenden oder dem Boden aufliegenden Triebe mit den jungen Pflänzchen in einiger Entfernung von der Mutterpflanze entstehen und diese zur Vermehrung nicht ausgegraben werden muß. Man nimmt die Ausläufer von der Mutterpflanze ab und schneidet sie in Teilstücke, wobei darauf zu achten ist, daß jedes Teilstück mindestens eine kräftige Knospe oder ein Jungpflänzchen besitzt.

Die Dachwurz, *Sempervivum*, läßt sich durch Abtrennen der Kindel, die an mehr oder weniger langen Ausläufern gebildet werden, leicht vermehren.

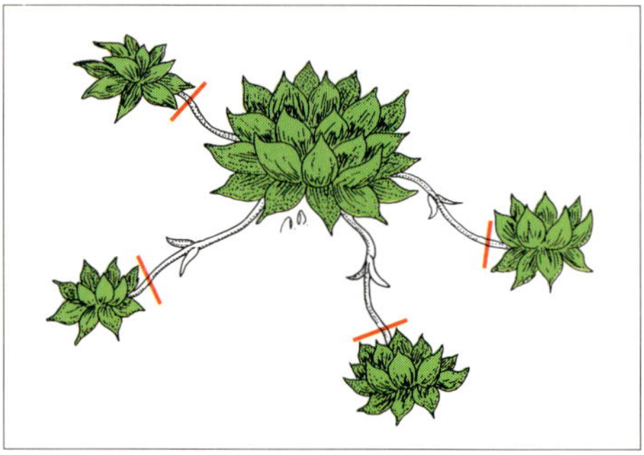

Durch Ausläufer werden u. a. Waldsteinien *(Waldsteinia)*, das Gedenkemein *(Omphalodes)* und die Schaumblüte *(Tiarella)* vermehrt.

Die durch Teilung vermehrten Stauden setzt man in der Regel wieder an ihren alten Platz im Garten. Zu empfehlen ist, die Pflanzstellen mit Kompost oder Torf zu verbessern. Stark geteilte Stauden setzt man besser zunächst in Container oder pflanzt die Teilstücke auf ein besonderes Beet im Garten, das vor direkter Sonne geschützt sein sollte, oder in ein Frühbeet.

Wurzelschnittlinge

Durch Wurzelschnittlinge lassen sich all jene Stauden vermehren, die in der Lage sind, aus ruhenden Knospen an Wurzeln neue Sprosse zu regenerieren. Die Vermehrung durch Wurzelschnittlinge ist schon bei den Gehölzen auf Seite 48 beschrieben worden; hinsichtlich der Technik und Behandlung der Wurzelschnittlinge ist dort nachzuschauen.

Die Mutterpflanzen werden im Herbst ausgegraben (oder die Wurzeln nur freigelegt) und die zur Vermehrung verwendeten Wurzeln möglichst lang abgeschnitten. Die abgernteten Mutterpflanzen werden je nach Witterung sofort wieder ausgepflanzt oder zunächst eingeschlagen und erst im Frühjahr nach draußen gebracht. Die geernteten Wurzeln teilt man in 3 bis 6 cm lange Stücke, wobei, wie bei den Gehölzen beschrieben, auf die Polarität geachtet werden muß. Um sicher zu sein, was oben bzw. unten ist, ist es sinnvoll, das untere (basale) Ende mit einem Schrägschnitt zu kennzeichnen. Bei Arten mit dickeren Wurzeln werden die Schnittlinge, wie bei den Gehölzen, senkrecht in Kisten oder Töpfe gestreckt, dünnere Schnittlinge streut man flach auf der Erdoberfläche aus und deckt sie etwa 2 cm hoch mit Erde ab (s. Abb. Seite 224).

Wurzelschnittlinge müssen gleichzeitig einen Sproß und neue Wurzeln ausbilden. Darauf muß bei der Pflege Rücksicht genommen werden. Sie müssen kühl stehen und langsam treiben. Bei zuviel Wärme treiben die Knospen aus und bilden einen kräftigen Trieb, aber die Entwicklung des Wurzelwerks bleibt zurück. Bis zum Durchtrieb der Knospen können die Gefäße mit den Wurzelschnittlingen dunkel stehen, mit beginnendem Durchtrieb werden sie hell aufgestellt und so frühzeitig wie möglich (wenn keine Fröste mehr zu erwarten sind) in einen Frühbeetkasten oder ins Freie gebracht. Sind die Schnittlinge ausreichend bewurzelt, wird in Töpfen weiterkultiviert.

Wurzelschnittlinge.
Die Pflanzen sind im Herbst unter Schonung der Wurzeln auszugraben. Die zur Vermehrung verwendeten Wurzeln werden möglichst lang abgeschnitten.

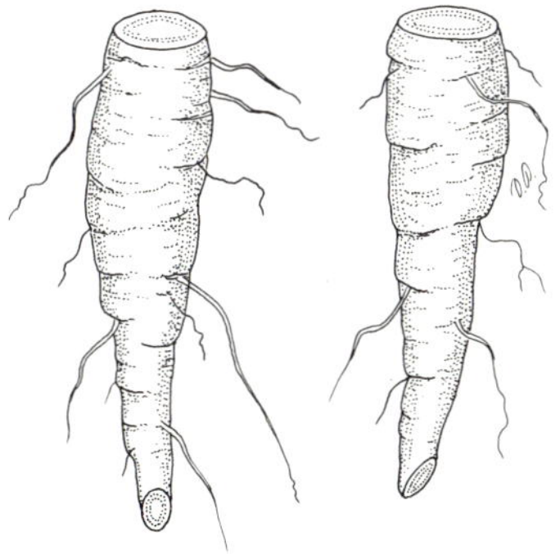

Stärkere Wurzelschnittlinge werden senkrecht gestreckt.

Auf Polarität achten!

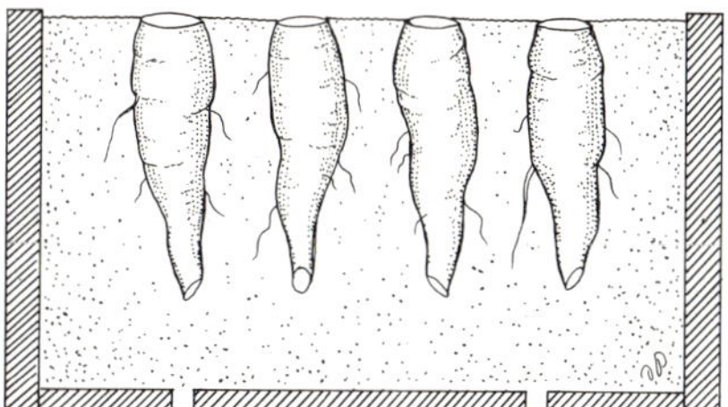

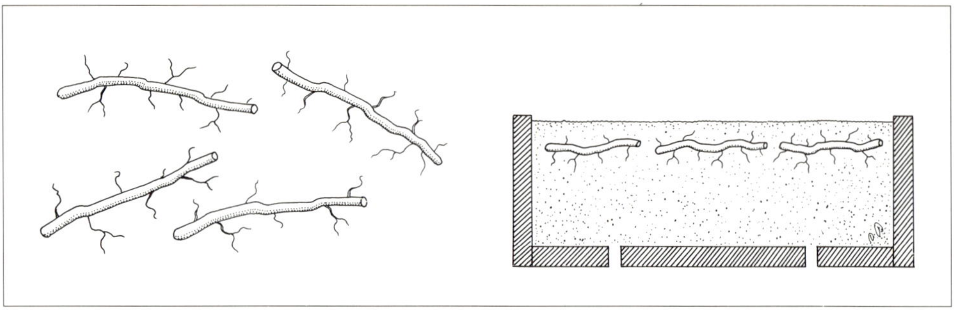

Schwächere (dünne) Wurzelschnittlinge werden waagerecht (horizontal) in das Vermehrungsgefäß gelegt.

Stecklinge

Auch Stauden lassen sich durch Sproßstecklinge, einige wenige auch durch Blattstecklinge, vermehren. Je nach Art der Entnahme bzw. der Entnahmestelle unterscheidet man zwischen dem krautigen Steckling, dem grundständigen Steckling, dem Abrißsteckling und dem Rosettensteckling.

Beim krautigen Steckling, der ein grundständiger Steckling sein kann, dient als Entnahmestelle der krautige Teil eines Triebes, es kann ein Kopf- aber auch ein Teilsteckling sein. Grundständige Stecklinge werden aus den neuen Trieben im zeitigen Frühjahr gefertigt. So schneidet man im Frühjahr grundständige Stecklinge von Stauden, die später hohle Stengel ausbilden (z. B. *Delphinium* und *Lupinus*) und für die Stecklingsvermehrung dann wertlos sind. Wird der Steckling mit einem Stück Wurzelansatz (oder Rhizomstück) bzw. altem Holz geschnitten oder von der Pflanze abgerissen, bezeichnet man diesen Steckling als Abrißsteckling. Der Rosettensteckling ist ein kurzer Kopfsteckling von Staudenarten, bei denen die Blätter am Sproß rosettig angeordnet sind und eine Zwei- oder eventuell auch Dreiteilung des Sprosses, wie beim krautigen Sproßsteckling, nicht möglich ist.

Die Vermehrung durch Blattstecklinge spielt bei Stauden keine große Rolle. Leicht vermehren lassen sich auf diesem Wege *Sedum, Haberlea, Ramonda, Lewisia* u. a. Gattungen. Man verwendet ganze Blätter, die in der Regel vom Sproß abgerissen und, ohne nachzuschneiden, gesteckt werden. Allenfalls der verbliebene Bart wird etwas eingekürzt, um besser stecken zu können.

Hinsichtlich der Termine unterscheidet man zwischen Frühjahrsstecklingen, sie werden von März bis Juni geschnitten, und den Winterstecklingen, die ab September und, soweit die Witterung es erlaubt, bis in den Winter hinein geschnitten werden können. Eine Stecklingsvermehrung in den Sommermonaten ist möglich, doch muß das Vermehrungsmaterial gut ausgereift sein. Frische Austriebe wachsen schlecht, und es kann zu großen Ausfällen kommen.

Frühjahrsstecklinge: Mit dem Stecklingsschnitt beginnt man, wenn die Triebe etwa handbreit ausgetrieben sind (grundständiger Steckling). In der Regel schneidet man Kopfstecklinge; soweit die Triebe noch krautig sind, können auch Teilstecklinge geschnitten werden. Der Schnitt erfolgt 3 bis 5 mm unter einem Nodium. Die Länge des Stecklings richtet sich nach der jeweiligen Pflanzenart und schwankt zwischen 3 und 15 cm. Bei großblättrigen Stauden empfiehlt es sich, die Blätter einzukürzen, um sie besser stecken zu können (s. auch Seite 41). Um die Wurzelbildung zu fördern, ist eine Anwendung von Wuchsstoffen zu empfehlen. Welche Substrate man verwenden kann, ist auf Seite 275 beschrieben.

Stecklingsarten bei Stauden

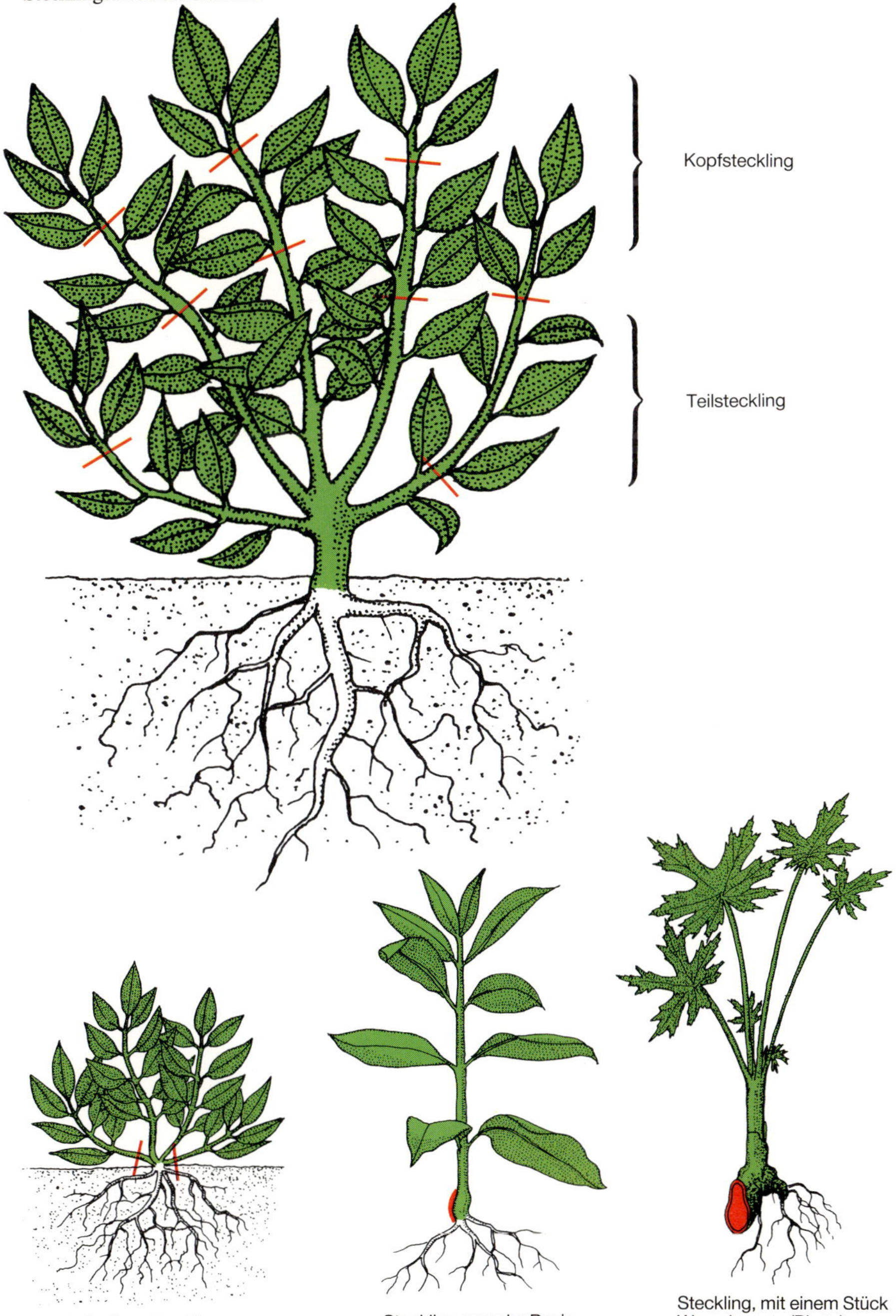

grundständiger Steckling (Frühjahrssteckling)

Steckling, von der Basis abgerissen (Abrißsteckling)

Steckling, mit einem Stück Wurzelansatz (Platte) abgeschnitten

Staudenstecklinge steckt man in Pikierkästen, bevorzugt aber in Einzeltöpfe, Torfanzuchttöpfe oder Multitopfplatten. Im Gegensatz zum Stecken in Pikierkisten haben Einzeltöpfe oder Platten mit Topfstellen den Vorteil, daß die Durchwurzelung gleichmäßig durch das ganze Erdreich erfolgt und die Ballen der einzelnen Jungpflanzen nicht miteinander verfilzen; dadurch werden Wurzelverletzungen beim Herausnehmen weitgehend vermieden und damit auch Wachstumsstockungen bei der Weiterkultur bzw. nach dem Auspflanzen.
Eine Bewurzelung ist nur in gespannter Luft, bei Temperaturen von 15 bis 20 °C erfolgreich, daher sind entsprechende Vermehrungseinrichtungen zu verwenden (s. Seite 297). Die erforderlichen Pflegemaßnahmen sind auf Seite 42 bei der Gehölzvermehrung beschrieben. Bis zur Bewurzelung dauert es je nach Pflanzenart zwischen 4 und 6 Wochen.
Stecklinge, die mit einem Stück Wurzelansatz (Platte, Rhizomstück) zu schneiden sind oder von der Mutterpflanze abgerissen werden (Abrißsteckling), wurzeln relativ schnell und sollten nicht bei zu gespannter Luft gehalten werden. Hier ist als Standort für die Vermehrungsgefäße ein Frühbeetkasten ideal.

Winterstecklinge: Durch Winterstecklinge vermehrt man alle wintergrünen (immergrünen) Stauden, wie Saxifragen, stengellose Enziane *(Gentiana)*, Sandkraut *(Arenaria)*, Grasnelke *(Armeria)* und viele andere. Die Stecklinge der Wintergrünen sollten nicht zu groß geschnitten werden, üblich ist eine Länge von 3 bis 5 cm. Die Blätter am unteren Stengelteil, der in die Erde kommt, sind zu entfernen. Als Aufstellungsort für die gesteckten Stecklinge kommen in Frage: das kühle Kleingewächshaus, ein heller kühler Fensterplatz (Kellerfenster) oder auch der Frühbeetkasten. Die Zeit bis zur Bewurzelung hängt stark von der Temperatur und damit verbunden vom Standort der Stecklinge ab. In einem kühlen Kleingewächshaus oder an einem kühlen Fensterplatz bewurzeln die Stecklinge bei Temperaturen von 6 bis 16 °C schon nach 4 bis 6 Wochen. Im Frühbeetkasten erfolgt die Bewurzelung in der Regel erst im Frühjahr. Wechseln Perioden mit Temperaturen über und solchen unter 0 °C ab, so schadet dies den Stecklingen nicht. Auch ein kurzes Einfrieren wirkt sich nicht nachteilig aus. Bei Kahlfrösten müssen die Kästen allerdings zusätzlich abgedeckt werden. Auch gelegentliches Gießen kann erforderlich sein. Temperaturen über 15 °C sollten bei den wintergrünen Staudenstecklingen vermieden werden.

Weiterkultur der Staudenjungpflanzen

Die aus der Vermehrung kommenden Jungpflanzen bedürfen in der Regel weiterer Bearbeitung und Pflege, bis sie an ihren endgültigen Standort gepflanzt werden können. Die Weiterkultur erfolgt auf Beeten im Garten oder als Containerkultur (in Töpfen), die sich immer mehr durchsetzt. Entscheidend für die Bevorzugung der Containerkultur dürfte die Möglichkeit sein, Stauden aus Containerkultur ganzjährig auspflanzen zu können und nicht an bestimmte Termine gebunden zu sein, wie dies bei der Kultur auf Beeten der Fall ist. Stauden aus Containern können während der ganzen Vegetationszeit, selbst im blühenden Zustand, ausgepflanzt werden. Auch wachsen

Stauden aus Containerkultur können ganzjährig gepflanzt werden.

Jungpflanzen empfindlicher Stauden sind im Winter vor Kahlfrösten zu schützen.

sie besonders willig und ohne großen Pflegeaufwand weiter. Bei all den erwähnten Vorteilen darf jedoch nicht vergessen werden, daß bei der Kultur in Containern dem Gießen und dem Düngen besondere Aufmerksamkeit geschenkt werden muß.
Container für die Staudenanzucht werden in unterschiedlichen Formen und Größen angeboten. Der Gärtner bevorzugt Viereck-Kunststofftöpfe wegen der besseren Platzausnutzung. Welche Substrate sich für die Jungpflanzenkultur der Stauden eignen, ist der Tabelle auf Seite 275 zu entnehmen.
Ausgestellt werden die getopften Stauden auf Beete im Garten, empfindliche Arten und solche, die bis zum Winterbeginn den Container nicht mehr durchwurzeln, senkt man besser im Frühbeetkasten ein, den man im Winter eventuell mit Fenstern abdecken kann. In den ersten Tagen nach dem Eintopfen ist Schutz vor direktem Sonnenlicht zu geben.

Beim Auspflanzen auf Beete im Garten ist der Boden gut aufzulockern und, wenn nötig, eine Bodenverbesserung mit Torf oder Kompost durchzuführen. Die Pflanzabstände sind abhängig von der Wuchsstärke der jeweiligen Staudenart. Üblich sind Reihenpflanzungen mit 25 bis 50 cm Abstand zwischen und in den Reihen.

Im Winter ist den Staudenjungpflanzen ein Schutz vor Kahlfrösten zu geben. Der beste Schutz ist eine Schneedecke. Wir können uns jedoch nicht darauf verlassen, daß es gerade zum richtigen Zeitpunkt schneit. Daher sind empfindliche Pflanzen in Frühbeetkästen einzusenken und bei starken Frösten mit Fenstern abzudecken. Bei der Beetkultur empfiehlt es sich, besonders gefährdete Stauden mit Fichten-, Tannen- oder Kiefernreisig abzudecken. Laub als Abdeckmaterial darf nur bei Stauden verwendet werden, die völlig einziehen, da es unter einer Laubabdeckung leicht zur Fäulnis kommen kann.

Vermehrung der Ziergräser

Die Vermehrung der Ziergräser unterscheidet sich von der Vermehrung der Stauden im Grunde genommen nicht. Die Aussaat ist unumgänglich bei den Einjahresgräsern, wie z. B. der Mähnengerste *(Hordeum jubatum)* oder dem Hasenschwanzgras *(Lagurus ovatus)*. Staudengräser werden dagegen nur selten durch Aussaat vermehrt, denn der überwiegende Teil der im Handel angebotenen Arten sind in Wirklichkeit ausgelesene Formen, die nicht echt fallen. Es sind dies insbesondere die panaschierten Formen oder solche mit einer von der Art abweichenden Blattfarbe. Bei Arten, die bei uns nicht blühen, z. B. *Miscanthus* (Chinaschilf), ist man auf vegetative Methoden angewiesen.
Ausgesät wird in der Regel breitwürfig in Kisten oder Töpfe und später in Büscheln pikiert. Wer sich das Pikieren sparen will, sät direkt in Multitopfplatten oder Einzeltöpfe – je Topf bzw. Topfstelle 3 bis 5 Samen.
Mit der Aussaat der Staudengräser kann schon ab Januar/Februar begonnen werden, während Einjahresgräser keine Vorkultur benötigen; sie sät man ab April direkt an Ort und Stelle aus.
Die Teilung ist die übliche Vermehrungsmethode bei Staudengräsern. Die Teilung selbst und die Weiterkultur machen im allgemeinen keine Schwierigkeiten. Bei wintergrünen Grä-

Staudengräser sind nicht einzeln, sondern in Büscheln zu pikieren.

sern, wie *Luzula* (Hainsimse), *Carex* (Segge), *Festuca* (Schwingel) u. a. Arten, kommt es nicht so genau auf den Vermehrungszeitpunkt an; man kann sowohl im Frühjahr als auch noch im Spätsommer teilen. Für nicht wintergrüne Arten, wie *Panicum, Uniola* u. a., ist das Frühjahr zu Beginn des Austriebs der günstigste Zeitpunkt oder auch die Zeit nach dem Verblühen im Sommer (Juni/Juli). Eine spätere Teilung ist nicht zu empfehlen, weil die Teilstücke vor dem Winter nicht mehr genügend einwurzeln und Kahlfrösten schutzlos ausgeliefert wären.

Viele Gräser, hier *Festuca pallescens*, lassen sich leicht durch Teilung vermehren.

Die Teilung selbst und die Weiterkultur machen keine Schwierigkeiten, da Gräser willig Wurzeln bilden. Die ausgegrabenen Gräserhorste lassen sich bei den meisten Arten leicht von Hand teilen. Bei rhizombildenden Arten muß man in der Regel ein scharfes Messer oder die Schere zu Hilfe nehmen. Von den so gewonnenen Teilstücken werden dann Wurzeln und Blätter etwa zur Hälfte zurückgeschnitten. Bei dieser Gelegenheit entfernt man auch abgestorbene Pflanzenteile.

Bei ausläuferbildenden Arten, wie *Elymus* (Blaustrahlhafer, Haargerste), *Phalaris* (Glanzgras) u. a., schneidet man die Ausläufer in 5 bis 10 cm lange Stücke und pflanzt sie zu mehreren in Töpfe.

Vermehrung der Zwiebel- und Knollengewächse

Die Vermehrung kann generativ durch Aussaat, vegetativ bei Zwiebelgewächsen durch Brutzwiebeln und Zwiebelschuppen, bei Knollengewächsen durch Brutknollen und unter Umständen durch Teilung der Knollen erfolgen.

Die Vermehrung durch Aussaat ist langwierig. Von der Aussaat bis zur Zwiebel- bzw. Knollenbildung vergehen in der Regel 2 Jahre, bis zur Blühreife dauert es meist nochmals 1 bis 2 Jahre. Damit sich die Sämlinge ungestört entwickeln können, ist eine Aussaat auf Beete im Garten oder in ein Frühbeet der Aussaat in Kisten oder andere Gefäße vorzuziehen, denn ein zu frühes Pikieren oder Umsetzen führt meist zu Mißerfolgen.

Brutzwiebeln sind für Zwiebelgewächse typisch und dienen der Erhaltung der Arten, die sich nicht nur auf die Vermehrung durch Samen verlassen. Brutzwiebeln entspringen dem Zwiebelboden. Manche Arten bilden reichlich Brutzwiebeln, andere nur wenig. Bei einigen Lilien-Arten erscheinen sie in den Achseln der Blätter oder an Stengeln knapp unter der Erdoberfläche. Man bezeichnet sie auch als Achsel- oder Stengelbulben. Bei einigen Zwiebelgewächsen kann durch Anschneiden des Zwiebelbodens die Brutzwiebelbildung angeregt werden. Brutzwiebeln erlangen nach etwa 2 Jahren die Blühreife.

Auch Knollengewächse bilden mehr oder weniger zahlreiche Brutknollen aus, die der Vermehrung dienen. Diese können an verschiedenen Stellen sitzen. Bei *Crocosmia* treiben aus den Mutterknollen dünne Ausläufer, an deren Ende sich Tochterknollen bilden. Bei Gladiolen sitzen sie an sehr kurzen, ungegliederten Ausläufern. Bei *Crocus* hingegen entstehen sie direkt auf der Mutterknolle in den Achseln der Blätter, aber unterirdisch. Die Blühreife

Die Vermehrung der Zwiebel- und Knollengewächse durch Aussaat ist langwierig, hier *Scilla sibirica*.

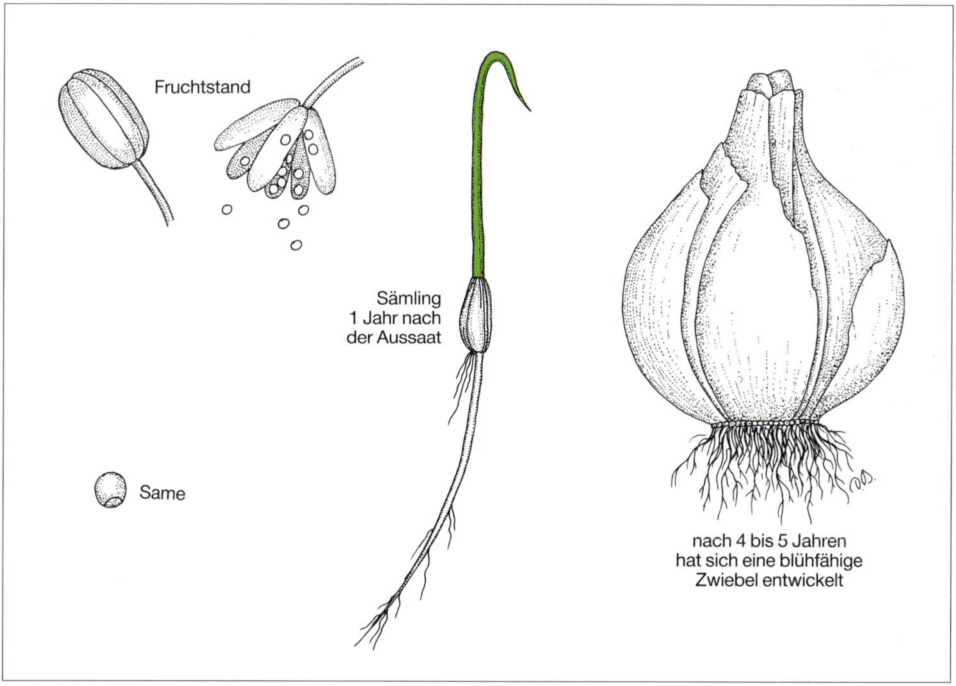

erlangen Brutknollen nach etwa zwei Jahren. Einige Zwiebelgewächse, insbesondere Lilien, lassen sich auch durch Zwiebelschuppen vermehren. Die Schuppen müssen so von der Zwiebel abgetrennt werden, daß noch ein Stückchen vom Zwiebelboden an der Schuppe verbleibt, an dem sich die neuen Zwiebeln bilden. Wieviel man von einer Zwiebel abnehmen kann, richtet sich nach der Größe der Zwiebel. Um die Mutterzwiebel nicht zu sehr zu schwächen, sollten nicht mehr als die Hälfte der vorhandenen Zwiebelschuppen abgenommen werden. Die Schuppen werden in Kisten pikiert und bei etwa 12 bis 15 °C aufgestellt; schon bald bilden sich Jungzwiebeln, die nach etwa 3 bis 6 Monaten pikierfähig sind (s. auch bei *Lilium*, Seite 251).

Vermehrung durch Brutzwiebeln

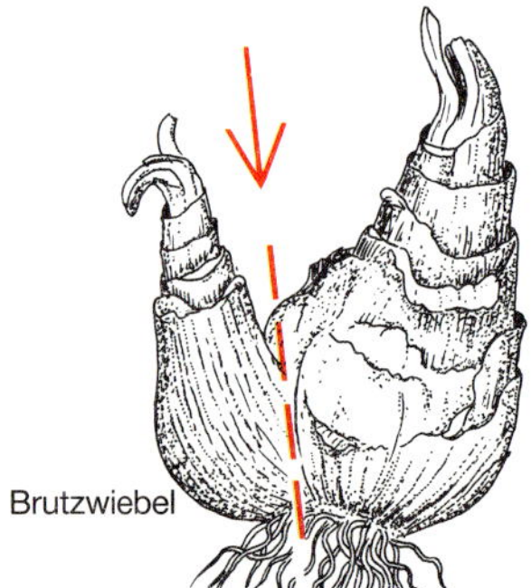

Narcissus

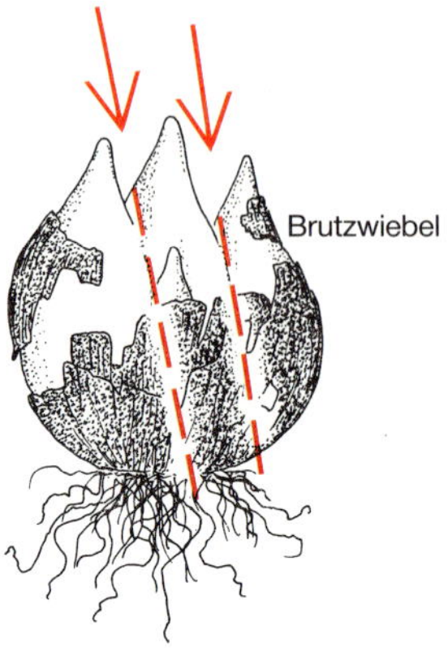

Tulipa

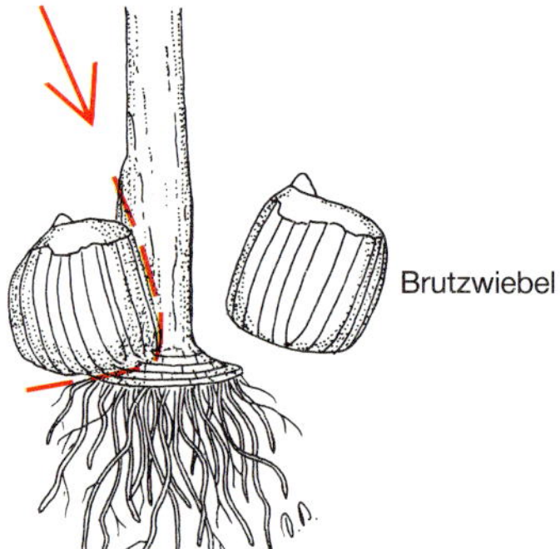

Allium

Vermehrung der Sumpf- und Wasserpflanzen

Sumpf- und Wasserpflanzen können durch Aussaat, Teilung, Ausläufer und Rhizomteilung vermehrt werden.

Die Lebensdauer der Samen von Wasser- und Sumpfpflanzen ist sehr unterschiedlich. Verläßliche Angaben über die Dauer der Keimfähigkeit der einzelnen Arten gibt es nicht. Deshalb sollte die Aussaat recht bald nach der Ernte bzw. dem Eintreffen der Samen vorgenommen werden. Ausgesät wird in Blumentöpfe oder Schalen aus Ton (wegen des Auftriebs) in ein Substrat aus 1/3 gut abgelagerter Komposterde, 1/3 Lehm (aus tieferen Bodenschichten) und 1/3 Sand.

Die Aussaatgefäße stellt man entweder submers (untergetaucht) oder emers (im Wasser stehend) auf. Bei submerser Aufstellung ist es erforderlich, die Erde mit einer Schicht Sand zu bedecken. Beschwert man die Samen nicht, steigen sie infolge ihres Auftriebes zur Wasseroberfläche empor. In der freien Natur schwimmen sie nämlich, bedingt durch ihr geringes Gewicht, einige Zeit an der Wasseroberfläche und können so verdriftet werden. Erst wenn sie sich vollgesogen haben, sinken sie unter. Wir können einem Aufsteigen der Aussaat auch dadurch begegnen, daß wir die Töpfe erst einige Tage emers stehen lassen und sie nach dem Vollsaugen des Samens ins Wasser überführen.

Viele Sumpfpflanzen, die zur Randbepflanzung oder an flachen Stellen in Teichen verwendbar sind, lassen sich durch Teilung vermehren. Beispiele dafür sind *Acorus calamus* (Kalmus), *Butomus umbellatus* (Blumenbinse) und *Iris pseudacorus* (Sumpfschwertlilie). Bei ihnen verzweigt sich die Pflanze am Grunde so stark, daß sich ein dichter, horstartiger Wuchs ergibt. Solche Horste können mit einem Messer oder bei sehr starken Pflanzen mit einem Spaten in kleinere mehrtriebige Teilstücke zerlegt werden. Die Teilung von Sumpf- und Wasserpflanzen sollte nur während der Wachstumsperiode durchgeführt werden. Am besten geeignet sind die Monate Mai und Juni, wenn die Pflanzen im Trieb stehen. Zu dieser Zeit ist der Wasser- bzw. der Sumpfboden auch genügend erwärmt, so daß die Teilstücke schnell einwurzeln.

Alle Arten mit kriechender Sproßachse (Rhizom) lassen sich durch Zerschneiden derselben in einzelne Teilstücke vermehren. Die einzelnen Teilstücke sollten etwa eine Länge von 5 bis 10 cm haben. Die so gewonnenen Teilstücke werden in Töpfe oder in den freien Grund gepflanzt. Der Wasserstand sollte nicht höher als 10 bis 12 cm sein, damit eine möglichst schnelle und intensive Erwärmung des Wassers und Bodens die Teilstücke zum baldigen Austrieb bringt. Normalerweise kann sich in jeder der dicht aufeinanderfolgenden Blattachseln eine Knospe entwickeln. Diese Fähigkeit bleibt auch erhalten, wenn die Blätter längst abgestorben sind. Unter natürlichen

Aufstellen der Aussaatgefäße von Wasserpflanzen

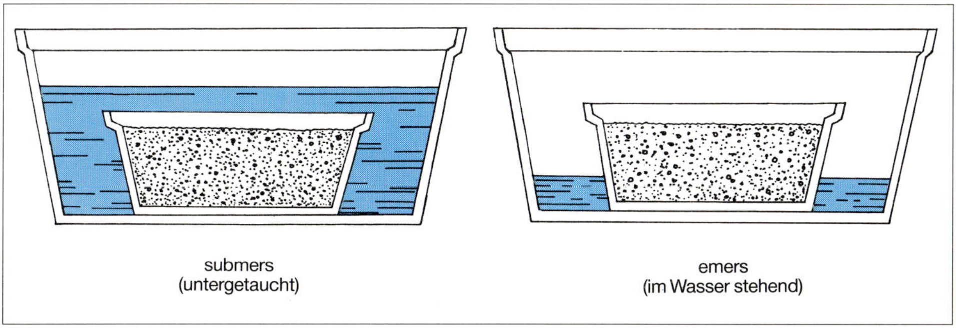

Der Froschbiß, *Hydrocharis morsus-ranae,* läßt sich leicht durch Ausläufer vermehren.

Bedingungen treten solche Reserveknospen in Aktion, wenn durch äußere Einflüsse der Sproßvegetationskegel zugrunde gegangen ist. Den gleichen Effekt rufen wir durch Zerschneiden des Rhizoms hervor.
Ein Großteil der Sumpf- und Wasserpflanzen läßt sich auch durch Ausläufer vermehren. Zu ihnen gehören z. B. *Hippuris* (Tannenwedel) und *Ranunculus lingua* (Zungenhahnenfuß). Zur Ausläuferbildung neigen aber nicht nur am Bodengrund wachsende Pflanzen, sondern auch verschiedene Schwimmpflanzen. Zu ihnen gehören z. B. *Hydrocharis morsus-ranae* (Froschbiß), *Potamogeton*-Arten (Laichkraut).

Alle Wasserpflanzen mit vorwiegend aus gestreckten Internodien aufgebauten Sproßachsen lassen sich sowohl als untergetauchte Wasser- als auch als emers wachsende Sumpfpflanzen durch Stecklinge vermehren.
Das Abtrennen der Stecklinge kann mit der Schere oder dem Messer erfolgen, meist genügen aber die Finger, da die Sproßachsen in der Regel weich sind. Es lassen sich je nach Sproßlänge Kopf- und auch Teilstecklinge schneiden. Auch hier sind vor dem Stecken die untersten Blätter zu entfernen. Durch Stecklinge vermehrt werden können u. a. die Wasserpest *(Elodea)* oder auch der Tannenwedel *(Hippuris)*.

Die Vermehrung der Stauden einschließlich der Freilandfarne, Ziergräser, Zwiebel- und Knollengewächse, Sumpf- und Wasserpflanzen (alphabetisch)

Dieser spezielle Teil beschreibt die Vermehrung von rund 260 Gattungen. Neben gebräuchlichen sind auch weniger verbreitete Vermehrungsmethoden aufgeführt. Man erfährt u. a., wann der günstigste Vermehrungszeitpunkt gekommen ist und ob eine Kühlbehandlung bei den Samen durchgeführt werden muß.
Es konnte nicht darauf verzichtet werden, die wissenschaftlichen Namen der betreffenden Pflanzen aufzuführen, da es einerseits in vielen Fällen keine eingebürgerten deutschen Namen gibt, zum anderen die Pflanzen in Samenlisten und Katalogen der Samenhändler und Gärtnereien auch nur mit ihren botanischen Namen angeboten werden. Wird eine Pflanze gesucht, deren botanischer Name nicht bekannt ist, findet man sie über das Sachregister.

Acaena, Stachelnüßchen

Vermehrung durch Aussaat, Teilung, Stecklinge oder Ausläufer. Aussaat von Januar bis März mit Kühlbehandlung. Vermehrung durch Ausläufer bevorzugt im Herbst.

Acanthus, Bärenklau

Vermehrung durch Aussaat von Januar bis März mit Kühlbehandlung, Teilung (Ausläufer) oder durch Wurzelschnittlinge im Herbst/Winter.

Achillea, Schafgarbe

Vermehrung durch Aussaat, Stecklinge, Wurzelschnittlinge oder Teilung. Aussaat im Frühjahr, von April bis Juni, unter Glas. Stecklingsvermehrung und Teilung von April bis Juni.

Aconitum, Eisenhut, Sturmhut

Vermehrung durch Aussaat oder Teilung. Aussaat im Herbst/Winter mit Kühlbehandlung oder im Frühjahr im Freiland; nur frisches Saatgut ist ausreichend keimfähig. Teilung bevorzugt im Herbst nach der Blüte. An jeder rübenartig verdickten Mutterknolle bilden sich 1 oder 2 Brutknollen mit Sproßansätzen und haarigen Wurzeln. Die Wurzelknollen fallen beim Aufnehmen meist von allein auseinander.

Acorus, Kalmus

Vermehrung in der Regel durch Teilung der Rhizome im Frühjahr. Eine Samenbildung ist bei uns ausgeschlossen, da die Früchte wegen des ungünstigen Klimas in Mitteleuropa nicht ausreifen.

Actaea, Christophskraut

Vermehrung durch Aussaat oder Teilung. Aussaat direkt nach der Reife oder im Frühjahr mit Kühlbehandlung. Teilung bevorzugt im Frühjahr.

Adiantum, Frauenhaarfarn

Vermehrung durch Sporenaussaat oder durch Teilung im Frühjahr bei Einsetzen des neuen Wachstums.

Adonis, Adonisröschen

Vermehrung durch Aussaat oder Teilung. Aussaat am besten direkt nach der Reife oder mit Kühlbehandlung im Frühjahr. Nicht zu früh pikieren. In der Regel wird durch Teilung im Frühjahr vermehrt.

Alcea, **Stockmalve, Stockrose**

Vermehrung durch Aussaat von März bis Mai oder durch grundständige Stecklinge im Frühjahr. Möglich ist auch ein Teilen der holzigen Wurzel, wobei die einzelnen Teilstücke mindestens 1 bis 2 Augen haben sollten.

Alchemilla, **Frauenmantel**

Vermehrung durch Aussaat mit Kühlbehandlung im Frühjahr oder durch Teilung, entweder nach der Blüte von Mitte August bis Ende September oder im März/April.

Alisma, **Froschlöffel**

Vermehrung durch Aussaat oder Teilung. Die Aussaatschalen sind für 2 bis 4 Wochen bei 20 °C submers (Wasser etwa 1 cm über Schalenrand) aufzustellen, danach 4 bis 6 Wochen bei 5 bis 10 °C, anschließend Temperatur langsam wieder ansteigen lassen. Vermehrt sich im allgemeinen auch durch Selbstaussaat gut.

Allium, **Blumenlauch**

Vermehrung durch Aussaat oder Brutzwiebeln. Aussaat im Frühjahr mit Kühlbehandlung, büschelweise pikieren bzw. auspflanzen. Bei Aussaat auf Beete sät man in Reihen und läßt die Sämlinge 1 bis 2 Jahre stehen. Sämlinge erreichen nach 3 bis 4 Jahren die Blühreife. Das Roden der Mutterzwiebeln, um Brutzwiebeln zu ernten, sollte kurz nach der letzten Blüte geschehen, bevor die Tochterzwiebeln eigene neue Wurzeln bilden.

Alstroemeria, **Inkalilie**

Vermehrung durch Aussaat oder Teilung nach der Blüte. Aussaat im Spätherbst oder Winter, nach Kühlbehandlung Aufstellen der Aussaatgefäße im Haus. Da die Wurzeln leicht brechen und die beschädigten Teilstücke lange brauchen, bis sie solchen Verlust überwunden haben, ist beim Teilen Vorsicht geboten.

Althaea, **Eibisch, Samtpappel**

Vermehrung durch Aussaat von Mai bis Juni in Gefäße unter Glas oder auch auf Beete im Garten. Bald pikieren oder gleich an Ort und Stelle auspflanzen.

Alyssum, **Steinkraut**

Vermehrung durch Aussaat und Stecklinge. Aussaat im Januar/Februar im Haus oder von April bis Juni, dann auch auf Beete im Garten; tuffweise pikieren. Stecklingsvermehrung bevorzugt im Spätsommer.

Anaphalis, **Perlkörbchen, Perlpfötchen**

Vermehrung durch Teilung (Ausläufer), Aussaat oder durch Stecklinge im Frühjahr. Teilung bevorzugt direkt nach der Blüte im September oder auch im April/Mai. Von einigen Sorten wird auch Samen angeboten, der von April bis Juni ausgesät wird.

Anchusa, **Ochsenzunge**

Vermehrung durch Aussaat, Teilung oder Wurzelschnittlinge. Aussaat von März bis Juni im Haus, Frühbeetkasten oder auf Beete. Teilung im Frühjahr. Jungpflanzen im ersten Winter Frostschutz geben.

Androsace, **Mannsschild**

Vermehrung durch Aussaat, Teilung (Ausläufer) und Stecklinge. Aussaat direkt nach der Reife oder im Frühjahr unter Glas mit Kühlbehandlung. Teilung im Frühjahr nach der Blüte. Stecklingsvermehrung (Rosettenstecklinge) im Herbst/Winter.

Anemone, **Windröschen**

Vermehrung durch Aussaat, Teilung oder Wurzelschnittlinge. Aussaat sofort nach der Reife oder im Februar/März unter Glas. Die Aus-

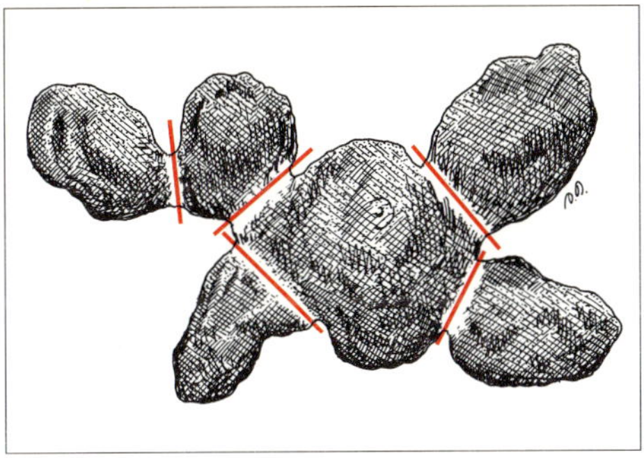

Anemone coronaria **läßt sich durch Teilung der kriechenden Wurzelstöcke vermehren.**

saatgefäße sind für 8 bis 14 Tage bei 4 °C aufzustellen (Kühlschrank oder gegebenenfalls im Freiland), Keimung unter Glas. Teilung der kriechenden Wurzelstöcke im Februar. Einige Arten lassen sich auch durch Wurzelschnittlinge vermehren, die waagerecht auszulegen sind.

Antennaria, Katzenpfötchen

Vermehrung durch Teilung im Sommer oder im Herbst (Rißlinge). Aussaat im Frühjahr unter Glas, den sehr feinen Samen nicht übersieben.

Anemone nemorosa **(Buschwindröschen) wird in der Regel durch Teilung vermehrt.**

Anthemis, Hundskamille

Vermehrung durch Aussaat im Frühjahr, Stecklingsvermehrung von April bis Juni. Teilung im Frühjahr oder Ende Juli/August möglich.

Anthericum, Graslilie

Vermehrung durch Aussaat und Teilung. Aussaat im Frühjahr mit Kühlbehandlung im Haus oder Frühbeetkasten. Nur frisches Saatgut verwenden, älteres Saatgut liegt in der Regel über. Teilung im März/April.

Aquilegia, Akelei

Vermehrung durch Aussaat und Teilung. Aussaat im Januar/Februar im Haus oder von April bis Juni, dann auch auf Beete oder im Frühbeetkasten. Teilung nach der Blüte im Juli/August, behutsam vorgehen.

Arabis, Gänsekresse

Vermehrung durch Aussaat, gefüllte Sorten durch Teilung oder Stecklinge. Aussaat von Januar bis März im Haus oder von April bis Juni, dann auch im Frühbeetkasten oder auf Beete, tuffweise pikieren. Teilung im März/April oder auch im Sommer. Stecklingsvermehrung im August (Rosettenstecklinge) oder während des Austriebes im Februar/März.

Arenaria, Sandkraut

Vermehrung durch Aussaat, Teilung oder Stecklinge. Aussaat im März/April unter Glas. Teilung bevorzugt im März/April, aber auch den Sommer über möglich. Stecklingsvermehrung (Rosettenstecklinge) im Herbst oder Frühjahr.

Armeria, Grasnelke

Vermehrung durch Aussaat, Teilung oder Stecklinge. Aussaat im Frühjahr unter Glas. Teilung

Armeria maritima **'Alba' läßt sich sortenecht nur vegetativ vermehren.**

im späten Frühjahr nach der Blüte. Stecklingsvermehrung im Frühjahr nach dem Austrieb oder im Herbst.

Arrhenatherum, Glatthafer

Vermehrung in der Regel durch Teilung. Teilung des Wurzelstocks (kleine perlzwiebelartige Knöllchen) im Herbst.

Artemisia, Beifuß, Edelraute

Vermehrung durch Aussaat, Teilung und Stecklinge. Aussaat im Frühjahr unter Glas oder Selbstaussaat. Teilung von März bis Juni. Stecklingsvermehrung im Frühjahr nach dem Austrieb.

Arum, Aronstab

Vermehrung durch Aussaat oder durch Nebenknollen. Aussaat bald nach der Reife im Spätherbst mit Kühlbehandlung. Samen liegt häufig 1 Jahr über.

Aruncus, Geißbart

Vermehrung durch Aussaat oder Teilung. Aussaat von Januar bis März mit Kühlbehandlung, nur frisches Saatgut verwenden. Den sehr feinen Samen nicht übersieben. Teilung im Frühjahr oder Herbst.

Arundinaria, Bambus, Rundhalm

Vermehrung durch Teilung von April bis Juni.

Arundo, Pfahlrohr, Riesenschilf

Vermehrung durch Teilung von April bis Juni. Teilung der sehr harten Grundachse meist nur mit Spaten möglich.

Asarum, Haselwurz

Vermehrung durch Teilung vor oder nach der Blüte. Aussaat möglich, Samen liegt häufig über.

Asclepias, Seidenpflanze

Vermehrung durch Aussaat (im Haus) von Dezember bis März oder durch Teilung (Ausläufer) im Frühjahr.

Asperula, Waldmeister

Vermehrung durch Teilung im Frühjahr oder Stecklinge.

Asphodeline lutea **setzt auch in Kultur reichlich Samen an.**

***Asphodeline,* Junkerlilie**

Vermehrung durch Aussaat von Februar bis April unter Glas, Keimung sehr langsam und unregelmäßig. Vermehrung durch Teilung im April.

***Asplenium,* Streifenfarn**

Vermehrung in der Regel durch Sporenaussaat, weniger durch Teilung.

***Aster,* Staudenaster**

Vermehrung durch Aussaat, Teilung und Stecklinge. Aussaat im Februar/März oder auch später. Teilung im Frühjahr oder auch nach der Blüte. Die einzelnen Teilstücke sollten mindestens 4 bis 5 Teiltriebe besitzen. Stecklingsvermehrung im Frühjahr nach dem Austrieb.

***Astilbe,* Prachtspiere**

Vermehrung durch Teilung oder Aussaat. Aussaat von Januar bis März mit Kühlbehandlung, Keimung unter Glas. Teilung bevorzugt im Herbst nach der Blüte oder im Frühjahr. Man zerschneidet das fleischige Rhizom, so daß an jedem Teilstück mindestens 1 bis 2 Augen sitzen.

***Astragalus,* Tragant**

Vermehrung durch Aussaat oder Stecklinge. Aussaat von Januar bis März mit Kühlbehandlung. Aufrauhen der Samenschale sinnvoll. Stecklingsvermehrung im Herbst (Rosettenstecklinge). Gelegentlich wird auch durch Anhäufeln (s. Seite 35) vermehrt.

***Astrantia,* Sterndolde**

Vermehrung durch Aussaat von Februar bis Juni im Haus, Frühbeetkasten oder auf Beete – auch Selbstaussaat. Durch Teilung im Frühjahr.

***Athyrium,* Frauenfarn**

Vermehrung durch Sporenaussaat und Teilung.

***Aubrieta,* Blaukissen**

Vermehrung durch Aussaat, Teilung und Stecklinge. Aussaat von Januar bis März im Haus oder im Mai/Juni, dann auch im Frühbeetkasten oder auf Beete. Später tuffweise pikieren. Teilung im Spätsommer. Stecklingsvermehrung im Herbst (Rosettenstecklinge).

***Azorella,* Rosettenpolster, Andenpolster**

Vermehrung in der Regel nur durch Teilung im Frühjahr oder durch Stecklinge im Herbst (Rosettenstecklinge).

***Bellis,* Gänseblümchen**

Vermehrung der vielen Sorten heute fast ausschließlich durch Aussaat weniger durch Teilung. Aussaat Anfang Juli im Frühbeetkasten oder auf Beete im Garten.

***Bergenia,* Bergenie**

Vermehrung durch Aussaat (sehr langwierig) von Januar bis März im Haus mit Kühlbehandlung. Teilung nach der Blüte im Juli/August oder auch im März/April. Jedes Teilstück sollte 2 bis 3 Triebknospen besitzen. Eine Vermehrung durch Stammstecklinge nach der Blüte ist ebenfalls möglich.

***Blechnum,* Rippenfarn**

Vermehrung durch Sporenaussaat oder durch Teilung im Frühjahr. Nicht später teilen, da die Teilstücke sich bis zum Winter sonst nicht ausreichend bewurzeln und auswintern.

***Bouteloua,* Moskitogras**

Vermehrung durch Teilung im Frühjahr.

***Briza media,* Zittergras**

Vermehrung durch Teilung oder Aussaat im Frühjahr.

Brunnera, Kaukasusvergißmeinicht

Vermehrung durch Selbstaussaat, Teilung oder Wurzelschnittlinge. Wurzelschnittlinge werden bevorzugt im Februar/März geschnitten. Teilung nach der Blüte.

***Buglossoides*, Blauer Steinsame**

Vermehrung wie *Lithospermum*.

***Buphthalmum*, Ochsenauge**

Vermehrung durch Aussaat von Frühjahr bis Sommer im Haus oder auch im Frühbeetkasten. Teilung im Frühjahr.

***Butomus*, Schwanenblume, Blumenbinse**

Vermehrung durch Aussaat oder Teilung der Rhizome. Aussaat gleich nach der Reife der Samen bei 20 °C, Aussaatgefäße submers aufstellen. Aufzucht der Jungpflanzen sehr langwierig.

***Calamagrostis*, Reitgras**

Vermehrung durch Teilung von April bis Juni oder durch Aussaat im April/Mai unter Glas.

***Calceolaria*, Pantoffelblume**

Vermehrung durch Aussaat von Januar bis März im Haus mit Kühlbehandlung. Stecklingsvermehrung im Herbst (Rosettenstecklinge). Auch eine Vermehrung durch Teilung ist möglich.

***Calla*, Sumpfkalla**

Vermehrung durch Aussaat und Teilung. Aussaat gleich nach der Ernte; Aussaatgefäße submers aufstellen, für etwa 2 Wochen bei 20 °C, anschließend Kühlbehandlung, zur Keimung wärmer stellen. Teilung im Sommer.

***Calochortus*, Mormonentulpe, Prärietulpe**

Vermehrung in der Regel durch Brutzwiebeln nach der Blüte. Aussaat im Frühjahr unter Glas möglich. Die Sämlinge erreichen erst nach 3 bis 4 Jahren die Blühreife.

***Campanula glomerata* 'Dahurica', durch Aussaat vermehrt.**

***Caltha*, Sumpfdotterblume**

Aussaat wie *Calla*. Teilung schon im April/Mai.

***Camassia*, Präriekerze**

Vermehrung in der Regel nur durch Brutzwiebeln im Spätsommer. Aussaat im Frühjahr im Haus.

***Campanula*, Glockenblume**

Vermehrung durch Aussaat, Teilung oder Stecklinge. Aussaat von Januar bis März im Haus oder von April bis Juni, dann auch im Frühbeetkasten, Samen nicht übersieben. Teilung nach der Blüte im August/September oder auch im März/April. Stecklingsvermehrung im April/Mai, Stecklinge reißen.

***Cardamine*, Schaumkraut**

Aussaat bald nach der Ernte oder im Frühjahr unter Glas. Das Wiesenschaumkraut *(C. pratensis)* auch durch Teilung im Frühjahr oder durch die in den Achseln der Blätter sich bildenden Jungpflanzen. Vermehrung durch Blattstecklinge möglich.

***Carex*, Segge**

Vermehrung bevorzugt durch Teilung oder durch Selbstaussaat. Aussaat im Frühjahr im

Haus möglich. Bis zur Keimung vergehen 3 bis 4 Monate. Teilung während der gesamten Wachstumszeit möglich.

Carlina, Eberwurz, Silberdistel

Vermehrung durch Aussaat von Januar bis Mai, Kühlbehandlung sinnvoll. Es ist am besten gleich in Töpfe auszusäen, da die Silberdistel verpflanzempfindlich ist (Tiefwurzler). Vermehrung durch Teilung der Pfahlwurzel (Wurzelschnittlinge) in 5 bis 6 cm lange Abschnitte im Spätherbst möglich.

Centaurea, Flockenblume

Vermehrung durch Aussaat, Teilung und Wurzelschnittlinge. Aussaat von Januar bis März im Haus oder im April bis Juni, dann im Frühbeetkasten. Teilung im April/Mai oder auch im Sommer. *C. montana* läßt sich auch durch Wurzelschnittlinge vermehren.

Vermehrung von *Centaurea montana*

Teilung

Rißling

Wurzelschnittlinge

***Centranthus,* Spornblume**

Vermehrung durch Aussaat von März bis Juni unter Glas oder durch Stecklinge im April, besser im September. Teilung möglich.

***Cerastium,* Hornkraut**

Vermehrung durch Aussaat, Teilung oder Stecklinge. Aussaat von März bis Juni im Haus, Frühbeetkasten oder auf Beete. Teilung im Juni/Juli. Stecklingsvermehrung im Spätsommer.

***Ceratophyllum,* Hornblatt**

Vermehrung durch Teilung der Sprosse, Abtrennen von Seitentrieben oder Aufsammeln der Winterknospen (Hibernakeln), aus denen sich im Frühjahr neue Pflanzen bilden.

***Ceterach,* Schriftfarn, Milzfarn**

Vermehrung durch Teilung und Sporenaussaat.

***Chelone,* Schildblume, Schlangenkopf**

Vermehrung durch Aussaat oder Teilung. Aussaat von April bis Juni unter Glas (Frühbeetkasten). Teilung nach der Blüte im August/September in Teilstücke mit 4 bis 5 Triebknospen.

***Chiastophyllum,* Walddickblatt**

Vermehrung durch Blattstecklinge im Sommer, Teilung und Aussaat im Frühjahr.

***Chionodoxa,* Schneestolz**

Vermehrung durch Aussaat im Herbst in Reihen oder breitwürfig auf Beete. Einfacher ist die Vermehrung durch Brutzwiebeln. Bis zur Blühreife dauert es etwa 2 bis 3 Jahre.

***Chrysanthemum,* Chrysantheme, Wucherblume, Margerite**

Vermehrung durch Aussaat, Teilung und Stecklinge. Aussaat im Januar/Februar im Haus oder von April bis Juni, dann auch im Frühbeetkasten. Teilung im Frühjahr, besser nach der Blüte im Juli. Stecklingsvermehrung bevorzugt im Frühjahr nach dem Austrieb.

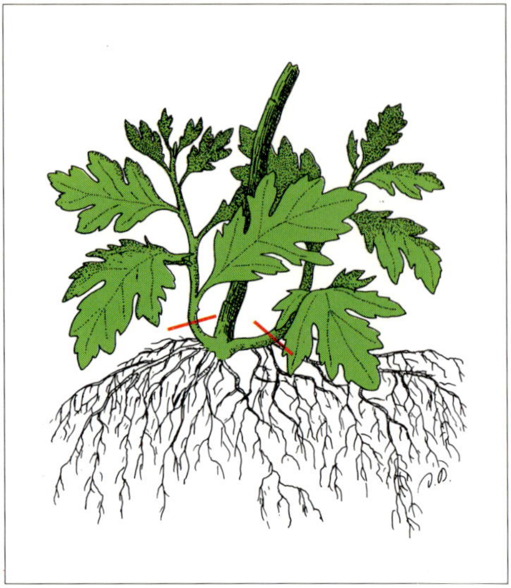

Chrysanthemen lassen sich leicht durch Kopfstecklinge (grundständige Stecklinge) im Frühjahr vermehren.

***Cimicifuga,* Silberkerze**

Vermehrung durch Aussaat oder Teilung. Aussaat gleich nach der Ernte oder mit Kühlbehandlung im Frühjahr unter Glas. Der Samen liegt häufig über. Teilung im Frühjahr.

***Colchicum,* Herbstzeitlose**

Vermehrung durch Aussaat oder Brutknollen. Aussaat direkt nach der Ernte auf Beete. Der Samen liegt in der Regel über. Vermehrung durch Brutknollen im Juni, sobald das Laub braun geworden ist. Das Aufnehmen (Roden) muß vorsichtig geschehen, damit die Knollen nicht beschädigt werden und der Ansatz mit dem Vegetationspunkt nicht abbricht.

***Convallaria majalis,* Maiglöckchen**

Vermehrung durch Abtrennen der unterirdischen rhizomähnlichen Organe, die jeweils in einem knospenartigen Gebilde enden. Rhi-

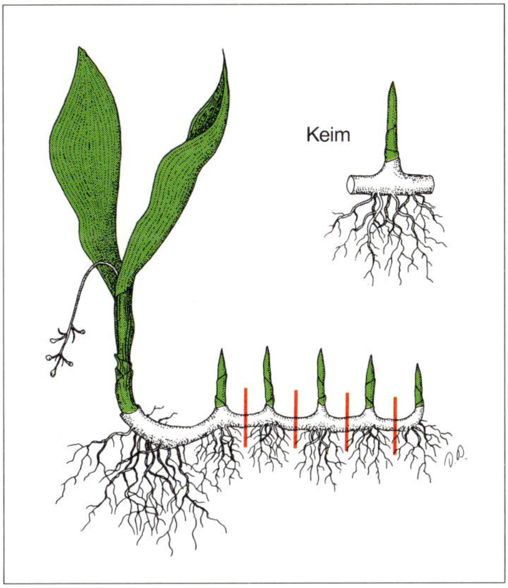

Vermehrung des Maiglöckchens, *Convallaria,* durch Teilung der rhizomähnlichen Organe mit mindestens einer Knospe („Keim")

zome und Knospen werden insgesamt als „Keim" bezeichnet. Erst nach völligem Absterben des Laubes (September) darf geteilt werden. Aussaat möglich mit Kühlbehandlung.

Coreopsis, Mädchenauge

Vermehrung durch Aussaat, Stecklinge und Teilung. Aussaat im April/Mai im Haus oder Frühbeetkasten. Teilung im Frühjahr. Eine andere Möglichkeit ist das Abtrennen von Nebentrieben im August, die zunächst aufpikiert und nach entsprechender Entwicklung im September ausgepflanzt werden können.

Cortaderia, Pampasgras

Vermehrung in der Regel durch Teilung auf Winterhärte selektierter Pflanzen im Frühjahr. Aussaat im Februar/März unter Glas möglich; doch wird man später die weniger schönen männlichen Pflanzen ausscheiden, die man aber erst nach der ersten Blüte, das heißt, etwa 2 bis 3 Jahre nach der Aussaat erkennt. Samen nur kurze Zeit keimfähig.

Corydalis, Lerchensporn

Vermehrung durch Aussaat gleich nach der Ernte oder auch erst im Frühjahr. Eine Kühlbehandlung ist nur bei älterem Saatgut erforderlich. Am besten Selbstaussaat.

Crambe, Meerkohl, Riesenschleierkraut

Vermehrung durch Aussaat im Frühjahr oder auch Wurzelschnittlinge im Herbst/Winter. Wurzelschnittlinge senkrecht stecken.

Crinum, Hakenlilie

Vermehrung durch Brutzwiebeln.

Crocosmia, Montbretie

Vermehrung durch Aussaat im April/Mai unter Glas oder durch das Abnehmen der jungen Zwiebelknollen, die sich an queckenähnlichen Ausläufern entwickeln, im September/Oktober.

Crocus, Krokus

Vermehrung der Arten durch Samen, soweit welcher angesetzt wird. Aussaat breitwürfig auf Beete oder in Kisten. Sorten lassen sich nur durch Brutknollen vermehren. In der Regel sitzen diese der Mutterknolle auf.

Wie viele andere Knollengewächse wird auch *Crocus flavus* in der Regel durch Brutknollen vermehrt.

***Currania* (syn. *Gymnocarpium*), Eichenfarn**

Vermehrung durch Sporenaussaat oder Teilung.

***Cyclamen*, Alpenveilchen**

Vermehrung nur durch Aussaat möglich. Aussaat gleich nach der Reife unter Glas. Vermehrungstemperatur um 15 °C, nicht über 20 °C.

***Cynara*, Artischocke**

Vermehrung in der Regel durch Aussaat von Dezember bis Februar unter Glas. Am besten Direktsaat von 2 bis 3 Samen in 10-cm-Töpfe. Eine Vermehrung durch Teilung möglich, aufgrund des klumpig-verdickten Wurzelstocks, aber schwierig und wenig ergiebig.

***Cyperus*, Zypergras**

Vermehrung durch Aussaat gleich nach der Reife oder erst im Frühjahr. Die Aussaatgefäße sind gut feucht zu halten; tuffweise pikieren. Vermehrung durch Teilung im Frühsommer.

***Delphinium*, Rittersporn**

Vermehrung durch Aussaat (im Handel eine Reihe von Hybrid-Sorten), Teilung oder Stecklinge. Aussaat von März bis Juli im Haus oder Frühbeetkasten. Frühe Aussaaten von Dezember bis März unter Glas blühen noch im Aussaatjahr. Teilung im Frühjahr oder Herbst. Stecklingsvermehrung im Frühjahr nach dem Austrieb. Stecklinge mit einem Ansatz des alten Holzes (Platte) schneiden.

***Dennstaedtia*, Schüsselfarn**

Vermehrung durch Teilung und Sporenaussaat.

***Deschampsia*, Schmiele**

Vermehrung durch Aussaat im Februar/März, büschelweise pikieren, oder durch Teilung im Mai/Juni.

***Dianthus*, Nelke**

Vermehrung durch Aussaat, Teilung oder Stecklinge. Aussaat von Januar bis März im Haus oder von April bis Juni, dann auch im Frühbeetkasten oder auf Beete, tuffweise pikieren. Auch eine Direktsaat ist möglich. Teilung im Frühjahr oder Sommer. Stecklingsvermehrung im Herbst, Stecklinge reißen (Abrißsteckling).

***Dicentra*, Herzblume, Tränendes Herz**

Vermehrung durch Aussaat, Teilung und Stecklinge. Aussaat bald nach der Ernte der Samen oder von Dezember bis März mit Kühlbehandlung, Keimung unter Glas. Teilung im Frühjahr, besser nach der Blüte im Juni. Stecklingsvermehrung im Frühjahr nach dem Austrieb, Stecklinge mit einem Ansatz des alten Holzes schneiden. Eine Vermehrung durch Wurzelschnittlinge ist möglich.

***Dictamnus*, Diptam**

Vermehrung durch Aussaat sofort nach der Reife, mit Kühlbehandlung, Keimung unter Glas. Samen vor Vollreife ernten, denn bei Vollreife werden die Samen weit fortgeschleudert.

***Digitalis*, Fingerhut**

Vermehrung durch Aussaat im Mai/Juni im Haus oder Frühbeetkasten, auch Selbstaussaat.

***Dodecatheon*, Götterblume**

Vermehrung durch Aussaat im Frühjahr unter Glas (Kühlbehandlung ist sinnvoll) oder durch Wurzelschnittlinge.

***Doronicum*, Gemswurz**

Vermehrung durch Aussaat im April/Mai im Haus oder Frühbeetkasten und durch Teilung. Zur Teilung sind die Mutterpflanzen nach der Blüte zurückzuschneiden, nach dem Austrieb (etwa 2 bis 3 Wochen später) wird geteilt. Eine Teilung im Frühjahr ist ebenfalls möglich.

***Draba*, Hungerblümchen**

Vermehrung durch Aussaat, Teilung oder Stecklinge. Aussaat im Frühjahr bei 20 °C. Teilung im Spätsommer. Stecklingsvermehrung im Herbst (Rosettenstecklinge).

***Dracocephalum,* Drachenkopf**

Vermehrung durch Aussaat im Frühjahr bei 20 °C, Teilung und Stecklinge im Sommer.

***Dryas,* Silberwurz**

Vermehrung durch Aussaat oder Stecklinge. Aussaat im Frühjahr mit Kühlbehandlung. Stecklingsvermehrung im Sommer, gleich in Vermehrungstöpfe stecken. Teilung möglich.

***Dryopteris,* Wurmfarn**

Vermehrung durch Sporenaussaat und Teilung. Teilung durch Abtrennen von Wurzelstöcken (Rhizome). Arten, die dicht beieinanderstehende Rosetten ausbilden, teilt man im Frühjahr, wenn junge Triebe erkennbar, die Wedel aber noch nicht entrollt sind.

***Echinacea,* Purpur-Rudbeckie**

Vermehrung siehe *Rudbeckia.*

***Echinops,* Kugeldistel**

Vermehrung durch Aussaat, Teilung und Wurzelschnittlinge. Aussaat von April bis Juni im Frühbeetkasten, auf Beete oder auch im Haus. Wurzelschnittlinge senkrecht stecken, treiben sehr unregelmäßig aus. Teilung nach der Blüte im August oder auch im März.

***Eichhornia,* Wasserhyazinthe**

Vermehrung durch Abtrennen der Ausläuferpflanzen, die in großer Zahl entstehen. Überwinterung unter Glas in Schalen mit sandigem Substrat bei 15 °C.

***Eleocharis,* Sumpfbinse, Sumpfried**

Vermehrung leicht durch Teilung (Ausläufer) im Mai/Juni.

***Elodea,* Wasserpest**

Vermehrung durch Kopfstecklinge oder Bruchstücke (Teilstecklinge). Jedes kleine Stengelstück bewurzelt sich leicht und bildet bald eine neue Pflanze.

Die Wasserpest, *Elodea,* läßt sich leicht durch Kopf- und Teilstecklinge vermehren.

***Elymus,* Strandhafer, Haargerste**

Vermehrung leicht durch Teilung (Ausläufer) im Mai/Juni. Aussaat im Frühjahr möglich.

***Epilobium,* Weidenröschen**

Vermehrung durch Aussaat oder Teilung. Aussaat im Frühjahr bei Temperaturen um 20 °C. Teilung im Sommer.

***Epimedium,* Elfenblume**

Vermehrung durch Teilung im Mai/Juni und Aussaat. Aussaat von Januar bis März im Haus mit Kühlbehandlung. Die Samen liegen nicht selten über.

***Eranthis,* Winterling**

Vermehrung durch Aussaat oder Teilung der Rhizome nach der Blüte. Aussaat direkt nach der Ernte im Herbst auf Beete oder Selbstaus-

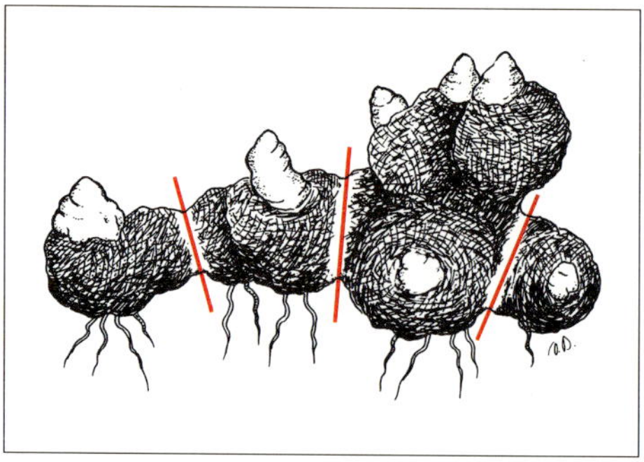

Eranthis hyemalis läßt sich durch Teilung leicht vermehren.

saat; blühreif nach 3 bis 4 Jahren. Vermehrung durch Teilung der Rhizome nur alle 2 bis 3 Jahre vornehmen, um die Pflanzen nicht zu sehr zu schwächen.

Eremurus, Steppenkerze

Vermehrung durch Aussaat direkt nach der Ernte im Herbst auf Beete (Winterschutz erforderlich), besser im Frühbeetkasten. Bis zur Blühreife vergehen in der Regel 3 Jahre. Ältere Pflanzen entwickeln an den seesternförmigen Knollen Seitenknospen, die man nach der Blüte im September/Oktober mit etwas Wurzelansatz abtrennt. Diese Jungknollen sind am besten in Töpfe zu pflanzen, in einem Frühbeetkasten geschützt zu überwintern und erst im folgenden Herbst auszupflanzen.

Eranthis hyemalis läßt sich sowohl durch Aussaat als auch durch Teilung der Rhizome vermehren.

Erigeron, Feinstrahlaster

Vermehrung durch Aussaat, Teilung und Stecklinge. Aussaat im April/Mai im Haus oder Frühbeetkasten. Teilung im Frühjahr, besser nach der Hauptblüte im August. Stecklingsvermehrung im Frühjahr nach dem Austrieb. Stecklinge mit einem Ansatz des alten Holzes (Platte) schneiden. Auch Sommerstecklinge sind möglich.

Erinus, Alpenbalsam

Vermehrung durch Teilung und Aussaat von Januar bis März im Haus oder im April/Mai, dann im Frühbeetkasten. Winterschutz erforderlich.

Eriophorum, Wollgras

Aussaat im Frühjahr in feuchte, schlammige Erde oder Teilung.

Eryngium, Edeldistel

Vermehrung durch Aussaat und Wurzelschnittlinge. Aussaat direkt nach der Ernte bei Temperaturen um 18 °C. Bei älterem Saatgut ist eine Kühlbehandlung erforderlich. Wurzelschnittlinge senkrecht stecken, treiben im allgemeinen sehr unregelmäßig aus.

Erythronium, Hundszahn

Vermehrung in der Regel nur durch Brutzwiebeln, die aber nicht zu klein abgenommen werden dürfen. Wichtig ist auch, daß die Brut sofort wieder gepflanzt oder in feuchtem Torf kühl aufbewahrt wird, da die Zwiebeln fleischige Schalen ohne Schutzhülle haben. Um die Mutterzwiebel nicht zu schwächen, ist nicht zu oft Brut abzunehmen. Aussaat ist möglich, doch dauert es bis zur Blühreife 3 bis 4 Jahre.

***Eucomis,* Schopflilie**

Vermehrung durch Brutzwiebeln, selten durch Samen, der in der Regel überliegt.

***Eupatorium,* Wasserdost**

Vermehrung durch Aussaat im Frühjahr im Haus oder Frühbeetkasten oder durch Teilung und Stecklinge ebenfalls im Frühjahr.

***Euphorbia,* Wolfsmilch**

Vermehrung durch Aussaat, Teilung und Stecklinge. Aussaat von Januar bis März oder auch noch von April bis Juni bei 18 bis 20 °C, Kühlbehandlung sinnvoll. Teilung im Frühjahr. Stecklingsvermehrung im Frühjahr nach dem Austrieb.

***Festuca,* Schwingel**

Vermehrung in der Regel durch Teilung von April bis Juni, seltener durch Aussaat.

***Filipendula,* Mädesüß, Spierstaude**

Vermehrung durch Aussaat, Teilung und Wurzelschnittlinge. Vermehrung leicht durch Samen im Mai/Juni. Teilung im Frühjahr. Wurzelschnittlinge senkrecht stecken, sie treiben sehr unregelmäßig aus.

***Fritillaria,* Kaiserkrone, Schachblume**

Vermehrung durch Aussaat und Brutzwiebeln. Aussaat sofort nach der Ernte auf Beete, Keimung im Februar/März. Bis zur Blühreife vergehen 4 bis 6 Jahre. Die Zwiebeln müssen in dieser Zeit mehrmals verpflanzt werden. Bei *Fritillaria imperialis* (Kaiserkrone) kann die Brutzwiebelbildung durch Anschneiden des Zwiebelbodens angeregt werden. Dazu wird der Boden der Mutterzwiebel, die gesund sein muß, im August mit 3 bis 4 Diagonalschnitten über Kreuz angeschnitten. Es ist so tief zu schneiden, daß die Hauptknospe zerstört wird. Ist der Schnitt zu flach, blüht die Zwiebel, was die Bildung von Brut erschwert. Bei zu tiefen Schnitten trocknet der Zwiebelboden aus, was sich ebenfalls ungünstig auswirkt. An den Wunden im Zwiebelboden entsteht dann im Laufe der Zeit die Brut. Nach dem Anschneiden werden die Zwiebeln für etwa 4 Wochen in Sand oder Torfmull, mit dem Zwiebelboden nach oben, eingefüttert und bei etwa 20 °C aufgestellt. Anschließend werden sie ausgepflanzt. Im folgenden und übernächsten Jahr können die Brutzwiebeln abgenommen und weiterkultiviert werden.

***Gaillardia,* Kokardenblume**

Vermehrung durch Aussaat, Teilung oder Wurzelschnittlinge. Aussaat von April bis Juni, am besten breitwürfig (vertragen das Versetzen schlecht) in einen Frühbeetkasten. Von dort direkt auspflanzen. Teilung von April bis Juni. Schnitt der Wurzelschnittlinge erst im Frühjahr, flach auslegen, nicht unter 12 °C aufstellen.

***Galanthus,* Schneeglöckchen**

Vermehrung durch Aussaat und Brutzwiebeln. Aussaat gleich nach der Reife auf Beete im Garten, auch Selbstaussaat. Bis zur Blühreife dauert es 3 bis 4 Jahre. Die Brutzwiebeln werden unmittelbar nach dem Abblühen aufgenommen, gleich wieder gepflanzt oder in Kisten mit Torf oder Sand eingeschlagen und spätestens bis Mitte September gepflanzt.

***Galtonia,* Sommerhyazinthe**

Die Anzucht erfolgt durch Samen gleich nach der Ernte.

***Gentiana,* Enzian**

Vermehrung durch Aussaat, einige Arten auch durch Teilung und Stecklinge. Aussaat im Herbst oder besser in den Wintermonaten ab Januar, mit Kühlbehandlung. Keimung sehr langsam, sie erfolgt in der Regel in der Zeit von März bis Juli, der Samen kann aber auch überliegen, baldmöglichst pikieren. Auspflanzen im Frühjahr des folgenden Jahres. Teilung der ausläuferbildenden Wurzelstöcke im Spätsommer, besser im Frühjahr. Stecklingsvermehrung im Herbst (Rosettenstecklinge).

Geranium dalmaticum läßt sich leicht durch Teilung und Kopfstecklinge vermehren.

Geranium, Storchschnabel

Vermehrung durch Aussaat und Wurzelschnittlinge. Stecklingsvermehrung möglich, aber nicht üblich. Aussaat im Frühjahr im Haus bei Temperaturen um 20 °C. Wurzelschnittlinge senkrecht stecken. Teilung im Sommer möglich.

Brutknollenbildung an einer Gladiole

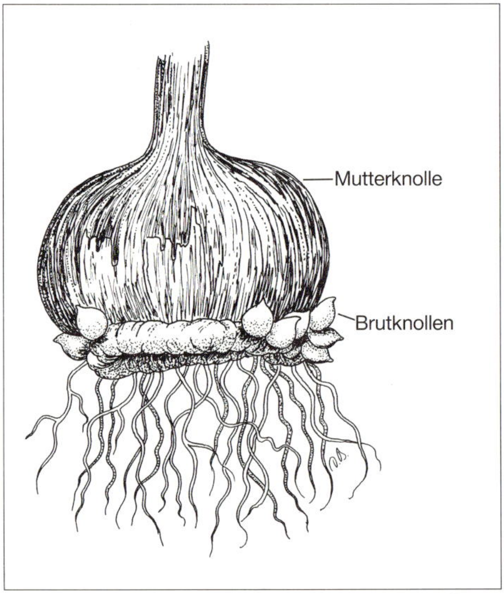

Geum, Nelkenwurz

Vermehrung durch Aussaat, Teilung oder Stecklinge. Aussaat im April/Mai im Haus. Bei Handelssaatgut kann eine Kühlbehandlung notwendig sein. Teilung im Frühjahr oder Sommer. Stecklingsvermehrung im Frühjahr nach dem Austrieb möglich. Triebe mit Wurzelansatz abreißen (Abrißsteckling).

Gladiolus, Gladiole

Vermehrung durch Aussaat gleich nach der Ernte (nur bei den Wildformen üblich), Teilung der Knollen und durch Brutknollen. Letztere ist die ergiebigste und allgemein übliche Art der Vermehrung.

Globularia, Kugelblume

Vermehrung durch Aussaat, Teilung oder Stecklinge. Aussaat im Frühjahr unter Glas. Handelssaatgut ist einer Kühlbehandlung zu unterziehen. Stecklingsvermehrung im Herbst.

Glyceria, Schwadengras

Vermehrung durch Teilung im April/Mai.

Goniolimon tataricum (syn. _Limonium tataricum_)

Vermehrung wie *Limonium.*

Gypsophila, Staudenschleierkraut

Vermehrung durch Aussaat und Stecklinge. Aussaat im Januar/Februar im Haus oder von April bis Juni, dann auch im Frühbeetkasten oder auf Beete; tuffweise pikieren. Stecklingsvermehrung im Frühjahr nach dem Austrieb oder auch im Herbst. Der Gärtner veredelt gelegentlich auf Wurzelstücke von *G. paniculata.* Als Reis verwendet man kurze Triebstücke mit nur einem Blattpaar. Vermehrung durch Wurzelschnittlinge ist möglich.

Helenium, Sonnenbraut

Vermehrung durch Aussaat, Teilung, Stecklinge und Wurzelschnittlinge. Aussaat von April bis Juni im Haus oder Frühbeetkasten. Teilung im März/April. Stecklingsvermehrung

Helenium-Hybriden 'Windley' lassen sich wie alle anderen Hybriden sortenecht nur vegetativ vermehren.

nach dem Austrieb im Frühjahr. Wurzelschnittlinge senkrecht stecken, häufig treiben weniger als 50 % aus.

***Helianthemum*, Sonnenröschen**

Vermehrung durch Aussaat und Stecklinge. Aussaat von März bis Juli im Haus oder Frühbeetkasten. Stecklingsvermehrung im Frühjahr oder Spätsommer.

***Helianthus*, Staudensonnenblume**

Vermehrung durch Teilung (Ausläufer) im April/Mai oder durch Stecklinge, ebenfalls im Frühjahr. Aussaat von April bis Juni.

***Heliopsis*, Sonnenauge**

Vermehrung durch Aussaat, Teilung oder Stecklinge. Aussaat von März bis Juli im Haus oder Frühbeetkasten. Teilung im Frühjahr oder nach der Blüte im September. Stecklingsvermehrung im Februar nach dem Austrieb.

***Helleborus*, Christrose**

Vermehrung durch Aussaat oder Teilung. Aussaat am besten direkt nach der Reife. Zum Anquellen Aussaatgefäße für 2 Wochen bei 20 °C aufstellen, im Anschluß daran Kühlbehandlung, zur Keimung sind 12 bis 15 °C optimal. Samen kann unter Umständen 1 Jahr überliegen. Teilung von Ende Mai bis Juli. Die günstigste Zeit ist, wenn das 1. neue Blatt an den Einzelrhizomen voll ausgebildet ist. Teilung unter größter Schonung des Wurzelwerks, Wurzeln nicht einkürzen, möglichst keine Schneidwerkzeuge verwenden, Wunden mit Holzkohlepulver einpudern.

***Hemerocallis*, Taglilie**

Vermehrung durch Aussaat (kommt nur für die Wildarten in Frage) oder durch Teilung. Aussaat gleich nach der Ernte im Frühbeetkasten oder im Frühjahr im Haus mit Kühlbehandlung. Der Samen keimt sehr ungleichmäßig. Teilung im März/April oder nach der Blüte. Taglilien haben je nach Art und Sorte die Eigenschaft, in den Blattachseln der Blütenstengel kleine Pflänzchen mit Wurzeln auszubilden. Diese Pflänzchen werden abgenommen und wie Stecklinge weiterbehandelt, eingetopft und zunächst im Frühbeetkasten, bis sie ausgepflanzt werden können, weiterkultiviert. Die Bildung solcher „Achselpflanzen" wird gefördert, wenn man die Samenbildung unterbindet.

***Hepatica*, Leberblümchen**

Vermehrung durch Aussaat oder Teilung. Aussaat von Januar bis März im Haus mit Kühlbehandlung. Eine Teilung kommt nur bei größeren „Klumpen" in Frage.

***Heracleum*, Herkulesstaude**

Vermehrung durch Aussaat. Am besten Selbstaussaat oder Aussaat direkt nach der Reife an Ort und Stelle.

***Heuchera*, Purpurglöckchen**

Vermehrung durch Aussaat, Teilung und Stecklinge. Aussaat von Februar bis Juni im Haus oder, wenn keine Fröste mehr zu erwarten sind, auch im Frühbeetkasten. Teilung im Frühjahr oder Sommer. Stecklingsvermehrung im Herbst durch Abreißen der Triebe vom Wurzelstock (Abrißstecklinge).

Heuchera-Hybriden, hier die Sorte 'Feuerregen', lassen sich sortenecht nur vegetativ vermehren.

Hieracium, Habichtskraut

Vermehrung durch Aussaat und Teilung (Ausläufer). Aussaat im März/April im Haus. Teilung von April bis Juni.

Hippuris, Tannenwedel

Vermehrung während der Wachstumszeit durch Teilung, Abtrennen der Ausläufer oder durch Stecklinge.

Hosta, Funkie, Herzlilie

Vermehrung durch Aussaat und Teilung. Aussaat gleich nach der Reife ins Freiland oder mit Kühlbehandlung im Frühjahr im Haus. Der Gärtner vermehrt in der Regel durch Teilung im März/April oder August/September. Im letzteren Fall ist das Laub zurückzuschneiden.

Hottonia, Wasserfeder

Vermehrung durch Aussaat (selten), Stecklinge und Teilung (Ausläufer). Aussaat gleich nach der Ernte der Samen, Aussaatgefäße submers aufstellen (Wasserstand 1 cm über Oberkante des Gefäßes). Meist läuft der Samen erst im Frühjahr des folgenden Jahres auf.

Hydrocharis, Froschbiß

Vermehrung in der Regel durch Ausläufer oder durch Winterknospen (Hibernakeln), die im Herbst an den Ausläuferspitzen entstehen und beim Zerfall der Pflanzen auf den Grund sinken. Diese werden eingesammelt und in kaltem Wasser bis zum Frühjahr aufbewahrt.

Hypericum, Johanniskraut, Hartheu

Vermehrung durch Aussaat im April/Mai bei Temperaturen um 20 °C. Den feinen Samen nicht übersieben. Stecklingsvermehrung möglich. Einige Arten lassen sich durch Teilung vermehren.

Iberis, Schleifenblume, Schneekissen

Vermehrung durch Aussaat und Stecklinge. Aussaat von Januar bis März im Haus oder von April bis Juni, dann auch im Frühbeetkasten. Aussaat an Ort und Stelle ebenfalls möglich. Stecklingsvermehrung im Spätsommer/Herbst durch Kopfstecklinge.

Incarvillea delavayi, durch Aussaat vermehrt

***Incarvillea*, Freilandgloxinie**

Vermehrung durch Aussaat von Februar bis April im Haus, wenn keine Fröste mehr zu erwarten sind, auch im Frühbeetkasten oder direkt an Ort und Stelle. Teilung der rübenartigen Knollen möglich.

***Inula*, Alant**

Vermehrung durch Aussaat und Teilung. Aussaat von März bis Juli oder auch schon früher, dann im Haus oder Frühbeetkasten. Teilung im Frühjahr oder nach der Blüte im August September.

***Iris*, Iris, Schwertlilie**

Vermehrung durch Aussaat, Rhizomteilung oder Brutzwiebeln. Aussaat kommt für alle Wildarten in Betracht. Ausgesät wird im Frühjahr mit Kühlbehandlung. Positiv auf das Keimergebnis wirkt sich aus, wenn man die Aussaatgefäße vor der Kühlbehandlung, für etwa 1 Woche bei 20 °C warm aufstellt. Unter Umständen können die Samen 1 Jahr überliegen. Blühreife erlangen die Sämlinge, je nach Art, nach dem 2. oder aber auch erst im 4. oder 5. Jahr. Bei rhizombildenden Arten und Sorten ist es üblich, durch Teilung der Rhizome zu vermehren. Die Teilung sollte nach der Blüte (Juli/August) durchgeführt werden, bevor sich die neuen Wurzeln voll gebildet haben. Die verschiedenen Zwiebel-*Iris* lassen sich durch Brutzwiebeln vermehren, die je nach Art und Sorte mehr oder weniger zahlreich gebildet werden. Hier vergehen in der Regel 2 Jahre bis zur Blühreife.

Vermehrung von Iris durch Teilung der fleischigen Wurzelstöcke. Die Blätter sind auf eine Länge von 10 bis 15 cm einzukürzen.

***Ixiolirion*, Blaulilie**

Vermehrung durch Brutzwiebeln und Samen. Aussaat nach der Ernte im Spätsommer auf Beete. Ein Teil der Sämlinge blüht bereits im 2. Sommer.

***Jasione*, Sandglöckchen**

Vermehrung durch Aussaat, Teilung oder Stecklinge. Aussaat von März bis Juli im Haus bei 20 °C. Teilung im Frühjahr. Stecklingsvermehrung im Sommer.

***Juncus*, Binse**

Vermehrung durch Aussaat oder Teilung. Aussaat im Frühjahr unter Glas bei 20 °C, büschelweise pikieren. Die Aussaatgefäße sind gut feucht zu halten. Teilung im Frühjahr.

***Kirengeshoma*, Yatabe, Wachsglocke**

Vermehrung durch Aussaat, Teilung oder Stecklinge. Aussaat im Frühjahr unter Glas bei 20 °C. Teilung im April/Mai. Vermehrung durch Stecklinge (Kopfstecklinge) ebenfalls im April/Mai.

***Kniphofia*, Fackellilie**

Vermehrung durch Aussaat und Teilung. Aussaat im Februar/März bei 20 °C. Bei Handelssaatgut ist eine Kühlbehandlung sinnvoll. Teilung im Mai/Juni.

Kniphofia-Hybriden 'Lemon' können sortenecht nur durch Teilung vermehrt werden.

Koeleria

Vermehrung durch Teilung im Frühjahr.

***Lamium*, Taubnessel, Goldnessel**

Vermehrung üblicherweise durch Kopfstecklinge im Sommer oder durch Teilung im Frühjahr.

***Lathyrus*, Platterbse, Staudenwicke**

Vermehrung von Februar bis April durch Aussaat im Haus bei 20 °C. Ab Mitte April ist auch eine Direktsaat an Ort und Stelle möglich. Die Samenschale ist aufzurauhen (s. Seite 21). Teilung möglich.

***Lavandula*, Lavendel**

Vermehrung durch Aussaat oder Stecklinge. Aussaat im Februar/März im Haus. Stecklingsvermehrung (Kopfstecklinge) im Spätsommer.

***Lavatera*, Buschmalve**

Vermehrung durch Aussaat von Februar bis Juni im Haus bei 20 °C.

***Leontopodium*, Edelweiß**

Vermehrung durch Aussaat und Teilung. Aussaat direkt nach der Samenernte oder im Januar/Februar (bis Juli) im Haus bei 20 °C, vorher Kühlbehandlung durchführen. Teilung von April bis Juni.

Durch Aussaat vermehrtes Alpenedelweiß, *Leontopodium alpinum* ssp. *alpinum*

***Leucojum*, Knotenblume, Märzbecher**

Vermehrung durch Aussaat und Brutzwiebeln. Aussaat gleich nach der Ernte. Man drückt ganze Samenkapseln in den Boden, damit Ameisen die Samen nicht verschleppen können. Werden die Samen vor der Aussaat längere Zeit trocken gelagert (Handelssaatgut), liegen die Samen in der Regel 1 Jahr über. Brutzwiebelvermehrung (Teilung) in der Phase des Abblühens.

***Lewisia*, Bitterwurz**

Vermehrung durch Aussaat und Stecklinge. Aussaat von Dezember bis März mit Kühlbehandlung im Haus. Stecklingsvermehrung durch Kopfstecklinge (Rosettenstecklinge) bzw. durch Abtrennen von Rosetten mit Wurzelansatz im April/Mai. Vermehrung durch Blattstecklinge bevorzugt im Herbst. Die Blätter werden von der Basis abgerissen und, ohne nachzuschneiden, gesteckt.

***Liatris*, Prachtscharte**

Vermehrung durch Aussaat und Teilung. Aussaat bevorzugt im Juni/Juli auf Beete im Garten oder im Februar/März im Haus. Teilung im Frühjahr. Eine besonders ergiebige vegetative Vermehrungsmethode ist das Zerschneiden der Wurzelknolle in dicke Scheiben. Diese Scheiben sind in ein Vermehrungssubstrat zu legen und leicht zu bedecken. Der günstigste Zeitpunkt ist März/April. Bis zur Wurzel- und Sproßbildung sind die Gefäße bei 15 °C aufzustellen.

***Ligularia*, Greiskraut**

Vermehrung durch Aussaat von Mai bis Juni im Frühbeetkasten oder Haus. Teilung im Frühjahr.

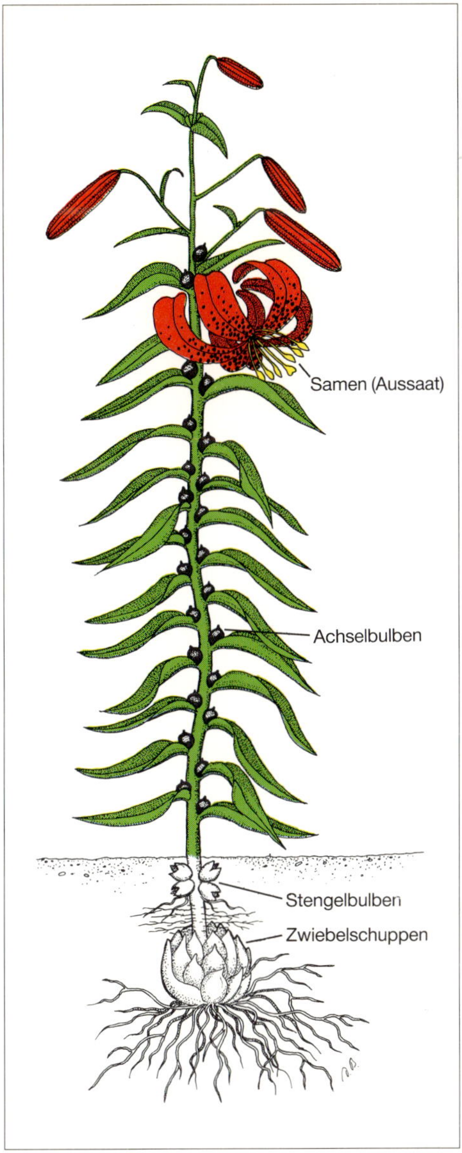

Lilienvermehrung (Schema)

***Lilium*, Lilie**

Vermehrung durch Aussaat, Zwiebelteilung, Achselbulben, Stengelbulben und Zwiebelschuppen.

– Aussaat: Die Vermehrung der reinen Arten, aber auch verschiedener nicht stark aufspaltender Sorten (Strains) kann durch Aussaat erfolgen. Als „Strain" bezeichnet man Sorten, die durch Samen vermehrt worden sind. Hinsichtlich des Keimverhaltens wird bei den Liliensamen zwischen 2 Gruppen unterschieden. Die Keimung kann entweder über dem

Boden (epigäisch, s. Seite 32) oder unter dem Boden (hypogäisch) stattfinden. Zur ersten Gruppe gehören u. a. *L. candidum* (Madonnenlilie), *L. formosanum, L. lancifolium* (Tigerlilie) und *L.*-Davidii-Hybriden. Zur zweiten Gruppe gehören u. a. *L. auratum* (Goldbandlilie), *L. bulbiferum* (Feuerlilie) und *L. martagon* (Türkenbundlilie). Während bei der ersten Gruppe etwa 8 bis 10 Wochen nach der Aussaat das Keimblatt sichtbar wird, bilden die Samen der anderen Gruppen nach der Keimung erst eine sogenannte Keimzwiebel aus, aus der Monate später die ersten Blätter hervorgehen.

Obwohl eine Aussaat auch auf Beete möglich ist, ist die Aussaat im Haus oder im Frühbeetkasten vorzuziehen. Die Samen der ersten Gruppe sät man bevorzugt von Februar bis April bei 15 bis 20 °C aus. Ein Vorquellen der Samen ist sinnvoll.

Samen der zweiten Gruppe (Langsam- oder Schwerkeimer) sät man direkt nach der Reife aus. Die Aussaatgefäße dieser Gruppe werden für 3 bis 4 Monate bei 15 °C aufgestellt. Wenn sich nach 3 bis 6 Monaten die kleine Keimzwiebel entwickelt hat, wird für 2 Monate eine Kühlbehandlung (5 bis 10 °C) im Kühlschrank, kühlen Keller oder Frühbeetkasten durchgeführt. Im Anschluß daran sind die Gefäße hell und warm aufzustellen (etwa im April). Schon bald (nach 2 bis 4 Wochen) bildet sich das erste Laubblatt und tritt aus dem Boden heraus.

Für den Hobbygärtner ist noch folgende Aussaatmethode interessant: Aussaat im Oktober, Aufstellen der Saatgefäße (vor Mäusen geschützt) den Winter über im Freien. Ab Februar werden die Saatgefäße dann bei Temperaturen von 18 bis 22 °C zur Keimung aufgestellt.

Ähnlich ist das sogenannte Jarowisationsverfahren, mit dessen Hilfe bei einigen Arten die Aussaatzeit um etwa 1 Jahr verkürzt werden kann. Die Samen werden sofort nach der Reife, noch bevor sie hartschalig und ganz trocken geworden sind, in Kisten oder sonstige Gefäße ausgesät und bis Januar bei 0 bis 6 °C aufgestellt. Dann unterzieht man sie einer Kältebehandlung bei −5 bis −10 °C für eine Dauer von 2 bis 3 Wochen. Diese Bedingungen kann man in einem Gefrierfach schaffen. Anschließend sind die Gefäße zur Keimung bei 18 bis 22 °C aufzustellen.

Die Sämlinge beider Gruppen werden das erste Mal pikiert (in möglichst tiefe Gefäße), wenn sich mindestens 2 Laubblätter gebildet haben. Sämlinge erreichen in der Regel schon nach 2 Jahren die Blühreife. Als Aussaatsubstrat hat sich ein Gemisch aus Torfkultursubstrat (TKS) und Sand, im Verhältnis 2:1, bewährt.

– Zwiebelteilung: Die Vermehrung durch Teilung der Zwiebeln ist eine einfache Methode und erfolgt durch die Natur selbst. Je nach Art und Sorte bilden große Zwiebeln 2 bis 3 kleinere, die sich ihrerseits nach einigen Jahren wieder selbst spalten. So entstehen im Laufe der Jahre mehr oder weniger große Zwiebelnester. Diese Zwiebelnester werden im Frühjahr oder Herbst aufgenommen, die Zwiebeln voneinander getrennt und einzeln wieder gepflanzt. Dabei ist darauf zu achten, daß jede Tochterzwiebel mindestens einige Wurzeln besitzt. Einige Lilien-Arten (u. a. *L. davidi* var. *willmottiae*) treiben Stolonen (Ausläufer), an denen die Jungzwiebeln sitzen, die man im Herbst oder Frühjahr (März) vorsichtig abtrennt und aufpflanzt.

– Stengelbulben: Verschiedene Lilienarten, z. B. *L. davidii* var. *willmottiae, L. henryi* und *L. longiflorum* bilden an dem Stengelteil, der in der Erde sitzt, sogenannte Stengelbulben aus, die im Herbst nach dem Einziehen abgenommen werden können. Die Bildung solcher Stengelbulben kann durch tiefes Pflanzen gefördert werden.

– Achselbulben: *L. bulbiferum, L. sulphureum, L. lancifolium* (syn. *L. tigrinum), L. speciosum* u. a. Arten sowie viele Hybriden bilden in den Blattachseln (Blattansatzstellen) sogenannte Achselbulben aus. Diese Achselbulben, oft haben sie schon kleine Blättchen getrieben, werden im Herbst abgenommen und in Schalen oder Töpfe gelegt und bis zum Frühjahr kühl aufgestellt. Die Achsel- und Stengelbulbenbildung kann durch Entfernen der Blütenknospen vor der Blüte gefördert werden. Achsel- und Stengelbulben können auch entstehen, wenn man einen Lilienstengel wie einen Teilsteckling behandelt, das heißt ihn in

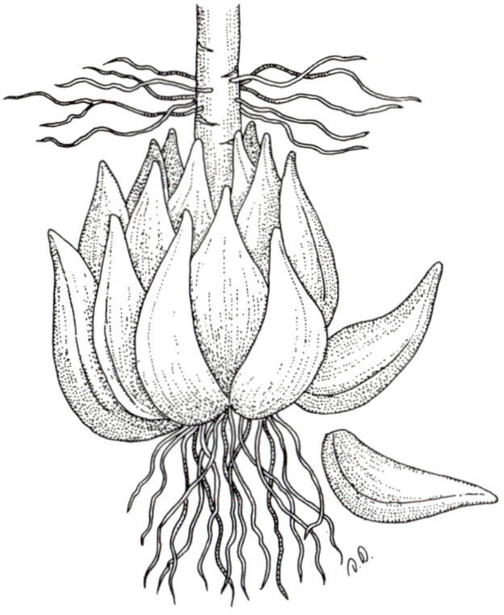

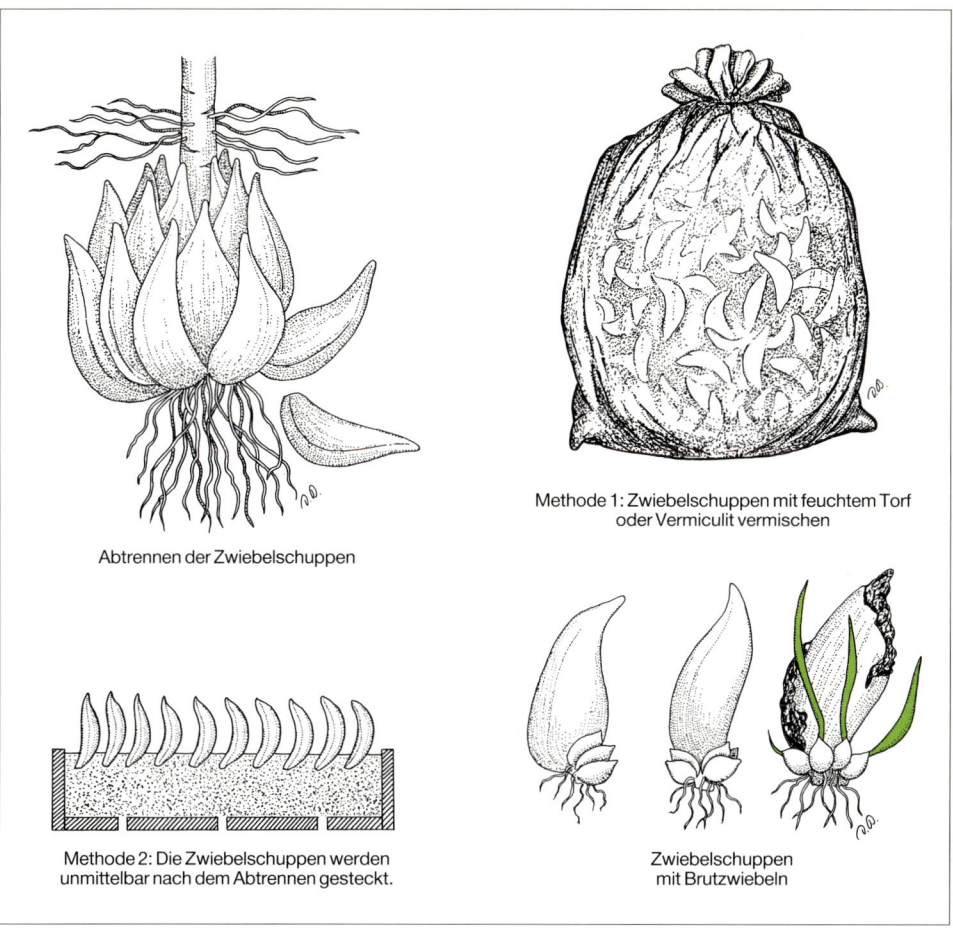

Abtrennen der Zwiebelschuppen

Methode 1: Zwiebelschuppen mit feuchtem Torf oder Vermiculit vermischen

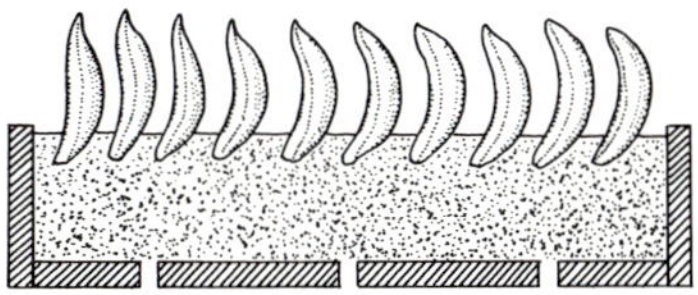

Methode 2: Die Zwiebelschuppen werden unmittelbar nach dem Abtrennen gesteckt.

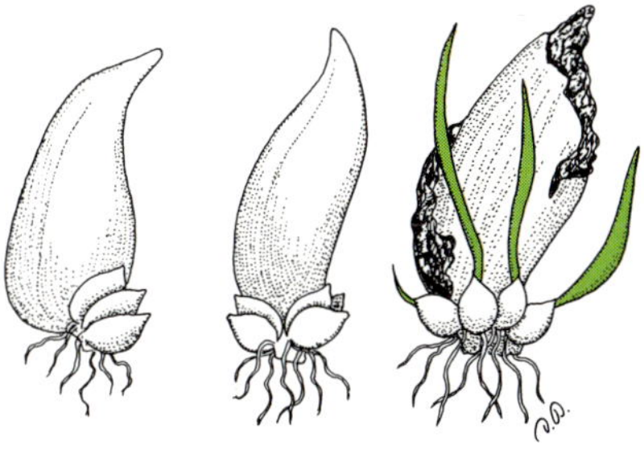

Zwiebelschuppen mit Brutzwiebeln

Lilienvermehrung durch Zwiebelschuppen

Stücke schneidet und diese Stücke samt den Blättern waagerecht in ein Sand-Torf-Gemisch legt und bei etwa 20 bis 25 °C aufstellt.
– Zwiebelschuppen: Werden größere Mengen benötigt, bedient man sich der Vermehrung durch Zwiebelschuppen. Die Zwiebelschuppen bilden später an der Wundstelle (Basis) Brutzwiebeln aus, die abgetrennt und weiterkultiviert werden. Der richtige Zeitpunkt für die Zwiebelschuppenvermehrung ist gekommen, wenn die Blütenstengel eingetrocknet, die Zwiebeln ausgereift sind und somit das Ruhestadium begonnen hat. Bei frühblühenden Arten bzw. Sorten ist dieser Zustand im September/Oktober, bei spätblühenden im November erreicht. Die Zwiebeln werden aufgenommen und durch gründliches Waschen von Erdresten befreit. Als Vermehrungsmaterial nimmt man nur die kräftigsten äußeren Schuppen, die sich leicht abtrennen lassen.
Die Mutterzwiebeln werden gleich wieder gepflanzt. In eine mit Vermiculit, Perlite oder Sand gefüllte Kiste werden die Zwiebelschuppen schichtweise eingelegt (s. aber auch Abbildung), wobei sie jeweils nur leicht mit dem jeweiligen Substrat zu bedecken sind. Das

Ganze wird gut angefeuchtet und die Kiste in Folie eingepackt. Anschließend sind die Kisten für die Dauer von 6 Wochen bei einer Temperatur von 22 bis 24 °C aufzustellen, danach für 4 Wochen bei 17 °C und zum Schluß für eine Dauer von 12 Wochen bei einer Temperatur von 5 °C. Im Anschluß an diese Kühlbehandlung werden die Zwiebelschuppen in Kästen (auch ein Frühbeetkasten oder Freilandbeet ist geeignet) ausgestreut (ausgesät) und leicht mit Torf abgedeckt. Nach Ausbildung der Brutzwiebeln werden diese abgenommen – die Zwiebelschuppen sind in der Regel vertrocknet –, im Frühbeetkasten oder gleich auf Beete aufgepflanzt und weiterkultiviert.

***Limonium*, Statice, Strandflieder**

Vermehrung durch Aussaat, Teilung und Wurzelschnittlinge. Aussaat von Dezember bis Februar unter Glas oder von April bis Juni, dann auch im Frühbeetkasten. Teilen älterer Pflanzen ist möglich, doch wenig ergiebig. Wurzelschnittlinge senkrecht stecken, sie treiben oft ungleich aus.

***Linaria*, Leinkraut**

Vermehrung durch Aussaat, Teilung und Stecklinge. Aussaat im Frühjahr im Haus oder im Frühbeetkasten. Weiterkultur bis zum Auspflanzen im Topf (sind verpflanzempfindlich). Teilung im Mai/Juni. Stecklingsvermehrung im Spätsommer.

***Linum flavum*, durch Aussaat vermehrt**

***Linum*, Lein**

Vermehrung durch Aussaat und Stecklinge. Aussaat im Februar/März im Haus, tuffweise pikieren. Stecklingsvermehrung von blütenlosen Trieben im Sommer.

***Lithospermum*, Steinsame**

Vermehrung durch Aussaat, Stecklinge und Teilung. Aussaat im März/April im Haus oder Frühbeetkasten. Teilung im Mai/Juni. Stecklingsvermehrung von Mai bis in den Spätherbst.

***Lobelia*, Lobelie**

Vermehrung durch Aussaat, Teilung und Stecklinge. Aussaat von Januar bis März im Haus oder von April bis Juni, dann auch im Frühbeetkasten. Teilung im Frühjahr. Stecklingsvermehrung bevorzugt im Frühjahr nach dem Austrieb durch Kopfstecklinge.

***Lupinus*, Staudenlupine**

Vermehrung durch Aussaat und Stecklinge. Aussaat direkt an Ort und Stelle von April bis zum Herbst möglich. Bei Aussaat von Januar bis März im Haus oder Frühbeetkasten und späterem Hinauspikieren (besser ist Direktaussaat in Töpfe) erfolgt die erste Blüte noch im gleichen Jahr. Die harte, wasserundurchlässige Samenschale ist vor der Aussaat aufzurauhen. Die Vermehrung durch Stecklinge erfolgt im Frühjahr nach dem Austrieb. Stecklinge mit einem Stück des alten Holzes (Platte) schneiden.

***Luzula*, Hainsimse**

Vermehrung durch Teilung im März/April. Aussaat im Februar/März möglich, büschelweise pikieren.

***Lychnis*, Lichtnelke**

Vermehrung durch Aussaat und Teilung. Aussaat von Januar bis März im Haus oder von April bis Juni, dann auch im Frühbeetkasten, Keimtemperatur 20 °C. Teilung im Frühjahr oder August/September. Eine Vermehrung durch Stecklinge ist möglich.

Lychnis chalcedonica läßt sich sowoh durch Aussaat als auch durch Teilung und grundständige Stecklinge vermehren.

Lysichiton, **Scheinkalla**

Vermehrung durch Aussaat oder Teilung. Aussaat direkt nach der Reife der Samen im Haus auf feuchtes Substrat. Einfacher ist es, die Samen ausfallen zu lassen und die Jungpflanzen, die um die Mutterpflanze herum auflaufen, zu nehmen. Teilung des Wurzelstocks im Frühjahr.

Lysimachia, **Felberich, Münzkraut, Gelbweiderich**

Vermehrung durch Aussaat, Teilung (Ausläufer) und Stecklinge. Aussaat im Herbst im Frühbeetkasten, im Februar/März im Haus oder auch von März bis Juni im Freien. Teilung im April oder im August/September. Stecklingsvermehrung im Frühjahr nach dem Austrieb oder auch den Sommer über.

Lythrum, **Blutweiderich**

Vermehrung durch Aussaat und Stecklinge. Aussaat im Frühjahr im Haus oder Frühbeetkasten. Samen nicht übersieben. Stecklingsvermehrung im Frühjahr nach dem Austrieb. Eine Teilung des harten, verholzten Wurzelstocks ist schwierig, wenn nicht sogar unmöglich. Teilung im September oder im April.

Macleaya, **Federmohn**

Vermehrung durch Aussaat, Teilung und Wurzelschnittlinge. Aussaat im Frühjahr unter Glas, auch gleich nach der Reife der Samen möglich. Teilung im Frühjahr. Wurzelschnittlinge können je nach Stärke senkrecht oder flach ausgelegt werden.

Malva, **Moschusmalve**

Vermehrung durch Aussaat von Januar bis März im Haus bei 20 °C.

Matteuccia, **Straußenfarn, Trichterfarn**

Vermehrung durch Sporenaussaat im Frühjahr oder durch Teilung. Teilung der unterirdischen Ausläufer im Frühjahr, weite Pflanzabstände wählen.

Meconopsis, **Scheinmohn**

Vermehrung nur durch Aussaat möglich (?). Aussaat im Februar/März im Haus, Samen nicht übersieben, frühzeitig pikieren.

Melica, **Perlgras**

Vermehrung durch Aussaat oder durch Teilung im Frühjahr.

Durch Aussaat vermehrte *Meconopsis cambrica*

***Mentha,* Minze**

Vermehrung durch Aussaat, Teilung und Stecklinge im Frühjahr. Aussaat im Haus oder Frühbeetkasten.

***Menyanthes,* Bitterklee**

Vermehrung durch Aussaat und Teilung (Ausläufer, Rhizome). Aussaat sofort nach der Ernte, Samen liegt häufig über. Teilung im Mai/Juni.

***Mimulus,* Gauklerblume**

Vermehrung durch Aussaat, Stecklinge und Teilung. Aussaat im März/April im Haus. Teilung im Februar oder auch im Herbst. Stecklingsvermehrung im Frühjahr nach dem Austrieb möglich.

***Minuartia,* Hainkraut, Miere**

Vermehrung durch Aussaat, Teilung und Stecklinge. Aussaat im Februar/März unter Glas. Teilung im Frühjahr. Stecklingsvermehrung möglich. Gleich mehrere Samen oder Stecklinge in den Vermehrungstopf säen bzw. stekken.

***Miscanthus,* Chinaschilf**

Vermehrung durchTeilung im Frühjahr. Zur Teilung der sehr starken Ballen muß man meist einen Spaten zu Hilfe nehmen.

***Molinia,* Pfeifengras**

Vermehrung durch Aussaat von Januar bis März im Haus, büschelweise pikieren, oder durch Teilung im Frühjahr.

***Moltkia,* Moltkie**

Vermehrung durch Aussaat und Stecklinge. Aussaat im Frühjahr mit Kühlbehandlung im Haus. Stecklingsvermehrung im Spätsommer.

***Monarda,* Indianernessel**

Vermehrung durch Aussaat, Teilung und Stecklinge. Aussaat im März/April im Haus oder Frühbeetkasten. Teilung im Frühjahr. Stecklingsvermehrung im Frühjahr nach dem Austrieb.

Narzissen werden in der Regel durch Brutzwiebeln vermehrt.

***Muscari,* Traubenhyazinthe**

Vermehrung durch Selbstaussaat und Brutzwiebeln. Zur Vermehrung durch Brutzwiebeln werden die Horste im Juli gerodet.

***Myosotis,* Vergißmeinnicht**

Vermehrung durch Aussaat, Teilung und Stecklinge. Aussaat im Juni/Juli im Frühbeetkasten, im September auspflanzen. Teilung im Frühjahr. Stecklingsvermehrung im Mai/Juni.

***Myriophyllum,* Tausendblatt**

Vermehrung leicht durch abgeschnittene Triebspitzen (Kopfstecklinge) und Triebteile (Teilstecklinge). *M. verticillatum* (Quirlblättriges Tausendblatt) auch durch Winterknospen (Hibernakeln).

***Narcissus,* Narzisse**

Die vielen Gartenformen (Sorten) lassen sich sortenecht nur durch Brutzwiebeln vermehren. Gerodet werden die Zwiebeln im Juni. Die Brutzwiebeln sollten von allein abfallen. Um die Brut nicht zu schwächen, sollte man die Narzissen nicht in Samen übergehen lassen. Deshalb sind die Blüten nach dem Abblühen samt ihrem kurzen Stiel herauszubrechen.

***Nepeta,* Katzenminze**

Vermehrung durch Aussaat, Teilung und Stecklinge. Aussaat im März/April im Haus. Teilung von April bis Juni. Stecklingsvermehrung im Frühjahr nach dem Austrieb oder auch im Herbst.

***Nuphar,* Gelbe Teichrose**

Vermehrung durch Aussaat und Teilung (Rhizome). Aussaat gleich nach der Ernte (im Haus), Aussaatgefäße submers aufstellen (Wasserstand etwa 1 cm über dem Gefäß). Teilung der Rhizome im Sommer; man kann in relativ kleine Stücke teilen.

***Nymphaea,* Seerose**

Vermehrung durch Aussaat (langwierig), Samen wird nur selten, wenn überhaupt, angesetzt; besser durch Teilung der Rhizome im Frühjahr. Aussaat wie *Nuphar,* im Herbst ausgesät (im Haus), keimen die Samen im folgenden Frühjahr, können aber auch überliegen.

***Nymphaea*-Vermehrung durch Teilung der Rhizome**

***Nymphoides,* Seekanne**

Vermehrung durch Aussaat, Abtrennen von Jungpflanzen, die an den Ausläufern gebildet werden, und durch Blätter (Blattstecklinge). Aussaat unmittelbar nach der Reife im Haus, Aussaatsubstrat gut feucht halten, Keimung erfolgt dann im nächsten Frühjahr. Eine Vermehrung durch voll ausgebildete Blätter, auf feuchter Erde bei hoher Luftfeuchtigkeit ausgelegt, ist möglich. Die ganze Blattspreite muß fest angedrückt werden. Nach einiger Zeit entstehen am Blattstiel neue Pflänzchen.

***Oenothera,* Nachtkerze**

Vermehrung durch Aussaat, Teilung und Stecklinge. Aussaat im April/Mai im Haus oder Frühbeetkasten. Teilung im Frühjahr. Stecklingsvermehrung im Frühjahr nach dem Austrieb.

***Omphalodes,* Gedenkemein**

Vermehrung durch Aussaat und Teilung (Ausläufer). Aussaat im Frühjahr im Haus oder Frühbeetkasten. Teilung im Frühjahr oder Herbst.

***Onoclea,* Perlfarn**

Vermehrung durch Sporenaussaat oder Teilung der unterirdischen Ausläufer im Frühjahr.

***Origanum,* Dost, Heidegünsel**

Vermehrung durch Aussaat, Teilung und Stecklinge. Aussaat von April bis Juni im Frühbeetkasten oder direkt an Ort und Stelle. Teilung von April bis Juni. Stecklingsvermehrung im Frühjahr nach dem Austrieb.

***Ornithogalum,* Milchstern**

Vermehrung durch Aussaat direkt auf Beete oder durch Brutzwiebeln, die nach der Blüte gebildet werden.

***Osmunda,* Königsfarn**

Vermehrung durch Sporenaussaat und Teilung. Aussaat im April/Mai, nur frische Sporen keimen. Vermehrung durch Teilung im Frühsommer, bevor sich der Austrieb entrollt.

***Oxalis,* Sauerklee**

Vermehrung durch Aussaat oder durch Teilung des rhizomartigen Wurzelstocks. Aussaat sofort nach der Reife, der Samen ist nur kurze Zeit keimfähig. Es empfiehlt sich, die harte Samenschale aufzurauhen.

***Pachysandra,* Dickanthere**

Vermehrung durch Teilung im Frühjahr/Sommer oder durch Stecklinge im August/September.

***Paeonia,* Paeonie, Pfingstrose**

Vermehrung durch Aussaat, Teilung und Wurzelschnittlinge. Aussaat nicht einfach, zur Überwindung der Keimruhe ist die Samenschale aufzurauhen und eine etwa sechsmonatige Kühlbehandlung durchzuführen. Die Keimung erfolgt meist erst im zweiten Frühjahr nach der Aussaat. In der Regel wird durch Teilung der Wurzelstöcke von September bis November (nicht früher) vermehrt. Dabei ist darauf zu achten, daß jedes Teilstück ein kräftiges Auge hat. Wurzeln nicht einkürzen. Eine Vermehrung durch Wurzelschnittlinge kann schon ab August erfolgen.

***Panicum,* Hirse**

Vermehrung durch Aussaat im Frühjahr im Haus, büschelweise pikieren. Üblich ist die Teilung, die bevorzugt im Frühjahr erfolgen soll.

***Papaver,* Mohn**

Vermehrung durch Aussaat oder Wurzelschnittlinge. Aussaat im Februar/März im Haus oder von März bis Juni, dann auch im Frühbeetkasten oder auf Beete. Wurzelschnittlinge können von August bis März geschnitten werden, sie sind senkrecht zu stekken. Eine Teilung der Mutterpflanzen nach dem Einziehen ist im Spätsommer oder Frühjahr möglich.

***Paradisea,* Paradieslilie**

Vermehrung durch Aussaat oder durch Teilung. Aussaat direkt nach der Reife von August bis Oktober auf Beete oder im Frühbeetkasten. Teilung im März/April.

***Penstemon barbatus* 'Hosken Red', durch Aussaat vermehrt**

***Pennisetum,* Federborstengras**

Vermehrung durch Aussaat und Teilung. Aussaat von Januar bis März, büschelweise pikieren. Teilung im Frühjahr.

***Penstemon,* Bartfaden**

Vermehrung durch Aussaat und Stecklinge. Aussaat von Februar bis Mai im Haus, frühzeitig pikieren oder direkt in Töpfe säen. Stecklingsvermehrung im Frühjahr oder im September.

***Phalaris,* Glanzgras**

Vermehrung durch Teilung im Frühjahr.

***Phlomis,* Brandkraut**

Vermehrung durch Aussaat im Frühjahr unter Glas oder durch Teilung. Die Vermehrung durch Teilung ist wegen der Pfahlwurzelbildung schwierig.

***Phlox,* Staudenphlox, Flammenblume**

Vermehrung durch Aussaat, Teilung, Stecklinge und Wurzelschnittlinge. Aussaat im September auf Beete oder im Februar/März mit Kühlbehandlung. Teilung im Frühjahr vor der Blüte (April bis Mitte Mai), *P. subulata* auch

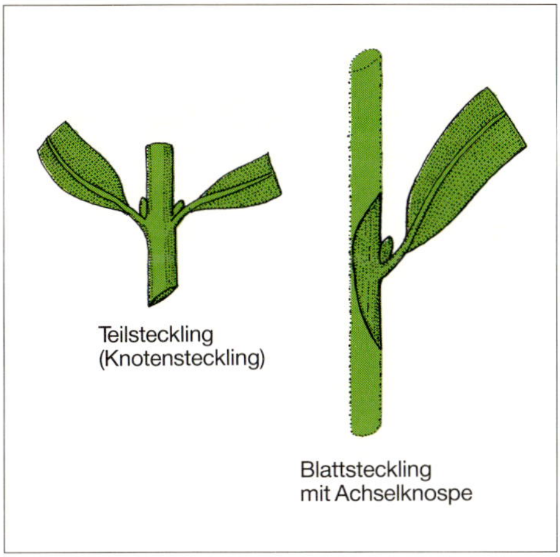

Stecklingsarten bei *Phlox*

nach der Blüte. Man kann je nach Bedarf in größere oder kleinere Stücke teilen. Stecklingsvermehrung durch Kopf- oder Teilstecklinge von Mai bis Juni. Teilstecklinge schneidet man mit 1 bis 2 Nodien (Blattansätzen). Zur Stecklingsvermehrung verwendet man Seitentriebe, die in den Blattachseln der blütentragenden Triebe erscheinen. Auch eine Vermehrung durch Blätter, die mit der Achselknospe vom Trieb zu schneiden sind, ist möglich. Wurzelschnittlinge senkrecht stecken.

Phyllitis, Hirschzungenfarn

Vermehrung durch Sporenaussaat, Teilung und Blattstielstecklinge. Bei Sporenaussaat ist das Ergebnis nicht vorhersehbar, manche Sporen sind reinerbig, aus anderen entstehen von den Elternpflanzen deutlich abweichende Exemplare. Bei den sterilen Sorten des Hirschzungenfarns ist man auf die vegetativen Methoden angewiesen. Zur Blattstielstecklingsvermehrung verwendet man jeweils die Blattstielbasen. Man zieht alte Wedel vom Mittelpunkt der Pflanze nach außen fort und schneidet von jedem Stiel einen 2 bis 3 cm langen Steckling. Dieser wird so tief gesteckt, daß nur wenig von der oberen Schnittfläche aus dem Substrat herausschaut. Nach 2 bis 3 Monaten (bis zu einem Jahr) haben sich an diesen Stielteilen kleine Farnpflänzchen gebildet, die man abnimmt und weiterkultiviert.

Physalis, Lampionpflanze

Vermehrung durch Aussaat und Teilung (Ausläufer). Aussaat von Februar bis Mai im Haus, dann Blüte noch im gleichen Jahr, oder von Mai bis Juni, dann auch im Frühbeetkasten, Keimung sehr unregelmäßig. Teilung im Frühjahr.

Physostegia, Gelenkblume, Etagenerika

Vermehrung durch Teilung (Ausläufer) am besten vor der Blüte im Frühjahr oder auch nach der Blüte im August. Vermehrung durch Stecklinge im Frühjahr.

Phyteuma, Teufelskralle

Vermehrung durch Aussaat und Teilung. Aussaat der sehr feinen Samen gleich in Töpfe (wegen der Rübenwurzel) von Januar bis März im Haus. Keimung sehr unregelmäßig, Samen kann ein Jahr überliegen. Teilung kurz nach dem Austrieb im Frühjahr.

Platycodon, Ballonblume

Vermehrung nur durch Aussaat möglich. Aussaat der feinen Samen von April bis Juni direkt in Töpfe oder auf Beete im Garten, damit sich die rübenartige Wurzel (Überdauerungsorgan) ungehindert entwickeln kann.

Polemonium, Jakobsleiter, Sperrkraut

Vermehrung durch Aussaat, Teilung und Stecklinge. Aussaat von April bis Juni im Haus, Frühbeetkasten oder auf Beete. Teilung im August/September. Stecklingsvermehrung im Frühjahr mit einem Ansatz des alten Holzes (Platte).

Polygonatum, Salomonssiegel

Vermehrung durch Aussaat und Teilung. Aussaat direkt nach der Reife oder im Frühjahr mit Kühlbehandlung, auch Selbstaussaat ist zu empfehlen. Teilung im Frühjahr.

Polygonum, Knöterich

Vermehrung durch Aussaat, Teilung (Ausläufer) und Stecklinge. Aussaat im Frühjahr im Haus. Teilung von April bis September möglich. Stecklingsvermehrung im Frühjahr nach dem Austrieb.

Polypodium, Tüpfelfarn

Vermehrung durch Sporenaussaat im Frühjahr, einfacher ist die Vermehrung durch Teilung der Rhizome.

Polystichum, Schildfarn

Vermehrung durch Sporenaussaat oder durch Teilung im Frühjahr. Bei einigen Schildfarnen, u. a. *P. setiferum*, bilden sich an den Blattwedeln neben den Fiedern und an den Wedelstielen kleine Bulben aus. Im Herbst, wenn diese deutlich zu sehen sind, nimmt man die Wedel ab, legt sie auf einem Vermehrungssubstrat aus und heftet sie fest. Bei gespannter Luft entwickeln sich die kleinen Bulben zu Farnpflänzchen, die abgenommen und weiterkultiviert werden.

Pontederia, Hechtkraut

Vermehrung in der Regel durch Teilung der Rhizome, Abtrennen von Seitentrieben, seltener durch Aussaat.

Potamogeton, Laichkraut

Vermehrung am einfachsten durch Stecklinge von aufrechten Sprossen, die basal wieder neue Sprossen (Ausläufer) bilden, durch Rhizomteilung oder Winterknospen (Hibernakeln).

Potentilla, Fingerkraut

Vermehrung durch Aussaat, Teilung und Stecklinge. Aussaat im Frühjahr im Haus, Frühbeetkasten oder auch auf Beete. Teilung von April bis Juni. Stecklingsvermehrung im Frühjahr oder auch im Herbst. Die Stecklinge sind mit einem Ansatz des alten Holzes zu schneiden bzw. zu reißen (Platte).

Primula, Primel

Vermehrung durch Aussaat, Teilung (diverse Arten) und Wurzelschnittlinge (*P. denticulata* und Sorten). Aussaat sofort nach der Ernte auf Beete oder mit Kühlbehandlung im Frühjahr im Haus. Die Keimung erfolgt nach dem Aufstellen im Haus oder im Frühjahr nach dem Tauwetter. Bei Handelssaatgut liegt der Samen nicht selten 1 Jahr über. *P. denticulata* und *P. elatior* mit ihren Hybriden sät man von März bis Juni aus. Teilung der Rosetten von Mai bis Juli bzw. nach der Blüte. Bei *P. denticulata* (Kugelprimel) ist eine Vermehrung durch Wurzelschnittlinge möglich.

Prunella, Braunelle

Vermehrung durch Aussaat und Teilung. Aussaat im Frühjahr im Haus, bei älterem Saatgut ist eine Kühlbehandlung sinnvoll. Teilung von März bis Juni bzw. nach der Blüte.

Pseudosasa japonica

Vermehrung wie *Arundinaria.*

Pulmonaria, Lungenkraut

Vermehrung durch Aussaat im Frühjahr im Haus oder durch Teilung von April bis Juni.

Pulsatilla, Kuhschelle, Küchenschelle

Vermehrung durch Aussaat gleich nach der Reife oder mit Kühlbehandlung im Frühjahr unter Glas. Älteres Saatgut reift sehr unregelmäßig. *P. vulgaris* auch durch Wurzelschnittlinge. Teilung nach der Blüte.

Puschkinia, Puschkinie

Vermehrung durch Aussaat und Brutzwiebeln. Verbreitet sich leicht durch Selbstaussaat.

Ramonda, Felsenteller

Vermehrung durch Aussaat und Blattstecklinge. Aussaat von November bis März mit Kühlbehandlung im Haus. Blattstecklingsvermehrung im Frühjahr, wie bei *Lewisia* beschrieben.

Pulsatilla vulgaris läßt sich u. a. durch Teilung nach der Blüte vermehren.

Pulsatilla vulgaris setzt reichlich Samen an, der nach einer Kühlbehandlung im Frühjahr unter Glas ausgesät wird.

***Raununculus*, Hahnenfuß**

Vermehrung durch Aussaat und Teilung, *R. ficaria* (Scharbockskraut) auch durch Brutknöllchen. Aussaat am besten gleich nach der Reife auf Beete oder im Haus mit Kühlbehandlung. Teilung im Frühjahr.

***Rheum*, Zierrhabarber**

Vermehrung durch Aussaat noch im Herbst oder von April bis Juni im Frühbeetkasten. Teilung im Frühjahr.

***Rodgersia*, Bronzeblatt, Schaublatt**

Vermehrung durch Aussaat, Teilung oder Wurzelschnittlinge. Aussaat von Januar bis März im Haus. Teilung im Frühjahr.

***Rosularia*, Dickröschen**

Vermehrung leicht durch Teilung oder Rosettenstecklinge im Herbst.

***Rudbeckia*, Sonnenhut**

Vermehrung durch Aussaat, Teilung, Stecklinge oder Wurzelschnittlinge. Aussaat von Januar bis Juni im Haus, Frühbeetkasten oder auf Beete. Bei später Aussaat ohne Pikieren auspflanzen. Wurzelschnittlinge senkrecht stecken (nicht immer befriedigend). Teilung im zeitigen Frühjahr. Stecklingsschnitt im April/Mai (grundständiger Steckling).

***Sagina*, Sternmoos**

Vermehrung durch Aussaat und Teilung. Aussaat von Mai bis Juni, Samen nicht übersieben, büschelweise pikieren. Teilung während der gesamten Vegetationsperiode möglich.

***Sagittaria*, Pfeilkraut**

Vermehrung durch Aussaat und Teilung. Aussaat unmittelbar nach der Reife, Aussaatgefäße von unten feucht halten. *S. sagittifolia* treibt im Sommer unterirdische Ausläufer, an deren Enden je ein knollenförmiges Gebilde entsteht. Diese Ruheknollen werden ausgegraben und dienen der Vermehrung.

***Salvia*, Salbei**

Vermehrung durch Aussaat, Teilung und Stecklinge. Aussaat ab Februar im Haus, später auch im Frühbeetkasten, Keimung sehr unregelmäßig. Stecklingsvermehrung im Frühjahr nach dem Austrieb, mit einem Ansatz des alten Holzes schneiden oder an der Basis abreißen (Abrißsteckling). Teilung im März/April oder August/September möglich.

***Santolina*, Heiligenkraut**

Vermehrung durch Aussaat und Stecklinge. Aussaat von Januar bis April im Haus. Stecklingsvermehrung im Herbst durch Kopfstecklinge.

Saxifraga burseriana, **durch Rosettenstecklinge vermehrt**

Saponaria, Seifenkraut

Vermehrung durch Aussaat, Teilung und Stecklinge. Aussaat von Januar bis März im Haus oder von April bis Juni, dann auch auf Beete oder im Frühbeetkasten, tuffweise pikieren. Teilung im Frühjahr. Stecklingsvermehrung im Herbst (Rosettenstecklinge).

Saxifraga, Steinbrech

Vermehrung durch Aussaat, Teilung und Stecklinge. Aussaat von Januar bis März mit Kühlbehandlung. Der sehr feine Samen sollte mit feinem Sand gestreckt werden (s. Seite 120), nicht übersieben. Teilung der Rosettenbüschel im Frühjahr oder Herbst. Stecklingsvermehrung (Rosettenstecklinge) bevorzugt im Herbst, aber auch im Frühjahr, selbst während der Blütezeit, möglich.

Scabiosa, Skabiose

Vermehrung durch Aussaat, Stecklinge und Teilung. Aussaat von Dezember bis Juni im Haus oder im Frühbeetkasten. Teilung sowohl im Frühjahr als auch im Herbst. Das Teilen ist schwierig, da die Triebansätze nur wenige Wurzeln besitzen. Eine Vermehrung durch Stecklinge ist von Mai bis August möglich.

Scilla, Blaustern

Vermehrung durch Aussaat und Brutzwiebeln. Aussaat im September auf Beete, dort bleiben sie 2 Jahre stehen. Wer selbst Samen ernten will, muß aufpassen, die Kapseln sind zu pflücken, wenn sie beginnen, sich zu verfärben. Versäumt man den richtigen Zeitpunkt, springen sie an warmen Tagen auf, und ihr Inhalt ist verloren. Aus diesem Grunde kann auch Selbstaussaat empfohlen werden. Die Bildung von Brutzwiebeln kann durch Anschneiden des Zwiebelbodens gefördert werden.

Scirpus, Simse

Vermehrung durch Aussaat im Frühjahr im Haus, büschelweise pikieren. In der Regel wird durch Teilung vermehrt.

Die Simse, *Scirpus,* **läßt sich leicht durch Teilung vermehren.**

Scutellaria, **Helmkraut**

Vermehrung durch Aussaat, Teilung oder Stecklinge. Aussaat von April bis Juni im Haus, Frühbeetkasten oder auf Beete. Teilung im Frühjahr. Stecklingsvermehrung im Spätsommer.

Sedum, **Fetthenne, Mauerpfeffer**

Vermehrung durch Aussaat, Teilung oder Stecklinge. Aussaat von April bis Juni im Frühbeetkasten oder im Haus, Samen nicht übersieben. Teilung während der gesamten Vegetationsperiode möglich. Stecklingsvermehrung, ob Blatt- oder Kopfstecklinge, bevorzugt im Frühjahr.

Sempervivum, **Dachwurz**

Vermehrung durch Aussaat, Teilung und Stecklinge. Aussaat wie *Sedum*. Teilung und Stecklingsvermehrung im Frühjahr/Sommer.

Sesleria, **Kopfgras**

Vermehrung im Mai/Juni durch Teilung.

Silene, **Leimkraut**

Vermehrung durch Aussaat, Teilung und Stecklinge. Aussaat von Mai bis Juli im Haus oder Frühbeetkasten, tuffweise pikieren. Teilung im Frühjahr. Stecklingsvermehrung von August bis Oktober.

Sinarundinaria, **Gartenbambus**

Vermehrung nur durch Teilung im Frühjahr möglich. Jungpflanzen ist Winterschutz zu geben.

Soldanella, **Troddelblume**

Vermehrung durch Aussaat direkt nach der Reife im Herbst oder im Frühjahr im Haus mit Kühlbehandlung. Samen liegt häufig 1 Jahr über. Teilung nach der Blüte.

Solidago, **Goldrute**

Vermehrung durch Aussaat, Teilung oder Stecklinge. Aussaat im Frühjahr im Haus oder Frühbeetkasten. Teilung ebenfalls im Frühjahr. Stecklingsvermehrung (Kopfstecklinge) im April/Mai.

Sparganium, **Igelkolben**

Vermehrung durch Aussaat oder Teilung. Aussaat gleich nach der Reife im Herbst, Aussaatgefäße von unten ständig feucht halten. Teilung im Herbst oder zeitigem Frühjahr.

Stachys, **Ziest**

Vermehrung durch Aussaat und Teilung. Aussaat im Frühjahr im Haus oder Frühbeetkasten. Teilung im Frühjahr.

Sternbergia, **Goldkrokus**

Vermehrung in der Regel nur durch Brutzwiebeln, die im Juli gerodet und sofort wieder gepflanzt werden müssen. Anzucht aus Samen ist natürlich möglich, doch dauert es mindestens 4 Jahre bis zur Blühreife.

Stipa, **Federgras**

Vermehrung durch Aussaat noch im Herbst, büschelweise pikieren oder durch Teilung im März/April.

Sämlinge von *Stipa bromoides*

Die Krebsschere, *Stratiotes*, läßt sich leicht durch Abtrennen der sich an den Ausläufern bildenden Jungpflanzen (Ableger) vermehren.

Stokesia, Kornblumenaster

Vermehrung in der Regel durch Teilung im Frühjahr oder durch Wurzelschnittlinge, die senkrecht gesteckt werden. Aussaat im Frühjahr ist möglich.

***Stratiotes*, Wasseraloe, Krebsschere**

Vermehrung durch Abtrennen der Ableger und Aussaat bald nach der Fruchtreife.

***Symphytum*, Beinwell**

Vermehrung durch Wurzelschnittlinge, Teilung von April bis Juni oder durch Stecklinge im Frühjahr/Sommer.

***Telekia*, Telekie**

Vermehrung durch Aussaat im Februar/März im Haus oder durch Teilung im Frühjahr.

***Teucrium*, Gamander**

Vermehrung durch Aussaat, Teilung (Ausläufer), Stecklinge. Aussaat im März/April im Haus. Teilung im Frühjahr. Stecklingsvermehrung im Frühjahr nach dem Austrieb oder auch im Herbst.

***Thalictrum*, Wiesenraute**

Vermehrung durch Aussaat oder Teilung. Aussaat von Januar bis April im Haus oder Frühbeet. Bei Handelssaatgut ist eine Kühlbehandlung zu empfehlen. Teilung im Frühjahr.

***Thymus*, Thymian**

Vermehrung durch Stecklinge, Aussaat oder Teilung. Aussaat von März bis August im Haus, Frühbeetkasten oder auf Beete möglich. Teilung im Frühjahr oder im Sommer.

***Tiarella*, Schaumblüte**

Vermehrung in der Regel durch Teilung (Ausläufer) während der Vegetationszeit. Samenvermehrung im Frühjahr ist möglich, wird jedoch kaum angewandt.

***Tradescantia*, Dreimasterblume**

Vermehrung durch Aussaat im Frühjahr, Stecklinge oder durch Teilung im Frühjahr. Stecklingsvermehrung von Frühjahr bis Herbst.

***Trapa*, Wassernuß**

Vermehrung durch Aussaat. Die Samen (Nüsse) werden im Herbst eingesammelt, bis zum Frühjahr in Wasser kühl aufbewahrt und dann in feuchter Erde ausgesät. In der freien Natur sinken die reifen Samen zu Boden und verankern sich mit ihren hakigen Fortsätzen am Gewässergrund.

***Tricyrtis*, Krötenlilie**

Vermehrung durch Aussaat, Teilung und Stecklinge im Frühjahr.

***Trollius*, Trollblume**

Vermehrung durch Aussaat und Teilung. Aussaat gleich nach der Reife im Herbst auf Beete

Wildtulpen, hier *Tulipa praestans,* lassen sich auch durch Aussaat vermehren.

Sämlinge von *Tulipa turkestanica*

oder im Frühjahr im Haus mit Kühlbehandlung, baldmöglichst pikieren. Ältere Samen (auch Handelssaatgut) liegen häufig über. Teilung ist praktisch während der gesamten Vegetationsperiode möglich, bevorzugt nach der Blüte.

Tulipa, Tulpe

Vermehrung der Gartenformen und Wildtulpen in der Regel durch Brutzwiebeln, Aussaat möglich. Häufig werden zwar viele Brutzwiebeln ausgebildet, die in der Mehrzahl 1 bis 2 Blätter treiben, aber nicht blühen. Ursache ist eine unzureichende Nährstoffversorgung.

Typha, Rohrkolben

Vermehrung durch Aussaat und Teilung. Aussaat im Frühjahr im Haus bei mindestens 20 °C, Aussaatsubstrat gut feucht halten. Teilung im Herbst oder im zeitigen Frühjahr.

Uniola, Plattährengras

Vermehrung durch Aussaat im Februar/März im Haus, büschelweise pikieren, oder durch Teilung von März bis Juli.

Verbascum nigrum, Vermehrung durch Wurzelschnittlinge

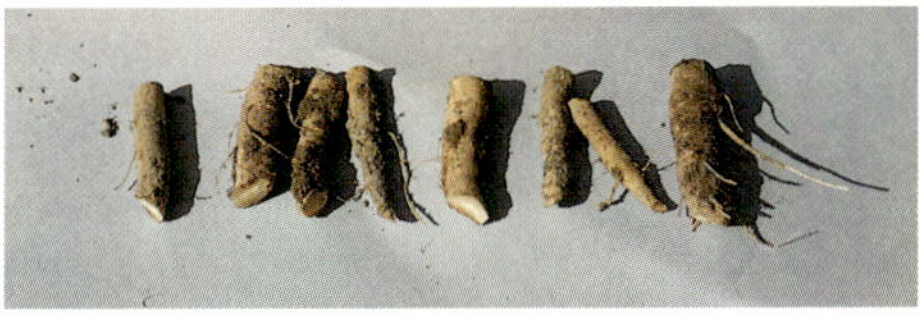

Geschnittene Wurzelschnittlinge

Ausgetriebene Wurzelschnittlinge

Der Rohrkolben, *Typha,* wird in der Regel durch Teilung der kriechenden Wurzelstöcke vermehrt.

Veronica spicata ssp. *spicata* 'Heidekind' wird durch Teilung oder Stecklinge vermehrt.

Utricularia, Wasserschlauch

Vermehrung durch Teilung der Sprosse während der Vegetationszeit oder durch Winterknospen (Hibernakeln).

Verbascum, Königskerze

Vermehrung durch Aussaat, Teilung der Grundsprosse, Wurzelschnittlinge oder Stecklinge. Aussaat im Mai/Juni im Haus oder Frühbeetkasten, auch Selbstaussaat. Wurzelschnittlinge senkrecht stecken. Eine Vermehrung durch Stecklinge im Frühjahr nach dem Austrieb ist möglich.

Veronica, Ehrenpreis

Vermehrung durch Aussaat, Teilung oder Stecklinge. Aussaat im März/April im Haus oder Frühbeetkasten. Teilung im Frühjahr oder im Spätsommer. Stecklingsvermehrung je nach Art von Frühjahr bis Herbst.

Vinca, Immergrün

Vermehrung durch Teilung von Frühjahr bis Sommer oder auch durch Stecklinge, die leicht wurzeln.

Viola, Veilchen

Vermehrung durch Aussaat, Teilung und durch Stecklinge. Aussaat von *V. odorata* (Märzveilchen, Duftveilchen) gleich nach der Samenreife auf Beete, Keimung im folgenden Frühjahr. Aussaat von *V. cornuta* (Hornveilchen) von Mai bis Juli im Haus oder Frühbeetkasten. Alle Arten lassen sich durch Teilung (Abtrennen von Ausläufertrieben mit Wurzelansätzen) vor oder nach der Blüte vermehren. Vermehrung durch Stecklinge möglich.

Waldsteinia, Waldsteinie

Vermehrung durch Teilung und Stecklinge. Teilung der Ranken bzw. Ausläufer im Frühjahr. Auch Vermehrung durch Kopfstecklinge ist möglich.

Yucca, Palmlilie

Vermehrung durch Aussaat nur schwer möglich, da Samen nur selten angeboten wird und bei uns nur durch künstliche Bestäubung gewonnen werden kann. Vermehrung in der Regel durch Teilung der knolligen Rhizome.

Hortensie, *Hydrangea macrophylla*

Substrate und Erden für Vermehrung und Weiterkultur*

Sind auch alle Wachstumsfaktoren, wie Licht, Luft, Wasser, Wärme, optimal gestaltet, hängt der Erfolg einer Vermehrung und der Weiterkultur nicht zuletzt von den verwendeten Substraten ab. Pflanzen benötigen zum Leben u. a. Wasser und Nährstoffe, die durch die Wurzeln aufgenommen werden. Die Erde als Lebensraum der Wurzeln muß aber für das Leben der Wurzeln selbst geeignet sein. Das Substrat muß beste physikalische Eigenschaften besitzen, ein hohes Porenvolumen aufweisen und selbst bei Wassersättigung einen noch ausreichenden Luftaustausch gewährleisten. Es muß verschlämmungsfest und mikrobiell schwer abbaubar sein. Nährstoffe müssen gespeichert werden können, dabei für die Pflanze aber verfügbar bleiben. Dies sind allgemeine Forderungen.

Die Forderungen an eine ideale Aussaat- oder Stecklingserde sind noch höher.

Aussaat- und Stecklingssubstrate dienen dem Sämling bzw. Steckling als Standort und haben weniger die Aufgabe, Nährstoffe zu liefern. Ein solches Substrat muß daher nährstoffarm (nicht nährstoffrei) und wegen der Anfälligkeit der Keimlinge und Stecklinge für Krankheiten weitgehend keimfrei sein. Je nährstoffreicher ein Vermehrungssubstrat ist, desto schlechter wird die Bewurzelung der Sämlinge oder Stecklinge sein. Eine Pflanze in einem relativ nährstoffreichen Substrat hat es nicht nötig – wenn es überhaupt zur Keimung bzw. Bewurzelung kommt –, viele Wurzeln auszubilden, da ihr genügend Nährstoffe zur Verfügung stehen. Eine Pflanze in einem nährstoffarmen Substrat muß dagegen auf der Suche nach den wenigen Nährstoffen viele Wurzeln ausbilden. Später ist diese Jungpflanze nach dem Verpflanzen in ein nährstoffreicheres Substrat wegen ihres großen Wurzelvolumens schneller in der Lage, Nährstoffe aufzuschließen und aufzunehmen. Bezüglich der Wachstumsgeschwindigkeit und dem Aufbau organischer Substanz haben diese Pflanzen erhebliche Vorteile gegenüber einer Pflanze mit wenigen Wurzeln. Aus diesem Grunde sind auch normale Blumenerden, wie sie im Handel erhältlich sind, nicht zur Vermehrung zu verwenden. Solche Erden sind relativ nährstoffreich und daher nur zum Umpflanzen gut bewurzelter Pflanzen gedacht.

Bei den Stecklingssubstraten ist noch zu bedenken, daß der Steckling zwar ausreichend mit Feuchtigkeit versorgt werden muß, doch darf ein hoher Wassergehalt nicht dazu führen, daß sämtliche Hohlräume des Substrates mit Wasser ausgefüllt sind. Es käme zu Sauerstoffmangel an der Schnittstelle, die Bewurzelung würde verhindert, der Steckling faulen. Daher muß ein Stecklingssubstrat ein besonders hohes Porenvolumen aufweisen.

Neben den am Anfang genannten Kriterien müssen Substrate für die Weiterkultur in der Lage sein, ausreichend Nährstoffe zu speichern, aber auch abzugeben. Denn ein schnelles, ungestörtes Wachstum findet nur statt, wenn der Pflanze alle Nährstoffe in der ihren Ansprüchen entsprechenden richtigen Bedarfsmenge zur Verfügung stehen.

Natürliche Böden sind als Topfsubstrate zur Weiterkultur nicht geeignet, auch nicht für die Containerkultur der Gehölze, weil sie den Pflanzen die benötigten Wasser- und Nährstoffmengen unter sonst optimalen Wachstumsbedingungen nicht ausreichend zur Verfügung stellen können. Dies vermögen jedoch z. B. Gemische aus Ton und Torf.

Substrate aus Torf, Ton, Rinde und Kunststoffen werden heute meist industriell hergestellt

* Der Gärtner verwendet die Bezeichnung Erde dann, wenn die jeweilige Erde aus Grundstoffen, die z. T. im Betrieb selbst gewonnen werden können, z. B. Kompost-, Mistbeet- oder Lauberde, hergestellt wurde und durch Kompostierung umgewandelt worden ist. Substrate dagegen sind überwiegend aus betriebsfremden Materialien, wie Torf, Ton, Nadelstreu, Sand, Kunststoff (z. B. Styropor), hergestellt.

und haben die früher üblichen „Praxis-Erden“ aus Kompost-, Laub- oder Mistbeeterde weitgehend verdrängt. Diese Substratgemische sind für viele Kulturen geeignet und vermindern das Risiko der Übertragung von Krankheiten und Schädlingen. Werden Praxiserden dennoch verwendet, müssen sie vor Gebrauch keimfrei gemacht werden (s. Seite 292). Denn schon mancher Versuch, Pflanzen heranzuziehen, scheiterte an den allgegenwärtigen Schadorganismen. Für den Hobbygärtner ist die Verwendung industriell hergestellter Substrate immer noch das Empfehlenswerteste. Allerdings sind nicht alle tütenverpackten Erdgemische (zwischen 100 und 200 gibt es etwa), die in Gärtnereien und Blumengeschäften, im Samenfachhandel und in den verschiedenen Einzelhandelsgeschäften angeboten werden, bedingungslos zu empfehlen. Nicht das Aussehen entscheidet über die Qualität der Erde, sondern der Inhalt. Wenn der Aufdruck auf der Verpackung keinen Hinweis auf die Zusammensetzung des Substrates, die Wasser- und Luftkapazität, den Nährstoff- und Humusgehalt, den pH-Wert gibt und nicht wenigstens ein Qualitätszeichen erkennen läßt, daß dieses Substrat unter ständiger Kontrolle einer amtlichen Stelle steht, sollte man mit dem Kauf vorsichtig sein.

Nachfolgend eine nähere Beschreibung der Substrate, die sich zur Vermehrung und Weiterkultur eignen. Aufgeführt sind auch die Komponenten, die als Zuschlagstoffe dienen. Im Anschluß daran gibt eine Tabelle Auskunft, bei welcher Vermehrungsmethode bzw. Pflanzengruppe welches Substrat zu empfehlen ist.

Weißtorf (Düngetorf). Weißtorf ist der jüngere, wenig zersetzte Hochmoortorf, der im Handel unter der Bezeichnung „Düngetorf“ (Handelsname z. B. „Floratorf“) erhältlich ist. Eine an sich irreführende Bezeichnung, da dieser Torf keine zusätzlichen Nährstoffe enthält. Diese Bezeichnung ist von der Torfindustrie gewählt worden, weil nach der wissenschaftlichen Definition alle Stoffe, die den Pflanzenertrag oder die Qualität verbessern, zu den Düngemitteln gehören.
Torf ist organischen Ursprungs, hat eine gute Wasserhaltefähigkeit und bei Wassersättigung noch einen ausreichenden Luftgehalt. Er ist nahezu steril (braucht nicht sterilisiert werden) und enthält von Natur aus nur wenige Nährstoffe.
Reiner Weißtorf wird zur Farnanzucht verwendet, auch zur Stecklingsvermehrung, hat aber den Nachteil, daß die Standfestigkeit der Stecklinge nur gering ist. Vor Verwendung ist reiner Weißtorf mit 3 bis 6 g kohlensaurem Kalk je Liter aufzukalken. In Mischungen mit Styromull ist die Kalkmenge auf den Torfgehalt zu beziehen. Bei Mischungen von Torf und Sand ist ein Kalkzusatz in der Regel nicht erforderlich.
Der Torf muß vor Verwendung ausreichend, das heißt durchdringend, angefeuchtet werden. In den Vermehrungsgefäßen darf er nicht zu locker liegen, er ist gut, aber nicht zu fest anzudrücken.

Sand. Sand dient in der Regel als Zuschlagsstoff für Vermehrungssubstrate und Praxiserden. Er ist mineralischen Ursprungs, hält das Wasser schlecht und dient der besseren Durchlüftung und dem Abtransport überschüssigen Wassers. Er muß frei von Beimengungen (Ton, Eisen, Kalk), das heißt gewaschen sein. Geeignet ist Flußsand oder gewaschener Kiessand (Estrichsand) in der Körnung 00 bis 03 mm.

Torf-Sand-Gemisch. Das klassische Substrat für die Stecklingsvermehrung ist eine Mischung von Torf und Sand im Verhältnis 1:1 oder auch mit variierenden Anteilen von Torf und Sand. Als Sandersatz kann auch Styromull oder Perlite verwendet werden.

Perlite. Perlite ist ein poröses, feinkörniges, unverrottbares Aluminiumsilikat in Granulatform. Perlite ist sehr strukturstabil, reagiert alkalisch (pH-Wert 7,5 bis 8,0) und dient in reiner Form zur Stecklingsvermehrung oder als Beimischung (Sandersatz) bei sonstigen Substraten. Zur Stecklingsvermehrung geeignet in der Körnung 3 bis 8 mm. Perlite kann nach Sterilisierung wieder verwendet werden.

Styromull (Styropor). Styromull ist ein Polystyrolschaumstoff in Flockenform mit eingeschlossenen Poren. Auf das Volumen bezogen besteht eine Styroporflocke zu 98 % aus Luft. Styromull hat kein Wasserhalte- und Nährstoffhaltevermögen. Es dient der anhaltenden Lockerung und Durchlüftung der Substrate (Sandersatz).

Vermiculit. Vermiculit wird aus einer magnesiumhaltigen Glimmerart hergestellt. Dieser Glimmer wird bei etwa 110 °C aufbereitet, wobei das Material auf das 10- bis 15fache seines früheren Volumens anwächst und dadurch saug- und speicherfähig wird. Entwickelt ursprünglich als Wärmedämmstoff, wird es heute auch im Gartenbau als Vermehrungssubstrat, insbesondere für die Stecklingsvermehrung und zur Auflockerung von Substraten, verwendet. Vermiculit wird in verschiedenen Körnungen angeboten. Als Vermehrungssubstrat ist es geeignet in der Körnung 2 bis 3 mm, zur Auflockerung von Substraten in der Körnung 3 bis 8 mm.

Bimskies. Bimskies ist ein leichtes, poröses, strukturstabiles Gestein vulkanischen Ursprungs. Er hat eine gute Luftführung und kann gut Wasser adsorbieren. Der pH-Wert liegt bei 7 bis 8. Bimskies dient als Sandersatz, in reiner Form als Aussaatsubstrat für Kakteen.

Torfkultursubstrate. Im Handel werden eine Reihe von sogenannten Torfkultursubstraten (TKS) sowohl für die Anzucht als auch für Jungpflanzenkultur und zur Weiterkultur angeboten. Grundsubstanz ist wenig zersetzter Hochmoortorf (Weißtorf), der aufgekalkt wird und dem, je nach späterem Verwendungszweck, Haupt- und Spurennährstoffe in unterschiedlichen Konzentrationen zugefügt werden.

Verwendungsbereiche der einzelnen TKS-Typen:

TKS 0 (TKS Spezial): Enthält als Beimischung nur kohlensauren Kalk, keine Pflanzennährstoffe. Ist im Grunde genommen identisch mit aufgekalktem Weißtorf (s. auch bei Weißtorf). Geeignet zur Farnanzucht oder, individuell aufgedüngt, zur Weiterkultur.

TKS 1: Für Aussaaten, Stecklingsvermehrungen (besser ist es, andere Vermehrungssubstrate zu verwenden), zum Pikieren und als Endtopfsubstrat für salzempfindliche Pflanzen in den Wintermonaten. Nachdüngung nach 4 bis 6 Wochen erforderlich.

TKS 2: Endtopfsubstrat für Pflanzen mit hohem Nährstoffbedarf bzw. hoher Salzverträglichkeit. Nachdüngung nach 6 bis 8 Wochen erforderlich.

Zwar können solche Torfkultursubstrate selbst hergestellt werden, doch ist dies nicht zu empfehlen, da es schwer ist, die Düngermenge richtig zu bemessen, dies betrifft insbesondere die Versorgung mit Spurenelementen, und es macht Schwierigkeiten, alles innig zu vermischen; das ist nur in Mischtrommeln zu erreichen.

Alle Torfkultursubstrate müssen vor Verwendung gründlich durchgefeuchtet werden, da sie trocken nur sehr schwer Wasser aufnehmen. Das Ein- und Umtopfen in Torfkultursubstrate soll nur mäßig fest erfolgen, um die günstigen physikalischen Eigenschaften nicht zu mindern.

Einheitserden. Unter Einheitserden werden industriell hergestellte (oder auch selbst hergestellte) Substrate verstanden, die sich aus den Komponenten Ton und Weißtorf zusammensetzen (heute zum Teil auch noch mit Zusätzen von kompostierter Rinde und Kunststoffen). Die Vorteile bzw. Eigenschaften des Weißtorfes sind schon beschrieben worden (s. Weißtorf). Ton – verwendet wird Montmorillonit-Ton – besitzt ein hohes Sorptions- und Pufferungsvermögen und ist von Natur aus reich an Spurenelementen. Einheitserden bestehen in der Regel aus 60 bis 70 Vol.-% Weißtorf und 30 bis 40 Vol.-% Ton, je nach Typ mit unterschiedlichen Anteilen an Nährstoffen.

Im folgenden werden die Verwendungsbereiche der einzelnen Einheitserde-Typen besprochen:

Typ 0 (Nullerde): Außer kohlensaurem Kalk sind keine Pflanzennährstoffe beigemischt. Geeignet zur Farnanzucht, als Vermehrungssubstrat und, individuell aufgedüngt, zur Weiterkultur.

Typ VM (Vermehrungserde): Ein besonders lockeres Substrat mit Zusätzen von Styropor oder Perlite. Abweichend von den anderen Typen besteht dieses Substrat aus 90 Vol.-% Weißtorf, Styropor bzw. Perlite und 10 Vol.-% Ton. Neben kohlensaurem Kalk sind die übrigen Nährelemente nur in geringen Konzentrationen enthalten. Geeignet für Aussaaten und Stecklinge, für die Jungpflanzenanzucht und zum Pikieren salzempfindlicher Pflanzenarten (z. B. Usambaraveilchen).
Typ P (Pikiererde): Der Typ P enthält je Liter 1,5 g eines leicht aufnehmbaren, ballastarmen Mehrnährstoffdüngers, alle wichtigen Spurenelemente, Phytohormone und Vitamine. Verwendet wird Typ P zum Pikieren von Pflanzen mit mittlerer und hoher Salzverträglichkeit und als Endtopfsubstrat für Pflanzen mit hoher Salzverträglichkeit im Winter. Nachdüngung nach 4 bis 6 Wochen.
Typ T (Torferde): Enthält die doppelte Düngermenge des Typs P. Bevorzugt zum Topfen von Pflanzenarten mit mittlerer und hoher Salzverträglichkeit. Gut geeignet zum Endtopfen von Beet- und Balkonpflanzen. Dieser Typ sollte im Winter nicht verwendet werden. Nachdüngung nach 6 bis 8 Wochen.
Typ ED 83 (Einheitserde – dauergedüngt): ED 83 ist eine Einheitserde zum Topfen von Pflanzen mit mittlerer und hoher Salzverträglichkeit von Frühjahr bis Herbst. ED 83 enthält neben sofort verfügbaren Nährstoffen (wie Typ P und T) auch Nährstoffe mit langanhaltender Wirkung (Langzeitdünger). Dieses Substrat darf nicht über einen längeren Zeitraum gelagert werden. Bei längerer Lagerung und späterer Verwendung kann es bei den Pflanzen zu Überdüngungsschäden kommen.
Die oben genannten Einheitserden-Typen werden von verschiedenen Firmen mit kleinen Abweichungen in der Zusammensetzung und unter verschiedenen Bezeichnungen im Handel angeboten, z. B. „Einheitserde", „Fruhstorfer-Erde", „Floraton", in kleinen Abpackungen für den Hobbygärtner unter der Bezeichnung „frux".

Container-Erden. Für die Kultur von Gehölzen und Stauden im Container sind spezielle Substrate entwickelt worden. Diese Substrate (z. B. „Floradur") bestehen in der Regel aus wenig (Weißtorf) und stark zersetztem Hochmoortorf (Schwarztorf), Quarzsand sowie schnell- und langsamwirkenden Haupt- und Spurennährstoffen. Durch den Sandanteil ist einerseits eine gute Standfestigkeit gewährleistet, und zum anderen verhindert er eine Vernässung des Substrates. Auch bei voller Wassersättigung (nach starken Regenfällen) ist noch eine gute Durchlüftung gegeben. Neben diesen speziellen Container-Erden können für die Weiterkultur der Stauden und Gehölze auch die oben genannten Einheitserden verwendet werden.

Blähton und Blähschiefer. Als Füllmaterial für Hydrokulturgefäße hat sich das für die Baustoffindustrie entwickelte Tongranulat Blähton bestens bewährt. Blähton ist gebrannter Ton, der sich während des Brennprozesses kugelförmig aufgebläht hat. Er ist porös, daher leicht, ferner staubfrei und beständig. Blähton wird als Füllsubstrat in der Körnung 8 bis 16 mm zur Vermehrung und als Sandersatz in Korngrößen 2 bis 4 mm und 4 bis 8 mm verwendet.
Blähschiefer ist ein dem Blähton verwandter Werkstoff. Ausgangsmaterial sind rohe Schieferplatten aus dem Rheinischen Schiefergebirge; Verwendung wie Blähton.

Jiffy-7 Torfquelltöpfe. Der Jiffy-7 besteht aus hochwertigem Weißtorf mit Zusätzen von Dolomitkalk zur pH-Wert-Regulierung und den für die Vermehrung erforderlichen Nährstoffen. Ein speziell konstruiertes Kunststoffnetz hält das Substrat sicher zusammen und gibt dem Ballen Stabilität. Bei der Herstellung der 4,5 cm Durchmesser großen Tabletten wird das Substrat auf 1/10 seines Ursprungsvolumens zusammengepreßt.
Vor Verwendung legt man die „Tabletten" in eine wasserdichte Schale und übergießt sie mit Wasser. Während des Quellungsprozesses expandieren die Tabletten auf ihre ursprüngliche Höhe zurück. 10 Tabletten benötigen etwa 3/4 bis 1 Liter Wasser. Der Quellvorgang ist nach etwa 5 Minuten abgeschlossen.
Die Maschenweite des Netzes ist so gehalten, daß auch starke, fleischige Wurzeln hindurchwachsen können, ohne stranguliert zu werden.

Das später einsetzende Dickenwachstum der Wurzeln wird ebenfalls nicht beeinträchtigt.

Der Jiffy-7 eignet sich für Direktsaaten, zum Pikieren kleiner Sämlinge und zum Stecken von Stecklingen. Während der Anzuchtzeit sind die Torfquelltöpfe immer feucht zu halten. Eine Weiterentwicklung des Jiffy 7 ist der Jiffy 9, der ebenfalls aus Weißtorf besteht, aber nicht von einem Kunststoffnetz, sondern von Bindemitteln zusammengehalten wird.

Vermehrungssubstrate

Forsythien-Stecklinge in Sand-Torf-Gemisch

Ulmus parvifolia-Stecklinge in Vermiculit

Kakteen-Aussaat in Vermiculit

Bewurzelter Steckling von *Catalpa bignonioides* in Jiffy 7

Betula nana-Stecklinge in Oasis-Vermehrungswürfeln

Bewurzelte *Betula pubescens*-Stecklinge in Grodan-Vermehrungswürfeln

Er ist in zwei Größen, mit 3,5 und 5 cm Durchmesser, erhältlich. Speziell für Gehölze und Moorbeetpflanzen ist ein Jiffy 9 mit niedrigem pH-Wert im Handel.

Oasis-Vermehrungswürfel. Oasis ist ein Produkt aus synthetischen Schaumstoffen und wird für die Vermehrung als Würfelverbundplatte geliefert. Das Material zeichnet sich durch gutes Wasseraufnahme- und Wasserspeichervermögen aus. Bei voller Wassersättigung sind etwa 50 bis 70 % des Porenvolumens mit Wasser gefüllt, so daß eine gute Luft- und Wärmeführung gewährleistet ist. Die Platten lassen sich auf jede gewünschte Größe zuschneiden. Oasis eignet sich wie Grodan zur Direktaussaat und zum Stecken von Stecklingen. Auch hier muß frühzeitig mit der Düngung begonnen werden. Im Gartenbau werden diese Vermehrungswürfel bevorzugt für die Anzucht von Hydrokulturpflanzen eingesetzt.

Grodan-Vermehrungswürfel. Grodan ist ein Produkt aus chemisch behandelter Steinwolle und hat 97 % Porenvolumen bei 3 % Trockensubstanzgehalt. Damit ist eine schnelle Wasseraufnahme von annähernd 90 % des Porenvolumens möglich. Infolge der Schwerkraft des Wassers entwässert sich das Substrat auf etwa 40 % Restwasser. Aufgrund der guten Beweglichkeit des Wassers ist der Lufthaushalt sehr gut.
Grodan-Vermehrungswürfel sind palettiert auf 30 cm x 30 cm großen Folien, in den Größen 3 cm x 3 cm, 3,8 cm x 3,8 cm und 5 cm x 5 cm erhältlich. Jeder dieser Würfel ist mit einem Loch versehen. Sie eignen sich für Direktsaaten und für Stecklinge. Das Material ist absolut steril, enthält keine Nährstoffe – daher muß frühzeitig gedüngt werden – und zersetzt sich im Laufe der Zeit in der Erde.
Grodan wird auch in loser Form als Aussaat- und Stecklingssubstrat und zur Beimischung für Erden angeboten.

Dachwurz, *Sempervivum*-Hybriden

Substrate und Erden für Vermehrung und Weiterkultur

	Weiß-torf	Sand	Torf-Sand-Ge-misch	Perlite	Vermi-culit	Bims-kies	Torfkultur-substrat			Einheitserde				Con-tainer-erden	Bläh-ton/Bläh-schiefer	Jiffy 7	Grodan	Oasis
							0	1	2	A	P	T	D					
Gehölze																		
Stratifikation	+	+	+															
Aussaat					○		+	+	○	+								
Stecklinge			+		+		+	○		+	○					+	○	+
Jungpflanzen								+	○		+	○	○	+				
Weiterkultur									+			+	+	+				
Zimmerpflanzen																		
Aussaat					+		+	○		+	○					○	○	○
Stecklinge			+	○	+		○	○		○	○					+	+	+
Jungpflanzen								+			+					○		
Weiterkultur								+	+		+	+	+					
Farne																		
Aussaat	+				○		○	○		○	○							
Jungpflanzen	+						+	+		+	+							
Weiterkultur	○							+	○		+	○	○					
Kakteen (Sukkulenten)																		
Aussaat					○	+	+	○		+	○							
Stecklinge		○	+	○	+	+	○	○		○	○							
Weiterkultur						+		+*			+*							
Hydrokultur																		
Aussaat		○			+		○			○							+	+
Stecklinge				+	+	+	○			○					+		+	+
Weiterkultur					+	○									+		+	+
Stauden																		
Aussaat					+		+	+		+	+					○	○	○
Stecklinge			+	○	+		+	○		+	○					+	○	○
Jungpflanzen								+	○		+	○		○				
Weiterkultur								+	+		+	+	+					

\+ geeignet ○ bedingt geeignet

* etwa 1/3 Sand zumischen

Hammerstrauch, *Cestrum elegans*

Gefäße für Vermehrung und Weiterkultur

Dem Gärtner und Hobbygärtner stehen heute eine Reihe geeigneter Gefäße aus verschiedenen Materialien, in vielen Abmessungen und Formen zur Verfügung. Bei den zum Aussäen, Stecken, Pikieren und Topfen verwendeten Gefäßen spielen die hygienischen Eigenschaften eine wichtige Rolle. Die Materialien sollten pilzlichen Krankheiten und anderen Pflanzenschädigern keinen Nährboden liefern. Daher haben heute die modernen Kunststoffe die früher häufig gebräuchlichen Holz- und Tongefäße weitgehend verdrängt.

Kunststoffschalen (Pikierkisten) in den Größen 50 cm x 32 cm x 5 cm oder 60 cm x 40 cm x 5 cm sind zur Aussaat, zum Pikieren und als Stell- und Transportkisten geeignet.

Kisten. Für Aussaaten, zum Pikieren, zur Stecklingsvermehrung, als Stell- und Transportkisten für Töpfe gibt es im Handel sogenannte Pikierkisten oder Pflanzschalen in unterschiedlichen Abmessungen und Qualitäten. Als Materialien verwendet werden Schaumstoff-, Polystyrol- und PVC-Kunststoffe. Pikierkisten aus Polystyrol, einem harten, festen Kunststoff, haben von Natur aus nur eine begrenzte Haltbarkeit. Der besonders steife und feste Kunststoff beginnt nach wenigen Jahren zu verspröden und wird bruchempfindlich. Besser ist es, Pikierkisten aus PVC (Polyvinylchlorid) zu verwenden. Dieses Material ist weitgehend frost- und lichtbeständig, Temperaturen von −30 °C bis +65 °C werden vertragen. Diese Pikierkisten gibt es in den unterschiedlichsten Abmessungen, die von Hersteller zu Hersteller schwanken können. Die gebräuchlichsten Maße sind 50 cm x 32 cm x 5 cm

Saatkistchen aus Styropor gibt es in verschiedenen Abmessungen.

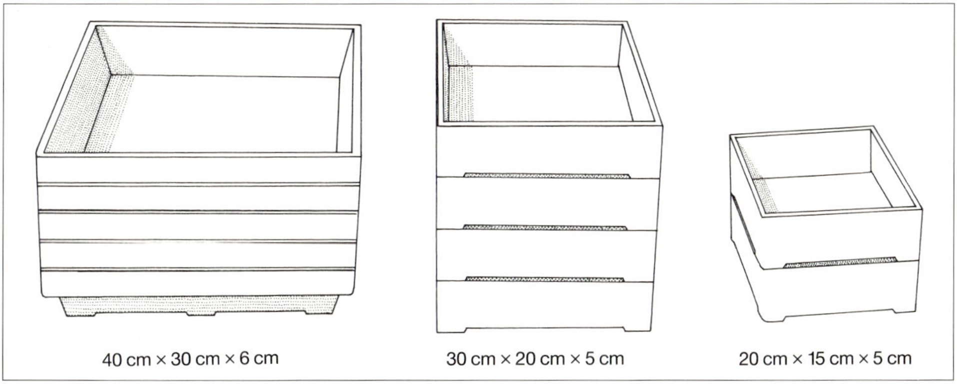

Multitopfplatten sind zur Pflanzenanzucht vielseitig verwendbar.

(oder 6 cm) und 60 cm x 40 cm x 6 cm (Europaformat). Für Aussaaten besonders bewährt haben sich Saatkisten aus Styropor. Der Vorteil von Styropor ist seine wärmedämmende Wirkung. Vermindert doch dieses Material auf Flächen ohne Bodenheizung bis zu einem gewissen Grade den „kalten Fuß“, und Temperaturschwankungen durch die Kistenwand werden weitgehend vermieden. Nachteilig ist die Bruchempfindlichkeit der Kisten. Sollen sie länger halten, erfordern sie eine sehr vorsichtige Handhabung. Die gebräuchlichsten Größen sind 20 cm x 15 cm x 5 cm, 30 cm x 20 cm x 5 cm und 40 cm x 30 cm x 6 cm.

Multitopfplatten. Multitopfplatten sind eine Weiterentwicklung von Pikierkisten, eine Kombination von Einzeltöpfen und Pikierkisten. Sie sind geeignet zur Aussaat, für Stecklinge und zum Pikieren. Jeder Pflanze steht ein abgegrenzter durchwurzelbarer Raum zur Verfügung. Das Auseinanderreißen der Wurzeln entfällt, der Umtopfschock wird auf ein Minimum reduziert. Ein weiterer Vorteil ist, daß bei vom Substrat ausgehenden pilzlichen Infektionen der Befall nicht weiterlaufen kann, da die einzelnen Pflanzen voneinander isoliert sind. Die Platte hat die Maße 50 cm x 30 cm, es gibt sie mit 96, 73, 51, 38 und 24 Pflanzstellen. Dementsprechend liegt der Durchmesser der „Einzeltöpfe“ zwischen 3,5 und 7 cm. Während die hier beschriebene Helfert-Multitopfplatte runde Pflanzstellen hat, sind auch solche mit viereckigen im Handel.

Torfanzuchttöpfe (Torfpreßtöpfe). Im Gartenbau weitverbreitet sind aus langfaserigem Torf gepreßte Torfanzuchttöpfe in runder oder quadratischer Form. Die dünnen Wandungen werden von den Wurzeln durchwachsen, und schließlich verrottet der Topf – die Wandungen gehen in den Wurzelballen der Pflanze ein. In jedem Fall werden diese Töpfe beim Auspflanzen ins Freiland oder beim Umtopfen in Kunststoff- bzw. Tontöpfe mit in die Erde gepflanzt. Torfanzuchttöpfe werden von verschiedenen Firmen angeboten. Der bekannteste ist der aus Norwegen kommende Jiffy-Pot, aus Irland kommt der Jack-Pot und aus Finnland der Finn-Pot. Der Jiffy-Pot ist als Einzeltopf in den Größen 5 bis 11 cm und als doppelreihige zusammenhängende Topfplatte von 6 bis 12 Einheiten (Topfgrößen 4 bis 8 cm) als Jiffy-Strip auf dem Markt.

Die Verwendung der Torfpreßtöpfe erstreckt sich auf die Vorkultur (Direktaussaat, Stecklinge, Pikieren und Eintopfen von Jungpflanzen) von Gehölzen, Stauden, Balkon- und Beetpflanzen, die dann im Garten ausgepflanzt werden, und auf die Anzucht von Jungpflanzen, die zusammen mit diesem Topf in größere Ton- oder Kunststofftöpfe umgetopft werden.

Torfanzuchttöpfe sollen während der Anzucht dicht an dicht oder eingefüttert oder von der Pflanze beschattet stehen, da sie sonst von außen her leicht austrocknen und dann nur sehr schwer wieder zu befeuchten sind. Aneinandergereiht bleiben die Töpfe feucht, was sehr wichtig ist, da die Wurzeln durch die Topfwand wachsen. Torfanzuchttöpfe sind nicht zu lange und vor allem bei genügender Luftfeuchtigkeit zu lagern; auf keinen Fall z. B. im Heizraum.

Gittertöpfe. Gittertöpfe werden im Gartenbau (häufig in Verbindung mit Multitopfplatten)

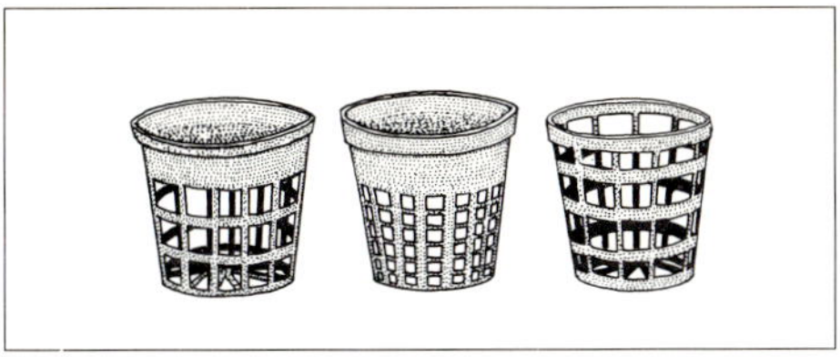

Gittertöpfe für die Jungpflanzenanzucht. Der mittlere ist speziell für die Hydrokultur entwickelt worden.

zur Stecklingsvermehrung, aber auch zur Jungpflanzenanzucht im allgemeinen eingesetzt. Bei diesen aus Kunststoff bestehenden Töpfen sind die Wandungen gitterartig durchbrochen. Die Töpfe verbleiben beim Ein-, Aus- oder Umpflanzen am Ballen. Für die Gehölzanzucht können sie nicht empfohlen werden, weil eine Behinderung des Wurzelwachstums nicht ausgeschlossen werden kann. Gittertöpfe müssen mit relativ grobem Material gefüllt werden, denn feinere Substrate würden durch die Gitter hindurchrieseln.

Zur Vermehrung von Hydrokulturpflanzen werden neben diesen Gittertöpfen heute bevorzugt kleine Styroportöpfe („Schlitzi"), mit Schlitzen in den Wandungen, verwendet.

Einzeltöpfe. Für die Weiterkultur der Jungpflanzen bis zur „fertigen" Pflanze sind Einzeltöpfe unerläßlich. Ob man nun Kunststoff- oder Tontöpfe verwendet, ist im Grunde genommen egal, wenn man die besonderen Eigenschaften des jeweiligen Materials berücksichtigt. Der Hauptunterschied ist: gebrann-

Zur Vermehrung von Hydrokulturpflanzen werden bevorzugt kleine Styroportöpfe („Schlitzi") verwendet.

Bewurzelte Stecklinge von *Euphorbia pulcherrima* (Weihnachtsstern) im Gittertopf

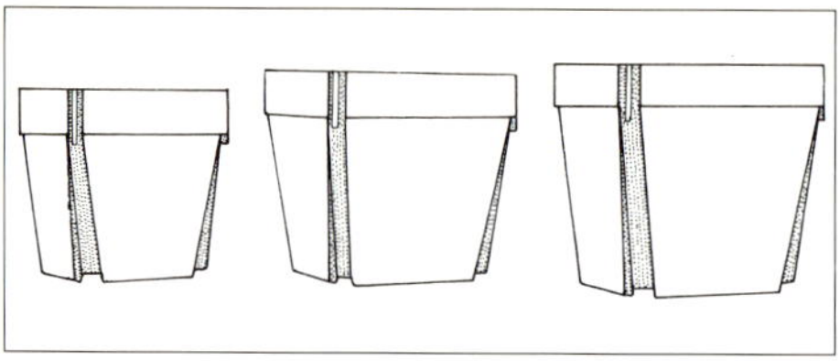

Solche Vierecktöpfe (Kakteentöpfe) sind ideale Aussaatgefäße für kleinere Samenmengen.

ter Ton ist wasserdurchlässig, Kunststoff nicht. Pflanzen in Kunststofftöpfen brauchen daher weniger Wasser als solche in Tontöpfen.

Eine Verdunstung durch die Tontopfwand ist eigentlich unerwünscht. Einmal wird Wasser unproduktiv verbraucht, zum anderen erzeugt die Verdunstung Kälte. Die Erde im Tontopf ist bei gleichem Standort meßbar kühler als die im Kunststofftopf. Im feuchtwarmen Gewächshaus und überall dort, wo Tontöpfe tief in feuchtigkeitshaltendes und -ausgleichendes Substrat (z. B. Torf) eingesenkt werden, haben sie Vorzüge aufzuweisen. Sobald sie eine freie Aufstellung erhalten, sind nur noch Nachteile erkennbar. Wie dem auch sei, ob man nun Ton- oder Kunststofftöpfe verwendet, muß letztlich jeder selbst entscheiden; daher der Rat: jeder sollte das Material verwenden, mit dem er am besten zurechtkommt.

Kunststofftöpfe werden aus Polystyrol, Polypropylen oder aus Polyäthylen hergestellt.

Für die Container-Kultur der Stauden und Gehölze sind die platzsparenden Vierecktöpfe zu empfehlen. Es gibt sie in den Abmessungen 7 cm x 7 cm x 6,5 cm bis 18 cm x 18 cm x 18 cm. Beim Kauf ist darauf zu achten, daß die Töpfe seitliche Abzugslöcher bzw. einen hochgezogenen Topfboden haben. Dies hat Vorteile beim Ausstellen, denn bei flachen Topfböden setzen sich die Abzugslöcher leicht zu.

Auch für Kakteen sind Vierecktöpfe zu empfehlen. Sie sind in den Größen 5 cm x 5 cm x 4,5 cm bis 11,5 cm x 11,5 cm x 10,5 cm im Handel erhältlich. Diese Vierecktöpfe sind auch ideal für die Aussaat kleinerer Samenmengen.

Für Zimmerpflanzen sind die formschöneren runden Töpfe üblich.

Die Farbe der Container hat nur bei Einzelaufstellung Einfluß auf die Substrattemperatur, das heißt, schwarze Container führen bei Einstrahlung zu einer höheren Temperatur als heller gefärbte.

Container für Gehölze und Stauden

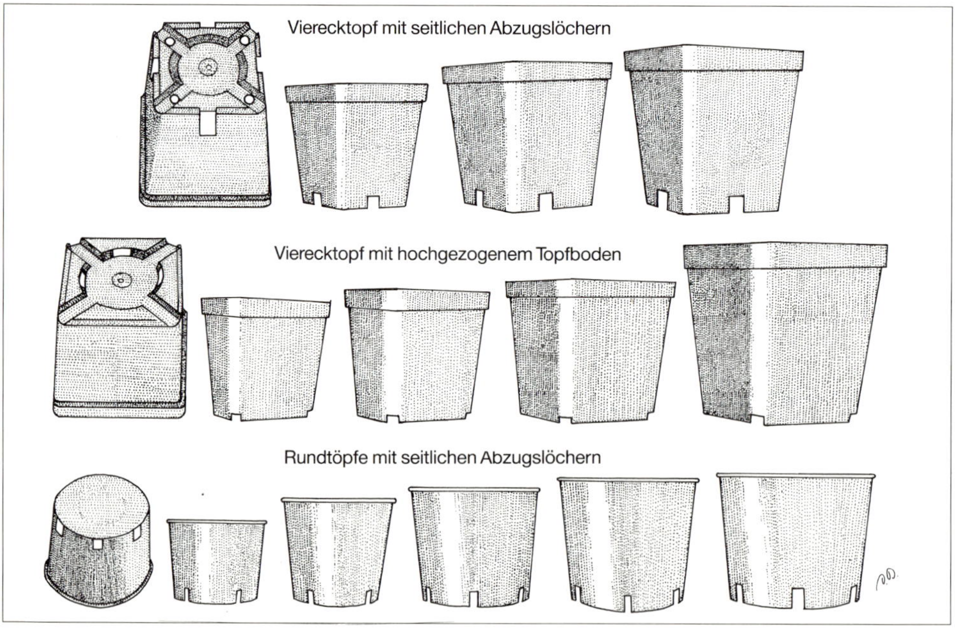

Hilfsmittel für die Pflanzenvermehrung

Pikierstab. Einen Pikierstab benötigt man, um für Sämlinge und Stecklinge kleine Löcher vorzustechen, in die sie eingesetzt (pikiert) werden, aber auch, um Sämlinge aus dem Aussaatgefäß herauszunehmen. Im Handel werden Pikierstäbe aus Kunststoff angeboten, die auf der einen Seite stärker geformt sind (für robuste Sämlinge). Gut geeignet sind auch flache, spatelförmige, an der Spitze abgerundete Holzetiketten oder ähnliche Hölzchen. Für feine Sämlinge sind Pinzetten oder kleine Holzgäbelchen zu empfehlen.

Pikierstäbe

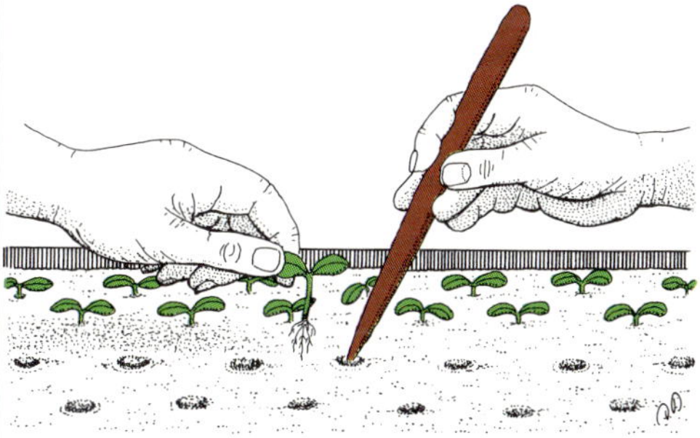

Selbst hergestelltes Pikierholz (rund)

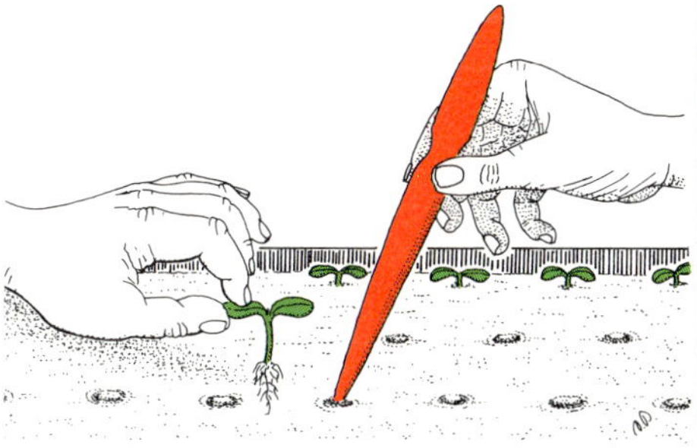

Kunststoff-Pikierstab (rund)

Flaches Pikierholz (Holzetikett)

Holzgäbelchen für feine, mit den Fingern nicht greifbare Sämlinge

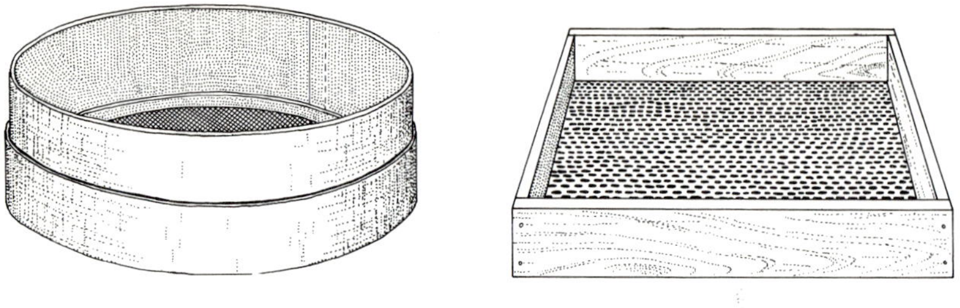

Solche Erd- oder Sandsiebe werden im Handel in unterschiedlichen Maschenweiten angeboten

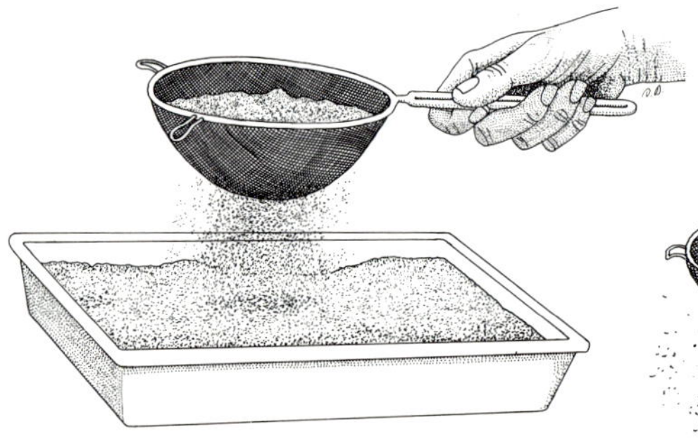

Mehlsiebe sind zur Samenreinigung und zum Übersieben gut geeignet

Teesiebe sind zur Samenreinigung feiner Sämereien gut geeignet

Siebe

Andrückbrettchen. Dies ist ein Holzbrett mit einem aufgeschraubten oder aufgenagelten Griff, das man zum Glätten und Andrücken der Aussaaten benötigt. Wichtig ist, daß die Unterseite des Brettchens glatt ist, damit Samen und Erdkrümel nicht hängenbleiben. So ein Andrückbrettchen kann man ebenfalls leicht selbst anfertigen.

Andrückbrettchen

Siebe. Zum Reinigen von Samen und zum Übersieben der Aussaaten benötigt man Siebe. Zur Samenreinigung, aber auch zum Übersieben gut geeignet sind Tee- und Mehlsiebe, wie sie in der Küche verwendet werden. Im Gartenbaubedarfs- und Baustoffhandel werden spezielle Erd- oder Sandsiebe in verschiedenen Größen (rund oder quadratisch) und unterschiedlichen Maschenweiten angeboten: Der geschickte Bastler kann sich solche Siebe aus Fliegendraht und Holzrahmen auch selbst bauen.

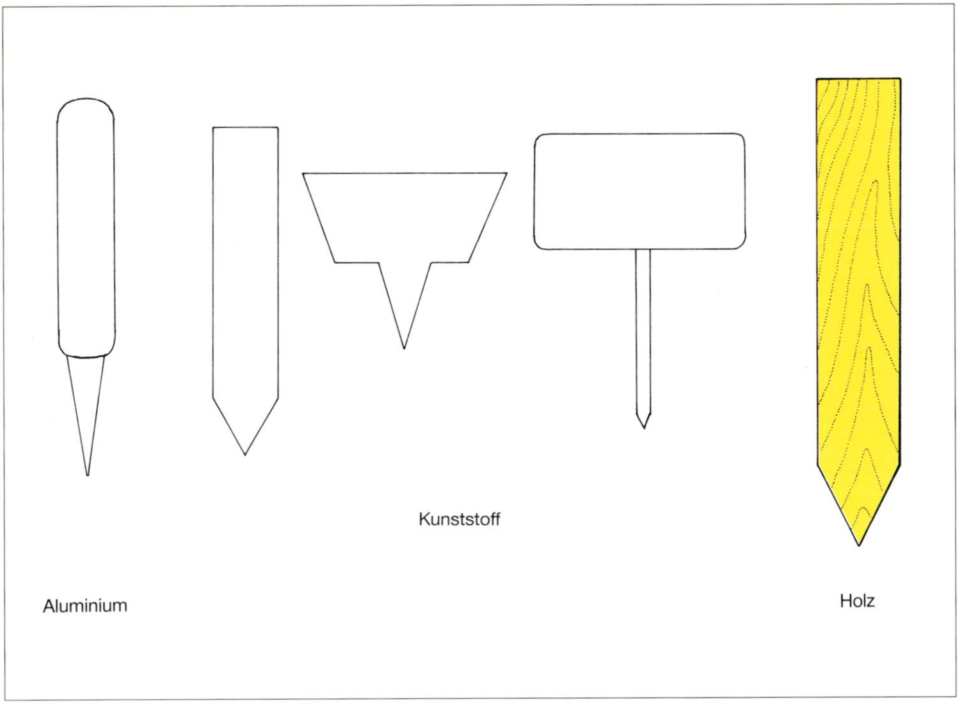

Etiketten werden in vielen Formen, Größen und unterschiedlichen Materialien angeboten.

Etiketten. Die Erfahrung lehrt, daß es sich immer auszahlt, den Zeitpunkt der Vermehrung, des Pikierens, Eintopfens usw. schriftlich festzuhalten. Hierzu verwendet man Etiketten, die in vielen Formen, Größen und aus unterschiedlichen Materialien auf dem Markt sind. Holzetiketten sind wegen der Gefahr der Übertragung von Krankheiten nur für den einmaligen Gebrauch zu empfehlen. Etiketten aus Kunststoff oder Metall können öfter verwendet werden. Die alte Schrift kann mit Schleifpapier oder Aceton (Nagellackentferner) wieder entfernt werden. Zur Beschriftung kann man spezielle Wachsstifte, Bleistifte oder wasserfeste (permanente) Filzstifte verwenden. Besonders gut haltbar ist eine Beschriftung mit „Ätztusche" (Folientusche), die im Zeichenbedarfshandel erhältlich ist. Die in der Tusche enthaltenen Lösungsmittel greifen (ätzen) den Untergrund an und garantieren dadurch eine einwandfreie Haftung. Es kann mit einer normalen Feder geschrieben werden.

Messer. Zur Veredlung und zur Stecklingsvermehrung benötigt man Messer. Während man zur Stecklingsvermehrung jedes beliebige (scharf muß es sein) Messer verwenden kann, kommt man bei der Veredlung in der Regel nicht ohne Spezialmesser aus.

Zum Okulieren verwendet man Messer mit einer kleinen, halbkreisförmigen Erhöhung, dem sogenannten Rückenlöser, auf dem Messerrücken, der zum Auseinanderbiegen der beiden Rindenflügel beim T-Schnitt dient. Es gibt aber auch Okuliermesser, die einen separaten, aus Horn, Elfenbein oder Messing bestehenden, einklappbaren Löser besitzen.

Als Kopuliermesser verwendet man Messer mit einer geraden Klinge, die einen langen, ebenen Schnitt gewährleisten. Stecklingsmesser unterscheiden sich von den Kopuliermessern durch eine anders geschliffene Spitze, sie eignen sich aber auch zum Kopulieren. Zur Kopulation stärkerer Unterlagen, vor allem aber zum Geißfußpfropfen, benötigt man stär-

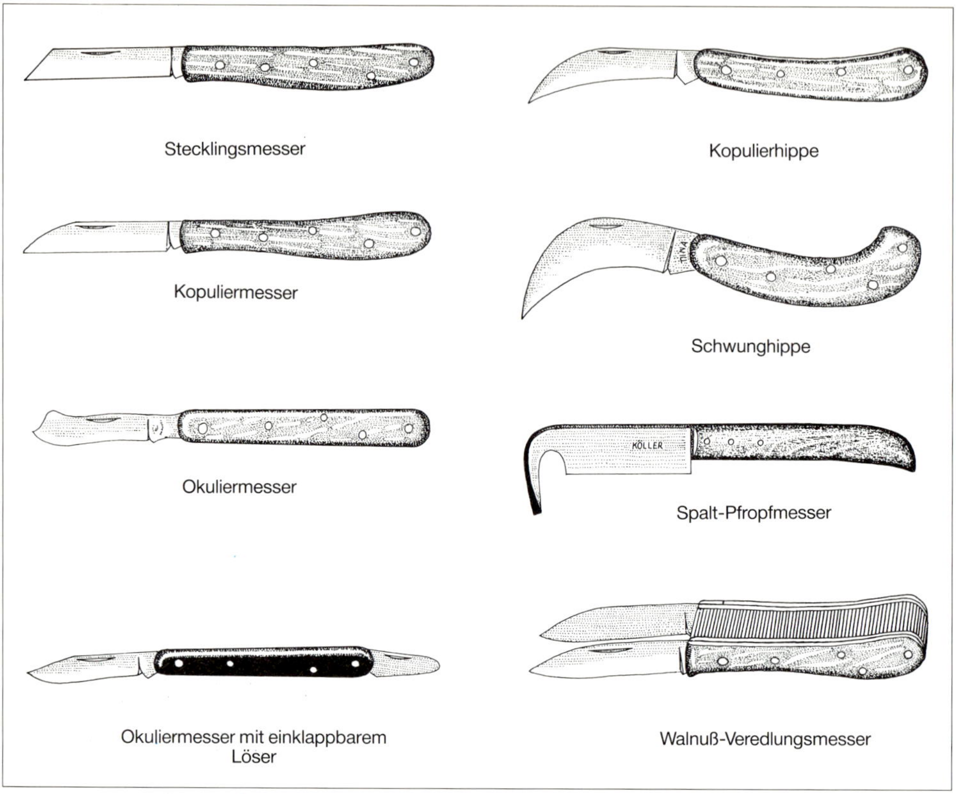

Messer

kere Messer, die sogenannten Hippen, mit gebogenen Klingen. Für dünnere Unterlagen verwendet man leichte Kopulierhippen, zum Umveredeln von Obstbäumen die stärkere Schwunghippe.

Schärfen der Messer. Zu einem Messer gehört auch ein Abziehstein, um stumpf gewordene Messer zu schärfen. Im Handel gibt es natürliche (Belgische Brocken) und künstliche Abziehsteine. Die Klinge wird auf den mit Wasser benetzten Stein flach aufgelegt, die stumpfe Seite der Klinge parallel zu diesem nur ganz leicht angehoben und in kreisende Bewegungen versetzt. Dabei nutzt sich der feinkörnige Stein ein wenig ab. Die Messer werden – entsprechend der Herstellung – nur einseitig abgezogen. Zum Schluß wird die ungeschliffene Schnittfläche leicht über den Stein ein- bis zweimal in eine Richtung abgezogen.

Scheren. Scheren für den Garten gibt es in unterschiedlichen Ausführungen und Qualitäten auf dem Markt. Da für Arbeiten im Garten die Schere eines der meistgebrauchten Geräte ist, ist das Beste gerade gut genug.
Jeder Schneidevorgang ist ein Eingriff in das Pflanzenleben, ist eine Operation. Es genügt nicht, das Schnittgut irgendwie abzuschneiden, sondern der Schnitt soll glatt und möglichst ziehend erfolgen. Eine glatte Schnittfläche verheilt besser, und pilzliche Krankheiten finden weniger Möglichkeiten, sich anzusiedeln.
Man unterscheidet mehrere Schneidesysteme, in der Hauptsache ein- und doppelschneidige Scheren. Bei der einschneidigen

Schere fungiert das obere Messer als Schneidmesser, während die Gegenschneide kantig geschliffen ist. Für feinere Schneidearbeiten sind diese Scheren weniger geeignet, da sie Quetschungen verursachen können.

Qualitativ gute Schnitte liefert die zweischneidige Schere. Die obere und untere Klinge sind scharf geschliffen wie bei einer Haushaltsschere (Papierschere). Da beide Schneiden aneinander vorbeigleiten, ergibt sich ein sauberer Schnitt. Sie sind jedoch relativ empfindlich und vertragen es gar nicht, wenn man sie während des Schneidens hin- und herdrückt.

Die sogenannten Amboßscheren sind den einschneidigen Scheren zuzurechnen, denn sie weisen eine geschliffene, gerade Schneide und als Gegenstück einen Amboß auf.

Sind die Klingen auch das Wichtigste, muß doch auch darauf geachtet werden, daß die Schere gut in der Hand liegt und gut zu bedienen ist (Einhandbedienung).

Auch Scheren müssen wie Messer regelmäßig nachgeschliffen werden. Nur dann ist auch immer ein sauberer Schnitt gewährleistet. Das Abschleifen geschieht, wie bei den Messern beschrieben. Von Zeit zu Zeit sind die beweglichen Teile der Schere zu ölen.

Sägen. Die Baumsäge mit verstellbarem Blatt und Spannvorrichtung ist neben dem Messer und der Gartenschere ein Werkzeug, das man u. a. bei der Umveredlung älterer Gehölze benötigt. Als Sägeblätter bewährt haben sich Blätter mit grober Zahnung. Einfache Sägeblätter mit Dreieckszähnen sind bei dünneren Ästen angenehmer, denn sie hinterlassen einen etwas glatteren Schnitt. Nützlich können auch einfache Stichsägen und kleine Bügelsägen sein, wie sie in Kaufhäusern und Heimwerkermärkten angeboten werden.

Scheren und Sägen

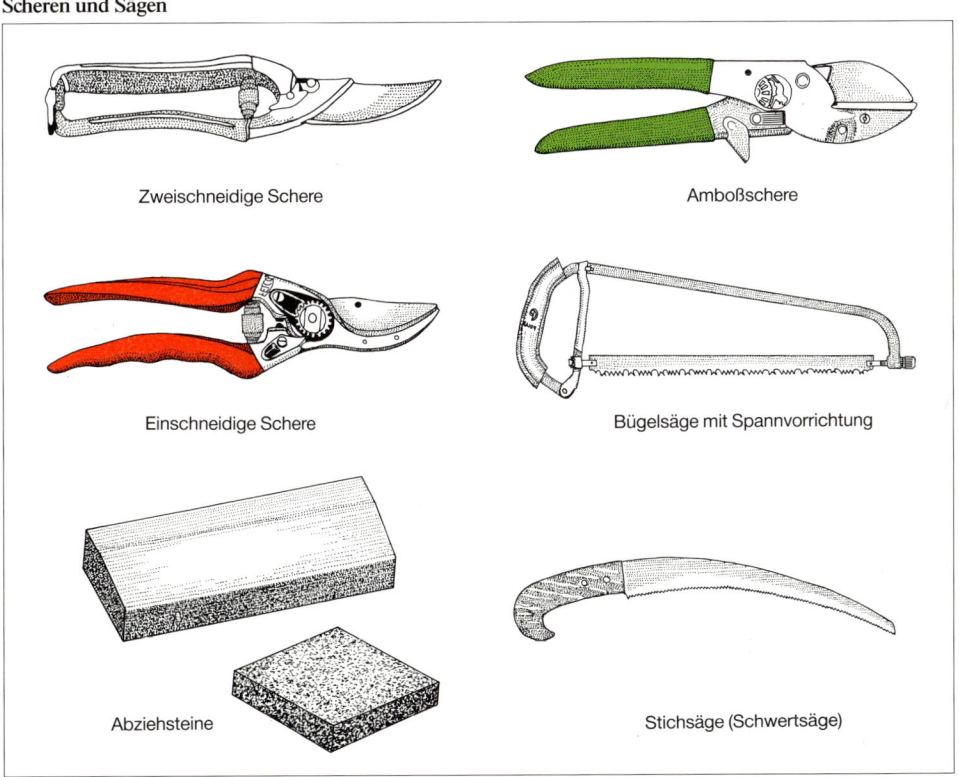

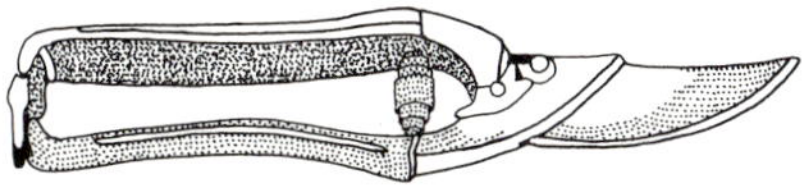

Zweischneidige Schere

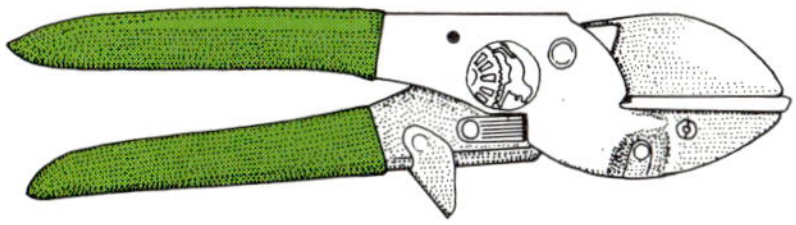

Amboßschere

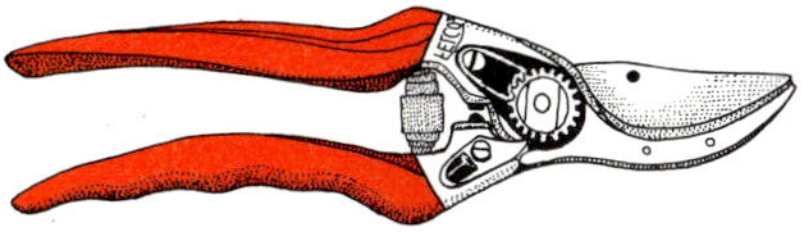

Einschneidige Schere

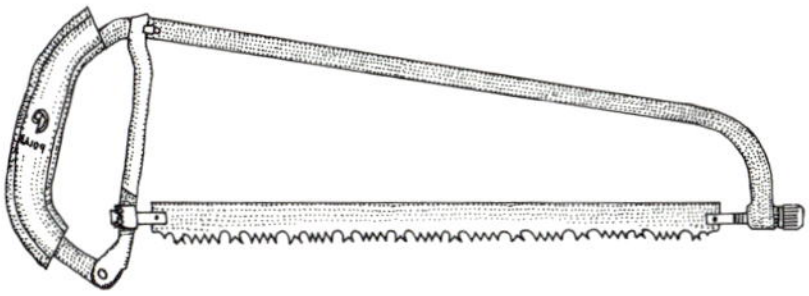

Bügelsäge mit Spannvorrichtung

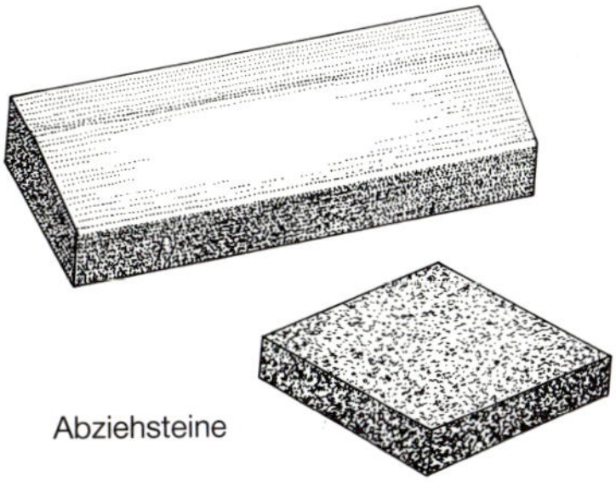

Abziehsteine

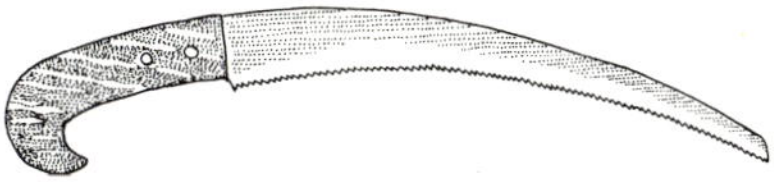

Stichsäge (Schwertsäge)

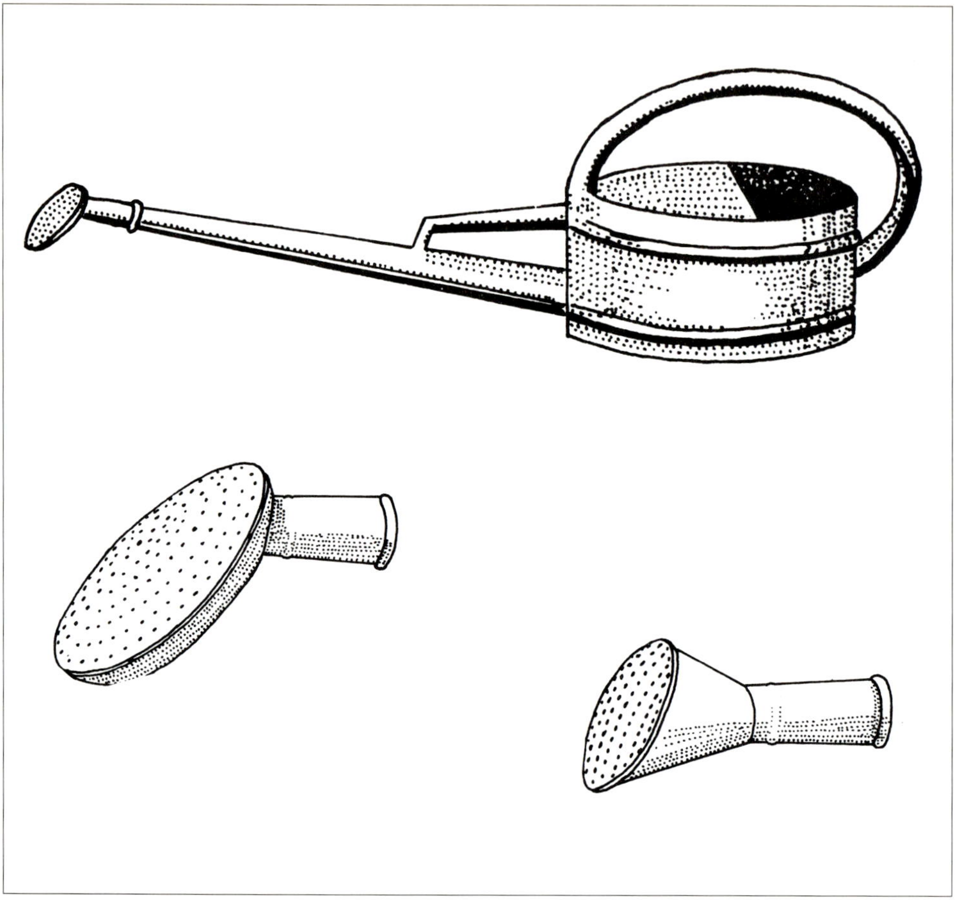

Gewächshauskanne mit langer Tülle; Topfbrause (rechts), Haarbrause (links)

Gießkannen. Unentbehrlich zum Gießen der Aussaaten, Stecklinge, Sämlinge und frisch getopften Pflanzen ist eine Gießkanne. Es ist sehr wichtig, daß man dabei eine gut ausbalancierte Kanne wählt. Schön aussehende Gießkannen sind dabei nicht immer die geeignetsten. Wer sich intensiv mit der Pflanzenanzucht beschäftigt, dem ist eine ovale Gewächshauskanne (unter diesem Namen im Handel) aus verzinktem Eisenblech mit langer Tülle zu empfehlen. Zweckmäßig ist die Kanne mit 2,5 oder 4,5 Liter Inhalt. Dazu gibt es aufsteckbare Brausen mit feinen (Haarbrausen) und groblöcherigen (Topfbrausen) Siebeinsätzen.

Feinsprüher. Für extrem feine Sämereien benötigt man zum Befeuchten Feinsprühgeräte, um ein Abschwemmen der Samen zu vermeiden. Sie lassen sich außerdem zur Schädlingsbekämpfung und zur Blattdüngung einsetzen. Im Handel sind solche Feinsprühgeräte mit unterschiedlichem Behälterinhalt (von 0,5 bis 2 Liter).
Handdrucksprüher haben eine Pumpenmechanik. Nach einigen Pumpstößen sprühen sie eine zeitlang mit immer mehr nachlassendem Druck, bis wieder der Pumphebel bedient werden muß. Bei den sogenannten Zweihandgeräten gibt es Sprüher mit 2 Liter Inhalt, die

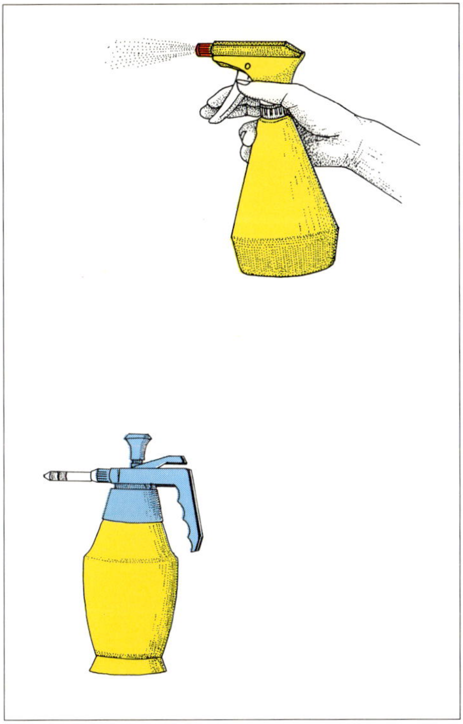

Einfacher Handsprüher (oben) und Drucksprüher (unten)

aus zwei ineinandergeschobenen Messingrohren mit Saug- und Druckventil und einem Behälter bestehen. Durch Zusammenschieben und Auseinanderziehen der beiden Rohre wird die Flüssigkeit verspritzt. Je kräftiger man das Gerät bedient, desto höher ist der Druck, und um so feiner ist die Tröpfchengröße.

Verbindematerial für Veredlungen. Als Verbindematerial für Veredlungen wird auch heute noch bevorzugt Naturbast (im Handel als „Raffiabast") verwendet. Vor Gebrauch ist er ein paar Stunden in Wasser zu legen, da er sich dann besser verarbeiten läßt. Mit Vorsicht zu genießen ist sogenannter Kunstbast, da dieser nicht dehnbar, zugleich aber vollkommen wetterbeständig ist. In neuerer Zeit werden auch andere Verbindemittel angeboten, z. B. Gummi-Veredlungsband verschiedener Größen und unterschiedlicher Haltbarkeit. Das Band ist dehnbar, wächst nicht ein, wird nach einiger Zeit porös und löst sich dann von selbst. Für Okulationen werden sogenannte Okulations-Schnell-Verschlüsse, in verschiedenen Größen für verschieden starke Unterlagen angeboten. Die Vorteile gegenüber Raffiabast bestehen im ungehinderten Dickenwachstum der Unterlage und in der Selbstauflösung des Verbandes.

Okulationsschnellverschluß (oben) und Gummiveredlungsband (unten)

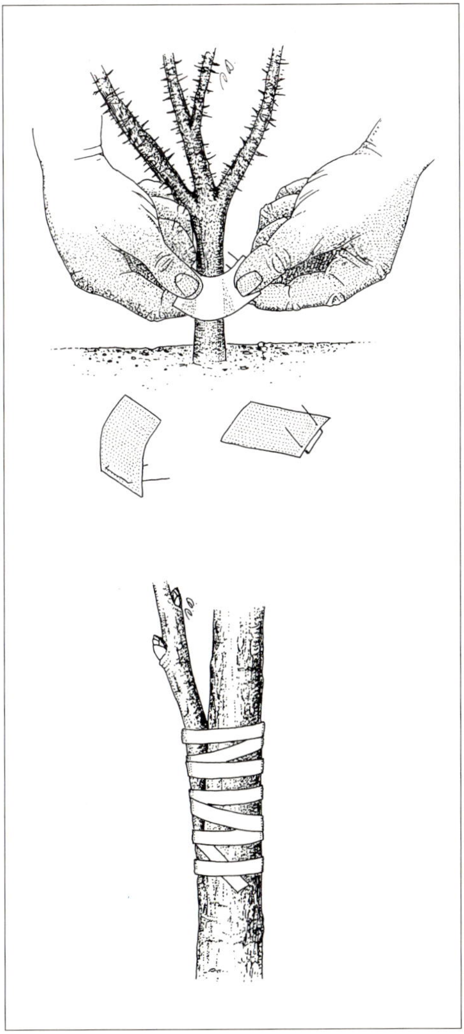

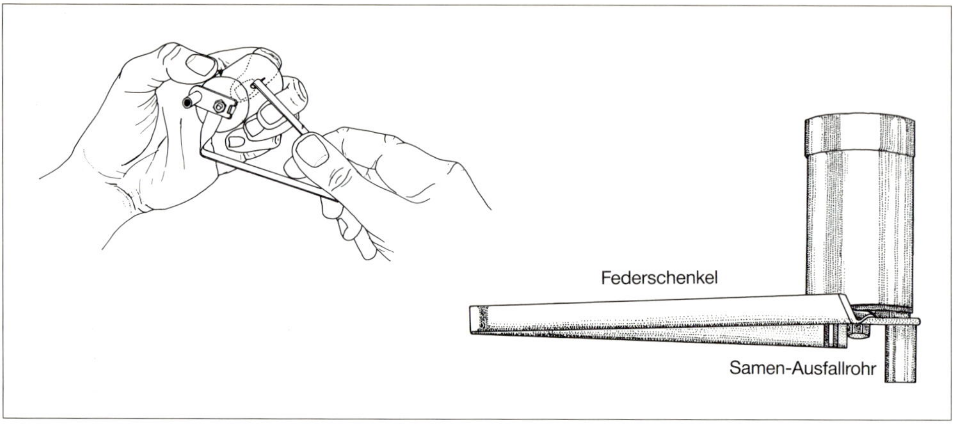

Einzelkorn-Sägerät

Einzelkorn-Sägeräte. Wer bei der Aussaat Schwierigkeiten mit der Verteilung der Samen hat, dem stehen praktische Einzelkorn-Sägeräte zur Verfügung, die in verschiedenen Ausführungen von mehreren Firmen angeboten werden. Für unsere Zwecke ist das oben gezeigte Handgerät zu empfehlen. Allerdings ist dieses Sägerät nur für rundes Saatgut geeignet. Es besteht aus einem Samenbehälter mit einer Verteilerscheibe, die 5 Ausfallöffnungen unterschiedlichen Durchmessers besitzt, und einer Bügelfeder, mit der das Gerät gehalten wird. Der Samengröße entsprechend kann die Verteilerscheibe so eingestellt werden, daß immer nur ein Samenkorn oder eine kleine Samenmenge gleichmäßig zur Aussaat gelangt.

Das Gerät arbeitet einfach und ist spielerisch leicht zu handhaben. Zur Aussaat wird das mit Samen gefüllte Einzelkornsägerät an der Bügelfeder gehalten, und beim Zusammendrükken derselben fällt die eingestellte Samenmenge aus dem Ausfallrohr.

Das Gerät ist waagerecht etwa 1 bis 2 cm über die Bodenoberfläche zu führen. Das Ausfallrohr darf nicht in die Erde gesteckt werden, da es sonst verstopft. Das Saatgut muß frei von Verunreinigungen (Spelzen) sein, um störungsfreies Arbeiten zu gewährleisten. Sollte trotzdem einmal kein Samen ausfallen, so wird durch kurzes Schütteln des Gerätes oder leichtes Klopfen die Störung in der Regel behoben.

Anwendung von Wuchsstoffen

Wuchsstoffe sind organische Wirkstoffe, die in biochemische Stoffwechselvorgänge der Pflanzen eingreifen und damit chemische und morphologische (äußere) Veränderungen bewirken.
Die Anwendung von Wuchsstoffen bei der Stecklingsvermehrung beruht auf der Erkenntnis, daß die Zellteilung und damit auch die Wurzelbildung durch Wuchsstoffe angeregt und gesteuert wird. Ein Steckling baut sich im Normalfall die Wuchsstoffe selbst auf. Durch die Anwendung synthetischer Wuchsstoffe ist es möglich, die Bewurzelung allgemein zu beschleunigen und von Natur aus schwerwurzelnde Arten mit gutem Ergebnis zu vermehren.
Im Handel sind eine ganze Reihe von Wuchsstoffpräparaten in unterschiedlichen Zusammensetzungen und Konzentrationen, sie werden als Lösung, Paste oder Puder angeboten. Für Hobbygärtner hat sich die Puderform als am günstigsten erwiesen, denn Wuchsstoffe, an Puder gebunden, sind sofort verwendungsfähig und bequem an den Steckling zu bringen. Zu empfehlen sind folgende Wuchsstoffpräparate:

„Seradix B Nr. 1“	für krautige Stecklinge,
„Seradix B Nr. 2“	für leichtverholzte Stecklinge,
„Seradix B Nr. 3“	für verholzte Stecklinge,
„Rhizopon A“	bevorzugt für Koniferenstecklinge,
„Rhizopon AA“	für alle anderen Stecklinge,
„Wurzelfix“	universell verwendbar.

Die Stecklinge werden unmittelbar vor dem Stecken – die Schnittfläche sollte trocken sein – einzeln oder zu mehreren mit der Basis kurz in den Puder getaucht. Dabei ist darauf zu achten, daß nicht nur die Schnittstelle selbst, sondern möglichst der gesamte Teil des Stecklings, der in das Vermehrungssubstrat kommt, benetzt wird. Von Stecklingen mit rauher Oberfläche muß der überschüssige Puder abgeklopft werden, da sonst die Gefahr der Überdosierung besteht.
Diese Wuchsstoffe können auch bei der Steckholzvermehrung, bei Ablegern, Absenkern, Abrissen, Wurzelschnittlingen und beim Abmossen angewendet werden.
Von einer Wuchsstoffbehandlung sind aber nur dann positive Ergebnisse zu erwarten, wenn alle anderen Faktoren, wie der Reifegrad des Stecklings, das Substrat, Feuchtigkeit, Licht und Temperatur, richtig koordiniert sind, das heißt auf die Ansprüche des Stecklings abgestimmt werden. Wuchsstoffe sind kein Ersatz für andere Kulturmaßnahmen, sondern nur eine sinnvolle Ergänzung.
Es wurde schon darauf hingewisen, daß ein Steckling im Normalfall die zur Wurzelbildung notwendigen Wuchsstoffe selbst aufbaut. Wuchsstoffproduzierende Organe sind die Blätter, deshalb ist es wichtig, möglichst viele Blätter am Steckling zu belassen (s. Seite 41). Sind am Steckling Knospen oder Blüten vorhanden, wandern die Wuchsstoffe überwiegend zu den Blüten und nicht zum Regenerationsort. Solche Stecklinge bewurzeln sich nicht oder nur schlecht. Daher sind alle Blüten und Knospen am Steckling zu entfernen.

Von den vielen Wuchsstoffpräparaten eignen sich die Präparate in Puderform am besten.

Schwarzbeinigkeit bei Efeustecklingen

Pflanzenschutz

Auch bei der Vermehrung sind Pflanzenschutzmaßnahmen erforderlich, denn schon mancher Versuch, Pflanzen zu vermehren und heranzuziehen, scheiterte an den allgegenwärtigen Schadorganismen.

Wenn wir uns die Frage vorlegen, wie es zu Krankheiten in der Vermehrung kommen kann, so ist an folgende Möglichkeiten zu denken:

- an Gefäßen haften von früheren Vermehrungen Dauerformen von Pilzen,
- die Vermehrungssubstrate sind nicht steril,
- die Vermehrungseinrichtungen sind verunreinigt, ebenso Stecklingsmesser, Pikierstab, Andrückbrettchen usw.,
- an den Samen haften Pilzsporen,
- das Gießwasser stammt aus verunreinigten Sammelbehältern.

Auch bei der Vermehrung gilt: Vorbeugen ist besser als Heilen! Deshalb sind Gefäße, Geräte, Stellflächen, Vermehrungseinrichtungen und Substrate vor Verwendung zu desinfizieren bzw. sterilisieren, und das Saatgut ist zu beizen.

Zu den vorbeugenden Pflanzenschutzmaßnahmen gehört es auch, bei der Sortenwahl die unterschiedliche Widerstandsfähigkeit der einzelnen Sorten soweit wie möglich auszunutzen, um so eventuell den Einsatz chemischer Mittel zu vermeiden.

Desinfektion von Vermehrungseinrichtungen und Geräten

Bei gebrauchten Geräten, Anzuchtgefäßen und den immer wieder verwendeten Vermehrungseinrichtungen besteht immer die Möglichkeit, daß sie mit Krankheitskeimen oder Schädlingen, etwa Pilzsporen in anhaftenden Bodenresten, verunreinigt sind. Ebenso wie die Erden (Substrate) müssen daher auch alle Geräte, mit denen diese in Berührung kommen, entweder primär frei von Krankheitserregern und Schädlingen sein oder aber desinfiziert werden.

Zur Desinfektion von Vermehrungseinrichtungen, Gefäßen, Geräten usw. stehen dem Gärtner wie auch dem Hobbygärtner eine Reihe von Mitteln zur Verfügung. Im Gartenbau weit verbreitet ist „Delegol“, ein Desinfektionsmittel das u. a. auch zur Raumdesinfektion und zur Desinfektion von Gegenständen in Krankenhäusern, Badeanstalten und in Betrieben der Nahrungs- und Genußmittelindustrie verwendet wird. Vermehrungseinrichtungen lassen sich durch Übergießen, Gefäße, Messer und sonstige Geräte durch 10- bis 20minütiges Tauchen in eine 1- bis 2%ige Delegol-Lösung (das sind 10 bzw. 20 ml auf 10 Liter Wasser) desinfizieren.

Ein spezielles Desinfektionsmittel für den Gartenbau ist M & ENNOTER-forte, dessen Einsatzbereich dem von „Delegol“ entspricht. M & ENNO-Quick ist ein Schnelldesinfektionsmittel für Messer und Scheren.

Während Delegol und M & ENNOTER-forte nur bei leeren Gefäßen und freien Stellflächen angewendet werden dürfen bzw. sollten, wobei nach dem Einsatz eine gewisse Wartezeit einzuhalten ist, kann „Albisal“, ein Desinfektions- und Pilzbekämpfungsmittel, das im Hobbygartenbau zunehmend benutzt wird, auch bei fertig hergerichteten Vermehrungsgefäßen und zur direkten Bekämpfung von Vermehrungskrankheiten eingesetzt werden. Ungünstige Nebenwirkungen sind nicht zu befürchten. Allerdings ist die Wirkungsbreite geringer als die der zuvor genannten Mittel. „Albisal“ wird 0,2%ig angewandt (20 ml auf 10 Liter Wasser).

In allen Fällen sind die zu entseuchenden Flächen oder Geräte mit Wasser entsprechend vorzureinigen, da erdige Bestandteile die Wirksamkeit der Mittel beeinträchtigen.

Sterilisation der Erden und Substrate

Ohne seuchenfreie Erden und Substrate gelingt in der Regel keine Anzucht gesunder Pflanzenbestände. Um eine Entkeimung der Vermehrungserden kommt man nicht herum – wenn man seine Erden für Vermehrung- und Weiterkultur selbst herstellt –, um Schädlinge, Krankheitserreger und Unkrautsamen zu beseitigen. Bei zugekauften Erden ist eine Entseuchung nicht notwendig, da diese aus krankheitsfreien Ausgangsstoffen hergestellt werden. Darüber hinaus sind diese Erden in Kunststoffsäcken abgepackt, die Keimfreiheit gewährleisten und sichere Transport- und Lagermöglichkeiten bieten.

Die Entseuchung selbsthergestellter Erden kann auf physikalischem (durch Erhitzung) oder auf chemischem Wege erfolgen. Die physikalische Entseuchung ist allen chemischen Verfahren vorzuziehen. Die chemischen Verfahren sind aus rein biologischer Sicht eher als ein Notbehelf anzusehen, da sie neben Rückständen im Erntegut bei wiederholter Anwendung die Gefahr einer Selektion schwer bekämpfbarer Schadorganismen in sich bergen. Es fehlt den chemischen Mitteln im allgemeinen auch die Breitenwirkung der physikalischen Verfahren, das heißt, physikalische Verfahren sind bei richtiger Durchführung allen chemischen Bodenentseuchungsverfahren überlegen. Auch sollten die chemischen Mittel wegen ihrer schwierigen Anwendung und ihrer hohen Giftigkeit für den Hobbygärtner nicht in Frage kommen.

Elektrisch beheizter Erddämpfer. Dampferzeugung und Dämpfen erfolgen im gleichen Behälter. Die Füllmengen der Geräte liegen zwischen 30 und 150 Liter.

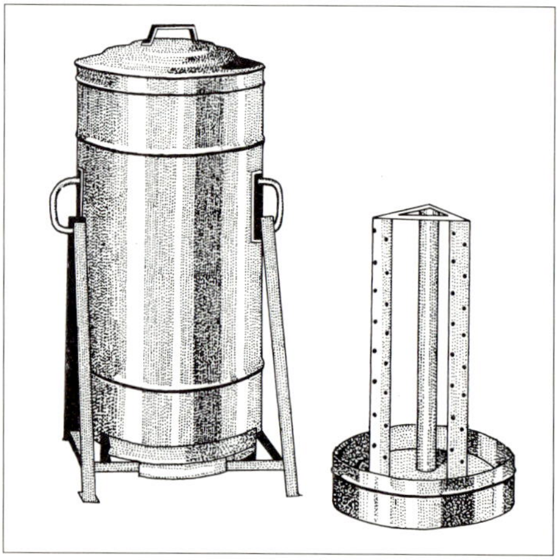

Heißwasserverfahren: Das Heißwasserverfahren ist einfach durchführbar – allerdings befriedigt es nicht immer. Die Erde wird auf einer hitzebeständigen Unterlage flach ausgebreitet (höchstens 10 cm hoch) und mit kochendem Wasser durchdringend übergossen, dazu sind 10 bis 15 Liter Wasser je m^2 Fläche notwendig. Die Behandlung ist nach 2 bis 3 Tagen zu wiederholen. Ein großer Nachteil bei diesem Verfahren ist die langwierige Trocknung der Erde. Eine andere Möglichkeit ist, einen gewöhnlichen Metalleimer mit Erde zu füllen und für etwa 30 Minuten in einen Kessel mit kochendem Wasser zu stellen.

Dämpfverfahren: Beim Dämpfen werden die Erden durch Einleitung von hocherhitztem Wasserdampf entseucht. Für kleinere Erdmengen haben sich elektrisch beheizte Erddämpfer bewährt. Die Füllmengen liegen zwischen 30 und 150 Liter, größere Geräte fassen bis 0,5 m^3. Das Erhitzen erfolgt unmittelbar durch elektrische Heizung, oder es wird durch die elektrische Heizung zunächst Wasser am Boden des Behälters verdampft. Der Wasserdampf gibt dann bei der Kondensation an den Erdpartikeln die zugeführte Verdampfungswärme wieder ab. Diese Geräte unterscheiden sich nur wenig von den im Handel befindlichen Elektro-Kartoffeldämpfern. Lediglich die Perforierung des Einsatzes hat einen geringeren Durchmesser.

Der Gärtner benutzt zum Dämpfen größerer Mengen Erde Dampferzeuger, die durch einen Ölbrenner beheizt werden. Sie kommen aber für den Hobbygärtner im allgemeinen nicht in Frage.

Die zur Abtötung der im Boden befindlichen Krankheitserreger und Keime notwendigen Temperaturen und die erforderliche Einwirkzeit sind bei den verschiedenen Arten von

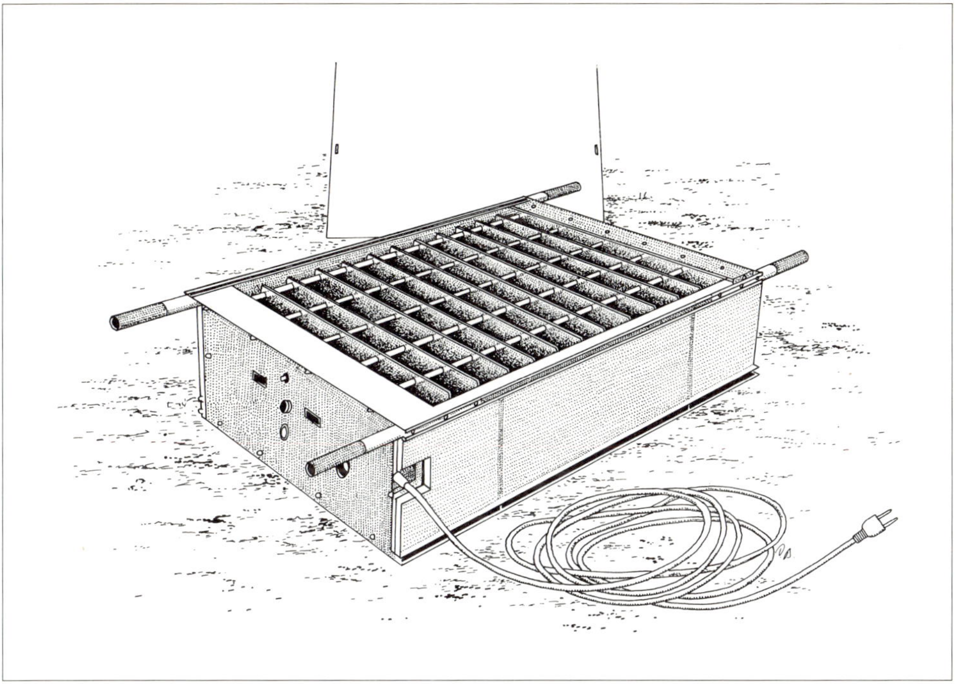

Elektrischer Erddämpfer. Die Erhitzung erfolgt unmittelbar durch elektrische Heizung.

Schadorganismen unterschiedlich. Im allgemeinen ist eine optimale Wirkung beim Dämpfen zu erwarten, wenn mindestens 30 Minuten lang eine Temperatur von 90 bis 100 °C gehalten wird.
Entseuchte Erden werden viel schneller wieder von Krankheitskeimen oder Bodenschädlingen besiedelt als unbehandelte, da eindringende Organismen keiner natürlichen Konkurrenz ausgesetzt sind und keine Antagonisten (Gegenspieler) Widerstand bieten. Entseuchte Erden bleiben daher nur dann längerer Zeit steril, wenn sie vor Neuverseuchung durch bodengebundene Krankheitserreger und Schädlinge geschützt werden. Gut gelingt dies, wenn man für die entseuchten Erden als Aufbewahrungsbehälter Kunststoff- oder Speisefässer verwendet, die man im Baustoffhandel oder in Heimwerkermärkten erhält. Keinesfalls geeignet als Schüttfläche ist „Gewachsener Boden".

Saatgutbeize

Wenn man keimfreie Erde sowie sterilisierte oder neue Gefäße verwendet, Stellflächen und Vermehrungseinrichtungen entseucht und für optimale Keimbedingungen Sorge trägt, können diese Maßnahmen für eine ganze Weile einen sicheren Schutz vor Vermehrungskrankheiten bieten. Häufig wird aber vergessen, daß auch am Samenkorn Sporen von Vermehrungskrankheiten haften und sterilisierte Erde und Gefäße keine sichere Gewähr für einen Nichtbefall der Sämlinge sind. Deshalb ist es sinnvoll und zweckmäßig, die Samen vor der Aussaat zu beizen. Das Beizen hat den Zweck, dem Samen anhaftende Pilzsporen abzutöten, zumindest in ihrer Entwicklung zu hemmen. Die in früheren Jahren gebräuchlichen quecksilberhaltigen Beizmittel dürfen heute nicht mehr verwendet werden, und das ist auch gut so. In Frage kommen

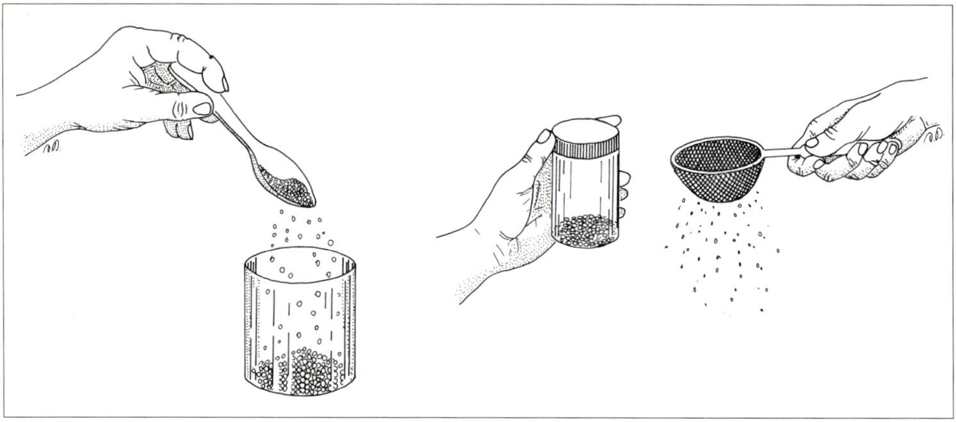

Zur Beizung wird der Samen mit einer Prise Beizmittel vermischt und geschüttelt, anschließend das überzählige Beizmittel abgesiebt.

heute u. a. „Polyram-Combi" (BASF) und „Compo Pilz-frei" (Compo Werk).
Der Beizvorgang selbst wird im sogenannten Überschußverfahren durchgeführt. Man verwendet dazu einen gut verschließbaren Behälter, etwa eine Tabaksbüchse oder ein Marmeladenglas mit Schraubverschluß. Man füllt in das Gefäß den Samen, gibt die erforderliche Menge des Beizmittels hinzu (Gebrauchsanweisung beachten) und schüttelt das Ganze 3 Minuten lang kräftig durch. Das überschüssige Beizmittel wird anschließend mit einem Sieb (sehr gut geeignet sind Teesiebe) abgesiebt. Nur ein hauchdünner Belag soll das Samenkorn überziehen.

Vermehrungskrankheiten

Von Vermehrungskrankheiten können nahezu alle Pflanzen im Jugendstadium befallen werden. Krankheiten im Vermehrungsbeet werden von einer Vielzahl von Pilzen hervorgerufen. Im wesentlichen sind dies *Pythium-* und

Vermehrungskrankheiten können durch viele Pilze hervorgerufen werden. Die noch gesunden Pflänzchen kann man durch Umpikieren retten.

Durch Schneckenfraß kommt es nicht selten zum Totalausfall, wie diese Abbildung zeigt.

Rhizoctonia-Arten, *Thielaviopsis*- und *Phytophthora*-Arten. In der warmen und feuchten Luft der Vermehrungseinrichtung breiten sich diese in der Erde auf organischen Stoffen lebenden Pilze schnell aus und befallen von dort aus Sämlinge und Stecklinge. Befallene Sämlinge und Stecklinge fallen um (Umfallkrankheit) und sterben ab. Der Wurzelhals oder untere Stengelteil ist glasig oder braun bis schwarz verfärbt (Schwarzbeinigkeit). Keimlinge werden unter Umständen schon abgetötet, ehe sie die Samenschale verlassen bzw. die Erdoberfläche erreichen. Stecklinge faulen und sterben in der Regel schon ab, bevor es zur Wurzelbildung kommt, selten werden schon bewurzelte Pflanzen befallen. Innerhalb weniger Tage können größere Fehlstellen im Vermehrungsgefäß entstehen, mitunter wird die ganze Saat oder der ganze Stecklingsbestand vernichtet. Die noch gesunden Pflänzchen bzw. Stecklinge befallener Bestände lassen sich nur durch schnelles Umpikieren oder Umstecken retten.

Zu hohe oder zu niedrige Temperaturen, das heißt Temperaturen, die von dem optimalen, für die jeweilige Pflanzengruppe oder -art angegebenen Bereich abweichen, übermäßige Feuchtigkeit im Substrat, zu enger Stand und unzureichende Lichtverhältnisse begünstigen das Auftreten von Vermehrungskrankheiten.

Bei Verwendung steriler Substrate, desinfizierter oder neuer Anzuchtgefäße und Geräte sowie Beizung des Saatgutes sollte eine Bekämpfung von Vermehrungskrankheiten an sich überflüssig sein. Ist eine der angesprochenen vorbeugenden Maßnahmen unterlassen worden, kann ein Überbrausen der Stecklinge und Aussaaten sofort nach dem Abstecken bzw. Aussäen mit einer der nachfolgenden Fungizid-Lösungen vor Vermehrungskrankheiten schützen:

„Polyram Combi“ 0,15 bis 0,2 %ig = 1,5 bis 2 g auf 1 Liter Wasser,

„Previcur“ 0,15 %ig = 1,5 ml auf 1 Liter Wasser,

„Fonganil“ 0,05 %ig = 0,5 g auf 1 Liter Wasser,

„Albisal“ 0,1 %ig = 1 ml auf 1 Liter Wasser,

„Chinosol“ 0,05 %ig = 1/2 Tablette auf 1 Liter Wasser.

Ist es trotz aller vorbeugenden Maßnahmen zum Befall durch Vermehrungskrankheiten gekommen, können bei Schadgefahr die gleichen Mittel auch nach dem Auflaufen der Saaten bzw. bei bereits bewurzelten Stecklingen und im Pikierbeet eingesetzt und eine Niederhaltung von Pilzkrankheiten erzielt werden. Der Gärtner setzt solche Pilzbekämpfungsmittel, um eine Schadgefahr völlig auszuschließen, häufig noch vorbeugend nach dem Aussäen oder Stecken ein, selbst wenn alle zuvor beschriebenen Verfahren angewandt wurden.

Treibhausglocke

Vermehrungseinrichtungen

Es ist hochinteressant, das Wachstum und die Entwicklung einer Pflanze vom keimenden Samen oder wurzelnden Steckling bis zur blühfähigen Pflanze zu erleben. Ganz ohne Vermehrungseinrichtungen kommt man bei einigen Vermehrungsmethoden nicht aus, will man dieses Ziel erreichen. Mit modernen Hilfsmitteln wird es jedoch ständig leichter, richtige Bedingungen zu schaffen.

Für viele Aussaaten sind keine besonderen Vermehrungseinrichtungen erforderlich. Ein heller Fensterplatz (für Zimmerpflanzen) oder ein geschützter Platz im Garten (für Gehölze) schafft gute, wenn auch nicht optimale Bedingungen. Bei der Vermehrung empfindlicher Pflanzenarten, ob durch Aussaat oder Stecklinge, wird man auf spezielle, möglichst heizbare, Vermehrungseinrichtungen nicht verzichten können.

Ein Steckling z. B. wird im Augenblick der Abnahme von der Mutterpflanze von der Wasserzufuhr abgeschnitten, die Verdunstung von Wasser läuft aber weiter. Daher muß für eine Einschränkung der Verdunstung gesorgt werden, denn die Wasseraufnahme über die Schnittstelle ist sehr gering. Der Steckling muß also seinen Wasserbedarf vorwiegend der Luft entnehmen. Aus diesem Grund muß die relative Luftfeuchtigkeit in der Umgebung der Stecklinge so hoch wie möglich gehalten werden. Verbraucht ein Steckling mehr Wasser, als er aufnehmen kann, beginnt er zu welken. Die Spaltöffnungen, über die der Gasaustausch erfolgt, werden geschlossen. Mit dem Schließen ist eine Einschränkung der CO_2-Aufnahme verbunden. Der Steckling kann keine Photosythese mehr betreiben und somit keine Körpersubstanz und auch keine Wuchsstoffe produzieren, die zur Wurzelbildung benötigt werden.

Vermehrungseinrichtungen für Stecklinge müssen deshalb möglichst dicht gegenüber der Außenluft abschließen, damit im Inneren eine möglichst hohe relative Luftfeuchtigkeit erreicht wird.

Für weniger empfindliche Stecklinge genügt

Einfache Vermehrungseinrichtungen für die Stecklingsvermehrung

Treibhausglocke

ein Abdecken mit dünner Polyäthylen-Folie von 0,05 mm Stärke. Diese dünne Folie läßt einen Luftaustausch zu, ohne daß die Feuchtigkeit verloren geht. Sie wird sofort nach dem Angießen aufgelegt und allseitig gut schließend angebracht.
Bei etwas empfindlicheren Stecklingen ist es besser, wenn zwischen ihnen und der Abdekkung ein größerer Luftraum vorhanden ist. Hier können Einweckgläser verwendet werden, die man über die Vermehrungsgefäße stülpt, oder Folie, die auf einem Gerüst aus gebogenen Stahl- oder Bambusstäben befestigt wird. Für größere Vermehrungseinheiten geeignet ist ein aus Latten und Folie gebauter Vermehrungskasten, der immer wieder verwendet werden kann.
Im Handel fertig zu kaufen ist eine durchsichtige Pflanzenglocke, die sich ebenfalls gut zur Stecklingsvermehrung eignet. Die aus Kunststoffolie bestehende „Treibhausglocke“ wird auf einer runden Plattform befestigt und über ein Ventil aufgeblasen. Es gibt sie in zwei Abmessungen, mit Durchmessern von 18 und 30 cm.

Vermehrungsbeete

Unter dieser oder ähnlichen Bezeichnungen, wie Treibkistchen, Anzuchtkasten, Anzuchtgewächshäuser, Zimmergewächshäuser, Mini-Treibhäuser, Saatzuchtbeete, werden von der Industrie Vermehrungseinrichtungen in den

Einfaches „Zimmergewächshaus“

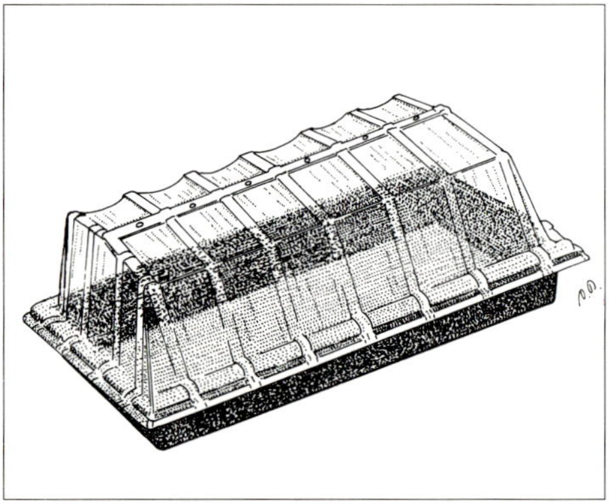

Zimmergewächshaus mit Heizung

unterschiedlichsten Größen und Ausführungen angeboten. Von einfachen Keimboxen, die nur als Keimhilfe zu verstehen sind und in der Regel nur aus einem flachen Kunststoffunterteil mit einer durchsichtigen Abdeckhaube bestehen, bis hin zu komfortablen, vollautomatisch gesteuerten Vermehrungsbeeten reichen die Möglichkeiten.

Nachfolgend sollen drei Vermehrungsbeete vorgestellt werden, die dem Hobbygärtner zu empfehlen sind, der die Anzucht von Pflanzen intensiv betreiben möchte.

Die Firma Romberg (Hamburg) bietet ein Vermehrungsbeet unter der Bezeichnung „Zimmer-Treibhaus" an. Es besteht aus einer zweiteiligen Unterschale eines besonders langlebigen Kunststoffes und einer Abdeckhaube aus glasklarem PVC. Es ist mit einer thermostatgesteuerten Heizung versehen, besitzt ein automatisches Bewässerungssystem und regelbare Lüftungsscheiben in der Abdeckhaube.

Der erste Teil der Unterschale besteht aus einem 2 Liter fassenden Wasserreservoir, automatisch wird von dort das Wasser, je nach Bedarf der Pflanzen, auf eine Bewässerungsmatte im zweiten Teil der Unterschale geleitet. Unter dem Boden der zweiten Schale befindet sich eine 20-Watt-Heizung. Über einen Thermostaten wird eine gleichbleibende Temperatur von ca. 25 °C gehalten. Die Abdeckhaube ist so hoch, daß Stecklinge oder Aussaaten längere Zeit im „Haus" bleiben können, ohne im Wachstum behindert zu werden. Zwei Lüftungsscheiben dienen zur Klimasteuerung. Dieses „Treibhaus" hat die Maße 56 cm x 38 cm x 29 cm.

Die gleiche Firma bietet eine Wärmeplatte in den Abmessungen 47 cm x 29 cm paßgerecht für einfache „Zimmergewächshäuser" und einen sogenannten Bio-Strahler, der auch in den lichtarmen Wintermonaten eine erfolgreiche Vermehrung möglich macht, an. Dieser „Bio-Strahler", bestehend aus zwei Leuchtstoffröhren zu je 15 Watt, mit einem für das Pflanzenwachstum günstigen Spektralbereich, ist für Zimmergewächshäuser bis 80 cm Länge geeignet.

Die Firma Bartscher (Geseke) bietet „Saatanzuchtbeete“, die auf einer Heizplatte stehen, mit einer Grundfläche von 33,5 cm x 20 cm und 39 cm x 80 cm an. Bei den größeren ist die Temperatur von 5 bis 30 °C thermostatisch regelbar.
Die Firma Krieger (Herdecke) bietet ihr Vermehrungsbeet „Floratherm“ in verschiedenen Ausführungen an. In der Grundausstattung bestehen sie aus einem doppelwandigen, wärmeisolierenden Kunststoffunterteil und einer stabilen, glasklaren Abdeckhaube.
Floratherm-Vermehrungsbeete werden in folgenden Maßen geliefert:
Floratherm-Vermehrungsbeet 51 cm x 89 cm x 24 cm für Kleingewächshäuser, gegebenenfalls auch für Terrasse und Balkon.

Floratherm-Vermehrungsbeet (51 cm × 89 cm × 24 cm) mit thermostatisch geregelter Bodenheizung.

Gleichermaßen für Aussaaten (links) wie auch zur Stecklingsvermehrung (rechts) geeignet.

Die Abdeckhaube sorgt für „gespannte“ Luft.

Floratherm-Frühbeet 62 cm x 98 cm x 32 cm, mit Doppelboden, speziell für Terrasse und Balkon und für das Kleingewächshaus.
Floratherm-Vermehrungsbeet 26 cm x 37 cm x 18 cm, für die Fensterbank.
Diese Vermehrungsbeete gibt es in ungeheizter Ausführung, mit ungeregelter, schwacher Bodenheizung für eine Temperaturerhöhung von ca. 10 °C und mit einer thermostatisch geregelten Bodenheizung für eine Temperaturerhöhung von ca. 20 °C. Auch diese Firma bietet passend zu den Vermehrungsbeeten wachstumsfördernde Spezialleuchten an.

Kleingewächshäuser

Der Traum eines jeden Hobbygärtners ist ein Kleingewächshaus mit den entsprechenden technischen Einrichtungen, mit denen die Wachstumsfaktoren Luft, Licht und Wärme optimal geregelt werden können.
Bei dem heutigen großen Angebot an verschiedenen Typen in den unterschiedlichsten Preisklassen ist von einer eigenen Konstruktion abzuraten. Man sollte sich vorgefertigter Bauteile bedienen, die von verschiedenen Gewächshausherstellern mit detaillierten Bauanleitungen angeboten werden.
Wer mit seinen Pflanzen leben, sie vom Wohnraum aus sehen und erreichen möchte, für den ist das Anlehngewächshaus der richtige Typ. Infolge der geringen Glasfläche ist ein Anlehngewächshaus sehr wirtschaftlich zu beheizen, und alle Versorgungsanschlüsse sind meist leicht und kostensparend heranzuführen. Man hat mit diesem Gewächshaustyp darüber hinaus die Möglichkeit, Energie zu gewinnen und die Wohnräume damit zusätzlich zu beheizen.
Voraussetzung für den passiven Gewinn von Sonnenenergie, aber auch, um optimale Kulturbedingungen zu schaffen, ist der Anbau des Gewächshauses an die Süd-, Südwest- oder Südostseite des Wohnhauses, damit auch die wenigen Strahlen der Wintersonne optimal genutzt werden. Daß ferner zum Wohnhaus ein

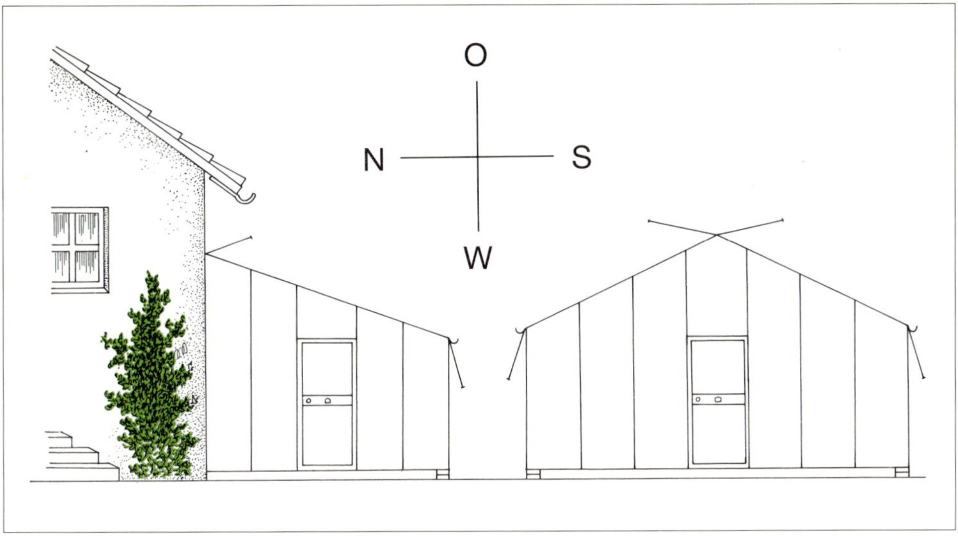

Anlehngewächshaus und Satteldachgewächshaus

möglichst großer Zugang sowie Fenster vorhanden sein sollten, braucht kaum betont zu werden; denn schließlich wird man nicht nur von der gewonnenen Wärme, sondern auch von der angenehmen Atmosphäre der Pflanzen profitieren wollen, wodurch die Wohn- und Lebensqualität wesentlich verbessert werden kann. Dem Anlehngewächshaus gleichzusetzen sind allseits verglaste Veranden und Balkone.

Das Satteldachgewächshaus ist vermutlich die verbreitetste Form, sie bietet, frei aufgestellt, optimale Kulturmöglichkeiten bei bester Raumausnutzung. Es gibt verschiedene Ausführungen: Satteldachgewächshäuser mit Verglasung bis zum Erdboden, mit hoher Sockelmauer, mit schrägen Seitenwänden u. a. Häufig besteht Unsicherheit darüber, ob ein Satteldachgewächshaus in Nord-, Süd- oder West-Ost-Richtung errichtet werden sollte. Bei Nord-Süd-Aufstellung werden die Pflanzen den Tag über gleichmäßig von der Sonne bestrahlt. Bei Ost-West-Aufstellung hat man eine sonnige Südseite und einen etwas dunkleren Bereich auf der Nordseite. Dies kann von Vorteil sein, wenn man Pflanzen mit unterschiedlichen Lichtansprüchen kultivieren will. Im Gartenbau wird heute im allgemeinen die Ost-West-Richtung bevorzugt, denn im Winter, bei tiefstehender Sonne, steht den Pflanzen etwa 15 % mehr Licht zur Verfügung als bei Nord-Süd-Aufstellung, wie Untersuchungen zeigten; ein wichtiger Punkt, der berücksichtigt werden sollte. Beachtet werden muß aber auch, ob nicht Nachbargebäude oder höhere Bäume Schatten werfen könnten, denn die Sonnenstrahlung ist unsere billigste Energiequelle, die unbedingt genutzt werden muß. Es ist nicht schwierig, im Sommer ein Gewächshaus mit guter Lüftung und Schattierung vor zu großer Hitze zu schützen. Im Winter hilft aber jeder verfügbare Sonnenstrahl, die Heizkosten zu senken und auch in dieser Jahreszeit das optimal mögliche Wachstum zu sichern. Ebenso wichtig ist es, das Gewächshaus in der Nähe des Wohnhauses aufzustellen, so daß Wasser-, Strom- und möglicherweise auch die Heizungsanschlüsse kostensparend verlegt werden können.

Ein Satteldachgewächshaus braucht nicht unbedingt frei aufgestellt zu werden, sondern kann mit einem Giebel an die Hauswand anlehnen, wodurch ein Direktzugang zum Haus oder direkt zur Wohnung möglich ist.

Die Ausmaße – also Länge, Breite und Höhe – unterliegen den Wünschen bzw. Vorstellungen individueller Art. Zwar ist die Größe der überbauten Fläche auch eine Kostenfrage, sowohl in bezug auf die Baukosten wie auch auf die Ausgaben für die Heizung, doch ist es ein immer wiederkehrender Fehler, daß Gewächshäuser zu klein gebaut werden. Sehr schnell ist der vorhandene Raum vollgestellt und für neue Pflanzen kein Platz mehr. Die Pflanzen stehen zu eng, Schädlinge und Krankheiten breiten sich unbemerkt aus. Die Beheizung bei kleiner Grundfläche ist unwirtschaftlich, da das Verhältnis von wärmeabstrahlenden Glasflächen zum Nutzraum mit zunehmender Verkleinerung immer ungünstiger wird. Als Mindestgröße sind 12 m^2 Grundfläche anzusehen. Bei dieser Größe hat man auch die Möglichkeit, mit Hilfe von Trennwänden, 2 oder auch 3 unterschiedlich klimatisierte Kulturräume zu schaffen.

Für den Bau von Kleingewächshäusern werden heutzutage, der Wartungsfreiheit wegen, überwiegend Profile aus Aluminium und feuerverzinktem Stahl verwendet. Holzkonstruktionen sind wegen der Pflegebedürftigkeit kaum noch üblich, obwohl so manchem Hobbygärtner Gewächshäuser in Holzbauweise ansprechender erscheinen. Holzkonstruktionen brauchen alle zwei Jahre einen frischen Anstrich, wenn Fäulnis und allgemeiner Verschleiß vermieden werden sollen. Denn die für das Wachstum so vieler Pflanzen unerläßliche feuchtwarme Luft wirkt zerstörend auf das Holz. Unbehandelte (unverzinkte) Stahlkonstruktionen sollten nicht verwendet werden, da mit immer wiederkehrenden Pflegearbeiten zu rechnen ist.

Bei der Wahl des Fundamentes sollte man dem dauerhaften, frostfrei betonierten oder gemauerten Fundament den Vorzug gegenüber sogenannten Fertigfundamenten aus Betondielen, Stahlprofilen oder imprägnierten Balkonrahmen geben. Das gemauerte oder betonierte Fundament bietet die Möglichkeit, Geländeunterschiede auszugleichen, es verhindert in isolierter Ausführung das Eindringen von Kälte und hält Nagetiere fern.

Daß ein Gewächshaus erst durch seine Bedachung zu dem wird, was es sein soll, ist eine Binsenweisheit. Grundsätzlich ist es möglich, mit jedem durchsichtigen Material ein Gewächshaus zu bedachen. Wofür man sich entscheidet, ist oft eine Frage des Geldbeutels. Können auch Folien, Kunststoffplatten und Plastikgitterfolien verwendet werden, ist nicht nur für Kleingewächshäuser Silikat-Glas aufgrund seiner vielen Vorzüge immer noch am besten geeignet. Es hat eine hohe Lichtdurchlässigkeit von rund 92 %, und die glatten Oberflächen lassen sich leicht und schnell reinigen. Silikat-Glas ist für Gewächshäuser als Gartenblankglas, das voll durchsichtig ist, und als Gartenklarglas (genörpelt) im Handel. Bei letzterem setzt sich der Weg des Lichtes nicht geradlinig fort wie beim Blankglas, sondern wird abgelenkt, also gestreut.

Aus Gründen der Energieeinsparung empfiehlt es sich, das Gewächshaus mit einer Doppelverglasung (Isolierverglasung), bestehend aus zwei übereinanderliegenden Scheiben, zwischen denen sich ein kleiner Luftraum befindet, einzudecken. Die Energieeinsparung kann bis zu 40 % der Heizkosten betragen. Diese sogenannte Isolierverglasung gibt es in verschiedenen Ausführungen, verklebt oder verschweißt. Die gleichen Werte erreicht man bei Verwendung der XT Stegdoppelplatte. Dieses Material (Acrylglas) hat eine hohe Bruchfestigkeit und eine bei Kunststoffen unübertroffene Alterungs- und Lichtbeständigkeit, auf die 10 Jahre Werksgarantie gewährt wird. Durch die konstruktionsbedingten Luftkammern zwischen den Stegen wird das einfallende Licht sehr gut gestreut, ähnlich wie bei Verwendung von genörpeltem Glas.

Zwar kann man bei Verwendung von Einfachglas durch Unterspannen von Folie, am besten sogenannter Luftpolsterfolie, nachträglich etwas für die Energieeinsparung tun, doch wird die Lichtdurchlässigkeit erheblich gemindert.
Bei der Kulturführung ist zu beachten, daß bei Doppelbedachung die Luftfeuchtigkeit im Haus stets höher ist als bei Einfachbedachung. Mit welcher Bedachung man sein Gewächshaus nun ausstattet, bleibt jedem selbst überlassen. Aber bei der Frage, ob Einfachglas (niedrige Anschaffungskosten) oder Isolierverglasung (hohe Anschaffungskosten),

Schattierfarbe

Innen angebrachte Rolljalousie

Zwei Möglichkeiten, Gewächshäuser zu schattieren

sind die Folgekosten (Energiekosten) nicht außer acht zu lassen.

Mit zunehmender Einstrahlung im Frühjahr und Sommer brauchen bestimmte Pflanzen zeitweise Schatten, damit nicht durch Überhitzung des Laubes Verbrennungen eintreten.

Um Aussaaten und Stecklinge vor direkter Sonneneinstrahlung zu schützen, benötigt man keine besonderen Einrichtungen, hier genügt ein Abdecken mit Papier.

Um das ganze Gewächshaus zu schattieren, gibt es zahlreiche Mittel und Wege. Die einfachste und billigste Methode ist die Verwendung von speziellen Schattierfarben oder von Kalkmilch, die auf das Glas gespritzt oder mit Bürste, Pinsel u. ä. aufgebracht werden. Diese Verfahren haben aber den Nachteil, daß sie Dauerbeschattung bewirken, die man nicht gleichzeitig mit dem Wetterwechsel verändern kann.

Da sind Schattiermatten aus Hostalen-Gewebe oder Matten aus Schilf besser. Sie werden per Hand auf dem Dach ausgerollt, wenn die Sonne scheint, und wieder zugerollt, wenn die Sonne verschwunden ist.

Ideal ist natürlich eine automatische Schattierung. Außen angebrachte Schattiermatten aus Hostalen (oder ähnlichen UV-beständigen Kunststoffen) oder Kunststoffröhrchen, werden mittels eines Elektromotors, der über eine Photozelle gesteuert wird, automatisch auf- und abgerollt. Für einen berufstätigen Hobbygärtner, der den größten Teil des Tages nicht in seinem Gewächshaus sein kann, liegen die Vorteile dieser Anlage auf der Hand. Eine automatische Innenschattierung, im Gartenbau weit verbreitet, stößt bei Kleingewächshäusern auf konstruktionsbedingte Schwierigkeiten.

Obwohl bereits das unbeheizte Gewächshaus von großem Nutzen sein kann, ist es jedoch nicht möglich, es das ganze Jahr hindurch frostfrei zu halten. Tropischen Pflanzenarten, fast alle unsere Zimmerpflanzen gehören hierzu, kann es keinen dauernden Aufenthalt bieten. Auch der Vermehrung wären enge Grenzen gesetzt.

Die einfachste und auch wirtschaftlichste Lösung, sein Kleingewächshaus zu beheizen, ist der Anschluß an die Warmwasserheizung des Wohnhauses. Eine separate Heizung ist erforderlich, wenn der Anschluß an die Wohnhausheizung nicht möglich ist. Egal, ob als Energie Öl, Gas oder Kohle in Frage kommen, die Heizung sollte möglichst immer in einem separaten Vorraum aufgestellt werden, der bei der

Planung von vornherein mit berücksichtigt werden muß. Ein separater Raum würde bei einer Elektroheizung wegfallen. Doch ist zu bedenken, daß die Elekroheizung zwar eine bequeme, aber relativ kostspielige Lösung ist. Behelfsmäßig kann ein Gewächshaus auch durch einen Zimmerofen beheizt werden.

Welche Heizung man auch wählt, sie sollte thermostatisch geregelt sein. Dadurch lassen sich erhebliche Energiemengen einsparen.

Gleichermaßen ist auch die Belüftung über Thermostate zu steuern, so daß die Entstehung schädlicher Stauhitze bei starker Sonneneinstrahlung sowie Unterkühlung durch plötzliche Temperaturstürze vermieden werden.

Zur Inneneinrichtung eines Kleingewächshauses gehören als Stellfläche und zur Aufnahme der Vermehrungseinrichtungen Kulturtische. Als Unterbau geeignet sind starke Profile aus feuerverzinktem Stahl oder wartungsfreiem Aluminium. Als Belag haben sich Eternit- oder auch bruchfeste Kunststoffplatten bewährt. Offene Tische, bestehend aus einem Wellgitterbelag, sind zum Ausstellen von Topfpflanzen geeignet. Werden Holztische verwendet, die einen Schutzanstrich gegen Fäulnis erfordern, ist auf die Pflanzenunschädlichkeit der Imprägnierungsmittel zu achten.

Zur Ausweitung der Stellfläche bieten sich Hängekulturtische an, die im Bereich der Traufe befestigt werden.

Noch ein guter Rat: Wer sich für ein Kleingewächshaus interessiert, sollte sich vor dem Kauf über die Qualität und Stabilität des verwendeten Konstruktionsmaterials informieren. Schwer erkennbare Mängel in der Festigkeit der Konstruktion und undichte Lüftungsfenster, Türen und Verglasungen können durch ständige und erhöhte Folgekosten für Heizung und Wartung ein beim Kauf billig erscheinendes Kleingewächshaus erheblich verteuern.

Entscheidend für einen Preisvergleich ist nicht allein die Grundfläche, sondern der nutzbare Raum darüber, die Firsthöhe, die Stehwandhöhe, die Dachneigung sowie die Breite in Traufenhöhe.

Vermehrungsbeet im Kleingewächshaus

Als Vermehrungsbeet können die auf Seite 298 beschriebenen heizbaren Vermehrungseinrichtungen verwendet werden. Man kann

Aufbau eines Vermehrungsbeetes für Kleingewächshäuser

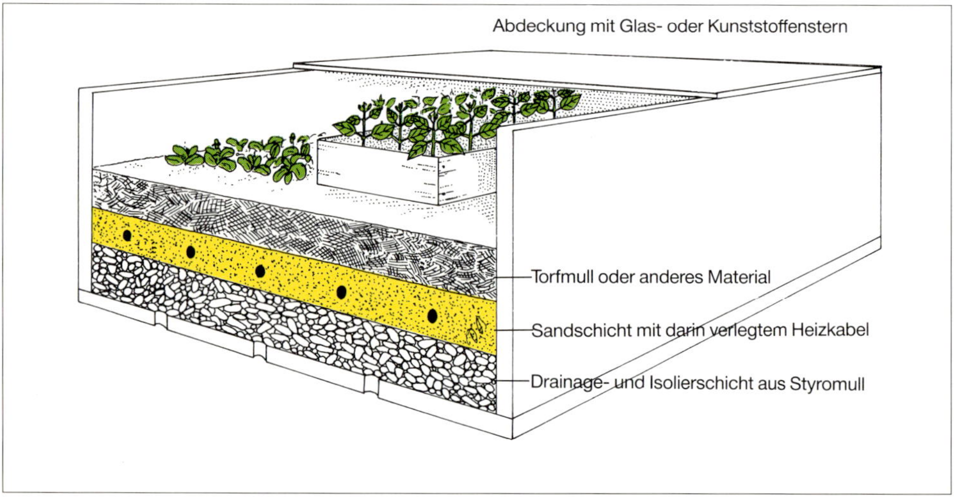

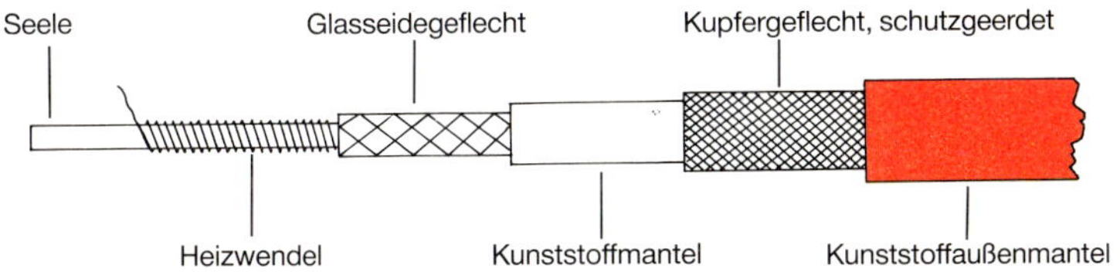

Aufbau eines Heizkabels für Vermehrungsbeete und Frühbeete

sich ein solches Vermehrungsbeet auch selbst bauen und auf einem der Kulturtische installieren. Einzelheiten des Aufbaus sind aus der Abbildung zu ersehen.
Zur Beheizung werden in der Regel elektrisch betriebene Bodenheizungen eingesetzt: kunststoffisolierte Drahtgeflechte, die mit Schwachstrom über einen Schutztransformator betrieben werden, oder Kunststoffmatten mit eingeschweißten Heizdrähten.
Besonders bewährt haben sich die von verschiedenen Herstellern angebotenen flexiblen Heizkabel, die mit normaler Netzspannung betrieben werden können. In unterschiedlicher Länge und Leistung sind sie passend für kleinere und größere Vermehrungsbeete, aber auch für Frühbeete geeignet. Beim Kauf der Heizkabel ist darauf zu achten, daß sie das Prüfzeichen des Verbandes Deutscher Elektroingenieure (VDE) tragen. Sie bieten die höchstmögliche Betriebssicherheit. Kabel, die nur mit zweiphasigen Anschlüssen und Steckern versehen sind, haben keinen Schutzleiter und sind bei Beschädigung lebensgefährlich.
In den einfachen Ausführungen müssen die Heizkabel manuell überwacht werden. Der Stecker muß aus der Steckdose gezogen werden, wenn die gewünschte Temperatur erreicht ist, und wieder reingesteckt werden, wenn die Temperatur absinkt. Besser und zweckmäßiger sind daher die Ausführungen mit Thermostaten, bei denen die gewünschte Temperatur automatisch vom Regler überwacht wird. Diese Bodenheizkabel, auch die manuell betriebenen, sind in Länge und Leistung so bemessen, daß keine für die Pflanzen unerträglichen Temperaturen auftreten können, vorausgesetzt, man hat die Heizkabel so verlegt, wie es der Hersteller in der Verlegungsanleitung empfohlen hat.

Sprühnebelanlage

In der gärtnerischen Praxis werden in den letzten Jahren vermehrt sogenannte Sprühnebelanlagen zur Stecklingsbewurzelung eingesetzt. Bei diesem Verfahren werden die Stecklinge durch feine Düsen mit einem feinen Wasserfilm überzogen. Dadurch ist praktisch eine 100 %ige Luftfeuchtigkeit garantiert. Die Verdunstung wird auf ein Minimum reduziert, ein Welken der Stecklinge verhindert, und damit sind optimale Verhältnisse für eine Bewurzelung geschaffen. Der ganz besondere Vorteil dieses Verfahrens besteht darin, daß die Stecklinge selbst bei voller Sonne unbedeckt stehen können. Dadurch bewurzeln sie sich innerhalb kurzer Zeit in ausgezeichneter Weise.
Je feiner der Wasserfilm ist, mit dem die Stecklinge überzogen werden, um das Welken zu verhindern, desto sicherer ist das Ergebnis. Für ein solch staubförmiges Verteilen des Wassers kommen nur Metalldüsen mit sehr feinen Bohrungen in Betracht (0,5 bis 0,6 mm). Der Druck in den Wasserzuleitungen sollte 3,5 bar betragen.

Damit die hohe relative Luftfeuchtigkeit nicht zum Vernässen des Substrates und zu unerwünschter Abkühlung führt, wird das Sprühen bzw. Nebeln nicht kontinuierlich, sondern intermittierend (mit Unterbrechungen) durchgeführt, so daß der Wasserfilm zwischendurch abtrocknen kann. Dazu bedient man sich verschiedener Prinzipien. Man kann einmal die Sprühzeiten über Schaltuhren mit Magnetventilen regeln. Besser ist es aber, Systeme zu verwenden, die eine Steuerung der Magnetventile über die Wasserverdunstung vornehmen.

Das Elektrodenblatt nutzt die elektrische Leitfähigkeit des Wassers. Es liegt zwischen den Stecklingen und wird mit den Stecklingsblättern gleichzeitig befeuchtet. Beim Abtrocknen reißt die elektrische Verbindung ab, wodurch der Sprühimpuls ausgelöst wird. Auf diese Weise wechseln Sprühzeiten, die nur wenige Sekunden dauern, mit Sprühpausen, die einige Minuten betragen können. Denn die Länge der Sprühpausen bzw. Sprühzeiten wird im wesentlichen von der Abtrocknungsgeschwindigkeit des Wassers auf dem Elektrodenblatt bestimmt, die letztlich vom Wetter abhängt.

Bei der Tauwaage werden die unterschiedlichen Gewichte einer benetzten und einer trokkenen Folienoberfläche ausgenutzt, um das Magnetventil ein- und auszuschalten. Die auf eine Waage gestellte Testfläche wird dem Sprühnebel genauso ausgesetzt wie die Stecklingsblätter. Nach dem Besprühen erhöht sich das Gewicht der Testfläche, sie senkt sich, schaltet das Magnetventil aus und setzt dadurch die Sprühnebelanlage außer Betrieb. Wenn die Testfläche wieder abtrocknet – wie die Pflanzen – dann hebt sie sich, öffnet dadurch das Magnetventil und setzt die Sprühanlage wieder in Betrieb.

Praktisch kann in jedem Kleingewächshaus eine solche Sprühnebelanlage eingebaut werden. Voraussetzungen sind lediglich eine Wasserleitung und ein elektrischer Anschluß. Wichtig ist, daß die Rohrleitungen (aus Aluminium, verzinktem Stahl oder Hart-PVC) waagerecht verlegt werden, damit ein Nachtropfen der Düsen weitgehend verhindert wird.

Zu beachten ist, daß die Sprühnebelanlage nur solange benutzt werden sollte, bis die Stecklinge die ersten Wurzeln gebildet haben.

Frühbeetkästen

Im Gartenbau sind Frühbeetkästen weitgehend von den Gewächshäusern oder preisgünstigen Folienhäusern abgelöst worden. Für den Hobbygärtner sind sie aber nach wie vor aktuell. Sie leisten z. B. gute Dienste bei der Vermehrung der Gehölze, dienen als Einschlagplatz für Reiser, zur Überwinterung empfindlicher Pflanzenarten und zur Abhärtung von Pflanzen, die im Gewächshaus herangezogen werden, letztlich aber für das Freiland bestimmt sind. Sie müssen allmählich an das Außenklima gewöhnt werden. Daß Frühbeetkästen auch bei der Anzucht und Verfrühung von Gemüse gute Dienste leisten, braucht nicht besonders betont werden.

Frühbeetkästen lassen sich in ihrer einfachsten Form selbst bauen. Man benötigt dazu einige stabile Bretter (Bohlen) für die Wandungen des Kastens und Pfosten, die für die Verankerung im Boden sorgen.

Die Breite der Frühbeetkästen ist bei Verwendung genormter Frühbeetfenster vorgegeben. Diese haben die Maße: 80 cm Breite, 150 cm Länge oder 100 cm Breite, 150 cm Länge. Die Länge des Frühbeetkastens kann beliebig gewählt werden; sie richtet sich nach der Anzahl der Fenster.

Es werden einfache Kästen (Pultdach) und Doppelkästen (Satteldach) unterschieden. Die beste Ausnutzung der Sonnenergie erreicht man, wenn einfache Kästen in Ost-West-Richtung und Doppelkästen in Nord-Süd-Richtung angelegt werden. Beim Hobbygärtner spielen die Doppelkästen keine große Rolle.

Der einfache Frühbeetkasten wird mit leichter Neigung nach Süden gebaut, um einen guten Wasserabzug bei Regen zu gewährleisten und um die Sonnenstrahlen voll auszunutzen. Wer das Frühbeet nur zur Vermehrung benötigt, dem genügt eine lichte Höhe von 15 cm. Wenn man die Neigung von etwa 10 cm abzieht und davon ausgeht, daß eine etwa 15 cm hohe Erdschicht eingebracht wird, muß die untere Wandhöhe des Kastens mindestens 25 cm, die obere Höhe mindestens 40 cm betragen. Wer in seinem Frühbeetkasten auch größere Pflanzen kultivieren will, der muß auf eine größere

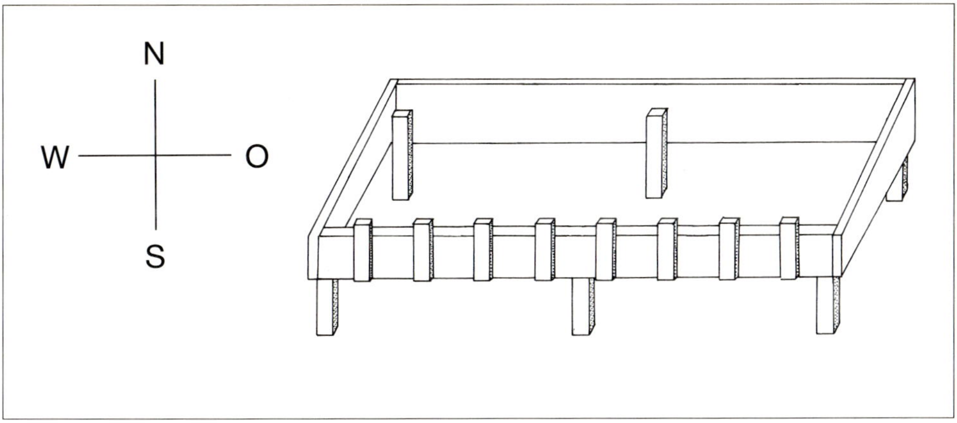

Schema eines Frühbeetkastens für Normalfenster

lichte Höhe achten. Dabei braucht nicht unbedingt die Wandhöhe verändert werden, man kann ja auch in die Erde gehen.
Wer ein dauerhaftes Frühbeet wünscht, kann auf Betonfertigteile zurückgreifen, die im Handel für die obengenannten genormten Frühbeetfenster erhältlich sind.
Neben den seit Jahren im Gartenbau bewährten genormten Frühbeetkästen wurden speziell für den Hobbygärtner andere Frühbeetkonstruktionen entwickelt. Sie tragen in besonderer Weise beschränkten Platzverhältnissen Rechnung. Sie bestehen aus Aluminium- oder feuerverzinkten Stahlprofilen, in die Eternit- oder Kunststoffplatten geschoben werden.
Zur Eindeckung der Frühbeetfenster werden Glas, Gartenblank- und Gartenklarglas (s. Seite 302), im Hobbygartenbau zunehmend die gewichtsmäßig leichteren Kunststoffe, glasfaservertärktes Polyester, milchiges oder glasklares Plexiglas und Stegdoppelplatten aus Acrylglas, verwendet. Abdeckungen aus zusammengenagelten Latten, mit Folie be-

Mit Bodenheizkabel beheiztes Frühbeet

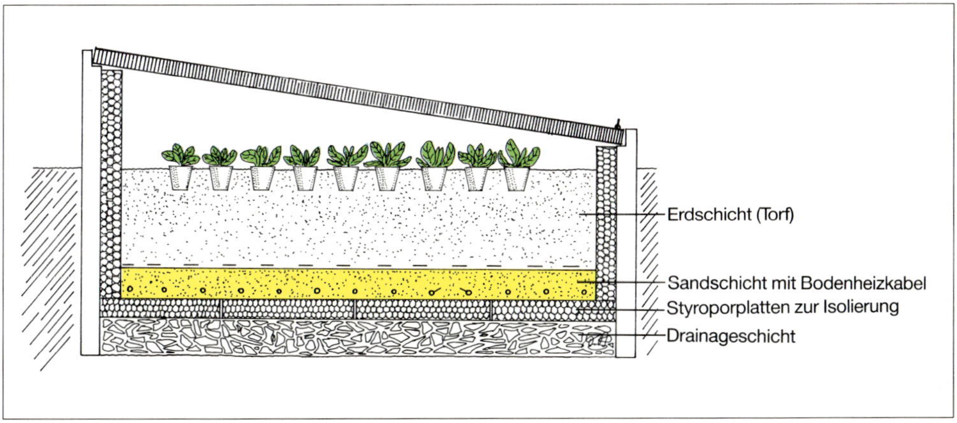

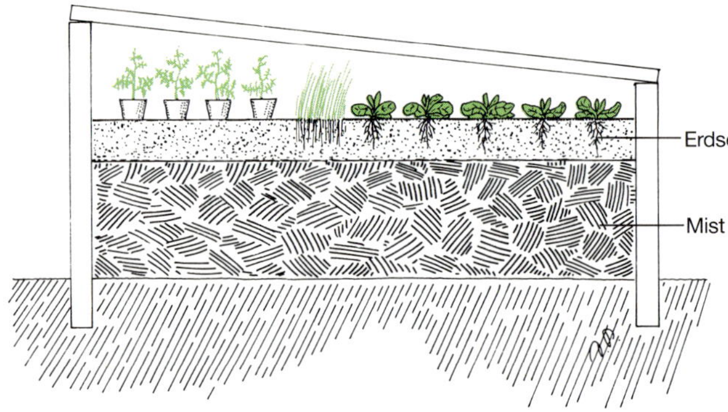

Mit Mist gepackter Frühbeetkasten

spannt, sind wegen der geringen Haltbarkeit nicht zu empfehlen.
Daß ein beheiztes Frühbeet bessere Dienste leistet als ein ungeheiztes, ist verständlich. Als Heizung geeignet sind einmal die auf Seite 305 beschriebenen Maschendrahtheizungen und Bodenheizkabel. Man kann aber auch auf natürliche Wärmequellen zurückgreifen. Unsere Großväter benutzten zur „Beheizung" der Frühbeetkästen unverrottete organische Materialien, wie Pferdemist, Schweinemist, Kuhmist, Stroh oder Laub. Von den genannten Materialien ist der Pferdemist durch besonders gute Wärmeentwicklung beim Rotteprozeß am besten geeignet. Das entsprechende Material wird im Frühjahr (bevorzugt) entsprechend der unteren Wandhöhe waagerecht eingebracht (gepackt), mit den Füßen angetreten, die Oberfläche mit einer Schaufel geglättet. Ist das Material sehr trocken, wird es leicht angefeuchtet. Verwendet man Laub oder Stroh, kann die Wärmeentwicklung dadurch verbessert werden, daß man pro Quadratmeter 150 g Harnstoff ausstreut. Auf diese Packung kommt eine mindestens 15 cm hohe sterilisierte Erdschicht (Kompost, Torf oder sonstige Materialien). Anschließend legt man Fenster auf. Schon bald beginnen die Mikroorganismen mit der Umsetzung des organischen Materials, und Wärme wird freigesetzt. Nebenprodukte dieser Form der Kulturverfrühung ist eine hochgeschätzte, vielseitig verwertbare Mistbeet- oder Lauberde. Da die Wirkung der Packung nur ein Frühjahr lang anhält, muß der Frühbeetkasten von Jahr zu Jahr neu gepackt werden.
Bei Frostgefahr wird der Kasten mit Stroh- oder Schilfrohrmatten (meist sind sie kombiniert hergestellt) abgedeckt. Die Kastenwände kann man zusätzlich, innen oder außen, mit Styroporplatten umstellen.
Im Frühjahr/Sommer ist bei Bedarf zu schattieren. Die Schattierung ist nur an sonnigen Tagen während der Mittagszeit aufzulegen und beizeiten wieder zu entfernen. Für den Dauereinsatz haben sich gewirkte oder geknüpfte Gewebe aus Acryl besonders bewährt.
Das regelmäßige Lüften und Schattieren des Frühbeetkastens kann zum Problem werden, wenn tagsüber niemand zur Verfügung steht. Dem anspruchsvollen Hobbygärtner seien deshalb zur Lüftung die selbstlüftenden Frühbeetfenster empfohlen, die über ein Ölthermostat die gewünschte Temperatur im Kasten regulieren.

Literaturverzeichnis

ANDERSON, G.: Kakteen und andere Sukkulenten. Falken-Verlag, Niedernhausen, 1982.

BÄRTELS, A.: Gehölzvermehrung. Verlag Eugen Ulmer, Stuttgart, 1978.

BRAUN, J.: Bau und Leben der Bäume. Verlag Rombach + Co., Freiburg, 1980.

EISELT/SCHRÖDER: Laubgehölze. Verlag J. Neumann-Neudamm, Melsungen, 1977.

ENCKE/BUCHHEIM/SEYBOLD: Zander Handwörterbuch der Pflanzennamen. Verlag Eugen Ulmer, Stuttgart, 1984.

FAST, G.: Orchideenkultur. Verlag Eugen Ulmer, Stuttgart, 1980.

FELDMAIER/Mc RAE: Lilien. Verlag Eugen Ulmer, Stuttgart, 1982.

FESSLER, A.: Gartenstauden. Verlag Eugen Ulmer, Stuttgart, 1980.

FLEISCHER/SCHÜTZ: Kakteenpflege. Verlag Eugen Ulmer, Stuttgart, 1981.

FRAHM, B.: BGJ Agrarwirtschaft. Verlag Eugen Ulmer, Stuttgart, 1981.

FRIEDRICH, G.: Der Obstbau. Neumann Verlag, Leipzig, Radebeul, 1980.

FRIEDRICH/PREUSSE: Obstbau in Wort und Bild. Verlag J. Neumann-Neudamm, Melsungen, 1983.

GANSLMEIER, H.: Beet- und Balkonpflanzen. Verlag Eugen Ulmer, Stuttgart, 1980.

GRUNERT, CHR.: Das Blumenzwiebelbuch. Verlag Eugen Ulmer, Stuttgart, 1978.

GRUNERT/VIEDT/KAUFMANN: Kakteen und andere schöne Sukkulenten. VEB Deutscher Landwirtschaftsverlag, Berlin 1977.

HANSELMANN, E.: Hydrokultur. Verlag Eugen Ulmer, Stuttgart, 1981.

HAUDE/KÜNDIGER: Erfolg mit Kakteen. Verlag J. Neumann-Neudamm, Melsungen, 1983.

HERWIG, R.: Pareys Zimmerpflanzen Enzyklopädie. Verlag Paul Parey, Berlin und Hamburg, 1983.

HILKENBÄUMER, F.: Schnitt der Obstgehölze. Verlag J. Neumann-Neudamm, Melsungen, 1975.

JELITTO/SCHACHT: Die Freiland-Schmuckstauden, Verlag Eugen Ulmer, Stuttgart, 1966.

KÖHLEIN, F.: Pflanzen vermehren. Verlag Eugen Ulmer, Stuttgart, 1980.

KÖNIG, R.: C. Plinius secundus d. Ä. Naturkunde Bücher XIV/XV. Artemis Verlag, München, 1981.

KRÜSSMANN, G.: Die Baumschule. Verlag Paul Parey, Berlin und Hamburg, 1981.

KRÜSSMANN/SIEBLER/TANGERMANN: Winterharte Gartenstauden. Verlag Paul Parey, Berlin und Hamburg, 1970.

MIERSWA, D.: Geräte für die Gartenarbeit. Verlag Eugen Ulmer, Stuttgart, 1984.

MÜHLBERG, H.: Das große Buch der Wasserpflanzen. Edition Leipzig, 1980.

MÜLLER, H.: Baumschulwirtschaft. VEB Deutscher Landwirtschaftsverlag, Berlin, 1973.

MÜRI, E.: Baumschule. Verlag Gewerbeschüler Sauerländer AG, Aarau, 1971.

PEIKERT, K.: Schöne Pflanzen selber ziehen. Firma Edm. Romberg u. Sohn, Ellerau bei Hamburg, 1983.

PERL, PH.: Farne. Time-Life International (Nederland), 1979.

RAUH, W.: Bromelien für Zimmer und Gewächshaus. Verlag Eugen Ulmer, Stuttgart, 1970.

RAUH, W.: Die großartige Welt der Sukkulenten. Verlag Paul Parey, Berlin und Hamburg, 1979.

REIMANN-PHILIPP, R.: Die Züchtung der Blumen. Verlag Paul Parey, Berlin und Hamburg, 1969.

RICHTER, W.: Orchideen pflegen, vermehren, züchten. Verlag J. Neumann-Neudamm, Melsungen, 1983.

ROWLEY, G.: Kosmos-Enzyklopädie der Sukkulenten und Kakteen. Frankh'sche Verlagshandlung, W. Keller u. Co., Stuttgart, 1979.

RÜCKER, K.: Die Pflanzen im Haus. Verlag Eugen Ulmer, Stuttgart, 1982.

RUGE, U.: Gärtnerische Samenkunde. Verlag Paul Parey, Berlin und Hamburg, 1966.

SACHWEH, U.: Grundlagen des Gartenbaues, Der Gärtner 1. Verlag Eugen Ulmer, Stuttgart, 1984.

SEYFFERT, W.: Stauden. Verlag J. Neumann-Neudamm, Melsungen, 1983.

STAHL/UMGELTER: Pflanzenschutz im Zierpflanzenbau. Verlag Eugen Ulmer, Stuttgart, 1976.

STEIB, TH. (Hrsg.): Topfpflanzenkultur. Verlag Eugen Ulmer, Stuttgart, 1981.

THROWER, P.: Gewächshauspraxis. Verlag J. Neumann-Neudamm, Melsungen, 1983.

VOGEL, H.: Azaleen, Eriken, Kamelien. Verlag Paul Parey, Berlin und Hamburg, 1982.

Zeitschriften
Gartenpraxis. Verlag Eugen Ulmer, Postfach 700561, 7000 Stuttgart 70.

Bildquellen

Farbfotos vom Verfasser. Zeichnungen von Dietrich Bornhalm, Celle, überwiegend nach Vorlagen des Verfassers sowie unter Verwendung nachstehend aufgeführter Fachliteratur.

BRAUN, H. J.: Bau und Leben der Bäume. Verlag Rombach + Co. GmbH, Freiburg, 1980.

BURSCHE, E.: Wasserpflanzen. Verlag J. Neumann-Neudamm, Melsungen, 1980, 6. Aufl.

CULLMANN/GÖTZ/GRÖNER: Kakteen. Verlag Eugen Ulmer, Stuttgart, 1984, 5. Aufl.

DITTRICH, W.: Laubgehölze durch Steckholz vermehren. Gartenpraxis. Verlag Eugen Ulmer, Stuttgart, Heft 1, 1982.

FESSLER, A.: Gartenstauden. Verlag Eugen Ulmer, Stuttgart, 1980, 2. Aufl.

FRANTZ, J.: Bodenheizung in Vermehrungsbeeten und Pflanzbecken. Gartenpraxis. Verlag Eugen Ulmer, Stuttgart, Heft 11, 1979.

FRIEDRICH, G.: Der Obstbau. Neumann-Verlag, Leipzig-Radebeul, 1980, 8. Aufl.

FRIEDRICH/PREUSSE: Obstbau in Wort und Bild. Verlag J. Neumann-Neudamm, Melsungen, 1983, 3. Aufl.

GRUNERT, C.: Das Blumenzwiebelbuch. Verlag Eugen Ulmer, Stuttgart, 1980.

GRUNERT/VIEDT/KAUFMANN: Kakteen und andere schöne Sukkulenten. VEB Deutscher Landwirtschaftsverlag, Berlin, 1977.

HILKENBÄUMER, F.: Schnitt der Obstgehölze. Verlag J. Neumann-Neudamm, Melsungen, 1983.

HOCHREIN, R.: Agrarwirtschaft, Fachstufe Gärtner, BLV Verlagsgesellschaft München, Landwirtschaftsverlag Münster-Hiltrup, 1981.

KÖHLEIN, F.: Frühjahrs-Aussaaten für den Ziergarten. Gartenpraxis. Verlag Eugen Ulmer, Stuttgart, Heft 1, 1983.

KÖHLEIN, F.: Pflanzen vermehren. Verlag Eugen Ulmer, Stuttgart, 1980, 5. Aufl.

KÖHLEIN, F.: Ziergräser aus Samen. Gartenpraxis. Verlag Eugen Ulmer, Stuttgart, Heft 1, 1982.

KRÜSSMANN, G.: Die Baumschule. Verlag Paul Parey, Berlin und Hamburg, 1981, 5. Aufl.

MÜRI, E.: Baumschule. Verlag Gewerbeschüler Sauerländer AG, Aarau, 1971.

PERL, PH.: Farne. Time Life International (Nederland), 1979.

RÜCKER, K.: Die Pflanzen im Haus. Verlag Eugen Ulmer, Stuttgart, 1982.

SACHWEH, U.: Grundlagen des Gartenbaues. Verlag Eugen Ulmer, Stuttgart, 1984.

VÖTH, W.: Orchideen aus wurzellosen Rückbulben. Gartenpraxis. Verlag Eugen Ulmer, Stuttgart,
Heft 3, 1982.

VÖTH, W.: Orchideen umpflanzen. Gartenpraxis. Verlag Eugen Ulmer, Stuttgart, Heft 3, 1982.

WRIGHT, J.: Plant Propagation for the Amateur Gardener. Blandford Press, Pode, Dorset, 1983.

Bezugsquellen

A. Schenkel, Postfach 55 09 27, 2000 Hamburg 55. Exotische Sämereien.

K. R. Jelitto, Horandstieg 28, 2000 Hamburg 56. Sämereien.

H. Meyer, Postfach 11 80, 2084 Rellingen/Holstein. Messer, Bindematerial, Scheren, Gießkannen, Töpfe, Etiketten.

E. Romberg & Sohn, Postfach 69, 2086 Ellerau. Einzelkornsägerät, Vermehrungsbeete, Jiffy, Pikierkisten, Saatkisten (Styropor).

C. Sperli + Co., Pflanzenzüchter, Postfach 26 40, 2120 Lüneburg. Samen.

Blossfeld, Postfach 15 50, 2400 Lübeck 1. Exotische Sämereien.

Thysanotos-Samen-Versand, Postfach 44 81 09 k, 2800 Bremen 44. Samen-Raritäten.

Torfstreuverband GmbH, Postfach 48 20, 2900 Oldenburg. TKS, Torf, Floraton.

G. Wißmann, Spezialsämereien, Artilleriestr. 43, 4500 Osnabrück. Samen von Zimmerpflanzen, Palmen, Heil- und Gewürzpflanzen, Alpenblumen, Kakteen.

Bartscher GmbH & Co., Calenhof 4, Postfach 45, 4787 Geseke. Kleingewächshäuser, Vermehrungsbeete.

C. Scholz, Postfach 13 01 73, 4800 Bielefeld 13. Staudensamen.

Krieger Kleingewächshäuser, Postfach 343, 5804 Herdecke/Ruhr. Kleingewächshäuser, Frühbeetkästen, Vermehrungsbeete, Heizkabel.

L. C. Nungesser KG, Saaten, Postfach 11 08 46, 6100 Darmstadt. Samen von Wildblumen und Wildpflanzen.

Kaiser u. Seibert, Wilhelm-Leuschner-Str. 85, 6101 Roßdorf 1. Staudensamen, Gehölzsamen, Ziergräser.

G. Köhres, Bahnstr. 101, 6106 Darmstadt-Erzhausen. Samen von Kakteen und anderen Sukkulenten.

Industrie-Erden-Werk Erich Archut, Postfach 50, 6420 Lauterbach 4-Wallenrod. Einheitserde.

Einheitserde- und Torfwerk Gebr. Patzer KG., 6492 Sinntal 3-Jossa. Einheitserde, frux.

K. Uhlig, Lilienstr. 5, 7053 Kernen. Samen von Kakteen und anderen Sukkulenten.

L. Seik, Pfalzgrafenring 2, 7403 Ammerbruch 3. Exotische Sämereien und Gehölzsamen.

D. Köhler, Leonhardistr. 28, 8201 Biberg. Wildsamenpflanzen.

Sachregister

Sternchen * verweisen auf Abbildungen

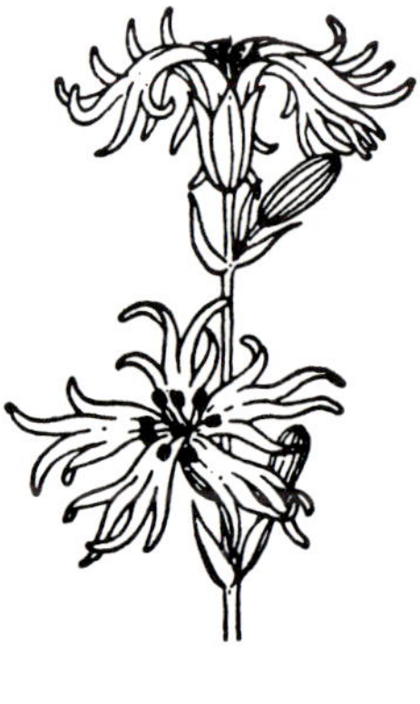